ATL ANTIS
亚特兰蒂斯之谜

【美】伊格内修斯·唐纳里◎著
一 兵◎译

武汉出版社

(鄂)新登字 08 号
图书在版编目 (CIP) 数据
亚特兰蒂斯之谜 / (美) 唐纳里著 ; 一兵编译. —武汉：武汉出版社，2010.12
ISBN 978-7-5430-5507-0
Ⅰ.①亚… Ⅱ.①唐… ②一… Ⅲ.①世界史：古史：文化史-普及读物 Ⅳ. ①K12-49
中国版本图书馆CIP数据核字（2010）第237896号

亚特兰蒂斯之谜

编　　著：(美) 唐纳里
责任编辑：廖国放
版式设计：新兴工作室
出　版：武汉出版社
社　址：武汉市江汉区新华下路103号　　邮　编：430015
电　话：(027) 85606403 85600625
http://www.whcbs.com　　E-mail:zbs@whcbs.com
印　刷：北京嘉业印刷厂　　经　销：新华书店
开　本：710mm×1000mm 1/16
印　张：20　　字　数：320千字
版　次：2011年1月第1版　2011年1月第1次印刷
定　价：46.00元

关于作者

诺姆·沃尔科特(Norm Wolcott)

(其实这是诺姆·沃尔科特在寄往古腾堡的项目发言稿中的一篇内容。诺姆提出了亚特兰蒂斯项目论题，这个历史悠久而又充满神秘色彩的史前世界自然是一个人们百说不厌的话题。诺姆称自己已经征得伊格内修斯·唐纳里本人的同意,在会上作一篇与《亚特兰蒂斯》同名的发言。下面就是这篇发言稿中非常有意思的内容。)

我或许是尚能记得参观过的尼尼格尔——那个坐落于密西西比河岸边,在明尼苏达的海斯汀斯木桥下的农庄的为数不多的人中的一个吧。在我印象中,我记得在 20 世纪 30 年代,我的父亲曾想驾车驶过那座桥,不过他怕那座桥会因承受不住汽车的重量而坍塌,鉴于此,他宁肯和一些教师朋友绕远路，向南又行进了数英里才抵达要参观的古文明遗址。唐纳里曾于 19 世纪 50 年代造访过明尼苏达,从此便把这个静谧悠闲的尼尼——格尔小镇当成了自己闭门静思的居所。这个小镇的古怪的日耳曼语名字也许是为了迎合迁徙到南明尼苏达来的德国移民吧。1856 年,一本特意介绍尼尼格尔的方志史略分别用英文和德文在费城出版。实际上,这座小镇更像是一个乌托邦式的乡村；我记得曾经有一幅从空中的鸟瞰图专门向人们展示小镇街道的布局,但我已经记不起这街道的名字了,确信无疑的一点就是它们应该是按照字母顺序排列的,在每个街头的拐角处都能看到路标。这里唯一的房子就是唐纳里的,那是一幢很大的宅第,恰好在我们穿过的那条河流的对面。

它直到唐纳里先生去世(1901年)的30年后,仍旧完好无损地矗立在那里。

直到现在我还能清楚地记得唐纳里先生那灰色的猪皮手套，高顶礼帽以及他那支有个精致的象牙把的手杖,像雨伞一样立于休息室的门口。这幢房子很明显仍保留了它原有的家具布局风格。尼尼格尔因为成为密西西比河上从圣保罗和海斯汀斯到红翼和弗隆特纳克过往商船必经的停泊驿站而大受其利。但好景不长,由于在整个大陆修建了全天候的铁路线路,小镇赖以营生的原本独具特色的优势也荡然无存。我相信今天那里的一切早已物换星移,面目全非,没有人会想在自己生活的这块土地上保存早已满目疮痍、饱经风霜的历史陈迹。(在尼尼格尔的发展史略中，可以轻易找到1932年至1948年间人们曾经试图拯救唐纳里的故居并将尼尼格尔的周边建成一个国家公园,但可惜的是,最后均以失败而结束。)至今在明尼苏达州历史协会中有一个专门的网址，其中较为翔实地介绍了唐纳里的作品和相关资料。

当我还在念高中的时候，我就偷偷地从图书馆翻阅了唐纳里的另一部作品《戏剧和碑铭中的隐语》,当时这本书还是人们排斥的不入主流的作品。这本书收录了许多当时的文学和文艺作品中的行话隐语，甚至一些只能见诸黄色小报上的奇闻野史,譬如“培根是莎士比亚、格林以及马洛作品的真正作者”等等。但尽管如此,这本书并没有被审查部门列为禁书。这也许要惠赐于唐纳里的政治贡献。但他通过亚特兰蒂斯的确开创了以后的“伪科学”的写作风格,并且把它发挥得淋漓尽致,这些作品包括后来的《天地大冲撞》等。同时,它也促使人们对于莎士比亚神话的痴迷追逐——延续了此后的一个多世纪。

至少有一点人们不应对唐纳里过于苛责:《亚特兰蒂斯》确实是他那个年代的科学作品。随着谢里曼在特洛伊和迈锡尼(希腊南部古城)的发现,表明古希腊的神话传说很有可能就是真实的历史。那么,对于柏拉图描述的亚特兰蒂斯,我们又该抱有什么态度呢？随着现代科学日新月异地飞速发展,谁都无法预测下一个世纪的地质学和人种学又会向人类揭示哪些惊天秘闻。无论如何,虽然唐纳里的诉说有夸张的成分在内,但它确实能引起人们对我们这个星球上那些已经消逝了的文明的兴趣。同时也越来越引起学术界诸多专家对它的重视，近来已经有数位从事这方面研究的博士表示对唐纳里具有浓厚的兴趣。也许在将来的某一天,唐纳里对人类所作的不可磨灭的贡献终将会伴随重新荡起的历史尘埃而焕发出夺目的光彩。

世界飞速发展,如彗星横扫星空,
今天的科学,值得我们期待。
在我们尚未老朽前,必须学习,
从了解昨天襁褓中的自己开始,只要我们存在。
所有存在过的文明,都曾伟大;
只要我们睁开双眼,从那些沉没的遗迹中寻找。
古人的文明,就像附着在大洋深处的岩石,
筑就了这个世界所有辉煌的根基。

——费什特斯

ATLANTIS

目　录

亚特兰蒂斯之谜·下卷

亚特兰蒂斯之谜·上卷

第一部分　亚特兰蒂斯的历史

第一章　揭谜“亚特兰蒂斯”

本书将尽最大可能地为读者提供形形色色、具有独特价值的新颖观点和命题。它们包括：

1. 在大西洋海域，地中海入海口的对面，曾经存在一座面积辽阔的岛屿，它就是我们今天所要讲述的史前文明高度发达的亚特兰蒂斯帝国的所在地——大西洲的残留部分。

2. 柏拉图曾经提及的那个岛屿并非如同人们头脑中长期以来想象的那样，只存在于神话故事中，而是确确实实地在历史中存在过。

3. 亚特兰蒂斯帝国见证了在那片土地上生活的人第一次由野蛮蒙昧步入文明的过程。

4. 在漫长的历史长河中，有一个民族渐渐发展并日益强盛，他们从原有的领地进而遍布世界各地：墨西哥湾海岸、密西西比河流域、亚马逊河沿岸、南美洲太平洋海岸、地中海周边海岸、欧洲和非洲西海岸、波罗的海、黑海以及里海沿岸，这些地区无一例外地在人类文明统治之下。

5. 这个世界上有关大洪水的一切记载都是真实的：除了亚特兰蒂斯之外，还包括伊甸园、西方极乐群岛（金苹果园所在地）、阿尔喀诺俄斯（古希腊史诗《奥德赛》中的人物）之园、在古代北欧神话中出现的仙宫以及世界各国都曾流传过的关于乐土的传说、传说中，我们的祖先在那片土地上生活了很多年，他们的日子幸福而又安定、和平。

6. 古希腊、腓尼基、印度以及斯堪的纳维亚半岛的众多神话中的各路神仙和神女都是根据亚特兰蒂斯王国的国王、王后和英雄人物幻化而来的；人们之所以把这些事实编进神话传说里使之得以千古流传，不过是整理这些关于历史事实的残存的记忆。

7. 在古代埃及和秘鲁的神话传说中,有关于对太阳崇拜的记载,事实上也是来源于亚特兰蒂斯的宗教。

8. 古埃及极有可能是这个世界上最古老的被亚特兰蒂斯征服的殖民地,现今的埃及文明无一例外地翻版自亚特兰蒂斯文明。

9. 亚特兰蒂斯也是欧洲"青铜器时代"器具的起源地。同时,亚特兰蒂斯还是最早的开始铸铁的国度。

10. 全部欧洲国家的字母表的鼻祖——包括腓尼基人的字母表，另外，中美洲的玛雅人的字母表同样来自于亚特兰蒂斯。

11. 亚特兰蒂斯人是亚利安人和印欧语系人的祖先,同时他们也是闪族人的祖先,极有可能还是都兰语族人的祖先。

12. 亚特兰蒂斯在地球上的消亡缘于一次大自然的剧变,在那次突如其来的剧变中,整个大陆以及在大陆上的多数生物自此永沉海底。

13. 在这场灾难中，只有寥寥的少数人乘坐着船只和木筏侥幸逃脱,势不可遏的滔天洪水将他们带往世界各地，从此在世界各个国家和民族中盛传的关于大洪水的传说也就诞生了。假如上述种种假想和推测有朝一日能得以证实,那么长久以来使人们困惑不解的诸多问题就会真相大白;对于圣经《创世纪》开篇中所描绘的景象人们便能轻易理解,不必大费周折;人类对自身的历史也将会有全新的认识;人们会对此作出解释:在发现的大西洋彼岸的古代文明同新大陆文明之间为何会有诸多的相似之处；这一切的一切都将帮助我们探寻到人类文明的根源,追溯回人类生命的源头,以及发现比创造古印度文明的亚利安人、最早在叙利亚定居的腓尼基人以及最早到达波罗的海沿岸的哥德人都更早创建高度文明的人类祖先。

数千年来，人们总是一贯地将亚特兰蒂斯的故事当成一种供人茶余饭后消遣闲谈的神话传说而已,极少有人相信它真实存在过。这种盲目排斥性导致了人们的无知和妄自尊大,要知道,正是由于所谓智慧程度的提高才引起了怀疑主义的泛滥。但事实是,最接近历史的人并不总是对历史真相一清二楚的人。

在人类历史上的近一千年，人们接二连三地发现了诸如被埋没的庞贝古城和 Herculaneum(附近的另一处古罗马遗迹)等史前文明遗址,这使得他们逐渐相信了在今天的人类历史上还有许多谜团悬而未决,并冠之以“传说中的城市”的称谓。一千多年以来,纵使人类对历史的认识日益加深,但却对于如何证实古希腊历史学家希罗多德所宣称的古尼罗河和古巴比伦迦勒底文明束手无策。人们在相当长的一段时间内把这位著名的古希腊“历史之父”蔑称为“谎言之父”。甚至连另一位因《名人传》而蜚声世界的希腊历史学家蒲鲁塔克也对他的同胞给予无情的嘲笑。时至今日,历史总算是对他所做的一切作出了公正客观的评价,正如弗雷德里克·施勒格尔所说:“现代人将他(希罗多德)研究得越深入,对他的重视和尊敬越会有增无减。”而巴克尔对他更是做出了诚恳贴切的评价,“他对埃及和小亚细亚地区的研究甚至包括极为细小入微的环节都得到了地理学家们的一致认同”,情真意切中流露出对希罗多德的近乎顶礼膜拜般的赞叹。

曾经有一件事,令被埃及法老派出进行环非洲航行的探险队大惑不解,原因是当探险家航行一段时间后,惊奇地发现太阳与他们出发时候的方向截然相反,竟然会出现在他们的北面;这种现象在以后又不断出现,人们对此纷纷猜测,这个问题一直困惑了人类上千年。在 2100 年后,当达伽马发现非洲好望角,这一千年之谜终于大白于天下,这种现象其实很好解释——当时的航海家们只不过是跨过了赤道,踏上了地球的另一半领土而已。

我之所以在本章大写特写并浓墨重彩地介绍这些迷雾重重的猜想中的历史课题,完全是想将读者所有的目光都吸引到本书接下来将要详细谈到的亚特兰蒂斯文明。经过千余年来众多考古学家、历史学家、科学家、航海家和探险家们不懈的努力,不计其数的搜寻与挖掘,各种命题和假设的提出、推翻、证实,学术界研究领域的深入和拓展,如今,当代人类对于这些史前文明的研究越来越多地集中到亚特兰蒂斯问题上来。笔者深信,随着航海家们在未来会有更多的新的发现,我们今天所做出的这些推测和判断将渐为人们认可和关注,不管最后结果如何,至少它将对科学的向前发展起到不可或缺的推动作用。

第二章 柏拉图口中的亚特兰蒂斯

柏拉图为我们留下了亚特兰蒂斯的历史。假如我们的看法没有失误之处和过错的话,这将是有史以来古人给我们留下的最具分量的一份历史记录。

柏拉图生活在耶稣基督出生前的四百年。而他的家族的一位祖先、古希腊七贤之一的著名政治改革家和诗人梭伦，在担任雅典卫城执行官期满后出国旅行,先后游历过埃及、塞浦路斯、小亚细亚等地,前后长达 10 年之久。在他结束游历生活回到家后,开始对他道听途说来的种种传说进行创作,其中就提到了亚特兰蒂斯古国。梭伦向来给人以诚实的印象,他记录的真实性无可非议,就连苏格拉底也说道:“好就好在它是事实,这要比虚构的故事更为精彩绝伦！”关于梭伦对于亚特兰蒂斯记录的这段历史,蒲鲁塔克说:“梭伦在遍访各地后,试图记录下他听闻得最多的关于亚特兰蒂斯的描述,这绝对不止神话传说那么简单，因为梭伦曾在萨以斯城向一位有着丰厚学识的老祭司请教,通过他了解到了关于亚特兰蒂斯岛的大量的丰富的情况;但是由于他当时已过于年迈,没有充足的精力将这些一一撰文记载下来。他担心这份工作对他来说将是难以完成的,于是就放弃了这种想法。”但是试着读读下面的这些诗文，我们就能从中体会到梭伦对事业始终如一的追求以及对自己毕生的信念:

“我的一生从没有停止过学习。”

“美酒、智慧和美貌始终是让我们开怀不已的礼物,但唯有一直将我们生活中的阴影照亮,方能令我们笑容永驻。”

“而柏拉图,承接了他祖先未圆的遗愿,激情充盈地投身到了对亚特兰蒂斯岛不懈的深入探求中去,在人类发现这片蒙着神秘面纱的土地之前,他就首先把它的上空点上了耀眼的光芒，这显然是由于他的先祖梭伦对他的影响,他本人也曾多次对此直言不讳。每当他谈到他自己深入研究的这个课题,他的兴奋之情就会溢于言表,他为自己能选择这样伟大的研究古文明的切入点而深感自豪,这个课题要比以往任何壮美的神话、史诗以及传奇都更引人神往。但令人扼腕叹息的是,他开始得还是有点迟了,在它刚刚投入这项研究工作不久便撒手西去。因此，令读者甚为遗憾的是，当你越被他所记录的文字所吸引，也就越为如此美妙的故事戛然而止而深深叹息。”

梭伦到埃及游历的经历无可置疑。但是是什么原因逼迫他离开雅典呢，蒲鲁塔克足足花费了十年的时间向人们解释。有许多关于哲学和历史问题的争论都是基于此。对此，他如此款款道来：“他能力出众且意志力极为坚忍不拔，就像他所签署的法律及他的言语一样，他穷其一生都在书写教科书般的历史，并一直流传至今，供人们去评说。从来没有人怀疑他的正直，率性和坦诚，这是毋庸置疑的。在他对于亚特兰蒂斯的历史和城市的描述中，从来没有出现类似“可能”这样的词汇，他这种性格一直到死都没有改变。所以我们不必疑心他会在要传给后人的手稿中胡乱地杜撰历史，而尤其他的后人又是柏拉图，这样一位伟大的学者、思想家和历史学家，对古代历史的认识和理解精深而又独到，甚至完全可以与梭伦本人相提并论。曾经有位希腊的神父这样对梭伦说到，‘你永远不可能还原历史的古代，以及古代的历史’，毫无疑问，梭伦自己心下也知道要向今天的人们证明历史是多么的困难，又是何等重要，这其中不仅包括希腊进入高度文明之前的数千年历史，而且更有在希腊王国建立之前的成千上万年的历史，他是多么渴望能够将这些可能永远也无法证实的历史保留给尚未完全教化的普通公众。”

今天，柏拉图留给我们的这份记录是我们所能见到的关于介绍亚特兰蒂斯文明的最精彩最深入的一本书。他在公元前 350 年撰写的这篇哲学名著《对话录》中，记载了公元前 421 年他的老师、大哲学家苏格拉底与三个学生之间的一次对话。其中的一个学生叫做柯里西亚斯，是柏拉图的表弟。在这篇对话录中，柏拉图不厌其烦地用大量笔墨着重描写了亚特兰蒂斯的情况，“亚特兰蒂斯是大陆的首都，位于岛的中心位置，有三条宽阔的运河环绕着主岛，这些环形的运河和陆地把全岛划分为五个同心圆形的区域，另一条运河从中心贯穿各区，直通海岸。”但随着国力的日益强大，亚特兰蒂斯开始向欧洲发起侵略，它先后将铁蹄踏入古埃及等诸多部族，使之臣服，但当时的希腊人“是众多部族的领袖，……在邻近部族相继降敌后，只好孤军奋战。”于是在希腊人顽强不屈的奋力抵抗下，“粉碎了敌人妄图入侵的计划，使那些尚未屈从的人免于为奴，并且使海峡内其他已被征服的城邦重获自由”。入侵战争失败后，亚特兰蒂斯人开始日趋堕落，“他们被利益蒙蔽了心穷,成天只知道钩心斗角,为权利争得你死我活”,于是天神宙斯决定对他们施加惩罚,他“召集诸神来到自己的神殿内,……诸神齐集于神殿后,他说——”柏拉图的记载到此戛然而止,接下来宙斯到底说了些什么,没人知道。但亚特兰蒂斯的下场却人所共知:“在极为剧烈的地震和大洪水的摧残之下,仅仅一昼夜的时间,亚特兰蒂斯就此沉入海中,从陆面消失了。”

下面便是这篇对话录中的部分片段:

柯里西亚斯:苏格拉底,对于稀松平常的一个怪诞的传说,你可以质疑它的真实性,但是,对于亚特兰蒂斯,绝对是真实可信的,因为在希腊史上,梭伦算得上是最贤明的七个人之一。他是我们家族的先祖,又同我曾祖的关系极为亲密,他不止一次地在他的诗篇中描述过它;后来我的曾祖将这个故事告诉我的祖父,接着祖父又转告给我们,他要使我们记得,曾经的亚特兰蒂斯文明是多么的古老而又辉煌,但不幸的是,随着时间的流逝,文明渐渐地消亡,人们也逐渐地把它遗忘了。但正是因为靠着梭伦,我们才能知道它的存在,所以他是最伟大的历史记录者,假如我们能找到正确的方法来证明他叙述的真实性,那无疑是对我们先人最好的报答……

苏格拉底:我也赞同你的说法。可让人感到棘手的是,用什么方法才能证明梭伦所描述的这个文明高度发达的古国是真实存在的历史,而不仅仅是虚无的神话传说呢?

柯里西亚斯:接下来我将为您讲一个关于古代世界的故事,这个故事是我从一位老者那里听到的。那个时候我的曾祖已经是耄耋之年,而我当时不过十岁左右年纪。当时有一个节日,被称为阿帕图里亚节,相当于如今的青年举行的成人仪式;按照惯例,在这个节日上,在场的所有的父母都要鼓励自己的孩子做诗歌朗诵,其中不乏梭伦的作品,在那个时代,他的诗作在年轻人中口耳相传,非常流行。在我们整个家族中,他不仅是一位最贤明的人,而且也是身份最高贵的诗人。家族中的老者对梭伦的学识和为人也赞誉有加,我依然清晰地记得他们是如何推崇梭伦的,每当他们谈论到梭伦的时候,总是面带微笑地说,“如果梭伦也像其他诗人那样,将其毕生的精力放在诗的创作上,把从埃及回来以后的所见所闻和经历编写成诗篇,并且在返乡后可以潜心创作,而没有受到各种势力无休止的纠纷,那么他就有可能会与荷马与赫西奥德那样的伟大诗人并肩而立。

“那么他的诗写的都是关于哪方面的东西呢,柯里西亚斯?”一位对梭伦知之甚少的人问道。

“他写的是一些祖辈的辉煌往事——那些由于时代的久远和创造历史的人的消亡而没能流传下来的，譬如雅典人曾经做过的所有世上最伟大的创举,以及那些本应该更加令世人瞩目的往事。”

“那就说来听听！”另一位说道,“他又是从哪里获知这些古老的往事的呢？”

答曰:“有一个名叫萨伊斯的地方,地处埃及三角洲,也就是尼罗河分流之处,历史上曾经有一座伟大的城市也叫萨伊斯,第26王朝国王阿玛西斯(Amasis 570–526)就是在这里出生的。在这座城中,有一位被当地人称作奈斯的女神,深受人民爱戴,此后有人断言,奈斯就是古希腊人尊奉的女神雅典娜。现在,这座城中的市民大都对雅典城有着很好的印象,据说他们自认为在历史上与雅典渊源颇深。故而当梭伦刚抵达那里的时候,便受到了当地人热情的欢迎和爱戴;由于精通历史典故的原因,梭伦被推崇为神父,但是他发现,和萨伊斯人相比,不论是他还是任何其他的雅典人,所知道的有关那个时代神的故事都少得可怜。曾经有一次,他们邀请梭伦为他们讲一些古代的事情，于是他开始讲起在我们这里妇孺皆知的最早的神——甫洛纽斯王（Phoroneus）和尼俄伯（Niobe）的故事；以及在洪水过后杜卡里翁(Deucalion)和他的妻子比拉(Pyrrha)创造希腊人的故事;接下来他又向下牵引出他们的后代，为了向伊萨斯人说明自己所讲述的在希腊人历史上发生的事件是如何的古老和久远，甚至他还详细地说出了那些事情发生于何年何月。这个时候,有一位老祭司站出来对他说道:‘梭伦啊梭伦,你们希腊人不过还只是孩子而已啊,刚才你所提及的那些希腊人,还没有一个可以称得上是老人呢。’梭伦按捺住满腔怒火,问道,‘你的话是什么意思呢?’他回答道,‘我的意思是说,你们现在的思想还很稚嫩;那些古老的思想并没能从你们祖先那里薪火相传,你们也没有认可称得上历史悠久的科学。我会把这一切的原因一一告知与你:由于各种原因,在这个世界上曾经有过,而且在将来也还将继续有许多被毁灭了的人类文明。有一个故事你们也知之甚详,太阳神赫利奥斯(Helios)的儿子法厄同(Phaethon)曾经因为无法驾驭他父亲的马车,盛怒之下一举将天下苍生烧为灰烬,而他自己也被雷电击中而命丧黄泉。尽管现在它听起来有些匪夷所思，但它却从某些侧面体现出在地球或许天堂上的某些文明由盛而衰的过程，比如在地球上燃起的一场旷日持久的熊熊烈火：当火势猛烈时，生活在高山、干旱以及陡峭的地方的生物相比那些靠近河流或者海滨的生物更容易消亡；在尼罗河爆发的洪水中，是我们祖先那些无往不胜的救世主使我们从一片汪洋大海中安然脱身。可是，另一方面，那些整日在高山上生活的牧羊人和放牧者，却能从诸神用以清洗地球的大洪水中逃过一劫，而在城市中生活的人则会被洪水裹挟至无垠的大海中，无一幸免；无论如何，有一条规律是亘古不变的，那就是不管任何时候，洪水自始至终都是从上往下流，而且总是从高处流向平原和洼地，正是鉴于此，我们这里才得以使最原始的古代文明完好无损。无论是冬天的严寒，还是夏季的酷暑，都对它无可奈何，人类就此繁衍下来，生生不息，虽然有时候人数众多，有时数量锐减。因此，不管在你们的国家还是我们这里，或者我们所了解的世界上的其他地区，一旦发生什么重大或显著的事件，古人都会将这些一五一十地记载下来，并且将他们保留在我们的祭坛中；而你们和其他民族则只是通过书信和口头传达的方式使这些历史流传；那么可想而知，如果有朝一日全国各地爆发了类似瘟疫的灾难，那么那里只剩下一些可怜巴巴的残篇断章留给你们；你们整个民族又将被迫回到愚昧无知的人类原始时期，对于古代所发生的事情只知道零星点滴，不管是发生在我们国家抑或是你们自己国家的事情。梭伦，至于你刚刚提及的那些你们祖先的家谱，他们看起来就像是孩子们的童话；因为首先，你们只是知道历史上曾经发生过一次洪水，但我告诉你，类似这样的事情在历史上发生的次数数不胜数；其次，你们对曾在你们那片土地上创造出辉煌文明的族群了然无知，事实上，你和你们整座城中的其他人都是那些文明残留下的后裔。可是你们对这些一无所知，因为当初的幸存者们的后代早已经撒手西去了，这就使这段历史变得更加虚无缥缈，令人捉摸不定了。梭伦，在那场摧枯拉朽、将一切瞬间毁灭的大洪水暴发之前的一段时期，如今的雅典就已经发动过它的第一场战争，并颁布了名目众多的法典，据说那个时候他们已经创造出了相当辉煌的文明，并拥有了普天之下最权威的宪法。'这件事勾起了梭伦潜伏的好奇心，他迫不及待地请求这位老祭司将这段轶事仔仔细细地说给他听。'我很愿意讲给你听，梭伦'，老人态度中肯，没有一丝卖弄的意味，'为了你，也为了那座曾经的古城；归根结蒂，为了我们共同的那位女神——我们的庇护者和启悟者。早在创造出我们的1000年前，她就已经从赫斐斯塔斯（古希腊神话中的火和锻冶之神）那里把你们的城市和祖先创造了出来，接着他又把我们创造了出来，这件事距今差不多有8000多年了。现在要给你讲的是发生在9000年前的事情，我所能做的就是告诉你那时的法律与最著名的事件；至于每一个事件的细枝末节，以后我会向你慢慢道来。假如你把现今的法律和那时的法律对照一下，你就能从中发现，二者有诸多相似之处。首先，它有一个等级制度，用以划分神职人员的等级，这与其他制度截然分开；其次是有许多技工和工匠，他们可以依靠自己的能力研制出工具，而没必要再依赖其他人的帮助；而且在那个时候，社会上也已经形成了单独的放牧和狩猎的职业群体，当然也有从事农耕的人；你还可以从中发现，在当时的埃及，已经出现了合法的专门从事战争的群体，比如武士之类；此外，那些武士已经配备了战斗时专用的器械——盾和矛，从这点可以看出，雅典娜女神首先将战斗的技巧传授给你们，接下来才是小亚细亚国家，但要说明的是，我们使用这些武器的时间比其他各个国家都要早。'"

"至于智慧方面，不知你可否对最初的法律做过深入细致的研读？认真地看一看，再静下心来想一想，在那个时候，整个社会已经有了相当健全和完善的职业分工，其中甚至包括预言和医药在内的诸多行业；那时候的人们就已经对许多与生活息息相关的学科知识掌握得相当熟练了，所有上述这些现象都是人类社会发展到一定阶段才会出现的。而所有这些社会基础和秩序都是雅典娜最初建立你们的城市时所赋予的；之所以选择你出生的那片土地的原因，是因为她对那儿的气候情有独钟，那儿四季如春，温暖宜人，在那儿可以培育出世界上最聪明的人。因此，这位生性好斗又对智慧极为推崇的女神选择了这样一块土地，只有在这片土地上，她才可能创造出最贴近自己的人来。就这样，你朝夕生活的那片土地，就是由于先天条件比世界上的其他地区更为优越，从而才使得那里的人有着更为高尚的操行，也就自然成为神的宠儿。在我们的历史中记载了许多发生在你们国家的大事；但其中有一件要比其他所有事件都令我们印象深刻；你们的国家在历史上一直延续了这样一种传统——权力崇拜，武力崇拜，并用这些去征服整个欧洲及小亚细亚地区，当然，最后你们整座城市的繁荣也是毁于它之手。这种力量来自于大西洋,因为那个年代的人们有能力漂洋过海了;在你们现在称作'海克力斯之柱'(即今直布罗陀海峡)之外不远处的地方,就坐落着这样的一个岛屿:这座岛屿的面积比利比亚和小亚细亚的总和还要大,是大西洋上通往其他岛屿的必经之地,穿过这些岛屿之后,你就到达了围绕大西洋的另一块陆地;因此,'海克力斯之柱'实际上也可以说是整个大洋的一个港口,它占据着一片十分狭窄的水上交通要道,但它却有着不可替代的重要性,是连接两块大陆的最重要的交通枢纽,是整个大洋密不可分的一部分。当时,亚特兰蒂斯岛就拥有着这样一个异常强大的权力中心,整个岛屿甚至周边的一部分岛屿都在它的统治之下,它的势力甚至跨越了大洋延伸到了大陆的部分地区;除此以外,这个庞大的帝国还统辖着利比亚在'海克力斯之柱'之内、埃及以近的部分地区,欧洲以远直至第勒尼安海(地中海一部分,在亚平宁半岛、西西里岛同撒丁岛、科西嘉岛之间)。巨大的权力中心不休地扩张、聚集,四下的族群相继臣服于它,整个海峡以内的领土都在亚特兰蒂斯帝国的统治之下;所以啊,梭伦,你们国家的文明就这样被传播到世界各地,你们的许多文明成果和优秀文化被人类一代又一代地继承下来,而不至于断绝;而雅典娜女神也不但是战争和勇气的化身,而且也成为古希腊人的领袖。而当她的臣民胆敢妄图脱离她的统治,挑战她的权力和地位的时候,她又会通过各种艰苦卓绝的斗争,突破重重危险,重新击败敢于冒犯她的敌人和任何入侵者,捍卫自己的尊严和国家的统一与稳定,将所有居住在'海克里斯之柱'范围之内的居民归于亚特兰蒂斯帝国的统治。但此后的某天,亚特兰蒂斯突然遭受了猛烈的地震和洪水的肆虐,仅仅一昼夜的时间,所有这些好战的人都被活活地埋在地下,亚特兰蒂斯也就从此沉入了海底。由于亚特兰蒂斯岛屿的沉没,导致一部分被淹没的大陆地区海水比较浅,并且产生了大量的淤泥,这就是那片海域难以通行的原因。"

"可是对于你刚才提到的关于神的问题,我想特别提一下摩涅莫辛涅(记忆女神);在我的印象里,几乎古代雅典人所有重大的事情都离不开她的帮助,如果我能将神父所言重新进行整理并能完整再现,如果我可以将梭伦请到这里的话,我将对你的任何要求作出令你满意的回答,绝不迟疑。如果能够可以那样的话,我将立刻对你做出回应。"

"首先,还是让我们先回到遥远的9000年前,亚特兰蒂斯帝国的沉没的原因始于一场战争，下面我就要讲一下这场战争，它是在“海克力斯之柱”附近的居民之间展开的一场战争。在参与的这场战争中，雅典城一方面是战争统治者，在战争中居于主导和强势地位；另一方面，雅典城又受到亚特兰蒂斯国王的统领和指挥。据我所知，当时亚特兰蒂斯帝国的势力范围远远超出利比亚和小亚细亚；然后，它在一场难以预料的大地震中沉陷海底，成为后来的航海家们始终无法破解的千古谜团。但随着考古学的不断发现，历史渐渐地从尘埃遍布的地下露出了真容，曾经生活在历史不同时期的各种部落的人种被鉴定甄别，陆陆续续地呈现在历史的大幕上；不过，首先我要从古代雅典人以及他们的敌对力量开始讲起；我必须告诉你们当时雅典及其敌对方的势力对比情况。让我们从雅典开始说起吧……”

“九千年前，世界上的许多地方被奔腾咆哮的大洪水肆意吞噬，我们谈论的亚特兰蒂斯就是在那段时间沉入海底的；当时凡是有洪水的地方就是一片汪洋，只有极少数建在高山上的文明才能够得以幸免，存留在了历史当中；当时整个城市陷入洪水的包围，渐渐地呈圆环的形状，并最终被卷入浩瀚无际的大海，沉没在遥远的海平面以下。其结果是，只有极少数被冲得七零八落的小岛仍然在水面上漂浮，上面遍布着遇难者的尸骨和城市的废墟瓦砾。今天，那些富庶柔软的部分已经演变为石油，而那个曾经风光无限的古城的轮廓早已面目全非，空洞地立于岛上……”

“接下来，我要告诉你的是与古希腊同时代的那些敌对国的情况，如果我的记忆没有出错的话，儿时我确定曾听到一些关于它们的传说；我本不该保留那些同我们的祖先作对的人的故事，但平心而论，这些都是事实。在讲述下面的故事之前，我要事先提醒你，不要感到惊讶，因为我们今天使用的希腊语的许多名字竟然是从外国人那里找回的。我会告诉你它的原因：梭伦一直想把这个故事通过他的诗篇讲述出来，因为他在经过调查这些名字的意义后发现，早期的埃及人将这些名字记录下来，然后翻译成他们自己的语言。当后来的希腊人发现这些名字后，又将它们再次转译为我们自己的语言。我的曾祖父就将最初的文本全部收集了起来，直到今天，我们家族仍然保留着这些遗产，当我还是孩童的时候，我就已经对它们展开了研究。因此，假如某天你突然发现这些国家使用的文字和我们竟然如出一辙，千万不要大惊小怪，因为你已经知道了其中的原因。”

“这个故事说来话长,我就从下面开始给你讲起吧:我以前曾经说过有关天神宙斯将土地分配给众神的事情,他把整个世界划分为各个不同的部分,并专门设有寺庙和祭坛。海神波塞冬分到亚特兰蒂斯岛,从此在那里娶妻生子,繁衍生息,并将这个岛的部分作为人类的定居点。在该岛的中心地带以及靠海的一部分,有一片土壤肥沃、植被密布的大平原。同时在亚特兰蒂斯岛的中心附近,距离这片平原不远的地方有一座山,看起来并不高。正是在这座山上生活着一位这个国家最早期的居民——伊夫纳,他的妻子名叫雷斯蓓,他们夫妻只育有一个女儿,女儿的名字叫做克里特。时光匆匆,如白驹过隙,弹指之间小克里特渐渐出落成大家闺秀,而她的父母则相继离开人世;不知从什么时候开始,海神波塞冬开始对她心生爱慕之情,为了能与她长相厮守,共享二人世界,波塞冬便将陆地割裂开来,用几道山水将克里特生活的小岛环绕起来,这些山海大小不一、环环相绕,大致算来,在他们之间竟然有两块陆地和三片水域,它们彼此之间的距离相差无几,因此这座岛屿人迹罕至,而过往的船只和航海者也对它闻所未闻。而作为海神的波塞冬轻而易举地就可以找到它。同时,他还从地下引了两条小溪通往小岛,这两条溪流便是小岛上的水源——一条暖泉,一条冷泉,两道泉水为小岛提供了丰富多样的食物。他们共生有五对双胞胎儿子,于是便将亚特兰蒂斯分成十个部分,分别由十个儿子统治:他将长子立为最高统治者,并将妻子所居住的小岛及其周围陆地分别交由他来统治,这片土地面积最为辽阔,环境也最好。因为他的长子名为‘亚特拉斯’,因此其王国也就被命名为“亚特兰蒂斯”王国;他又将其他孩子各个分封为王,让他们统治各自领地上的居民。这十位国王分别建立各自的王国,并在自己的王国里握有至高无上的权力,他们彼此间为了保持沟通,约定每隔五六年便齐聚在波塞冬神殿,共同商讨彼此的关系及统治权力,在确立协议之后,他们就会把饲于波塞冬神殿中的牡牛的喉咙割断,用它的鲜血把所确立的决议的条文写在神殿的柱子上,以增添决议神圣不可侵犯的权威性。他们和他们的后人一直统治着这块大陆,其权力世代相传,据传他们的势力范围已经超越国土界限,最远可抵达‘海克力斯之柱’以内的埃及和伊特鲁里亚(意大利中西部古国)。至此,亚特拉斯已经建立了一个庞大的家族帝国,在他死后,王国的权力便由他的长子掌控,依靠这种制度,其王位得以在这一族裔中世代承袭;同时,他们坐拥王国的巨大财富，其势头远胜他们的先祖。由于帝国势力的空前强大，周围的邻邦小国自然对之恭恭敬敬，俯首称臣，在这种背景下，王公贵族们的生活开始变得奢侈而又显赫起来。首先，由于该岛拥有丰富的矿产，特别是他们发掘出了一种被称作山铜的闪闪发光的金属。远远比黄金更为珍稀少见，在当时被视为世间难得的奇珍异宝。其次，岛上还拥有大量的森林资源，其自然条件足够用来发展畜牧和饲养家禽。此外，该岛上还生活着相当数量的大象，有着数不清的动植物。所有这些独特丰厚的自然条件都在客观上将亚特兰蒂斯王国推向了鼎盛时期。除了富饶的自然资源外，统治者还建造起辉煌的庙宇、美轮美奂的宫殿、无数的港口和码头；他们将这个国家一步步地建造成一个超级帝国：他们架桥建坞，将各个海岛上的城邦连为一体；他们大兴土木，在皇家宫殿的内侧又修建宫殿，以祭祀天神和先祖。世代承袭，循环往复，其豪华奢靡程度和建筑规模一再被超越和刷新。在海运方面，他们开凿了一条宽 300 英尺、深 100 英尺、长 50 英里的运河，并在内陆修建了港口，相当于建造了一条水上长廊，船只可以经由这条运河由内陆抵达入海口，河宽足以保证当时最大的船只畅通无阻。他们还将由不同水域分割而成的陆地划分区域，在各块陆地之间搭起桥梁，其保留的宽度和高度至少能够保证一艘三层战舰顺利通过。亚特兰蒂斯大陆及其附属岛屿主要的建筑材料便是石头，无论是高大巍峨的宫殿还是庄严肃穆的庙堂，从内到外都是由式样各异的石头砌成和修饰的。石头的颜色也是多彩斑斓，有红色、黑色，也有白色；经过精心的挑选和雕饰，不管在船坞码头还是檐廊梁柱，到处都可以看到它们。它们有些建筑风格十分质朴简单，也有些需要精雕细琢，有些甚至被琢磨成多彩多姿、耀眼炫目、小巧精致的装饰品。此外，他们还在石墙外层包上名副其实的“铜墙铁壁”，只不过有的是用铜，有的是用锡，还有些是铜锌混合金属，在太阳的照射下，这些宫殿光彩夺目，熠熠生辉。至于这些宫殿内部的布局则大抵如此：中间是一座神庙，用以供奉海神波塞冬和克里特夫妇，对常人来说，这是不可以触及的，其周遭都被黄金重重包裹；因为这是亚特兰蒂斯王国的十位王子最初生活过的地方，所以他们每年都会满载各种供品齐聚此地，做倾心之谈，重温童年往事。波塞冬神庙的外部除顶点由黄金打造外，余下的部分均由白银包装。神庙内部的屋顶则是用象牙、金、银以及金银混合物等来加以修饰；而神庙内的墙壁、立柱和地板则完全是由金银混合物装裱而成。一座金光闪闪的神像就坐落在这个神庙中：只见海神波塞冬在一辆由六匹身生双翼的马拉载的车上站立，他的头几乎触及屋顶；有一百多位胯下骑着海豚的仙女围绕在他的身旁，这也正是传说中的海神波塞冬带领众仙女出游的景象。在波塞冬神庙的外面，矗立着波塞冬的十个儿子以及他们妻子的金像；此外还有许多臣下供奉给王国及国王的私人贡品，这些贡品都是来自于亚特兰蒂斯城及其周围的附属城邦。当然，祭坛还是不可或缺的，其规模和工艺与神庙的其他部分浑然天成，相得益彰，共同衬托出庙宇的雄伟壮丽和王国的恢弘气势。”

“此外，他们还有一冷一热两种泉水；这两种水源都充足丰沛，水质甘甜可口，非常适合人类使用的需要。他们在水源的四周修建了诸多建筑，并且种植了彼此映衬的绿色植被；值得一提的是，他们还修建了蓄水池，有些修建在室外，有些修建在室内，在寒冷的冬天，人们能在这里洗一个暖暖的温泉浴，当然，国王不会与平民百姓同在一个大浴池里；妇女有单独的浴室；甚至连牛马这样的大体型的牲畜都有属于自己的浴室，而且还为它们做了专门的装饰。波塞冬周围绿树丛密，蓊蓊郁郁，流水缓缓地流淌过这片圣洁的土地，水声潺潺，土壤肥沃，生机勃勃；静静的河水沿着渡槽缓缓地从城内的桥底流过，一直延伸至城外……码头上泊满了战舰，军备齐全；商旅往来，川流不息；从这些就可看出亚特兰蒂斯王国当时是何其强盛。到此为止，我已经将我所听到的一切有关亚特兰蒂斯帝国王宫的情况巨细无遗地描述了一遍。现在，我再向你介绍一下这个王国的自然环境以及其他一些情况。亚特兰蒂斯位于凸起于大洋上的一片陆地上，这座城市三面环山，一面为海，地势缓缓下降，是个标准的平原地形；整个岛屿面南而坐。周围群山巍峨，峰峦叠嶂，景致大为可观。在群山环抱之下，村落、河流与湖泊星罗棋布，草场千里流绿，这些草不仅可以作为陆地动物的养料，而且也蕴含着许多宝贵的物种资源。现在我就为你讲述一下这片充满神秘色彩的大平原，9000 年前，它孕育和见证了统治这块大陆的历代王者。”

“这个平原极为狭长，总体呈矩形，有一些环形的沟渠分布其间，不管从它的深度、宽度，还是长度来说，都远远超出你的想象，非常地夸张，当然这些都是我从别处听来的。后来，根据挖掘推测，它至少有一百英尺深，约一英里宽，总体的长度则有一万英里那么长。溪水从高山上汩汩向下流，弯弯曲曲，纵横交错，于不同的地方汇集融合，在这片大地上润物无声，最后又一直汇入浩瀚无垠的茫茫大洋。此外，我还向你提到，整个平原由数条一百英尺宽的运河纵贯而过，这些运河最后也同其他河流一起百川归海。这些运河作用巨大，它们可以将从深山中采伐的木材运至城中；同时还可以通过船只，将山上的果类植蔬等运至城中。一年当中，可以采摘两季果实——冬季温暖湿润，夏季天干物燥，但是运河中储备了丰沛的水源，这可以保证果实丰盈。那里的居民根据各自所在地被划分为数个兵团，每个兵团都有一位被帝国任命的首领统帅，这些兵团加起来差不多有六万人。此外，在山上和在其他地区生活的居民也大都拥有自己的领袖，这些人也分别由国王任命，他们被要求在战时配合国家军队的行动，保持步调一致。那么具体说来又是怎样的呢？最起码的要求就是，各地的统帅要为战时的国家提供百分之六十的战车（即四轮马车），这么一来，全国的战车加起来将能够达到一万辆（真可谓万乘之师矣）；每辆战车均要有如下配备：每辆战车由两匹马、两名骑兵、一辆无座的四轮马车以及一名持盾牌的步兵和一名驾车人组成；另外，每支战队还须配备重装甲士兵两名、弓箭手两名、钩索手两名、投石手和标枪手各三名，这些‘陆军’再与四名海军搭配，开展海战时，作为一艘战舰的武装力量，便可组建成一支配备完整、结构合理的水陆两栖作战分队，强大的亚特兰蒂斯帝国在鼎盛时期共拥有1200艘这样的战舰，由此可推断其军事力量之强盛。当然，这些军事力量只有在这个不可一世的帝国集团对外宣战时才统一作战。而在和平时期，十位国王则各自为政，分别掌管着自己的管辖区域，每个独立的小王国都有自己的法律制度和典章，各国的臣民都要对这些约束绝对服从，否则就会被处以惩罚甚或被判处极刑。”

“至于这些王国彼此之间的关系，主要还是靠作为象征着波塞冬权威的沿袭下来的法律所维系。记载着‘波塞冬神律’的神柱就在亚特兰蒂斯岛的中心——波塞冬神庙的旁边矗立着。十位国王隔上五六年就会在此重聚，以示对祖先波塞冬的纪念和虔敬。他们会彼此讨论一些共同关注的公共事务，查看是不是有人违反了整个帝国的法律，并对此做出相应的裁定——在作出最后的判决之前，他们之间彼此约定：所做的任何决定都不得僭越波塞冬神律所规定的范围；十位国王要单独留在神庙内，向先祖神圣进行祷告和宣誓，保证自己对帝国忠诚不二，彼此之间不动刀戈，共同遵照神的训谕和平相处；对于冒天下之大不韪而触犯神谕的任何人，要对其施以棒刑甚至绞刑以做出最严厉的惩处；至于他们所遵奉的神律即是神柱上所刻下的律令；作奸犯科之人必须受到神律的惩处，要在神律面前被处以死刑，用自己的头颅和鲜血洗刷自己的过错。同时，在神柱上的律令旁边，还刻有神圣庄严的誓约，以祈求全知全能的神宽恕这些不忠的行为。祷告完毕之后，他们每个人都会割破食指，将鲜血滴入同一个杯中，歃血盟誓；在神柱面前进行完'涤罪'仪式后，触犯刑法者便会被处以火刑。这个时候，他们便将手伸进盛有自己鲜血的金杯中，蘸取其内的酒水，掸向炎炎的烈火，口中念念有词，向神明保证自己是在秉承圣灵的旨意，对那些身负重罪的人给予应有的惩罚，波塞冬神律将永远作为他们信奉的唯一准则。接下来，他们会将杯中的血酒一饮而尽；晚饭后，伴随着夜幕的降临，那团燃烧的火渐而冷却，此时夜色蒙蒙，他们身披蓝色长袍，端坐在残留的余烬周围，将最后的火光熄灭，至此，整个行刑的过程便告结束；黎明时分，他们会将这次刑罚记录在一块金牌上，并将这些金牌连同身披的蓝袍一起保存下来作为永久的纪念。在亚特兰蒂斯帝国记载的历史中，曾有许多有关判罚的条例极为特殊，但最重要的要算是我接下来要讲的这个：所有亚特兰蒂斯的子民要亲如兄弟，永远都不能自相残杀、同室操戈，当任何其他邦国的人意图篡权时，所有邻邦兄弟要团结在一起，共同御敌。正如他们的祖先一样，他们在做任何事情的时候都应同舟共济、同仇敌忾、同心同德，他们都要承认亚特拉斯家族至高无上的地位；十个王国的国王中，任何一位国王都无权决定其他兄弟国王的生死，除非十位国王中多数人同意这一决定。”

“这就是天神赋予亚特兰蒂斯帝国巨大的权力；作为帝国最庄严神圣的信条，它对整个国家的一切做出了指引，历史让我们知道：亚特兰蒂斯的历代子孙，只要遵从这条信念，遵奉帝国的法令，对祖先神明心存感念，彼此之间就能相安无事，和平相处；因为他们奉行的这条信念会指引他们对每件事都做出正确的决断，用仁慈和他们的头脑去处理现实中的各种问题以及彼此之间的交往。除了美德，一切都难入他们的法眼；他们不会对金银财富垂涎欲滴，这些对于他们似乎更像是一种负担；他们不会因为过上了豪奢的生活而飘飘然，财富根本不可能夺走他们的自控能力；他们总是有着冷静的头脑、纯洁的心灵，他们心下深深地知道，唯有彼此之间心无芥蒂，胸襟坦荡，才能让财富愈积愈多，对于他们来说，彼此的关爱和尊重远比金银更加重要，因为物质随时都可能消失，惟有情谊可以天长地久。”

“正是倚仗着这种体现在历代亚特兰蒂斯人身上的精神，依靠他们对神明的始终如一的无限尊崇和信诺，那个强盛的亚特兰蒂斯帝国才得以存在；但他们圣洁的一面消失殆尽，逐渐变得腐败无能，日趋堕落，他们被名利蒙蔽了头脑，沉溺于名利的争夺之中。在这种情况下，天神宙斯决定惩罚亚特兰蒂斯人。因此，他召集诸神来到自己的神殿内，待诸神齐集于神殿后，他说……”

柏拉图所记录的对话到此戛然而止……

第三章　是真实还是传奇

那么，这段柏拉图记录的对话是否确有其事呢？很多人也许会对此心怀疑虑。其实，古希腊、罗马的学者早在柏拉图去世后的数百年间就已经对亚特兰蒂斯是否存在而争论不休，各执一词。对此持否定看法的人认为，这段对话是柏拉图在论述哲学时所列举的寓言故事。而持肯定看法的人则认为，柯里西亚斯在《对话录》中曾三次强调此事真实不虚，苏格拉底也说，这个故事“好就好在是事实，这比虚构的故事要好得多。”而最先讲述这个故事的梭伦是古希腊公认的诚实的人，他生活的年代仅仅早于柏拉图二百年，因此人们彼此口耳相传完全有可能使之流传下来。

为什么对我们的祖先有所怀疑呢？他只不过讲述了一段灿烂、宏伟、辉煌、壮观的历史和一群曾经创造了不朽文明的人类祖先而已，当今的人们不也正是在不断书写和创造新的历史篇章吗？假如我们能客观地看待柏拉图讲述的这个故事，那么就能发现，几乎故事中的每一个部分我们都能从古埃及或者秘鲁人的记录中找到些类似的痕迹；事实上，柏拉图对于亚特兰蒂斯的许多论述，我们可以从有着“历史之父”美誉的古希腊历史学家希罗多德对于古埃及宏大的描述中一一地得到印证；同样，在秘鲁人普雷斯科特的画作中，我们也可以看到浓缩在其中的亚特兰蒂斯文明，比如，他有幅作品叫做“秘鲁的征服”，在其中，他说：“在秘鲁人创造的所有文明中，以库斯科(秘鲁城市)的帝国文明最为声名卓著，在纪念帝国的庙宇中，历代帝王搜集来的财富可以说是富甲天下，以至有闻名于世的'黄金之殿'之称。金光灿灿的圣殿恰到好处地诠释了它的秘鲁文名字——黄金矿。有一座代表着神的雕像矗立在它的西墙，那是一张人形的面孔，一束束的圣光从身后四散发出，几乎与太阳神阿波罗无异。这座塑像由一个黄金的底座承托着，在它上面点缀着各色翡翠宝石；四壁和顶棚镶嵌黄金玉饰；殿堂内的各个角落都点缀着抛光的玉石和星星点点的珍稀金属，显得熠熠生辉、璀璨夺目；即使是飞檐翘角的选材也毫不逊色。整座殿堂发散出尊贵、华丽、宏伟壮观的气势……"

如此说来，柏拉图的叙述根本没有夸张造作的成分；没有超凡脱俗的天神，没有样貌骇人的蛇发女怪，没有令人厌恶的牛鬼蛇神，也没有力大无比的擎天巨人。所有他描述的一切不过是再简单平凡不过的一段历史了，其中的人物所做的建庙、造船、疏通运河样样都符合情理；那里的人们日常生活和我们并无二致，躬身劳作，经营买卖。并且，他们已经把贸易拓展到了他们的周边国家。翻开大部分民族早期的历史查看，多多少少都有关于神魔的传说，而柏拉图所讲述的这段历史却并非如神话般不着边际；据史料记载，曾经有一位异邦居民移居到这个国家，并在这里和一位姑娘喜结连理，从此就在此地定居；也就是从那时起，一个强大的民族逐渐壮大起来。这绝不仅仅只是个传说，据有着历史之父美誉的古希腊历史学家希罗多德回忆，这段历史是一位埃及牧师亲口向他讲述的。当时的情形大致如下——希罗多德说，"他们认为在一万一千三百四十年前，人类社会尚不存在'神'的……他们都坚决否认人是作为神的后裔的可能性。"所以说，如果柏拉图仅仅是在根据他自己的想象而勾画出这样一个离奇玄幻的故事的话，就根本没有必要将其讲述得如此贴近现实而又合情合理。他完全可以像讲希腊神话那样把这段故事编的充满传奇色彩，充满魔幻经历，有仙女也有半人半兽神。

同时，从这个看似寓言的传说本身，你很难找出哪怕一丁点能够证明柏拉图在通过这个故事进行道德或政治说教的证据，正如培根在《新大西洋城》与《失落的帝国》中所作的有力的论述。因此，这绝对不是一个主观臆想的童话故事。开诚布公地讲，这和过往的任何一段历史一样合情合理，没什么两样，同时它也是一个民族在其国王的统领下生生不息，世代相传，创造出的一段辉煌的人类文明史。

柏拉图在讲述这段历史时称，那是一个“伟大而又弥漫着传奇色彩的帝国，它国势鼎盛、南征北战，其势力范围曾经远及到整个欧亚大陆。”由此可见其统治范围之广。在当时，不仅非洲的埃及、欧洲的罗马被他征服，“甚至整个大陆的各个角落都留下了它的痕迹”，而且，有关它的传说就连大洋彼岸的美洲大陆也在流传，在中南美地区，特别是秘鲁和密西西比山谷，至今仍有许多史前时代的城堡护堤完好地保留着。

此外，柏拉图还告诉我们，有一个稳固的中心在控制着这个异常强大的权力，也就是说，从埃及到秘鲁，实际上都在一个王朝的控制之下，甚至连史前时代的印度也曾一度沦为它的附庸，这是证明亚特兰蒂斯帝国实际是当时整个世界权力中心的有力证据。

为了证实柏拉图所描述的故事的真实性，我们可以找到另外一个证据来佐证，那就是今天人们在大西洋北部的亚速尔群岛发现的黑色、红色和白色的熔岩。柏拉图曾经说过，亚特兰蒂斯王国的城墙正是由黑色、红色和白色的石头所砌成。今天的考古学家托马森教授曾对此做出分析，他说，“这些不同颜色的胶着在一起的火山岩，很容易让人联想当初火山喷发时的壮观景象，它们有如礼花焰火般从不同地质年代的地下猛烈喷发而出，而最早的地质纪年就应该是9000年前的亚特兰蒂斯岛。”他同时还颇为细致地描绘了亚特兰蒂斯那高大的黑色城墙的样貌。

柏拉图说过，“早在许多年以前，这个王国的居民就已经对亚特兰蒂斯平原进行了开垦。”如果今天人们根据发现所做出的关于在这块土地上诞生了最早的农业和畜牧业，培育了最早的小麦、谷物和燕麦的推断将来能被科学佐证的话，那么柏拉图的这段话就更令人确信无疑了。试想，要迎来这样一个伟大的史前文明时代，所有的这些不正是人类从蒙昧落后的状态向城市化文明跨进的必经之途吗？

在这块大陆周围，有一圈沟渠将其环绕，溪水从山上顺流而下，我们甚至可以把它看作人类文明中四大河流的发源地。当然，如果按照圣经中的描绘，也可以将它想成是伊甸园的象征。

我们知道并不是柏拉图创造出了海神波塞冬的名字，作为欧洲有史以来最早的神，波塞冬至今仍受到人们的膜拜：“波塞冬情结看起来已经成为所有前希登(黎巴嫩港市)时代的殖民地共有的一种独特的文化现象。”这种膜拜“最初源于西班牙，然后远播到北非，而将这种文化发挥到极致的，则当属意大利人民。但它的传播并未就此善罢甘休，它的影响在不停蔓延，从大西洋的众多海岛，再到爱琴海周围的广大地区，一直到色雷斯。”

古希腊神话中海神的代表有两个，一个是波塞冬，另一个是尼普顿；但波塞冬却因为他独立于战车上的威武形象而在人们心中留下的印象更为深刻，于是逐渐成为“海神”真正的代名词。不单单这样，甚至连拉载波塞冬战车的马匹都变得神秘莫测，甚至需要柏拉图来专门进行撰文释疑。波塞冬之所以被当作海神，最主要的原因还是因为他将海中的这片神秘的大陆归于自己的统治之下，进而成为生活在这块大陆上的民族集体顶礼膜拜的海神；他之所以和马的关系密不可分，是因为在亚特兰蒂斯大陆，马是最先被人类驯服的动物；正如柏拉图所说的那样，亚特兰蒂斯人已经开始通过举行马赛来提高马匹的奔跑速度；而波塞冬典型的站立于马匹所拉的战车上的形象，自然也不是无凭无据、主观杜撰出来的，原因再简单不过了，因为马车同驯马一样，也是亚特兰蒂斯人的首创；后来，他们的后代又将这些战车从埃及传送到不列颠岛。在历史上的各个时期，人们都用马匹来祭祀海神波塞冬，这是人所共知的；祭祀时，先是把马匹屠宰掉，然后再将其从悬崖峭壁推入惊涛骇浪之中。斯堪的纳维亚半岛的异教徒们始终保留着这一以马祭神的传统，而且这种传统也曾在欧洲靠近海岸线的国家风靡一时，直到他们转变为基督徒，才被教会强制性地将这些习俗取消了。

我们从柏拉图的描述中可以发现，在众多腓尼基人传说中出现的神都在亚特兰蒂斯国王身边。假如柏拉图所讲述的这个故事仅仅是个童话寓言，那么，希腊人又是从哪里得知众神的名字的呢？

柏拉图所讲的“该果有硬壳，其汁可饮，其肉可食，其油亦有所用，”是不是可可果呢？

另外，柏拉图说过，亚特兰蒂斯有着丰富的水源，而且冷热泉均有。那么他又是怎么知道亚特兰蒂斯会有热泉呢？难道是他灵机一动，在头脑中无端地勾勒出的图画吗？当然不是，这里有最有力的证据：在被认为是亚特兰蒂斯古城遗址之一的亚速尔群岛那里就有很多热泉；当然，柏拉图说这番话时也应该是根据自己的经验判断其准确性的，因为科学告诉我们，热泉是火山频发地区普遍存在的一个典型特征。

柏拉图还说:“(亚特兰蒂斯)整个国家都坐落在海滨的一块高耸而陡峭的土地上,但是在城市的周围却有一片辽阔无际的平原,它地势缓和,周遭被崇山峻岭所包围,一直延伸向大海。”它的轮廓看起来有些像“海豚的背脊”,一直在幽静的深海中静静安睡。本书从开篇直到本章,始终在尽力还原它的真实面貌。“环绕的群山”从北面将这个大平原笼罩起来,亚速尔群岛的山脉不正是所谓的耸立的山峰吗?

柏拉图告诉我们,亚特兰蒂斯沉没在泥沙满布的深海下面,并且涉及了许多有关航海的问题。数千年以来,大西洋一直被人们认为是一片“被沉积的厚厚的泥沙覆盖的、扑朔迷离的、在黑暗中散发着神秘色彩的海洋”。波塞冬的三叉权杖或者叫做三叉戟一再地出现在古代的历史中, 我们同样可以在印度人的神中,或者许多民族古老宗教信仰的源头处找到这些。

“在所有的数字中,三是极为神圣的,它曾经象征着完美无缺,因此在描绘至高无上的神或者是尘世间握有最高权力的国王、皇帝或者君主时,常常会用到它。正是由于这个原因,有关三的形状各异的图案今天仍会经常出现在腰带、领带和许多需要打结固定的环形物体上,同时这个特征在中美洲的尤卡坦半岛、拉美的危地马拉、墨西哥的恰帕斯以及墨西哥城等地的艺术品中出现的频率很高, 只要有地位最高的神出现, 它都会如影随形, 不离左右。”由此,我们脑海里就会联想到古罗马教皇的“三重冕”以及象征王权的三重圆圈。亚特兰蒂斯的十位国王也是通过同样的形式加冕登基,被历史永久地封存和纪念,成为不朽的。“从圣经中,我们会惊奇地发现,有关许多原始的部落族长的描写竟然与世界上的不同民族的传统有着那么多的相似之处。《创世纪》中曾提到十这个数字。世界上的任何民族,不管在什么时候,都不会将他们的祖先抛却脑后,每当他们回首展望祖先的往事时,无论是发生在大洪水前还是发生在其后的事情,也无论那段历史是否真的存在过,但它们始终都具有一个共同的特征,那就是都与这个神秘的数字十有所牵连,曾经有人试图将其与后来的宗教哲人所赋予数字特殊意义的阐释联系起来进行推测,但最终却一无所获。在古巴比伦的迦勒底文化中,有关十位国王统治这个古老帝国的传说已经在历史中流传了数千年。此外,在古代波斯人的传奇中,对于海神波塞冬的溢美之词比比皆是,‘他是古代法律的缔造者,他以饮用甘甜纯洁的美酒为生,他始终是神圣的化身。’在印度,我们知道有九位婆罗门长老，他们再加上众生之父婆罗贺摩，刚好凑够十位，后人于是称他们为‘十父’。德国人对奥丁神有十位祖先深信不疑，阿拉伯在历史上也有关于十位神秘国王的传说。从这些传说中，柏拉图讲述的这个故事的可信性大大增加。在一部现在已经散佚的古希腊著作中，保留了希腊哲学家普罗克洛斯曾经引用的一段评价柏拉图的文字，文中提到这个被大海四面环绕的岛屿，位于‘海克力斯之柱’以外，并称‘在大西洋上众多的岛屿之一，岛上的居民从他们祖先那里流传下对亚特兰蒂斯的记忆，那个岛屿相当之大，而且在相当一段时期内统治着大西洋上的所有岛屿。’”

在埃伊连所著的《异读历史》中，曾经提及瑟欧庞普斯(公元前 400 年)记录的有关迈达斯、弗里吉亚(小亚细亚中西部古国)国王和塞列努斯(希腊森林神的首领，酒神的养父)之间的一次特殊的对话，在谈话中塞列努斯提到，在距离大西洋很远的地方有一块广阔的大陆，“它的面积比整个小亚细亚、欧洲和利比亚三者相加的总面积还要大。”他谈到有一支叫做梅洛普的人种居住在那里，并且建造了许多城市。人们相信那个国家所在的大陆是孤立于大西洋而存在的一座岛屿。由于内心好奇的缘故，曾经有一些人远渡重洋来到了希腊神话中的这片北方的极乐世界。

“高卢人自古以来就对亚特兰蒂斯的历史了如指掌，他们从生活在比基督还要早一个世纪的古罗马人那里知道的这些。在高卢地区曾经居住过三种不同的人。其一是当地的土著人，据猜测应为蒙古人，他们曾经在欧洲居住过很长一段时间；其二是从另一个岛屿过来的入侵者，有理由相信他们应该就是亚特兰蒂斯人；其三是高卢人中的亚利安人。”

一位研究埃塞俄比亚历史的专家马塞勒斯谈起这个问题时说，大西洋上共分布有七座较大的岛屿——或许从加那利群岛（位于北大西洋东部，1497 年起沦为西班牙殖民地，后被改为西班牙的两个省）上的居民那里，可以了解到更多的关于亚特兰蒂斯的往事，“毕竟亚特兰蒂斯帝国曾经有相当长的一段时间都统治着这些小一些的岛屿。”

另一位人类学者迪奥德鲁斯认为，腓尼基人发现了“一座位于‘海克力斯之柱’之外的大西洋上的巨岛，假如从非洲海岸出发，要想到达那里至少要花费七天的时间才能航行得到。这座岛屿的自然条件得天独厚，它有着肥沃的土壤，充足的资源，极为丰富多样的物产。而且有着妙不可言的自然景观，河流清澈，群山连绵，绿树成阴。岛上居民怡然自乐，他们经常在夏季时分到乡村别墅中度假，那里有着美丽的花园，一切都笼罩在霭霭的烟雾之中，那里也非常适合钓鱼和嬉游玩耍；气候相当的宜人，一年四季总是青山绿水，鸟语花香。”古希腊著名作家荷马、普鲁塔克等人都曾在作品中提到大西洋中的岛屿。圣·克莱门特在写给科林斯人的诗文中曾这样写道：“在那个国家，黄金白银俯拾皆是，那里的人视金银如废铜烂铁一般。”

如果你回过头来对《圣经旧约》进行仔细的研读，就会发现有大量关于这片“海上的群岛”的引述，特别是以赛亚（公元前七八世纪希伯来大预言家）和以西结（希伯来预言家）二人对此发表的鸿篇大论。那么那些生活在内陆地区诸如犹太人之类的人们对这些大洋和岛屿又有什么看法呢？他们那扑朔迷离的历史是否也与这些“大洋上的岛屿”存在某种联系呢？

在素以崇拜酒神的神秘宗教而闻名遐迩的亚尔古英雄的诗歌中，曾对古利克托尼亚人入侵大西洋众多岛屿的故事有所记载。诗中这样写道：“彼时，满头乌发的波塞冬对克朗涅怒目相向，手持黄金锻造的三叉戟与利克托尼亚人混战在一起。”

柏拉图在对话中说，埃及人告诉梭伦，亚特兰蒂斯毁灭于 9000 年前，即公元前 9600 年左右。对于常人来说，似乎这是一段和我们遥遥相隔的历史，但是对于地质学家们来说，和昨天没什么两样，他们可以根据欧洲发现的洞穴，能推断出 50 万年前的人类遗迹；而根据从美国加利福尼亚的高原山脉基座下深层土壤中发掘出来的颅骨化石，科学家们就已经断定在这座山形成以后不久，人类就开始在此生活了。

“奥博特先生曾经在布鲁塞尔国会咨文中阐述，用天文学的知识来研究埃及人和亚速人，可以准确地推测出生活在距今 11542 年人类的文明发达程度，对这样年代久远的历史尚能够进行如此精细的年代推算，可见用天文学的知识推测 9000 年前的事情可以说是易如反掌。埃及人自称，将每 1460 年作为一个周期，可以准确地计算出历史上的一切。他们的一年包括 365 天，这就能够保证他们的计算精度，他们可以精确到每四年才可能发生一天的误差，换句话说，按照这种方法计算，从第一个四年的起点算起，可以确保经过 1460 年后才能完成一个轮回（365×4）。所以说，按照埃及人的这种计算方法，如果终止年份是公元 139 年，那么这个周期的起始年份就应该是公元前 1322 年。另外，亚速人的计算周期是 1805 年，或者折合成 22325 个月。亚速人的这种纪年法始于公元前 712 年。根据迦勒底人的史书记载，在大洪水和他们的第一个王朝之间，大约有 39180 年的时间间隔。那么，这个数字意味着什么呢？它刚好是 12 个埃及人的纪年周期加上 12 个亚速尔人的纪年周期之和。”

12×1460=17520

=39180

12×1805=21660

“这两种不同的计算模式彼此之间如此默契，又都为一个民族同时兼备，这就是迦勒底人。现在，让我们将这两个纪年周期重新排列，从我们这个时代开始往前推算，就会得出下面这样的结果。”

黄道周	太阴周
1460	1805
1822	712
2782	2517
4242	4322
5702	6127
7162	7932
8622	9737
110082	11542
11542	

“在公元前 11542 年，这两种纪年法刚好会合二为一，你会从中得出什么结论？是的，这个结果告诉我们，在那一年，他们的起点刚好相同，我们也就可以用统一的天文观测法来对他们进行考察。”考察的结果是，可能就是在那个时候，亚特兰蒂斯出现了。

在考证亚特兰蒂斯的起始年代的过程中，有一些令人惊奇的发现，同是这块大陆，但在语言上却有着天壤之别，这可以说明亚特兰蒂斯文明形成前后的跨度之长。但由于连史前世界的各个民族都只是对亚特兰蒂斯略有耳闻,那么只能说明一个事实,就是亚特兰蒂斯是在一次出乎意料的大灾难中瞬间毁于一旦的,仿佛地球上从来就没有存在过这样一个庞然大物一样,历史瞬间便又回到了遥远的从前。

古希腊历史之父希罗多德曾经讲道,他从埃及人那里了解到,赫尔克里斯(大力神,主神宙斯之子,力大无比的英雄)是他们最早的神,他是在亚马西斯统治他们之前的17000年前,被八位天神创造出来的十二位神之一。

简而言之,我拿不出切实的证据来证实柏拉图所讲述的故事的真实性,它起源于埃及人,一个为世人公认的保留着大量历史记录的历史悠久的民族,他们甚至可以将自己的历史上溯至极其遥远的远古时代。他们有资格对希腊人、罗马人和现代世界的一切寓言和传说不屑一顾,但是我们无从反驳,毕竟我们的祖先对这个世界的地理、历史知之甚少,甚至我们自己都不相信从他们身上会知道更多。我们相信,任何一个在地球表面的部分都完全有可能在瞬间被大洋所吞噬。还是让我们用自己的智慧去解答这些问题吧。

第四章 “大灾难”是否发生过

其实,要给出这个问题的答案并不难,你所要做的,就是研究一下地质结构,这是极其关键的一步。

显然,今天世界上存在的所有大陆,也许都曾沉睡在水下若干年之久,而组成这些陆地的最基本要素——岩石自然也要浸泡于水下;不单单是这样,有相当一大部分在水下沉积的岩石还可能是由不同大陆的碎岩或者冲积物混杂而成的“混合物”,它们有些是在海底承受过经年的洋流冲击下的运动,有些本来是高山平原,但经过火山、地震、霜蚀、冰冻、风吹、雨淋的自然作用之后,一同被卷入大海,最后形成了分布在世界各处的地下岩层。所以说,如今的陆地曾经是浩瀚的海洋,在历史的作用下,沧海桑田总是互相转换的。因此,你一点也不用怀疑和感到惊奇,今天,分布于大洋洲上的群岛曾经是一块沉没大陆的山尖,这片大陆从印度一直延伸到南美。科学是如此先进,它甚至已经告诉了我们这块大陆的名字——莱缪里亚,科学家们并且断言,某一支人种极有可能发源于此地。科学家曾经对大西洋进行过一个地理形成的检测分析,该检测又一次有力地证明了这点,结果表明大西洋洋底主要由厚度达 45000 英尺的岩石、沙子、沙砾和泥土的混合沉淀物构成,它们来自于北方和东方。“它们表明,这些破碎的岩石在大陆形成以前曾受到雨水、河流、海岸线的湍流以及其他各种形式的自然消蚀作用;这些海底沉积物几乎构成了大西洋地下的全部,由此可知,构成如今的北大西洋海底大陆的主要部分形成的时间比美洲的要早,至少要早于美洲历史上的古生代。这是为什么呢?原因很明了,根据大西洋地层下面岩石的厚度数据显示,它的地质结构非常类似于地球东部的地质结构:位于宾夕法尼亚州和弗吉尼亚州之间的阿帕拉契亚山脉的古生代岩石的最大厚度在 25000 到 35000 英尺之间。而位于伊利诺伊州和密苏里州的古生代岩石的最大厚度却只有 3000 至 4000 英尺;我们根据研究发现,集中在东部地区的岩石混合物大多粗糙且年代久远,而越往西,沉积在洋底的岩石质地就越精细;这说明一个道理,那就是更多细小圆润的沙砾随着海水的冲击从东方来到西方。”①

欧洲大陆的衍化发展史,刚好可以印证盖奇教授得出的一个结论,并做出现实而生动的阐释,即地质学与地理学之间的关系。

他说,欧洲的大陆最早出现在北部和西北部,这其中包括斯堪的纳维亚半岛、芬兰、不列颠岛的西北部,而且一直向北延伸,穿越北极直抵北美大陆。至于这块原始大陆的高度和广度,实在超出人的想象,你从它解体后留下的那些巨大的岩块就可以想见它是多么的巨大了。在古代英国威尔士南部,有一处志留人居住过的地方,在那里有一块巨岩,它形成的山峦从马赛一直绵延到北角(1800 英里),宽度超过 33 英里,平均海拔高度达到 16000 英尺。

当初衔接欧美大陆且屹立于大西洋海域的那片土地早已消失无踪;在漫长的时空长河中,地壳始终在不停地上升,形成新的大陆,而那些原本是高地的地方则慢慢地被汪洋吞没。仅仅用了五千年的时间,瑞典、丹麦和挪威的海岸就已经从 200 英尺上升到了 600 英尺。

温歇尔教授这样说道:“我们周围的世界,始终都在不停地变化,一刻未

①《美国大百科全书》人文卷·煤,第四卷,第 443 页。

曾停歇,但我们却浑然不觉。我们曾经见识了陷入一片火光的世界,也感受到遭受撞击下的地球；南美大陆的海岸线在一个小时之内上下升降15英尺,我们亲眼看到了这种巨变。我们还知道安第斯山脉仅仅在七十年间就已经下沉了220英尺……这种惊人巨变同样在中国的海岸线发生过。根据推断,这座古代的都城很可能位于这个帝国的中心附近,但是如今这里早已化为一片浩瀚无际的大海,它的位置就在朝鲜半岛附近……曾经有一段时间,在巴尔干半岛居住的色雷斯人通过岩石填海的方式修筑了一条道路,使得黑海下沉。北部和东部地区同样存在着这种情况。现在这片地区几乎已经干涸,闻名于世的古利克托尼亚地区,已经变成一望无际的俄罗斯大草原和夯实的欧洲谷仓。”

有足够的证据表明,整个大不列颠岛在历史上曾经有一段时期完全淹没在1700英尺的洋面以下。在被海水淹没的陆地表面满覆着厚厚的沙床、砾石和土块,地质学家称之为“北方冰碛”。当大不列颠岛再次浮出水面时,这些水底沉积物也随着再度漂浮上来;无独有偶,今天的意大利西西里岛也曾一度沉没在水下,但是后来却出乎意料地上升了3000英尺;而撒哈拉沙漠曾经同样在水下沉睡多年,可如今谁能想到那些灼热的沙砾曾经是海底的沉积物?

从地质的角度来说,在那个时期,亚特兰蒂斯的沉陷仅仅是一系列历史巨变中的最后一个,在这次巨变之后,曾经一度作为大西洋上的庞大异常的一艘“巨型战舰”缓缓沉入海底,而在它的两边又有新的陆地慢慢升起。

接下来我们谈论第二个问题,亚特兰蒂斯大陆是不是真就像柏拉图说的那样,毁于一次自然界的“痉挛”呢?古代人曾经认为这不过是一个神话故事而已。但是随着现代科学探索领域的不断拓宽,许多古老的自然之谜正在现代科学的引证下逐渐露出真容,我们相信这个古老的传说不但可能,而且这一事件发生的时间甚至距离我们今天不远。既然我们知道有如此多的岛屿从海平面以下“破地而出”,又有大量的陆地沉没于滔天巨浪之中,为何亚特兰蒂斯就不会在如此相似的洪水和地震中被吞噬呢?

1783年,一场大灾难突袭了冰岛,这在该国现代纪年史上是前所未有的。距离海岸线30英里左右的海底火山在大约一个月之内相继喷发。无尽的火山灰和浮岩喷薄而出,覆盖了方圆150英里以内的全部海面,过往船只尽皆停航。但这次火山喷发过后，水面上却浮出了一个新的岛屿，岛屿甚至还有高耸的悬崖，悬崖被称作丹麦大帝，而这个岛则被称作新岛；但它仅仅存在了一年的时间，便再次在海平面上消失无踪，而仅仅留下了一个距水面30英寻(测量水深用的长度单位，合6英尺，或1.829米)的暗礁。

当时冰岛全国人口总计有50000人，仅仅在这次灾难中就有9000多人丧生；二十几个村庄转瞬间消失在大火和洪水中，团团的火球般的熔岩从火山喷出，纷纷扬扬地从天而落，让人看了心惊胆战。

1822年10月8日，一场大地震猝不及防地在印尼爪哇岛上发生。“伴随着一声震耳欲聋的爆炸声响，大地抽搐起来，热气蒸腾的沸水和泥浆混合着燃烧的硫磺石、火山灰和坚果大小的岩砾，猛烈急骤地从火山口喷涌而出，如水银泻地，顺流而下。方圆40英里以内的河流表面到处都是漂浮的火山倾泻物。第一波火山大约喷发了五个小时，在接下来的数天内，倾盆大雨倾泻而下，河水高涨，一片狼藉，伴随着大规模的泥石流，整座岛屿在一场空前的大洪水中颤颤巍巍……第四天(10月12日)，火山再度喷发，这一次比四天前更为猛烈和气势汹汹，大小河流都被滚烫的沸水和热泥注满，大块的玄武岩被从火山口隔空抛出了足足有7英里。这个时候，一场大地震紧接着又爆发了，山尖从山腰处一分为二，倒向了种植有蓊蓊郁郁的森林的一边，并砸出一道巨大的半圆形的鸿沟，整座山满目疮痍。在这场灾难中，共有超过4000人丧命，114个村庄夷为平地。”②

1831年，地中海诞生了一座全新的岛屿，它被命名为格拉汉姆岛，位于西西里岛的附近。它也是在一场地震之后出现的，“岩浆喷涌而出，高达60英尺，方圆2400英尺以内的海平面急剧上升。”约莫在一个月之后，一座高200英尺、方圆3英里的岛屿便在这片海面上出现了，这就是格拉汉姆岛；但是旋即，它又再次沉入海底。

位于大西洋东北部的加那利群岛很大程度上是亚特兰蒂斯帝国原址中的一部分。1730年9月1日，群岛中名为兰斯罗塔的岛屿爆发了一次近代以来最大规模的火山喷发，一天晚上，该岛上的一座小山突然摇晃起来，巨大浓重的火山喷发物瞬间从山体中强烈喷射而出；仅仅几天的工夫，另一个火山口再度活跃起来，开始喷发的时候，炽热的岩浆犹如奔腾汹涌的江河一般

②莱尔：《地质学原理》，第430页。

肆意地流淌着;而后积聚的越来越多,流淌的越来越缓,好像是黏稠的蜂蜜一般,不断地流着,汹涌奔腾的炽热熔岩流很快将附近的数个村庄吞噬掉。9月11日,这场火山喷发让人觉得像是到了世界末日,岩浆越流越多,有增无减,越来越多的熔岩流从火山口喷涌而出,被岩浆吞没的村庄不计其数,伴随着一声巨大的轰响,岛屿的一角缓缓沉入海底。海面上漂浮着难以数计的死鱼,不停地被海浪拍打到海滩;整座岛上的牛羊牲畜尽数死亡,它们不是被炽热火红的岩浆烧死,就是被弥漫着腐臭气味的滚烫的热蒸汽活活闷死。这说明居住在该岛屿的居民对这场突如其来的灾难毫不知情,猝不及防。这场灭顶之灾足足持续了五年有余。大约有三分之一的兰斯罗塔岛都被厚厚的熔岩所覆盖。

圣多林海湾,位于希腊爱琴海,因其拥有两千多年来未曾沉寂的活火山而远近闻名,成为一处风景名胜。古罗马政治家普林尼在他的著作中曾做过这样的描述,公元前186年,海平面上升起了一座岛屿,被人们命名为"神圣岛";公元19年,另一座岛屿也在海平面上升起,人们称之为"神岛"。1573年,还有一座海岛"从天而降",它被称作"小骄阳岛"。1848年,一大片沙洲在一场持续了三个月的火山喷发过程中出现了;稀拉岛的一场地震将无数的房屋彻底摧毁,从海底泛上的硫磺致使50人丧生、1000多口牲畜毙命。在近期对这些岛屿进行的一次勘查中显示,由于海底的地质运动异常活跃,目前的圣多林岛几乎整个都没入了水中。

1819年,在印度,有一个城堡名为新德里,面积大约为2000平方英里,在一场地震中全部坍塌,陷入地下。

1828年,考古学家蓬斯乘船来到新德里的废墟,在海底发现了它仅存的尚算完好的遗迹——一座塔。坍塌的城墙的顶部约露出海平面两三英尺,形状依稀可辨;站在其上,只可见茫茫大海,不见水端,巡视四周,再无他物。面对这种情景,另一位地质学家莱尔在他的《地质学原理》中一再感叹:"放飞你想象的翅膀吧,人类工业文明向前发展的越快,污染就会越严重,如果继续这样无所顾忌地生产废水,迟早有一天,地球上唯一还能看得到的陆地就是靠地震抬升起来的陆面了。"③

从莱尔的著作中,我们不难看到沉没的新德里那凄惨的画面。

---

③莱尔:《地质学原理》,第462页。

1815 年 4 月，人类有史以来规模最大，破坏力最强的火山喷发在大约距爪哇岛东部 200 英里的萨姆巴瓦岛的汤勃罗省爆发了。这场灾难从 4 月 5 日起一直持续到 7 月，但最强势的喷发发生在 7 月 11 日和 12 日。爆炸声震耳欲聋，方圆 1000 英里以内都能听得清清楚楚。全省 12000 人口中，只有 26 人得以生还，逃过此劫。“怒吼的旋风将人、马和牛统统卷到空中，无数的参天大树被轻易地拔地而起并撕裂，海面上到处飘浮着树木的残骸，空气中弥漫着呛人的灰烬。[④]海上漂浮的足足有两英尺厚的余烬覆盖了数十英里的海面，并随着波浪向西一直到达苏门答腊，过往的船只全部无法通行。天空中浓烟滚滚，灰烬飘扬，就算是在白天，也要比往常的黑夜更加黑暗可怖……历史将永远铭记，这座位于萨姆巴瓦的西侧，叫做汤勃罗的城市。汹涌的海水一直冲上海岸数十英里，以至于在原来的那片陆地永久地留下一块深 18 英尺、方圆 1000 英里的大水塘。同月，在阿姆博伊纳岛，陆地上裂开一个大口，直到淤水流干后，它才又慢慢合上。”[⑤]

在距离亚特兰蒂斯最近的欧洲海岸，现代最大规模的地震发生在葡萄牙首都里斯本。1775 年 11 月 1 日，一声闷雷似的声响从地下传来，刹那间地动山摇，混乱不堪，这座城市的大部分地区已经岌岌可危，仅仅六分钟的时间，便有 60000 人在其中丧生。人们纷纷作鸟兽散，一群被吓得魂飞魄散的人聚集在一处由大理石建造的新码头，他们相信这里是最坚不可摧的地方，但他们喘息未定，这座承载着他们生命的建筑便轰然塌陷，那些可怜的生灵尽数沉入幽深黑暗的海底，没有一个人能再浮出水面。当时，还有许多小船停泊在这个港口附近，船上同样载满了人，他们也未能幸免地被港口沉陷时产生的巨大漩涡一并卷入海底。沉没下去的残骸没有一个从水中升上来的，现在码头下的水深达 600 英尺。考古学家哈姆博特回忆这段历史时仍后怕不已，“在那场地震中，地球表面的相当于欧洲 4 倍大的地方都有震颤的感觉。它的波及范围极为广泛，从波罗的海一直到西印度群岛，从加拿大一直到阿尔及利亚，可以说是无与伦比。从摩洛哥开始的八个国家的陆地被扯开一个大口，在有 10000 人落入它的巨口之后又再度合上。”

这场地震的震中也许就在大西洋的海底，沉没的亚特兰蒂斯附近，它是

④拉弗尔斯：《爪哇史》第五卷，第 28 页。

⑤拉弗尔斯：《爪哇史》第五卷，第 25 页。

继9000年前那场空前的灾难摧毁那片大陆之后又一场惊天浩劫。

爱尔兰的位置也在火山活跃地带的地轴线附近，这条火山带从加那利群岛开始，一直延伸到冰岛，在历史上这条火山带活动频率非常高。古代纪年表记载下了关于它喷发的大量记录。1490年，在位于这座火山附近的爱尔兰斯莱戈郡的公牛山，有100人和数百头牛在咆哮的火山熔岩中丧生；1788年5月，在英格兰的安特里姆，诺克雷德山发生的火山喷发中，涌出的熔岩流长达60码，足足流淌了39个小时，将鲍约文村瞬间摧毁，村内所有居民除了一家4口人侥幸得以生还外全数丧生。⑥

纵览各地，我们不难发现，在里斯本和爱尔兰，以及亚特兰蒂斯以东地区，容易发生较强震级的地震。而西印度群岛和以此为中心的西部地区，同样也时而遭受相似情况的侵袭。1692年，牙买加也发生了强烈地震。地震发生时，大地裂开一个巨大豁口，大量洪水从中涌出；被撕裂的断口无情地吞噬着可怜的人们；很多人因不慎失足跌落在夹缝中，被活活地挤压而死；很多人只有头部留在地面以上。位于波特罗伊镇的大约1000英亩的大片土地在不到一分钟内消失无踪，巨浪滔天的海水吞天噬地般地将其瞬间淹没。

亚速尔群岛无疑是亚特兰蒂斯山的顶峰。但它们同样处于火山活跃地带的中心位置。这里曾多次爆发过火山和地震。1808年，一座海拔为3500英尺的位于圣乔治岛的火山突然喷发，并燃烧了足足有六天的时间，最后彻底地将整座岛屿毁为一座废岛。1811年，圣米格尔附近的一座海底火山喷发，并由此诞生了一座高达300英尺的小岛，人们将它命名为萨姆布里纳，但是它却很快再次沉入海底。类似的火山喷发还于1691年和1720年两次发生在亚速尔群岛。沿着一条狭长的地带，地球表面裂出了一条巨大的沟痕，这条大裂缝呈南北方向伸展，中间穿过大西洋，我们发现沿途分布有许多活火山或死火山。其中包括冰岛的奥拉法、海克拉和劳达卡姆巴火山；亚速尔群岛的皮克火山；特尼里费峰火山；佛得角群岛之一的佛戈火山；其中死火山在冰岛有几座，在非洲西北部大西洋中的马德拉群岛有两座；而在菲尔南多岛、南大西洋的阿松森岛、圣海伦岛以及特里斯坦岛则都是火山的发源地。⑦

下面这段文字是从莱尔的《地质学原理》中节选的："在《航海杂志》1835

⑥《美国大百科全书》人文卷，爱尔兰卷。

⑦洪保德：《宇宙》第五卷，第331页。

年版第642页、1838年版第361页,以及《Comptes Rendus》杂志1838年4月期,都特意提到了许多有关火山、地震、地下水、熔岩灰和火山灰的问题,自从上世纪中期以来,人们就开始关注这些由地内运动引发的自然现象,在西经20度22分左右的开阔海面空间范围内,大约再向南半度就是赤道。达尔文说,种种迹象似乎表明,在大西洋的中心位置有一个岛屿或群岛正在逐渐形成。一条连接圣海伦岛和阿森松岛的直线也正在形成,假如它一直这么延续下去,慢慢地,就会把这个火山频发地带给断开。假如最后这里能形成陆地的话,那它最早的时候就不会成为火山运动活跃的地区,因为在那里已经出现了火山虫。在亚速尔群岛之一的圣雅戈岛,人们在水平线以下的地层中发现了石灰质岩层,其中就有近代的海洋物种贝壳类化石,被厚达80英尺的玄武岩层层覆盖。我们很难对这些可能在未来的两三千年内出现的岛屿在商业和政治方面的重要性做出评价,但它们确确实实将会从圣海伦岛与阿松森岛之间的大洋下钻出来。"

这些事实似乎表明那场曾经将亚特兰蒂斯城摧毁的大火至今仍在海洋深处缓慢燃烧;那个在海下深深隐藏着的、剧烈动摇了柏拉图描述的那个大陆的"魔兽"还有可能再一次卷土重来,而在海底深处埋藏着的那些稀世珍宝也可能再次面世;甚至你可以插上朱尔斯·弗恩无穷的想象的翅膀,像他书中描写的奈莫船长一样,穿上潜水衣,潜入几万英尺深的海底,找到那个消失的岛屿,细细查看那些曾经风光无限的、在火山喷出的火红滚烫的岩浆中沉入水下的庙宇和古塔,甚至你有可能在水下将它们重建。

但是又有谁敢断定,在我们所列举的这些例子当中,亚特兰蒂斯——那个在席卷一切的大洪水中沉没帝国的传说,是不存在的呢?在本书接下来的章节里,我们将探讨人类各种有关大洪水的传说,凡是进入我们耳朵的每一个特殊的传说,都有可能是亚特兰蒂斯毁灭的翻本。

因此,我们认为:

1. 通过对地质的深入研究可以证明,在柏拉图描述的亚特兰蒂斯位置的那个地区,的的确确曾经存在过一片广阔的大陆,因此,一定有这样的一个海岛存在过;

2. 无数的事例已经证明,任何一场突发的剧烈地震都完全可能将一座城市顷刻间化为废墟,因此,柏拉图所描述的"一昼夜之间,整个大陆沉入海中”的景象是完全有可能发生的。

第五章 海洋里的证明

试着想一下，假使我们在地中海的前面、毗邻亚速尔群岛的大西洋海底发现了一片沉没了的广阔大陆——这片大陆有 1000 英里宽，2000~3000 英里长——那么它是不是正好证明了柏拉图的那段话——“在‘海克里斯之柱’(直布罗陀海峡）以外，有一个比小亚细亚和利比亚合在一起还要大的岛”的真实性呢，他所提到的岛的名字是不是就叫亚特兰蒂斯呢？再想象一下，假如我们发现亚速尔群岛就是那个在火山中被摧毁而沉没的岛屿的山峰，而且能发现在其周围没入海底的大片土地的地层中留有熔岩的痕迹，整个沉没大陆的表面都被上千英里的火山岩屑密实地覆盖着，当你面对这些如山铁证时，你不是还是不愿承认柏拉图的那段描述——“一昼夜间，猛烈的地震和大洪水吞噬了亚特兰蒂斯，岛上的所有人都遭到活埋，无一幸免，亚特兰蒂斯从此永沉海底；自此以后，这片曾经是个巨大岛屿的海域，因为其水下堆积有厚厚的淤泥而变得异常难以接近。”

人类在近代的科学考察中相继地对所有这些事情进行了证实。这些难以测度的深海也逐渐被各个国家的科研船只测量出具体的深度；美国的“海豚号”、德国的“瞪羚号”、英国的“长蛇号”、“豪猪号”以及“挑战者号”先后都已经对大西洋的海底进行过勘测，其结果引发的轰动程度无异于在世界考古史上引发了一场革命，从英吉利海峡向南一直到南美的海岸线，再向东南到达非洲的黄金海岸，处处都有重大发现，航海业和勘探业的飞速发展将人类文明推向一个新的高度。

前面我曾给出一幅亚特兰蒂斯轮廓的正面坐标图，这里我们再看一下另外一幅——从深海之中观察沉没的亚特兰蒂斯的框架。观测设备从亚特兰蒂斯附近的大西洋底垂直升起 9000 英尺，洋面四周的岛屿还包括亚速尔群岛、阿松森岛的圣保罗礁岩群以及特里斯坦岛。

其实，这幅立视图很久以前就已经被人类描绘了出来，只不过在那个时候它仍然是一块“完好无损”的陆地,“它的表面高地起伏,山峦沟谷纵横交错,谁也想象不到它居然会变成今天沉睡在大洋深处的一摊烂泥,有谁又会想到如此一座庞然大物竟然会在瞬间消失无踪呢;但是,不幸的是,这就是事实,它被一清二楚地记录在历史的卷册中。”

英国颇负盛名的地质学家斯塔克·加德纳认为,在地质年代上的创新世时期,曾经有一片极为辽阔的大陆存在于康沃尔郡以西的地方。对于海豚号和挑战者号发现的海下山脊,他断言说,“毋庸置疑,这片海域早先肯定是一块大陆,而今天的康沃尔、西西里岛及其周边海峡岛屿、爱尔兰岛和布列塔尼(法国西北部的一个地区),则都是当时大陆的最高峰。”[1]

到现在为止,我们已经对这块曾经覆盖今天整个大西洋海域的巨型大陆的骨架脉络了解得一清二楚,而正是由于受到大西洋的冲击,才最终导致形成了欧洲和美洲大陆;这片大洋的最深处约有 3500 英寻,它显示出,这里是最早有大陆沉没的地方,换句话说,大洋海底的东部和西部地区的山脉集中地带起初均为平原;这些海底山脉的最高峰便是亚速尔群岛、阿松森岛的圣保罗礁岩群和特里斯坦——上述这几处地方至今仍留在海面以上;而昔日的亚特兰蒂斯大陆的主体则早已经在数百英寻深的海底沉沉入睡。在这些深海中的山脊中,我们发现了许多“羊肠古道”,它们曾经作为新旧大陆之间的交通脉络,正是借于此,一块大陆上特有的动植物才有可能迁徙到另一块大陆;同样是靠这些古道,黑人才得以从非洲大陆一直行至美洲大陆,美洲人也得以千里迢迢地来到非洲,这个问题我们后面再细谈。

因此,就像我始终在竭力说明的,正是同样一个亘古不变的自然法则,将偌大一个“巨型战舰”——亚特兰蒂斯沉入海底,并再无出头之日;让与它毗邻的东面和西面的“兄弟们”渐次升起,并始终保持这种“斗志”;而气度恢弘的格陵兰岛海岸——这个被认为是亚特兰蒂斯大陆北端的地缘边界,仍然于事无补地为自己的命运博弈——但其日暮途穷的命运似乎早已注定无法挽回——中国有一天也会追随它的“大哥”亚特兰蒂斯而去,这只是迟早的事。“所有建立在古代低平陆地的建筑都已迅速沉入海底,格陵兰人似乎对此已经有了深刻的认识,所以不再在水边修建任何建筑。”[2]同样的陆面下

①《大众科学研究》,1878 年 7 月。

②舒特:《古代北美洲》,第 504 页。

沉问题还一直令美国南卡罗来纳和佐治亚州头疼不已，而北欧大陆和南美洲的大西洋海岸则在迅速窜升。根据历史数据显示，在南美的大西洋海岸，长约1180英里的海滩的高度已从海拔100英尺急剧飙升至1300英尺。

当这些海下山脊从美洲延伸到欧洲和非洲时，它们就会将大洋向北的热带暖流阻断：不再有温暖的海湾洋流；在海面以下的大陆部分会将大部分热量吸收掉，北欧海滨将变得空前寒冷；最终这个世界将会重新回到冰河世纪。而亚特兰蒂斯的沉陷则为自南向北的热带暖流提供了足够的空间，在欧洲大陆上重重覆盖的冰雪因此得以慢慢溶化消失；而绕于亚特兰蒂斯附近的海湾洋流则被保留下来，在原有的水域形成一个温暖的环流水域。

"挑战者号"的研究人员发现，亚特兰蒂斯的所有海下山脊都被厚厚的火山沉积物所覆盖；和柏拉图描述的一样，现在这里完完全全地就是一摊沉积在海底深处的烂泥，这使得通过该处的船只无法从曾经沉没过大陆的这片水面通畅地航行。

而在亚特兰蒂斯大陆陷入大海的时候，情况却并非如此，当时与之相连的美洲和非洲大陆的山脊迅速地升起在海面上；这些露出海面的山脊很可能会渐渐地再次消失在海面上，有可能像中美洲的史书中记载的那样，被来势汹涌的大洪水吞没。柏拉图描述的亚特兰蒂斯很有可能正是出于这种原因，而不能显现在"海豚号"勘测到的水下山脊图上。

美国的"葛底斯堡号"舰艇在对周边海域进行的勘测工作也有了明显的进展。这里引用一段约翰·詹姆斯·威尔德的描述："近日以来，'葛底斯堡号'的舰长格林奇公布了一个重大发现，在他们最近一次穿越大西洋的航行中，在西经85度的深海海底，距离圣文森特角130英里远的地方，他们发现深海中的山脊与北大西洋水下山脉紧密相连，这个现象表明，或许有一片沉没的山脉或者是高原存在于这片区域，而且非洲西北部大西洋中的马德拉群岛与葡萄牙海岸均由这块大陆连接在一起，在史前时期，这片水下区域很可能同西南欧相连。"[③]"这些存在的深海表明，曾经有一条平均水深在2000到3000英寻的海峡存在过。这条海峡的出口可能在马德拉群岛和加那利群岛之间，沿东北方向朝圣文森特角伸展……当格林奇舰长到达一处距离直布罗陀海峡大约150英里的海面时，发现有一小片区域的海底深度从2700英

③《自然》，第377页。

寻骤然降至 1600 英寻。随后的海洋深度更加令人难以理解，每隔 5 英里水域，他们所测得的海洋深度数据分别是 900、500、400 和 100 英寻；而最后勘测到的海洋深度竟然只有 32 英寻深，这艘舰艇在那里抛锚停了下来。他们发现有大量的活体粉红色珊瑚生活在那里的海底，此处的位置是北纬 36 度 29 分，西经 11 度 33 分。”

测绘图显示了这些上升的海底所在的位置。它们当初肯定是一些岛屿；它们在亚特兰蒂斯与欧洲海岸之间呈阶梯式递增。

维威里·托马森先生在巴西海岸发现了在某一历史时期许多不同的特殊动物的样本，他用挖掘机把它们挖出之后发现，它们竟与南欧西海岸的动物样本十分相似。这对在欧洲与南美之间确实存在这一体相连的海下山脊做出了更进一步的解释。

在“挑战者号”完成水下勘测任务后不久，该船上的一位研究人员在伦敦举行的一次研讨会上发言时表示，这块沉没的庞大的大陆就是消逝的亚特兰蒂斯的遗迹。

第六章　来自史前的草蛇灰线

有足够的证据可以表明，欧洲大陆和美洲大陆在历史上曾经有一段时期被二者之间的另一块大陆连为一体。用一位对该问题发表过评论的作者的话说：“倘若你把新旧大陆的动植物化石拿来做下对比的话，我保证你马上会对它们的来源兴趣十足，因为几乎所有物种的来源都如出一辙，这不能不让人感到惊奇。这在很大程度上支持了我们的理论，它表明在冰河期之后，地球上曾经形成了一块广阔的大陆，而作为整个世界的中心，它对周围的许多地区都产生了难以想象的影响……长毛象、卷毛犀牛、爱尔兰大角鹿、麝、驯鹿、狼獾、北极旅鼠以及大量的植物化石，陆陆续续地在欧洲大陆的后冰河时期的地下土层中被发现。在同时期的新大陆的地下岩层中也存在有许多同样的化石，这表明它们应该是来自于同一块大陆，并且这些生物从那里再被分散到世界各地。”①

在对美国内布加斯拉地区的化石进行的最近一份研究结果表明，美洲是马的起源地。耶鲁大学的马什教授已经证实，最初的马经历了一段极为漫长的进化期，才形成如今的马的样貌，最初的时候，它还没有一头小牛大，伴随着世世代代的进化，它才逐渐发展演变成现在的形体。但是，如果没有一个连接美洲大陆和欧亚大陆的“走廊”的话，当初的野马又是怎么跨越重洋，出现在不同的大陆上的呢？因为同样有证据表明，在驯马出现于欧洲之前，该地就已经有野马出没的记录了。

最为远古的骆驼化石在印度、非洲、南美和美国的堪萨斯州被发现。南美洲的羊驼和无峰驼在骆驼家族中应当算得上是异类。人们发现，在欧洲被挖掘出来的岩洞熊的遗骸与同期出土的长毛象的骨骼、人的骨骼以及人造器具都存在一定的关联，这种熊与落基山脉的灰熊并没有什么两样。在同一地区，也发现了麝的遗骸，但是如今它们大都活动于北美的极圈附近。石器时代北欧的狼獾与今天美国密歇根州的狼獾也没有大的不同。古代欧洲的野牛同美国的水牛极为相似。“古代欧洲种和美洲种的野牛与西欧野牛可以追溯到共同的祖先。”绝种已久的挪威麋鹿被证实与美国驼鹿属于同一种群。《美洲物种》在一篇撰文中介绍，肯塔基州的麋鹿与爱尔兰麋鹿在大小、样貌上都非常接近。古代欧洲的无尾兔，如今在北美的寒带地区被再次发现。曾经一度生活在欧洲大陆的驯鹿，与今天美洲的驯鹿完全相同。在欧洲岩洞中发现的比现在的四足兽的体格还要健壮庞大的古欧洲狮的尸骨，同样在美国密西西比州西南部的已经灭绝的一个印第安人的部落居住地——纳齐兹被发现。在欧洲岩洞里发现的狼的遗骸也已被证实与美洲狼同属于一个祖先。

其实早在最初的石器时代，古瑞士人就已经开始驯养牛，②这也就意味着，那要比铜器时代和铁器时代都要更早。在那么古老的时代人类已经掌握了饲养家牛的技术，之后历经漫长而持续的发展，美洲的野牛也渐渐地被驯化了。吉尔瓦伊斯先生总结道，这些野生物种除了被人类驯养的绵羊以外，其他的全都在历史的进化中绝迹了，无一例外。③这些驯养的绵羊的遗迹在

①《威斯敏斯特研究》，1872 年 1 月，第 19 页。

②达尔文：《家畜驯养史》第一卷，第 103 页。

③《哺乳的动物史》，第十一卷，第 191 页。

瑞士石器时代的湖畔岩屑中被人们发现。此外,人类也在遥远的古代就已经驯化了马、驴、狮子和山羊等动物。我们已经有7000年的驯化动物的历史,在这漫无尽头的历史长河中,没有出现任何两种类似的野生动物被驯养的历史。众多事实告诉我们,在古代人类生存的大部分时期,一定已经达到某种程度的文明高度,从而可以熟练地掌握驯养那些于人类有益的野生动物的技能。当我们打开历史记录,察看这些存在于历史的长河中的动植物的时候,我们不由得发现很多物种是如此的相似。人类曾对瑞士的第三季中新世时期的地层化石进行过一项分析实验,实验结果表明,除苔藓类、蕨类植物外,又有另外800多种不同的显花植物存在。到目前为止,在对该地勘测中发现的植物种类共有3000余种,其中包括隐花和显花类植物。今天,在美洲发现了绝大部分的这些物种。还有一些传到了亚洲、非洲甚至澳大利亚。但流传到美洲的物种占据了其中的绝大部分。这些与生长在欧洲第三季中新世的植物极为相似,这种相似体现在如今分布于弗吉尼亚、南北卡罗来纳和佛罗里达州的森林中;这些植物包括木兰、郁金香树、常绿栎树、槭树、悬铃木属树木、洋槐和红杉等。这不由得让人疑惑重重,如果说动物可以长途迁徙,还比较令人相信,可是这些古老的植物又是如何跨越重洋从瑞士移植到美洲的呢,这显然不单是人力所能办到的,那么还有一种可能存在,那就是在这两块大陆之间一定还有第三块与其均接壤的大陆将二者相连。

当你来回地对新旧大陆的这些植物进行比较,发现他们存在如此众多的令人惊异的相似之处时,你难免会产生这样的疑问:这些物种能够从一块大陆迁徙到另一块大陆,除了可能靠中间的另一块大陆沟通以外,是不是也有人力的因素呢?因为某些物种没有外力的帮助的话就根本无法实现这种迁徙。

德国著名植物学家奥托·昆茨曾经很多年生活在热带地区,他宣称"在美洲和亚洲两个地区的大多数热带植物,基本上就是同一物种。"他以木薯为例作为说明,这种植物的根会生出一种细细的粉末;它的样子看起来和西班牙红胡椒、番茄、竹子、番石榴、芒果特别像,尤其是香蕉。同时,他对已经被证实的烟草、玉米和可可果原产于美洲的说法给予了否定的看法。他还指出一种欧洲人从未留意过的叫做Paritiumtiliaceum的锦葵属的植物,但它在热带地区的土著居民中却无人不知无人不晓,几乎在东印度群岛和西印度群岛的各地都有种植；当地土著人都非常乐意用它来制成绳索或者船的索具,但它在这些地区却没有种子。早在哥伦布发现新大陆之前,这种植物就已经在美洲存在了。

昆茨教授还特别关注了香蕉。香蕉也属无籽植物。它主要分布于亚洲和非洲的热带地区。昆茨教授发出了这样的提问:“这种对低温根本难以忍受的作物是通过何种方式,跨海越洋穿越温带气候,来到美洲大陆的呢?”它也是在1492年哥伦布发现美洲新大陆之前就在美洲被大面积种植了。对此,昆茨教授这样说道:“香蕉虽然是草本类植物,但是它那树状的根茎,既不像马铃薯或者大丽花那样，生有方便移动的球根，也不像柳属和杨属植物那样,可以通过切割繁殖。它只生有多年生的根,一旦被植入土中,几乎就不再需要任何的照料,但是却能结出所有热带作物中最负盛名的丰硕果实。”然后,他对香蕉是怎样被从亚洲带到美洲的问题继续展开了讨论。他认为,这种植物的根一定是由某种拥有高度文明的人类从一个国家移植到另一个国家的。但他觉得这种植物不可能穿越太平洋从亚洲来到美洲,因为太平洋差不多是大西洋的三四倍宽。在他看来，唯一的可能是在它被带往美洲的时候,北极还是热带气候！可是我们的历史中还从未发现当北极像非洲那么炎热时有文明社会的人类居住在那里的证据。

这样一来，难道还有比下面这个推论更加入情入理的解释吗?——正是亚特兰蒂斯人种植了香蕉，然后他们依靠农业殖民把香蕉传播到它的东方和西方。表面上,我们似乎很难从昆茨教授对此阐述的言论中找到肯定的答案，但他下面的这番话却着实引人深思:“所有的可栽培的无籽作物都肯定在人类到达文明社会之前就已经存在了很长的一段时间——在欧洲,我们找不到一种无籽但却结果的可栽培的植物——因此，下面的这个推断看起来更为合理一些——早在远古时代的大洪水时期之前，这些植物就已经被培植了。”

不过,在那个遥远的史前大时代,难道不管在亚洲还是美洲都已经创造出了这种高等文明吗?如果是的话,当时生活在这两块大陆上并创造出这种农业技术和高度文明的那两个民族又身居何处呢?难道是他们进化成了别的什么物种?那么为什么找不到他们当初曾经创造的文明的蛛丝马迹呢?所有来自欧洲、亚洲和非洲的文明都曾经受到过地中海的影响;印度的亚利安文明则是发源于西北；他们与波斯文明简直是一母同胞，因为亚利安人与阿拉伯人毗邻而居，而与相距不远的埃及有着千丝万缕关系的阿拉伯人显然与腓尼基人也颇有渊源，因为埃及文明继承了腓尼基文明的衣钵。如果在某一块大陆上的某个民族能够在那样一个遥远古老的的年代培育出香蕉并且将其发展成无籽作物，那么可以说是令人惊叹的奇迹了；而且这个民族还得在那样一个时代保持一种和平的、长期的、持续的、享有高度发达的农业的文明状态。但是在这个世界上真能发生如此巧合的事情吗？想象一下，两个在完全不同的大陆上生活的民族，在背景一模一样的史前时期，在完全相同的环境下，培植出一模一样的作物，这种不着边际的假设有任何的可能吗？

假如非得找到这样一种文明的话，按照柏拉图的描述，在那种气候条件之下，除了亚特兰蒂斯，你还能找到第二个选择吗？我们早就发现其实它真的和我们极为接近，在它的周围有如此众多临近的岛屿——在一边，是欧洲海岸线，仅仅距离它150英里远；在另一边，几乎与西印度群岛接壤；另外，它众多的海峡山脊又将它同巴西和非洲紧紧地连接在了一起。

不过有人可能会说这些动物和植物完全可以通过连接亚洲与美洲的勒穆里亚大陆穿越太平洋到达美洲大陆；或者历史上某个时期在白令海峡附近曾经存在过一片贯通两端的大陆。的确如此；但是现实表明，在太平洋诸岛上生长的植物以及在欧洲大陆和大西洋诸岛上的各种普遍存在的普通树木和植物，在北美的落基山脉却丝毫没有生长的踪迹。生长于瑞士第三纪中新世的许多植被——木兰、郁金香树、悬铃木属树木等等，也在如今的美国本土被发现，而这些在太平洋沿岸却是极为鲜见的。在那一地区发现的物种似乎远远少于在大西洋诸岛所发现的物种。阿萨·格雷教授告诉我们，有66个属和155个种的植物被发现散落在落基山脉的森林中，而只有31个属和78个种的植物被发现在落基山脉的西部。太平洋沿岸一带没有番木瓜，没有欧椴，没有洋槐，没有可当木料使用的巨大的樱桃树，没有桉树，没有酸浆树，也没有山月桂；没有柿树，没有冬青树，只有一种叫做木料树的白蜡树，没有梓树，没有檫树，甚至没有榆树和朴树，没有桑树，没有山核桃树，也没有山毛榉，连棵像样的栗子树也没有。这些事实似乎说明了一件事情，北美的这些森林植物是从东方传入的，而太平洋诸岛上的有限物种要么有着极为顽强的生命力，要么就散落在被分裂开来的周围的山脉之中。

我们之所以列举出数量繁多的生长或曾经生长在美洲和欧洲的动物和植物，不仅仅是为了要证明亚特兰蒂斯确实存在，而且还想要证明这样一个事实，即在地球的某一历史时期，今天的几块大陆之间一定存在将它们彼此连接的某些部分；一个地区的动植物只有通过连接这些大陆的"桥梁"才能到达另一地区。

众所周知，在新旧两个大陆上，棉树的栽培和棉花的生产都有着非常漫长的历史。古希腊历史之父希罗多德就曾将棉花描述为生长于印度的一种比羊毛都要美的绒状物。哥伦布起初也曾发现西印度群岛的土著也在使用棉布衣料。类似的情况在墨西哥和秘鲁也存在。野生的棉树在美洲的许多地方都被发现，但在旧大陆却未曾记载，这个现象应引起足够的重视。这在某种程度表明这种植物是美洲的本土特产；美洲发达的棉花产业也印证了这个结论，但现实却是越来越多的人趋向于认为这种植物是从印度传到美洲，而非从美洲传到印度的。

现在，还有一个问题横在人们眼前，那就是在哥伦布发现新大陆之前，马铃薯、玉米以及烟草在中国没有发现被种植的历史。近代一位旅行家曾在他的游记中写道："扬子江附近一带的中国内陆是一块神奇的土地。在将近 50 英里的水域岸边，养鱼业十分密集。这里诞生了许许多多的发明，其中就包括被欧洲人和美洲人自诩为首创的弹棉机，而且在这里已经有 4000 年的历史了。此外，这里还盛产具有重要价值的药材。很多年以来，烟草、马铃薯、玉米以及其他一些植物一直被认为发源于美洲，但是这里自古以来就有种植。"④

法国人博纳佛斯就认为欧洲或者亚洲是玉米的起源地。玉米这个单词"maize"，在印第安语中称作"corn"，得名于海地岛的同名植物"mahiz"或者"mahis"。然而，奇怪的是，在欧洲北部的列托语(即拉脱维亚语)中，"mayse"这个单词的意思是面包；而在爱尔兰语中，"maise"意指食物；在古代高地德意志语言中，"maz"是肉的意思；而早在哥伦布时代之前西班牙语中就已经出现了"maiz"这个单词，难道新旧大陆的人们在更早的年代彼此之间就已经在交流和沟通了吗？

为了证实亚特兰蒂斯的存在，我们必须寻找这个世界上几乎所有有价

④《玉米发展史》，1862 年版；b.《野生动物的驯养和养殖》第一卷，第 374 页；c.《地理·植物·系统》，1855 年版，第 810~991 页；d.达尔文：《动物和植物》第一卷，第 370 页。

值的植物的起源。达尔文曾经说过,“通常我们不会认为世界上任何一种有用的植物起源于澳大利亚,或者非洲的好望角——甚至新西兰,甚至南美洲的拉普拉塔河(巴拉那河与乌拉圭河的河口部分)沿岸——尽管这些国家同样为这个世界贡献了许多稀奇的物种;此外,根据一些作家的撰文介绍,美洲的墨西哥北部地区在世界上也是一块充满神秘色彩的地方。”换言之,这个世界上被人类发现的几乎所有的有关人工培植作物的最早记录都是亚特兰蒂斯帝国及其殖民地之后才出现的;因此,也只有一个有着古老历史、拥有长期持续发展的文明,才能将这些有益于人类的野生植物培育成更加成熟而有实用价值的作物,今天用以维持人类生存的谷类作物当然也包括在内。阿尔冯斯·坎多里先生告诉我们,今天,至少有33种于人类有益的植物来自于墨西哥、秘鲁和智利。另外,这位植物学界的著名专家还声称,在157种富有价值的栽培植物中,可以查找到它们的野生态的有85种;有40种的起源仍然没有定论;另外32种则至今尚未找到其发源地。某些蔷薇科植物——例如欧铃兰、晚香玉和紫丁香——这些至今还未被人们找到其野生态的植物据说在远古时代就已经被人工培植了。这些现象绝对是非同寻常的,因为正如坎多里先生所说,事实上,所有在历史上记载的最先在欧洲人工栽培的植物今天都还能寻到它们的野生态。这一推论将会激起巨大的波澜——小麦、燕麦、大麦、裸麦和玉米——这些在很大程度上影响了人类历史发展的传统作物,很可能在古老遥远的史前时代就已经被人工栽培,它们的原生态或许已经随着那些消失的大陆一道迷失在历史的长河中。

达尔文对杰边沁(英国哲学家)的观点非常赞赏,他引用其这样一段原文,“最可信赖的证据的结果表明,几乎所有的谷类——小麦、裸麦、大麦和燕麦——这其中如今没有一种仍旧保留着它的原生态。”在石器时代的欧洲,有5种不同的小麦和3种大麦被人工培植。他说,根据生长于瑞士湖畔的被认为是原产于埃及的各种小麦及在其周围天然生出的杂草的现象可以作出如下推断,“要么湖边的居民至今仍旧与南方人有商业上的互相往来,要么这里原来曾是南方的殖民地。”但是达尔文对此观点却持反对意见,具体说来,这些小麦和大麦应该是从最早开始人工培植的那块大陆——亚特兰蒂斯殖民过来的。我们发现,在铜器时代的时候,燕麦和裸麦与青铜武器一起在历史的舞台上现身,同时还有一种特殊的豌豆。最后,达尔文获得如下结论——在很大程度上小麦、大麦、裸麦和燕麦要么是从 10 或 15 种已经灭绝的物种中衍生出来,“它们中大部分根本不为世人所知或者早已灭绝。”要么是从 4 或 8 种与我们今天见到的品种极为接近的植物进化演变而来,再或者就是“为了避免由于品种繁多而导致的鉴别困难”而自然淘汰的结果。在谈到最后这种情况时,达尔文断言,“人类一定早在遥远的远古时代就已经种植了这些谷类植物”,并在那时“从中进行了认真细致的选种”。[5]

罗林森在他的著作《古代君主政治》中提到古代亚速人已经掌握了种植菠萝的技术。[6]“他们刻在纪念碑上的这些确切的文字,让我不得不相信菠萝就是从他们那里流传下来。”[7]人们一直认为美洲才是菠萝的起源地,在哥伦布时代之前的欧洲大陆根本就不知道菠萝为何物;但是,从发现亚速人的纪念碑开始,关于这一问题的争论仍旧不会尘埃落定。[8]

直到今天,人们还无法确定,在历史上曾经被亚特兰蒂斯作为殖民地的爱尔兰是否早在罗利爵士(Walter Raleigh,1552—1618,英国政治家,历史学家)之前就已经开始使用烟斗了。今天,考古学家们从爱尔兰古代族长曾经居住过的山寨围垣和坟墓中出土了相当数量的烟斗,有足够的证据可以证明,这些烟斗是史前时代的人类安放在那里的。在爱尔兰皇家学院收藏着一种古代烟斗——“丹麦人烟斗”。丹麦人在比哥伦布时代早若干个世纪之前就曾将足迹留在了爱尔兰,假如这些烟斗确实是他们所留下的,那么说明在更加久远的年代,人类就已经开始使用烟草,或者是其他的烟草替代物。实际上这并非没有可能,只不过在爱尔兰发掘出的这些“丹麦人烟斗”将这个历史又提前了几千年而已。

把这些从爱尔兰古墓发掘出来的烟斗和在新泽西州发现的石器时代的印第安人的烟斗做下对比,二者是不是非常的类似呢?最近,葡萄牙旅行家们在非洲发现了距今年代最为久远的野人部落,这些野人根本不可能与欧洲人有贸易上的往来,但是也使用各种形状奇特的烟斗,不同的是他们吸食的“烟草”是当地的一种植物。根据在美洲对烟草历史进行的调查结果表明,

⑤达尔文:《动物和植物》第一卷,第 382 页。
⑥《古代君主政治》第一卷,第 578 页。
⑦雷明德:《尼尼微和巴比伦》,第 338 页。
⑧《美国百科全书》第十卷,第 528 页。

最初的时候,烟草是用作祭祀神灵的一种熏香,只有牧师使用烟斗;从那以后,这种习惯被逐渐传播到普通百姓中,并很快被传播到全世界。也许在远古时代种植烟草的习惯就已经越过了大西洋,只不过后来因为殖民者的溃败又从那些地区消失了。[9]

⑨约翰·鲁勒克:《史密森学会会刊》1875 年,第 342 页。

第二部分　大洪水

第一章　摧残亚特兰蒂斯的大洪水

我们觉得我们已经成功地证明了在柏拉图的陈述中没有什么事情是未必存在的,在古老的过去,曾经有一个面积巨大的岛屿或者说是一块大陆确实在大西洋中存在,而且,从地质学的角度来说,它也必然是的的确确存在着的;我们更进一步证明了它以柏拉图所描述的方式沉入了海底这一说法,不仅不是子虚乌有,而且极有可能是真实的;现在我们来看下一个问题:在人们的传说中,是不是保留了有关这个巨大灾难的记忆呢?毋庸置疑,我们认为这个问题的答案是肯定的。

在这场灾难中,仅仅几个小时的时间,整个国家和它的全部人口在一场可怕的震动中荡然无存——这些人是两个大洲的伟大民族的祖先, 他们自己就是他们那个时代文明的保护者——在他们的印象里, 不可能对这场灾难没有深刻的记忆,整个人类历史中也不可能没有它模糊的阴影。因此,无论我们求证于希伯来人、亚述人、腓尼基人、希腊人,库施特人还是美洲的居民,我们都会听闻他们关于大洪水的传说;而且我们会发现,所有的这些传说都明显地指向亚特兰蒂斯的毁灭。

勒诺尔芒说:"结果是我们发现关于大洪水的传说普遍存在于人类民族的所有分支中,只有一个例外,就是黑人。那么,这样精确一致的回忆不可能只是人们自己创造的神话。没有任何有关宗教的或者有关人类起源的神话如此惊人地相似。它肯定是来源于对一件真正的,可怕的事件的记忆,这种记忆在我们民族祖先的脑海中留下了深深的烙印, 以至于他们的后代们从来就没有忘记过它。可以肯定的是,这场大灾难发生在人类发源地的附近,而且是在这几个主要民族起源的家族分散之前；而为了对这些传说的广泛传播性作出解释，我们主观地认为在我们所能想象的地球上的众多不同的地方，不同地域可能出现了如此精确相似的现象——即人们的记忆已经假定出了一个相同的形式，而这个形式又同样地呈现出了在这种情况下人们的脑海中不可能出现的情况。”①

但是我们发现流传于美洲的关于洪水的传说可能并不是原始的版本，而是引自别处；显而易见，它还保留着从稀有的黄色人种中引入的那些特点,实际上这些传说就是从这些黄色人种中找到的;最后,同样确信无疑的是在大洋洲的腓尼基人中流传着这样的传说。另外三个种族无疑是非常特别的,他们关于洪水的传说并没有彼此互相借鉴,事实上,他们的这些传说都是原始文本,而且都可以追溯到最古老的年代。这三个民族恰恰源于圣经中的诺亚——关于这些民族的由来,《创世纪》的第十章中给出了答案。这项我认为是不容置疑的发现使得这个在《圣经》中记载的传说被赋予了难以估计的历史和现实价值,虽然在另一方面,这可能会使它在地理学和人种学上的价值有所削减……

但是,现在的情形使我们能够不假思索地断言,《圣经》中记载的大洪水是真真实实发生过的历史事件,而不是虚无缥缈的神话,至少它在亚利安人或印欧语系人种、闪米特人——即阿拉伯人和库施特人这三个民族祖先的脑海中留下了深深的烙印——也就是在古代世界三个伟大的民族中留下了深深的烙印,而这三个民族在他们共同生活的亚洲地区,他们的祖先还没有分离之前——构成了人类社会一个更进一步的群体。”

像M·斯科韦塞伯(巴黎,1858)和M·奥玛疏斯·德哈罗伊(布鲁塞尔,1866)这样具有广博学识的纯基督教徒否认关于大洪水的传说的普遍性,并且声称“它只是在人类的主要中心即那些还在最初的发源地附近生活的人们中间传播,而没有蔓延到几乎是沙漠区域的分散的部落。《圣经》故事确实是通过把普遍的事实同整个人类的种类联系起来而开始的，它的内容仅仅是记录了那些上天特别选择的民族。”这个理论得到了著名的人类学权威M·夸特法格和库福尔的支持；他承认它没有什么地方很明显地与传统的信

①《当代启示》,1879年11月。

仰相违背。

柏拉图描述的"席卷一切的大洪水"与亚特兰蒂斯的毁灭是一致的。塞伊斯的牧师告诉所罗门"在席卷一切的大洪水"之前,雅典居住着一个高贵的民族,他们做了很多值得骄傲的事,其中最后一件也是意义最重大的一件事就是粉碎了亚特兰蒂斯人妄图征服他们的企图;在这之后,亚特兰蒂斯就在那场灾难中消失无踪了,大量的希腊人也在这次湮没了整座岛屿的灾难中丧失了性命。因此,很多头脑中还保留有部分洪水记忆的埃及人称之为"席卷一切的大洪水"。

第二章 《圣经》中记载的大洪水

首先,我们将在下面的篇幅中写下在《创世纪》(第六章至第八章)中出现的《圣经》中有关大洪水的历史:

"在古代,当人类在地球表面繁衍生息之时,他们有女儿降生,上帝之子看到人类的女儿相貌非凡,于是他们将其心仪的那些人类的女儿娶来做了妻子。

上帝说,我的灵魂不会持久地和人类抗争,因为他也有肉体,虽然他能生存一百二十年。"

在那个时候,地球上生活着众多的巨人,而且自上帝之子娶了人类的女儿为妻之后,她们为他们生儿育女,这些孩子照例也变成了巨人,也就是古老的声誉卓著的巨人。"

上帝看到地球上人类的邪恶行为造成了极为严重的后果,每种对他内心想法的想象都仅仅是不断的邪恶。这使得上帝对当初自己创造了人类而懊悔不已,他的心因此而悲痛万分。上帝说,我要把我所创造的一切在地球上毁灭,无论是人类、四足野兽、爬行动物还是飞翔于天空的鸟儿,因为我对创造了它们而后悔万分。但是诺亚发现了上帝眼中有仁慈存在。"

他们就是诺亚的后人:诺亚为人正直善良,他的后代秉承了这一优良传统,而且诺亚和上帝走在一起。诺亚总共有三个儿子,闪、哈姆和雅弗。"

地球在上帝的跟前逐日堕落:它的暴力行为愈加频繁。上帝看到了地球的堕落;因为地球上有生命之物都步向堕落之路。于是上帝对诺亚说,结束地球上所有生物的生命的时候到了;因为地球已经在他们的暴力之下变得千疮百孔,面目全非;看,我将会让它们和地球一起毁灭。用香槐木为材料给你自己建造一座方舟;在方舟里你要建造好房间,并且在方舟上搭上帐篷。下面我告诉你要建造的这座的方舟的式样:方舟应该有300腕尺长,50腕尺宽,30腕尺高。你要在方舟上面一腕尺的地方建一扇窗子;然后再窗子的旁边建一扇门;而且你的方舟应该有三层。看哪,我的确要让洪水吞没地球,让所有的生物毁灭,在那里有天堂下生命的呼吸,地球上的一切将不复存在。但是我要和你一起订立我的圣约:你要在方舟里躲避一时,你,你的妻子和你的儿子们,还有你儿子们的妻子们。所有有血有肉的生物,把他们其中的两个成员带到这座方舟里来,让它们和你共生共存;这两个成员中应有一男一女,一公一母或者一雄一雌。你要带上家禽类,家畜类和地球上所有种类的爬行动物;每种动物中都应该有两只躲到这座方舟里,以让它们生存下来。你还要带上所有的食物,让它们追随你的左右;这将会成为你和它们的食物。”

于是诺亚依照上帝的命令就这样做了。

上帝对诺亚说,你要把你所有的房屋都搬到方舟上去;因为我看到正直在你后代的身上得到了延续。每种干净的走兽你都要带上7只,一只公的和它的配偶们;不干净的走兽你要带上2只,一只公的和它的配偶。会飞的家禽也要带上7只,一只公的和它的配偶们,以保存地球上所有生命的种子。7天之后,倾盆大雨将持续降在地球上,40昼夜不断;我所创造的每一种有生命的物质都会因此而从地球上消失。”

诺亚的确遵循上帝的命令做了所有的事。当洪水袭击地球的时候,诺亚已经有600岁了。”

由于洪水的到来,诺亚、诺亚的妻子、诺亚的儿子们和他们的妻子们一同躲进了方舟,生命得以保存。正如上帝命令诺亚做的那样,干净的走兽、不干净的走兽、家禽、地球上的每一种爬行动物都一对一对地登上了方舟,都是一公一母,一雄一雌。”

7天之后,洪水淹没了地球,在诺亚生命的第六百年第二个月的第十七天，所有深水的源泉都被打开，天堂之窗也统统打开。地球上持续降雨，40昼夜未断。在同一天，诺亚，诺亚的三个儿子，闪、哈姆和雅弗，诺亚的妻子和三个儿媳，各种走兽、所有的家畜、地球上的每种爬行动物、每种家禽和每种鸟类都登上了方舟；它们都是成双成对地和诺亚一起带着延续他们生命的呼吸登上了方舟。所有的生物都是一公一母，一雄一雌，就像上帝命令诺亚做的那样：然后上帝把他关在了方舟中。"

洪水淹没地球达40天之久；随着水位高涨，方舟逐渐显现了出来，而且被抬到了地球上面。洪水肆虐，水位升得更高了；于是方舟随着升到了地表以上。洪水继续肆虐着地球；整个地球上的所有山峦皆隐没于洪水之中。水位一直升到了15腕尺高；山脉被淹没了。所有生活在地球上的生物都遭受了灭顶之灾，家禽、家畜、走兽和每种在地球上爬行的动物、一切干燥土地上的生物全部灭亡了。地表上的所有有生命的物质都被毁灭了，人类、家畜、爬行动物和天上的家禽，它们在地球上被毁灭了：只有诺亚和与他一起躲在方舟中的生物活了下来。洪水肆虐地球的时间达到了150天。"

后来上帝想起了诺亚和每种活下来的生物以及和他在一起的所有家畜仍然躲在方舟中：于是上帝在地球上刮起了一阵风，就这样，洪水渐渐缓了下来。所有深处的泉源和天堂之窗都关闭了，雨也停了。洪水一天一天从地球上消退：经过了150天的时间，洪水缓和了。在第七个月的第十七天，方舟仍然停留在Ararat山脉上。直到第十个月洪水才渐渐退去：在第十个月的第一天，被淹没的山脉的顶端显露了出来。"

又过了40天，诺亚将他建造于那座方舟上的窗子推开：他将一只乌鸦放了出去，这只乌鸦在地球上方飞来飞去，直至洪水从地球上全部消退。他又将一只鸽子放飞出去，让它查探一下洪水是不是已经退去了。但是那只鸽子甚至连让它可以立足的地方都没发现，于是它返回了他的方舟；因为地球表面上全都是水。他伸出了他的手，把鸽子带进了方舟。7天之后，他再次从方舟上放飞了鸽子。晚上鸽子回来了，嘴中衔着一片摘下来的橄榄叶：诺亚因此知道洪水已经从地球上退却了。他又在方舟中待了7天，又把鸽子放了出去，但是那只鸽子飞出去后再也没有飞回。"

已经是第六百零一年了，在第一个月的第一天，地球上的洪水全部消退了：诺亚搬开方舟的盖子，看到洪水淹没之处都已干涸。在第二个月的第七天和第二十天，整个地球都干了。”

上帝对诺亚说，你带着你的妻子，你的儿子们和他们的妻子们离开这座方舟到地球上去。你要带着和你在一起的每一种生物、家禽和家畜，每一种在地球上生活的爬行动物，它们可以在地球上繁衍生息，大量繁殖。”

于是诺亚带领他的妻子，他的儿子们和儿子们的妻子们，并带着各种走兽、各种爬行动物、各种家禽和在地球上爬行的任何东西一起从方舟中走了出来。”

诺亚为上帝修建了一座神坛；他抓住了每一种干净的走兽和每一种干净的家禽，并且将烤熟了的祭品都供奉在了神坛上。上帝闻到了一种极为香甜的味道，上帝在内心说，我将不会再因人类的过失而将厄运降临在地球上；因为人类内心的想象力在他们的青年时期就已经是邪恶的了。我也不会像我曾做过的那样再去折磨任何生物了。由于地球经此大难仍然保留了下来，因此播种和收获，寒冷和炎热，夏天和冬天，白天和夜晚都不会终止了。”

让我们对这段记录进行具体深入的思考分析。

与《创世纪》的开篇章节联系起来，它说明：

1. 在洪水中被淹没的那块土地就是人类文明的起源地。亚当最初是赤身裸体的；[①]之后他开始用树叶系在身上当做衣服穿；后来又把兽皮做成衣服穿在身上。[②]他是在地球上开始耕作的第一人；之前他的状态更为原始更为落后，在那个时候，他以森林里的野果充饥。[③]第一个管理羊群的人是他的儿子亚伯；[④]他的儿子该隐是建造第一座城市的人；[⑤]他的后代土八该隐是第一个冶金者；[⑥]雅八是搭建帐篷和管理家畜的第一人；[⑦]犹八是制造乐器的第一人。在这里，我们能看到了原始民族由野蛮落后走向文明发展连续的每一步。在接下来的论述中，我们还会发现亚特兰蒂斯人的发展步骤是与此完全相同的。

---

①《创世纪》，第三章。
②《创世纪》，第三章。
③《创世纪》，第二章。
④《创世纪》，第四章。
⑤《创世纪》，第四章。
⑥《创世纪》，第四章。
⑦《创世纪》，第四章。

2.《圣经》和柏拉图都把大洪水之前的人类社会状况描述为人口极为密集,四处遍布邪恶,而且就是因为这种邪恶,上帝才决定让他们毁灭。

3. 在两种情况之中,那块命数将终的土地都是在一场洪水之中毁于一旦的。

4.《圣经》告诉我们,在人类毁灭之前的一个更早的时期,他们在伊甸园中居住,过着安静、和平、快乐的生活。而从柏拉图那里我们得知在亚特兰蒂斯的早期也出现了同样的情况。

5. 据《圣经》和柏拉图在故事中的描述,上等民族或者神圣民族近族通婚在很大程度上导致了人类的毁灭,"上帝的儿子们"和劣等的祖先"人类的孩子们"通婚,于是他们被降低了身份,而且被描述为居心不正之人。

在后面我们将会看到,希伯来人和他们有关大洪水的传奇故事与腓尼基人有着千丝万缕的联系,而腓尼基人在诸多方面与亚特兰蒂斯又不无关联。

现在,学者们承认《圣经》中的宗族表并不意图包括纯正的黑人种族或者中国人、日本人、芬兰人或者拉普人,澳大利亚人或者美洲的红色人种。[8]它所指的全部都是地中海的民族,亚利安人、库施特人、腓尼基人、希伯来人和埃及人。"哈姆的子孙"并不是黑人,而是深棕色人种。

假如这些民族(中国人、澳大利亚人和美洲人等等)并非诺亚的后人的话,他们可能被包括在遭遇洪水的人中。如果中国、日本、美洲、北欧和澳大利亚等国家和地区的人口并不曾因为洪水而减少过的话,那么洪水就不具有普遍性。但是据称的确有一个国家毁于一场大洪水的灾难中,并且除了诺亚和他的家人之外,所有人在这场洪水中丧生了,那么这个在大洪水中被毁灭的国家不可能是欧洲、亚洲、非洲、美洲或者澳大利亚,因为在那些地区并没有发生人类在灾难中大量丧生的事情;或者,就算发生过这样的事情,那么,对于仍然有人类遍布于各大洲的这一事实我们又能作何解释呢?——《创世纪》并没有把这些人的起源追溯至诺亚,并且实际上,《创世纪》的作者对于这些人的事似乎一无所知。

因此我们可以得出下面的结论之一:要么《圣经》中有关洪水的记录根本就是寓言,要么它与除了欧洲、亚洲或者澳大利亚以外的其他地方有某种联系——某块在洪水中被淹没的土地。它并不是寓言;它指向的那块土地不

⑧《创世纪》,第五章。

是欧洲、亚洲、非洲也不是澳大利亚——而是亚特兰蒂斯。在历史上或者传说中没有另外的土地是在洪水中被毁灭的；这块养育着大量人口的土地是文明而又强大的，并因邪恶而终遭毁灭。

高尚而正统的权威弗兰西斯·莱诺蒙特说："被摩西们如此崇敬地归入人类目录的闪、哈姆和雅弗的后代仅包括人类中的白人种族，他们的三个主要分支已经得到了人类学家的认可。另外三个种族——黄色人种、黑色人种和红色人种——并没有出现在《圣经》中所记载的起源于诺亚的民族名单中。"[9]因此，《圣经》中记载的那次洪水灾难仅仅是淹没了诺亚的那块土地和那块土地上的人们，它也不可能具有什么普遍性。宗教世界并没有试图固定伊甸园的位置。乔治·里奥·赫多克教士说，"不能确定准确的位置；我们并不知道它的具体范围"。在后面我们还会看到基督教会中口头流传的传说指向了一个西方的区域，这个区域就是超过欧洲西边海洋的那个区域，即，"人类在大洪水之前定居"的那个位置。

随着我们对其他民族关于大洪水的传说进行深入地论述，大洪水之前的世界就是亚特兰蒂斯这一事实将会渐渐地水落石出。

第三章　古巴比伦关于大洪水的传说

在迦勒底语中，有关大洪水的故事有两种说法——它们的发展实际上是不平衡的，但是在一致性方面却令人吃惊。已知的最古老也是较短的一个说法是博弱瑟斯从巴比伦的宗教书籍中截取的，并且将其引入了他为希腊人所写的历史书中。在讲述完大洪水之前的最后九个国王之后，迦勒底的牧师这样继续写道：

"奥巴特斯·埃尔巴拉图图死后，他的儿子奚苏锡洛斯统治了18'sares'(1'sarcs'=3600年，共64800年)。正是在他统治期间发生了大洪水，宗教记录中对这段历史是这样记录的：在梦中，克洛诺斯出现在他面前，并且宣告在'Daisios'(亚述的9月——在夏至之前一点)这个月的15号，所有的人类

⑨勒诺尔芒等：《东方的古代历史》第一册，第64页。

都将死于一场大洪水。因此他命令他将所有事物的开端,过程和结果一一记录下来,并且将其埋在西巴拉的太阳之城中;然后他要建造一艘船,并偕同他的家人以及他最亲密无间的朋友们一起登上这艘船; 他要在这艘船中放在足够的食物以供吃喝之用,并且让动物,鸟和四足兽也登上这艘船;最后他还应该将航海所能用到的一切用品都准备停妥。当奚苏锡洛斯询问他的船应驶向哪个方向,得到的答案是'朝着神的方向',并且他还得到为人类祈福的命令。"

奚苏锡洛斯虔敬地遵从了这个命令并建造了一艘长 5 视距尺宽 5 视距尺的大船;他收集了所有神规定携带的东西,并且偕他的妻子和孩子们以及与他关系最为亲密的朋友们都登上了这艘船。"

洪水袭来,很快又消退了,奚苏锡洛斯从船内放飞了一些鸟儿。这些鸟儿没有找到食物也没有找到着陆的地方,它们便又飞回了大船。过了几天,奚苏锡洛斯又一次把它们放了出去,但是没多长时间它们又返回了大船,脚上沾满了污泥。最后,这些鸟儿第三次被放了出去,这一次它们出去之后再也没有回来。于是奚苏锡洛斯由此得知洪水已经退去了,并且地表部分也已经露了出来。他在船的顶棚上开了一个口,发现船在一座山的山顶上停着。于是他和他的妻子,女儿还有他的崇拜地球的领航员下了船,后来他建造了一座神坛,用以向神拜祭;在同一个时刻,他和伴随他的人们一起消失了。"

与此同时,那些在船上留守的生物发现奚苏锡洛斯没有回来,于是也下了船,并且一边呼喊着他的名字一边寻找他。它们最终也没有找到奚苏锡洛斯;但是一个来自天堂的声音命令它们对神应该表示足够的虔敬;并且告诉它们,事实上奚苏锡洛斯已经因为他对神灵虔敬而得到了奖赏,神把他带到了神灵所居住的地方, 他的妻子和他的女儿以及那艘船的领航员也得到了同样的待遇。并且那个声音还说将会重返巴比伦,并且他们都会一致顺从命运的判决,将埋在西巴拉的书写之物挖掘出来,以便在人类中传播。这个声音还补充说他们所在的那个国家是亚美尼亚。就这样,听到这个声音之后,这些生物便向神灵们献祭,而后徒步返回了巴比伦。奚苏锡洛斯的大船最终在亚美尼亚着陆, 在亚美尼亚古德扬山脉上仍然能够发现它的一部分,因此,朝圣者们常常把他们从它的碎片上刮下的柏油带回来。它可以避开魔法的不利影响。至于奚苏锡洛斯的伴随者们,他们来到了巴比伦并将埋在西巴拉的书写之物挖了出来，而后他们建造了许多城市，建立了庙宇并且将巴比伦重建了一番。”

莱诺蒙特说：“尽管这个说法听起来非常有趣，但它毕竟是经过翻版改造的资料，与这个说法相比，我们现在可以提供一个迦勒底-巴比伦的最原始的说法，人们是在尼尼微发掘出来的楔形文字的石碑上发现这种说法的，乔治·史密斯是第一个把它译为普通文字的人，不过他已经逝世了，现在这份译本被保留在大英博物馆中。在这里，第十一块石碑上的一段文字或者是乌鲁克城大型叙事诗的第十一段记录了大洪水的传说。这首诗中的男主人公是一个像海克力斯一样的人，他并没有确切的名字，他患上了一种类似麻风病的一种病，为了治愈这种病，他去向从洪水中被救出的族长卡西萨特拉询问，这位族长被神送到了一个遥远的地方，并在那里享受永恒的幸福。他要求卡西萨特拉给他讲讲使他获得这种永恒的特权的事件，最终族长在他一再追问之下向他描述了族长所经历的那场空前的大灾难。”

通过对尼尼微宫殿中图书馆中保留的这首诗的三份抄本加以比较，就有可能行云流水般地把这个故事复述出来。这三份抄本是在公元前 18 世纪应亚述国王阿术尔巴那巴尔的命令制作出来的，它们源于乌鲁克城僧侣图书馆中的一份样本，这个图书馆最初是由迦勒底帝国的统治者们建造的。至于亚述尔的作家抄写原本的确切日期则难以确定，但显而易见的是，它可以追溯至那个古老的帝国，至少在我们所处年代的 17 个世纪之前，或者可能更早；因此那个时代甚至比摩西的时代都要早，几乎和亚伯拉罕处于同一时代。现存的这三份抄本所呈现出来的不同证明那份被称作“僧侣”的原始体裁的书写作品就是原本，早在公元前 18 世纪的时候，这份作品被翻译成普通文字已经非常有难度了，因为誊写者们对某些符号的翻译各持己见，在其他情况下，他们只是把那些令他们感到费解的图案照原图复制了下来。最后，对这些变化进行比较后得出的结论是，奉阿术尔巴那巴尔国王的命令所翻译的原本一定是一份更为古老的手稿的副本，因为原本书的行与行之间存在着一些评论。一些誊写者已经把这些评论引入了他们的作品，另外一些誊写者则把它们略去不提。根据这些最初的判断，接下来我将给出卡希萨特拉的完整叙述。”

我将要披露，我所保留的历史——并且告诉你神的判决。

"如你所知,舒里帕克城坐落在幼发拉底河上,它年代久远,在那里神得不到人的崇奉和尊敬。只有我甘愿做那些伟大的神的仆人,于是神们听从了安娜的忠告——天地之神提议制造一场大洪水,诺班(Nabon),那古(Nergal)和亚达(Adar)对此提议拍手称赞。

于是,那位神艾(Ea),永恒的上帝,在一场梦中将这项命令一再重复。——我聆听了他所宣布的命运的判决,然后他对我说:'苏里帕克(Shurippak)人,乌巴拉拉图的儿子,听我的命令,尽快建造一艘船,越快越好——我要召唤一场大洪水,把一切的物质和生命吞噬掉,因此,你要登上这艘船,带上所有有生命的物质。我告诉你要建造的这艘船的规格:它应该有600腕尺长,宽和高都应该为60尺。如果是那样的话你要让它下水,并且在它上面安装一个顶子。'我明白了,然后我对艾,我的上帝说:'你命令我建造一艘船,那么,我应该什么时候去做呢,年轻人们和老人们都会对我大加讥讽的。'艾张开了他的嘴并且开始说话。他对我,他的仆人说道:'假如他们对你横加嘲笑,你就应该对他们说:凡对我不敬之人都必将遭到惩罚,因为我正处于上帝的保护之下。……如同躲在大洞穴里……我将会判断哪一个人是高尚的,哪一个人是卑下的……把这艘船关闭起来……就在我让你知道的那一刻——登上那艘船,并且把船的门拉向你所在的方向。你的谷物、你的家具、你的粮食、你的财宝、你的男仆们、你的女仆们和你的那些年轻人们都在船里——我将使田里的牲畜和平原上的野兽扎成堆聚成团——我将会把它们送给你,你要把它们放在门口保存。'卡希萨特拉张开他的嘴开始说话;他对艾,他的上帝说:世界上没有人曾经制造过(这样的一艘)船。'在船头上我会装上……我将会看到……和那艘船……你命令我建造的那艘船这样就在……"

船的两边在第五十天的时候被建造起来了。在它的覆盖物上面共有14根椽。我把它的屋顶安放在那里,把它覆盖住了。在第六天的时候,我登上了这艘船;我在第七天的时候把这艘船分成了几层;在第八天,我把这艘船的内部分成了一个一个的小隔间。我在漏水的裂缝前仔细检查;我查看了那些裂缝,把所缺少的东西一一添加上。我从外面三次倒上了3600量度的柏油,在里面也倒了3600量度的柏油。3600个人,挑夫们把成箱的食物放在头上顶着运送,总共送了三次才把它们送上了船。其中,我留下了3600箱作为我家人的食物,船员们自己两次把3600箱食物平分了。为了加大储备我杀了很多公牛;对于每天的定额口粮我也做出了规定。我预料到会需要大桶的饮料和酒——我收集的饮料和酒如同河水一样多,食物像地球上的尘土一样多。为了把它们装进箱子里,我用我的手把它们塞了进去。……太阳……这艘船完工了。……坚固异常——我已经把船上的家具搬到了船的上面和下面。装载的这些东西占了船的三分之二。

我把我拥有的一切都收集起来;我把我所拥有的全部白银都收集起来;我把我所拥有的全部黄金都收集起来;我把我所拥有的全部有生命的物质都收集起来——我让它们都登上了我的那艘船;我的仆人们,男仆和女仆,——田野里的牲畜、平原上的野兽和人们的儿子们,我让它们都登上了我的那艘船。"

太阳神决定了那个时刻的到来,他宣告道:'晚上我会让大雨倾盆而下,快到船里去吧,把舱门关紧。'规定的那个时刻到来了,正如他已经宣告过的:'晚上我会让大雨倾盆而下。'当那天晚上到来的时候,我恐惧异常,我登上了那艘船,并且把舱门紧紧关闭。在关上门的时候,我把这个居所,以及上面的所有东西都托付给了领航员布佑·沙迪·拉比。"

穆合里·伊那·纳玛(Mu-sheri-ina-namar)在黑云缭绕中从天堂升起;莱满(Ramman)在翻滚的云彩里发出隆隆的雷声——诺班(Nabon)和沙如(Sharru)在他前面走着;他们走过山脉和平原,将它们毁灭在脚下;强大的那古(Nergal)拖着鞭子跟随在他后面;水位越升越高,很快就淹没了一切;在他面前;深海中的大天使带来了毁灭,他们使地球颤动起来了,这使他们非常害怕。莱满的洪水汹涌翻腾,一直触及了上天,于是地球不再有光彩,而是变成了一片沙漠。"

他们打破了……地球的表面,就像……他们毁灭了地球表面的所有生物。那场令人类遭受浩劫的可怕的洪水一直汹涌翻腾着,直至触及上天。兄弟之间再也不能相见;人们彼此再也不会相互认识。在天上——那些神也渐渐地对不断涌出的洪水感到恐惧,并且开始寻找避难所;他们在阿努(Anu)的天堂里聚集在一起。这些神在静止的情况下被拉了出来,像狗一样彼此挤压着。伊斯塔号啕大哭,像个孩子一样,这位伟大的女神表达了她的观点:'在这里,人类又回到了泥土中,这就是我在那些神面前预告过的不幸。所以我在那些神面前宣告了这个不幸，因为邪恶已经预告了这种对人类的可怕的惩罚，而人类是属于我的。我是给予人类生命的母亲——现在他们却像鱼一样，将整个海洋填的满满的。那些神，因为那个原因——也就是深海中的大天使正在做的事，和我一起哭泣。'在他们座位上端坐的诸神都悄然流泪，他们紧闭着嘴唇一言不发，默默地思考着未来的事情。"

已经过去了六天六夜，狂暴的风、肆虐的水和倾盆而下的雨依然非常强劲。第七天将要来临的时候，倾盆大雨渐渐地变小了，在地球像地震一样颤动之后肆虐的可怕的洪水——也渐趋于平静了，海水似乎要变干，狂风停息了，奔腾汹涌的水也停止了。我向大海望去，专心一志地观察——整个人类都已经都回到泥土中去了；无数的尸体在海面上漂浮着，如同海藻一样。我推开窗子，阳光照亮了我的脸。我的内心满是悲伤；我坐下来开始哭泣；泪水布满了脸颊。"

我向海边的那些地方望去：向地平线上的 12 个点望去；一块陆地也没有了。我的那艘船停在了尼兹尔的土地的上方，尼兹尔的山脉阻碍了船的去路，使之无法通行。第一天和第二天，尼兹尔的山脉拦住了船的去路，使它无法通过；第三天和第四天，尼兹尔的山脉拦住了船的去路，使它无法通过；第五天和第六天，尼兹尔的山脉挡住了船的去路，使它无法通过。快要到第七天的时候，我放出了一只鸽子。那只鸽子飞了出去，旋即又飞回来——它没能找到栖息之地，所以回来了。我放出了一只燕子；那只燕子飞了出去，又回来了——因为它没能找到栖息之地，所以回来了。我放出了一只乌鸦；那只乌鸦飞了出去，并且看到了那些漂浮在水面上的尸体；它以那些尸体为食，并且立在上面休息，没有回来。"

我把(船上的所有东西)向四面发散，而且我还举行了一个献祭仪式。我把烤熟的祭品在山顶堆成一堆；我把每七个瓶子分为一组，整齐地摆放在那里，并且在下面铺上了灯心草，香杉和杜松木。那些神被对它的仁慈的渴望抓住了，那些神像飞翔的鸟儿一样聚集在这个献祭仪式的主持者的上方。在从遥远的地方到来的途中，那位伟大的女神让阿努为他们的神开拓的土地凸现了出来。这些神，我面前发出闪闪亮光的水晶，我绝不会再离开他们了；在那一天，我祈祷永远伴随他们左右。让那些神到我的祭品堆上来！但是拜尔(Bel)绝不可以到我的祭品堆上来！因为他并没有控制住自己，是他将洪水引向了地球，是他让我们人类的尸体填满了坟墓。”

拜尔从遥远的地方飞来，他逐渐地飞近——那艘船进入他的视野，于是他停了下来，他以充满怨恨和愤怒的口气对那些神和那些天上的大天使说：‘没有一个人能够生还！谁都逃脱不了下地狱的惩罚！’亚达张开他的嘴，开始说话；他对鼓吹战争的拜尔说：‘除了艾还有谁能够作出这样的判决？因为艾拥有智慧，他能预知一切。’艾张开他的嘴，开始说话；他对鼓吹战争的拜尔说：‘哦，你，神的先锋，勇士，因为你没能自我控制住，是你引发的那场洪水灾难，让犯罪之人为他所犯之罪遭受惩罚吧，让出言不逊之人为他对亵渎神圣的行为遭受惩罚吧。请你让自己拥有这个美好的愿望，而且永远不要违背这个愿望；你永远都不能违反对它的信仰。你不能再制造另外一场大洪水，而是要让狮子出现，减少人类的数量；你不能再制造另外一场大洪水，而是要让饥荒出现，让地球上的土地荒废，你不能再制造另外一场大洪水，而是要让蒂巴(Dibbar)出现，让人类被摧毁。我并没有把那些伟大的神的决定泄露出去；而是奚苏锡洛斯懂得了那个梦的意义，并且领悟了那些神都决定了什么。”

然后，当拜尔的决心受挫之后，他进到船里来。他把我的手放在他手里，使我飞升了起来。他让我的妻子也飞升了起来，并且让她靠在我旁边。他转向我们，停了一会儿；他接近了我们的群体。到现在奚苏锡洛斯的生命已经过了一部分了；但是，看啊！奚苏锡洛斯和他的妻子将要被神带走，并且和他们过着一样的生活，而且奚苏锡洛斯将会在一个很遥远的地方定居，这个地方正在河口处。’他们把我带走了，并且让我定居在一个很远的地方，就在河口处。”

莱诺蒙特说，“这个故事所叙述的过程与《创世纪》所叙述的过程有着非常相近的共同之处；从双方面来讲，这种近似性是极为惊人的。”当我们对同一个故事的两种表述形式进行观察的时候，我们可以看到，故事中有多处都直接指向了亚特兰蒂斯。

1. 首先，博弱瑟斯告诉我们，预告洪水将要到来的神祇是克洛诺斯。正如我们所知道的那样，克洛诺斯和萨杜恩是同一个神。萨杜恩是古代意大利的一位的国王，他早在罗马帝国被缔造出来之前，就把文明从某个其他的国家引进了意大利。他确立了工业和社会秩序，使土地富饶多产，并且为意大利创造了一个辉煌的时代。他是突然被迁移到神居住的地方的。在神话传说中，他的名字被与大西洋中的“一块丰饶之地”以及在遥远的古代，其疆域包括北非和地中海的欧洲海岸直到意大利半岛的一个王国联系了起来，而意大利半岛被称作“海中的某一个半岛”；这一点和柏拉图所描述的亚特兰蒂斯的疆域如出一辙。罗马人称大西洋为“Chronium Mare”，即克洛诺斯的海洋，于是把克洛诺斯和那个大洋联系了起来。海克力斯之柱也被古代人称为“克洛诺斯之柱”。那么，此时我们就有了确凿的证据来证明在迦勒底的传奇故事中所提到的国家是克洛诺斯或者萨杜恩的领土——也就是海洋的世界，即亚特兰蒂斯的领土。

2. 刻于尼尼微石碑上的赫(Hea)或者艾(Ea)是一位鱼神；迦勒底人在纪念碑上记载的他的形象是半人半鱼身；在有关描述中，他并非河流或者海洋之神，而是一位“深海之神”。据说，他把文明和字母带给了亚速尔人的祖先。显而易见，他是某一个有着悠久历史的海上文明民族的代表，他来自海洋，而且与消失于洪水灾难中的某块大陆和某些人们有所关联。洪水的场景发生在幼发拉底河流域并不能证明什么，因为在后面我们会发现，差不多在每一个民族的神话故事中，方舟都是停泊在某座山上的；就像希腊人的各个部落都有各个部落的奥林匹斯山一样。神话中的拜尔神就是腓尼基人的太阳神，我们知道，这位太阳神来自亚特兰蒂斯。拜尔或者太阳神受到了居住于欧洲西海岸和北海岸人们的膜拜敬仰，并且波罗的海就是以他的名字命名的；大不列颠的很多地区，例如拜兰(Belan)和约克郡的拜尔山(Baal)均是用他的名字命名的。

3. 在迦勒底人中流传的传奇故事明显是这个传说的一个更为原始的版本，它与《圣经》中的记载在某些方面并不相同，但是，通过这两种说法，我们能发现与亚特兰蒂斯更为接近了。《创世纪》中的叙述是这个传说的一种形式，对于内陆人来说，它将是自然而然的。虽然其中有“深海中的泉源被打碎”(在后面我会对其作充分描述)的典故，但其中大雨似乎是主要的毁灭因素；因此，之所以在描述中洪水要持续更长的时间，是为了给下雨和雨水的逐渐消退留下充分的时间。一个终日居于大陆中心的人恐怕绞尽脑汁也想象不到整个世界可能沉入海底；所以他们只能把毁灭的原因归于40昼夜的倾盆大雨。

与此截然相反的是，在迦勒底人的传奇故事中，这场雨只下了7天而已；而且我们看到作者已经描述了这场灾难发生于大海的中央或者附近的事实。在《创世纪》中，方舟(têbah)被描述成一个箱子，一个柜子或一个大盒子，总之是一个居于大陆中心的人所能想象出来的事物。而在迦勒底人的传奇故事中，方舟被描述为一艘真正的船；它包括船首、船舵、领航员以及管理船只的人；而且它还在"海中"航行。

4. 在迦勒底的传奇故事中，所描述的不单单是一场暴风雨，而是一场突如其来的灾难。的确下了雨，但是还伴有雷、闪电、地震、风、汹涌澎湃的洪水，还有狂风暴雨对山脉和土地的摧毁。所有这些令人惊惧的自然力都齐齐地向这块朝不保夕的土地发起袭击："深海中的大天使带来了这场毁灭"，"大水漫天"，"兄弟再也不能相见；人类再也不会彼此相识"，人类"像鱼一样填满了海洋"；整个海洋里泥浆翻滚，"尸体如同海藻一样在海面上漂浮着"。当暴风雨有所收敛的时候，这块土地已经荡然无存了——再也没有"任何大陆"了。难道这些事情与柏拉图所描述的"那些令人惊惧的白天和夜晚"不无瓜葛吗？

5. 在原始版本中出现了那位"Izdhubar"，当他出发去寻找被奉为神的"Khasisatra"的时候，首先他在海上度过了几天的时光；后来在一位船夫的帮助下，他登上了一艘船，在海上航行了15天以后才找到了迦勒底人的诺亚。这将会证明奚苏锡洛斯在一个遥远的国家居住，一个漂洋过海才可以到达的国家；而且，这也像是对亚特兰蒂斯真正疆域的回忆。需要花费15天的时间去穿越的海洋绝对是一块面积辽阔的水域，而实际上，它是一个大洋。

第四章　其他民族关于大洪水的传说

搜集其他民族有关大洪水的传说将会让我们明白《圣经》中和迦勒底语中关于这次大事件的记录。

《叙利亚女神》的作者告诉了我们在阿拉姆人中流传的有关大洪水的传说，这个传说直接源于在迦勒底人中流传的有关大洪水的传说，因为它是在著名的海拉帕里斯或者巴姆比斯避难所中被提到的。

他说："绝大多数人告诉我们是杜凯里恩·西西塞斯建造了这座庙宇——那场大洪水就发生于杜凯里恩的时代。对于这场洪水，我曾听过希腊人自己对它的描述。他们是这样说的：现在的民族并不是最原始的，在我们之前，还存在着一个民族，不过那个民族的成员都消失了。我们是后来的民族，我们的祖先是杜凯里恩，经过长久的繁衍生息才形成了今天的人类。据说之前的人目空一切，高傲无礼，言而无信，对客人极为怠慢，对哀求者从不怜悯，总之他们犯下了很多罪行；因此，他们遭到了一场空前的灾难的惩罚。一场大洪水猝然之间席卷地球，大雨倾盆而下。河流离开了他们的温床，海水淹没了它的海岸。整个地球陷入一片汪洋之中，所有的人都在洪水中殒命。因为杜凯里恩道德高尚，行为虔敬，所以唯有他受到庇佑，将生命保存了下来，并且使一个新的民族诞生。这就是他得以逃生的过程：他让他的妻儿进入了一个大箱子，然后他自己也钻了进去，猪、马、狮子、蛇和地球上所有其他的动物都来他这里寻找避难所，他让这些动物也都进入了大箱子；当它们都待在箱子里的时候，宙斯命令它们要和睦相处，严禁互相残杀。它们就这样在大箱子里待着，漂浮在大浪滔天的水面上。这就是希腊人的叙述。

不过海拉帕里斯在这个故事的基础之上另加了一个让人难以置信的故事：在他们的国家，裂开了一条巨大的豁口，四面八方的洪水都涌向那里。杜凯里恩建造了一个祭坛并且为赫拉修建了一座庙宇，以关闭这个大裂缝。我曾经亲眼目睹过它，它就在庙宇的下面，极其狭窄。我不知道是不是它曾经很大，现在却缩小了；不过我的确看到过它，它相当的小。在对这件事的记录中，接下来的事就是这个仪式的结束了：海水每年都会被带进这个庙宇两次。不仅牧师会这么做，而且有众多来自整个叙利亚和阿拉伯甚至比幼发拉底河还要远的地方的朝圣者们也都带来了水。他们把这些水倒入庙中，使它们流进那个裂缝，尽管这个裂缝极其狭窄，但是它的里面能装下很多的水。据说这是杜凯里恩创立的宗教规则，目的在于为了铭记那场灾难以及神赐予他的利益。这就是关于这座庙宇的古老的传说。"

勒诺尔芒说："对于一个流行于所有闪米特国家的关于这个大裂缝的传说，以及它在大洪水中扮演的角色很难予以否认，这个传说出现在《可兰经》中有关一座窑的令人费解的描述中，在洪水暴发之始，从这座窑里开始冒出水泡，水从其中向四面八方喷溅。我们知道这座窑是回教的注释者天马行空的想象的产物，他们已经把穆罕默德引为典故的传说丢失了。此外，《可兰经》中还正式地说明大洪水的水全都涌入了地心。”

在这里博弱瑟斯的奚苏锡洛斯变成了杜凯里恩·西西塞斯。在这个传说中，那些动物并非如同诺亚和卡希萨特拉的故事中描述的那样是被杜凯里恩聚集起来的，而是出于对暴风雨的恐惧，自行进入可以躲避灾难的箱子的，就如同在灾难降临之时，森林里的动物也会躲到人类的房子中去避难一样。

从印度人那里我们得知了关于大洪水传说的另一个版本，不过极为贫乏，与《圣经》和迦勒底传说中对大洪水详尽的描述形成了鲜明的对比。它的最简单也是最古老的形式是从《吠陀经》中找到的。马克思·穆勒最早把它翻译成了普通的文字。

“某天的清晨，有人把洗澡水带给曼努，当他洗完澡的时候，发现手中有一条鱼，它对他说：‘保护我，我将会拯救你。’‘你要从哪里拯救我出来呢？’‘一场大洪水会将所有的东西都淹没，我将从这场大洪水中把你拯救出来。’‘我应该怎样保护你呢？’那条鱼答道，‘我们很小，所以我们被危险笼罩，因为大鱼是吃小鱼的。你先把我放在一个瓶子里；等我长到瓶子装不下的时候，就把我放在盆里。当我变得更大的时候，把我扔到海里；这样的话，我就不会遭受毁灭了。’不多久，它就长成了一条大鱼。它对曼努说，‘我长成之时，就是洪水暴发之时。为躲避水灾，你要建造一艘船并且要祭拜我。当水位上涨到一定程度的时候，迅速登上那艘船，你就得救了。’”

曼努按照鱼的要求，把它先放在瓶子里，而后又放在了盆里，最后把它放回了海里。在那条鱼提到过的那一年，曼努造了一条船，并且对那条鱼虔诚祭拜。洪水来临的时候，他登上了那艘船。然后，那条鱼游到了他的身边，曼努把船的缆绳系在了鱼的身上，鱼就带着船越过了北方的山脉。那条鱼说，‘你已经得救了，找棵树把这艘船系在上面，这样它就不会被水冲走了，海水的下面是一座山；你会随着水位的下降而逐渐下降。’曼努随着水的减少而逐渐下降，这被称为‘曼努降临北方的山脉’。除了曼努之外，洪水把所有的生物都席卷而去了。”

在普拉那斯中该故事还有另外一个版本。勒诺尔芒说：

“我们必须对普拉那斯版本引起足够的重视,其中从洪水中被鱼挽救出来的不是曼努而是另外一个人,即,鞑斯塔斯(Dastas)的国王——也就是渔夫——撒提拉瓦塔(Satyravata),‘对公平和真理抱有极大热情的人’,与迦勒底的卡希萨特拉有着令人吃惊的共同之处。关于大洪水的传奇故事的皮瑞尼版本也没有被忽视，尽管它距今年代久远，内容荒诞绝伦并通常还很肤浅。在某些方面,它并没有像布拉玛那或者玛哈巴拉塔那样被亚利安化,最为关键的是,它叙述了一些在早期版本中被省略了的情况,而这些情况肯定属于最原始的基础部分,因为在巴比伦的传奇故事中它们就已经出现了。无疑，一种情况是通过口耳相传得以保留下来的——大众的而不是婆罗门——普拉那斯受了它很大的影响。皮克泰特(Pictet)注意到了这一点,他把重点放在了下面这段话上:护持神对撒提拉瓦塔说‘七日之内,这三个世界将会被淹没。’在布拉玛那或者玛哈巴拉塔中都没有出现类似的说法,但是在《创世纪》中上帝对诺亚说,‘七天之后,洪水将会吞噬地球’……我们也绝不能忽视神鱼命令撒提拉瓦塔把神圣的书放在一个安全的地方，从而让它们免受马头明王(梵语称何耶揭梨婆,是生活在深海中的一只海马)的侵害,……由此,我们可以肯定的是,在印度外衣覆盖下的是卡希萨特拉在西巴拉埋葬圣书的传说,与我们在博弱瑟斯的碎片中看到并无二致。

在这些传说中出现的“三个世界”和“神鱼”都指向亚特兰蒂斯。“三个世界”可能是指柏拉图所描述的强盛的亚特兰蒂斯帝国，也就是说西部的大洲,美洲,东部的大洲,欧洲和非洲被看成时一个整体,也就是亚特兰蒂斯岛。正如我们所看到的,亚特兰蒂斯文明的缔造者波赛冬也就是海神,后者一再被描述为骑着一只海豚,手持一支三叉戟或者三叉的符号的形象,这个符号也许就是三个帝国的象征。他是海神,或者鱼神,而且他来挽救的是他的国家的代表。”

接下来我们还会讲述一个新的奇特的传说版本。勒诺尔芒说:

“我们在伊朗人包括基本的袄教规则并可追寻到很久以前的圣书中发现了一个传说,这个传说十拿九稳地被看作有关大洪水的传说的变体,虽然故事中的主人公不是同一人，一些有着关键作用的细节也和我们看过的那些传说有不同之处。它涉及的是在最初的原始设想中,身为人类之父的伊玛(Yima)是如何受到善良的神阿胡拉玛兹达的警告说地球会被洪水淹没的。

那位神命令伊玛建造一个方形的四周有围墙保护的花园——瓦拉（vara）作为避难所，并且让人类、野兽和植物都进来这里，以逃过此经天一劫。于是，当洪水吞噬大地的时候，只有伊玛的花园和躲避在园里所有的东西得救了，这个得救的消息被阿胡拉玛兹达的使者——小鸟卡普拉带到那里。”

这无疑能够证明，在亚特兰蒂斯被毁灭之前，曾有一支移民被派往某个相邻的国家，这些移民建造了一座围墙高耸的城市，并且还把谷物和驯养的动物从他们的母国带到了此地；当亚特兰蒂斯岛在洪水中沉没之时，一位使者乘船把这个可怕的消息告诉给了他们。

在希腊人中，有两个关于使原始的人类毁灭的大灾难的传说。第一个传说与奥及格斯(Ogyges)的名字有关，他是比奥地亚最古老的国王——一个被神秘笼罩的人物，他消失于多年前的某个晚上，他的名字似乎是得自亚利安语中表示大洪水的习语，它的梵文是‘Angha’。据说在他那个时代，整块土地都被洪水吞噬掉了，洪水一直漫到了天上，他和他的一些随从一起坐着一艘船成功地逃过了此劫。

第二个传说是赛撒里安(Thessalian)有关杜凯里恩的传奇故事。宙斯对青铜器时代的人类犯下的罪行大为震怒，于是就要让他们毁灭。杜凯里恩听从了他父亲普罗米修斯的建议，建造了一只大箱子，并把它作为他妻子皮拉和他自己的避难所。大洪水来临之后；那只箱子或者是柜子在汹涌的浪潮中总共漂浮了九天九夜的时间，最后停在了帕纳塞斯山上。杜凯里恩和皮拉从箱子里出来，设了一个祭坛，并且按照宙斯的吩咐在他们的后面扔下‘地球的骨头’——也就是石头，以便让地球重新容纳人类，最后这些石头都成为了新的人类。在洪水传说的普遍性上来说，希腊传说中的这次杜凯里恩的大洪水是最接近的。很多作者都认定它将整个地球都给淹没了，并且它也毁灭了整个人类。为了对这次大的灾难表示纪念，也是为了抚慰受害者的灵魂，雅典举办了一种被称为海德罗佛里亚的庆祝仪式，这个仪式与叙利亚的海拉帕里斯仍旧采用的仪式非常相似，我们很大程度上把它看作叙利亚–腓尼基人的输入品以及在远古时代杜凯里恩的大洪水和卡希萨特拉的大洪水被同化的结果，就像‘关于叙利亚女神’的作者所描述的一样。在奥林匹斯山供奉宙斯的庙宇旁边的土壤中总是存在着一条裂缝，这条裂缝只有一腕尺长，据说大洪水就是被吸入了这个裂缝。因此，每一年，在三月节的第二天，是专门悼念死者的，也就是说在三月的第十三天，在巴姆比斯有一种把水倒入这个裂缝的习俗，在雅典人的葬礼祭奠仪式上，人们还会把混合了蜂蜜和水的东西倒进从坟墓西侧挖掘出来的沟渠里。

在这个传奇故事中，也有一条指向亚特兰蒂斯的道路。在以后的叙述中，我们将会看到希腊人崇奉的宙斯神其实就是亚特兰蒂斯的一个国王。“青铜器时代”指的是那些命不久矣的人的文明；他们是他们那个时代的伟大的冶金家，正如我们将会看到的一样，他们可能就是后来发现的在欧洲随处可见的青铜器具和武器的制造者。在这里虽然对暴风雨的持续时间只字未提，但是我们发现那个方舟只漂浮了九天九夜。诺亚在方舟中待了一年零十天，卡希萨特拉在方舟中待的时间是这个时间的一半，而杜凯里恩仅漂浮了九天。

在希腊的麦加拉，宙斯和女神希斯耐兹（Sithnides）的儿子麦卡若斯(Megaros)是这个城市的享有盛名的祖先，仙鹤发出叫声警告他洪水即将到来，那是一场迫在眉睫的灾难，于是他在格莱尼恩(Geranien)山上找到了避难所。据说，有一个赛撒里安·塞拉姆鲍斯(ThessalianCerambos)在那位女神送给他的翅膀的帮助下飞上了天空，从而躲开了这场洪水；而宙斯在多多那(Dodona)保留的是爱欧勒斯(Eolus)的儿子派瑞尔胡斯(Perirrhoos)。对于考斯岛的居民来说，大洪水中的英雄是海亚斯（Hyas）的儿子麦若普斯(Merops)，在他的统治下聚集人类的存活者同他一起保留了下来。罗得岛的传说认为克里特岛的泰勒臣斯(Telchines)得以从那场洪水的大灾难中逃生。在撒摩得拉斯岛，这个人物被称为撒欧恩(Saon)，据说他是宙斯或者贺密士的儿子。

我们看到亚特兰蒂斯国王，宙斯的名字反复在这些传说中出现。在传说中，可能有人数众多的从大灾难中得以逃脱的人，他们在各个地方登陆，或者亚特兰蒂斯人已经在那些地方建立了殖民地。一个航海的民族看起来整个被毁灭是不可能的，当洪水发生的时候，肯定有很多人正在港口的船上，而有另外一些人则正在遥远的地方航行。

鲍德温说：“在亚特兰蒂斯的故事中所提及的对东方的入侵，似乎是巴拿特纳宗教节日和仪式产生的原因，这个节日主要内容是阿提卡向雅典娜表示尊敬，它是最悠久、规模最大、最壮观的节日。据说这些节日是在最古老的时代被确定的,并且在雅典的历史传说中有所记录。博伊苛(Boeckh)在他的《柏拉图评论》中也对这些节日有所描述。

在规模盛大的巴拿特纳宗教节日和仪式上，行进的队伍抬着一条米娜娃的短裙,象征着与巨人的战争以及奥林匹斯山上的诸神的胜利。在不太重要的巴拿特纳宗教节日和仪式上,他们抬着另外一条短裙(上面写满了具有象征意义的符号),表明在米娜娃的帮助之下,雅典人是如何战胜亚特兰蒂斯人的。洪保德引用了蒲洛克勒斯的著作,博伊苛说:"这位历史学家谈及这座处在大海中的岛屿时告诉我们，在他们的时代有七座岛屿因为普罗塞耳皮娜而被奉为神圣,除此之外,还有三座巨大的岛屿,第一座岛屿因为冥王而被奉为神圣,第二座岛屿因为阿蒙(古代埃及的太阳神)而被奉为神圣,第三座岛屿因为海神而被奉为神圣。后者的居民保留了一份和亚特兰蒂斯岛有关的回忆录（这份回忆录是由他们的祖先辈辈相传而保存到现在的),这座岛屿面积广阔,并且有相当一段时间统治者大西洋的所有岛屿。亚特兰蒂斯人也因为海神而被奉为神圣。"①

在读完这些传奇故事之后，没有人会对这场洪水是历史上的一个真实的事件而发出疑问。在遥远的古代,两个距离如此之遥的不同的地方,不可能为了纪念一件从来都没有发生的事而确立同一个宗教仪式，而且还把这个宗教仪式保存并流传了下来。我们已经看到,雅典人和从叙利亚海拉帕里斯不远万里而来的朝圣者们为了祭奠地震之神把祭品倒入地上的裂缝中,据说这些裂缝都是在亚特兰蒂斯毁灭的时候形成的。

除此之外，我们从柏拉图记载的历史中知道很久以前在希腊人的书中就记录了他们在早期大胜亚特兰蒂斯人的经过，而且为了庆祝这次胜利他们还订立了国家的节日,在该节日中,会有众人的游行和盛大的宗教仪式。

让我们相信《圣经》中的历史,迦勒底人,伊朗人和希腊人的传奇故事毫无意义,相信甚至宗教的朝圣和国家的节日都是基于一个神话是不可能的。

我将要引起人们侧目的是考斯岛有关大洪水的传奇故事中的主人公是麦若普斯这一事实。现在,根据赛奥波姆普斯(Theopompus)的说法,我们已经得知,亚特兰蒂斯人的名称之一就是"麦若普斯"。

但是我们关于洪水的传奇故事还远没有结束。在波斯术士所知晓的传

①福斯特:《史前民族》,第 396 页。

说中，水是从一个老婆婆的烤炉中流出来的。穆罕默德将这个故事引用到了《可兰经》中，他说大洪水是从一个烤炉中流出来的。“地球上所有的人都死于这场洪水，除了诺亚和他的家人以外。然后，上帝说，‘地球，收回你的水吧；天堂，撤回你的雨吧’；于是水马上就消退了。”

从威尔士吟游诗人的诗中，我们发现了另外一个关于大洪水的传说，虽然这个传说是以三句为一段的简明形式写就的，并且和我们的时代比较接近，但是还应引起我们的重视。像一般的情况一样，这个传说仅仅是在这一个国家流传，这场大洪水在大不列颠岛的三大灾难之列，其他的两次大灾难是大火和干旱。

诗中说：“‘海水之湖’的喷发，这些事件中的第一件，这场大水将整个国家吞没，所有的人类在惊涛骇浪中消失无踪，只有杜韦法姆(Dwyfam)和杜韦法尺(Dwyfach)逃了出来，他们是乘坐一艘没有缆索的船逃出来的，正是因为他们派典才又有了新的人类。”

皮克泰特在这里提到：

“虽然这种以三句为一段的诗的形式不会出现在13或者14世纪之前，但是其间的一些内容毫无疑问地是与古老悠久的传说有所关联的，而且这里面没有从《创世纪》中引用任何内容。

但是另外一首同样形式的诗就不像它这样具有独立的内容了，那首诗提到了耐冷德纳夫-内芬(Nefyddnaf-Neifion)这艘船，这艘船在‘海水之湖’泛滥的时候，载有成对的所有生物，这同诺亚的方舟近乎是一种说法。族长的名字可能暗示着这种三重的词句形式，它的含义模糊，但是很明显是按照威尔斯语的头韵规则构成的。在同一首诗中，我们看到了一个深奥难懂的关于长角的强大的胡(Hu)的公牛的故事，他把avanc(一种海狸或者鳄鱼)从‘海水之湖’拉出来，目的就是阻止湖水泛滥。要领会这些艰难晦涩的内容的真实含义，只能把中世纪威尔士粗糙的纪念碑上那些混乱模糊的文字翻译成通俗易懂的普通文字；但是同时我们不能怀疑的是威尔斯人本身也拥有一个关于大洪水的传说。”

我们在斯堪的纳维亚的爱尔达(Ealda)发现了同一个传说的痕迹。在这里它被与一个关于宇宙起源的神话联系在了一起。博而（Borr）有三个儿子——欧丁、韦隶(Wili)和韦(We)——布芮(Buri)的孙子。第一个人将冰巨人的父亲伊米而置于死地，他的身体被用来缔造世界。他的伤口处血如泉涌，除了博格米尔(Bergelmir)以外所有的巨人都被淹没了，博格米尔和他的妻子乘坐一艘小船得以逃生，并且使得这个民族继续繁衍。

在苏玛德(Soemund)冰洲诗集的《瓦拉(Vala)的预言》中，我们似乎可以窥见关于那场可怕的灾难的传说，这使我们想起了迦勒底的传奇故事：

"仍在站立的宇宙树的废墟开始颤动，折磨着那棵古老的树，于是'Jotun Loki'被解开了。追随者们在死亡女神的路上呻吟，直到瑟特(Surt)的大火烧毁了那棵树为止。海芮姆(Hyrm)驾船自东方而来，蛇在愤怒地缠绕。蠕虫拍打着水面，鹰发出尖利的声音；微弱的鸟嘴撕裂了人和动物的尸体。耐冷德纳夫-内芬(那艘船)被解开了。瑟特带着熊熊的火焰从南方而来；阳光照在他的剑上闪闪发光。石头聚积的小山一起受到了冲撞，女巨人踉跄前行；人类践踏了死亡女神的道路，天堂被通过了。太阳变得越加阴沉，地球沉没在大海中，天上闪烁的星星不断地陨落，火焰的喘息袭击了所有滋养的东西，只剩下愤怒的火焰自己和天堂对抗。"②

埃及没有任何对大洪水的引述。勒诺尔芒说：

"虽然有关大洪水的传说在所有亚利安民族传说的记忆中占有极其重要的位置，但是在埃及的纪念碑上和原始的文字中，仅仅有一些关于宇宙起源的猜测，却没有任何关于这场大灾难的哪怕是零星的记载。当希腊人向埃及牧师述说有关杜凯里恩的大洪水的故事的时候，他们的回答是他们在这场灾难中完好无损地生存了下来，除此之外他们在'法厄同'制造的大火中也逃过一劫；他们甚至补充说希腊人把这件事看得如此的重要是非常可笑的，因为在当地曾经发生过几次与其相类似的大灾难。根据曼尼索(Manetho)的一段话——因为这段是插入的词句，所以存在多处疑点——在洪水来临之前，索瑟用象形文字和宗教上的文字在石碑上刻下了所有知识的基本原则。自此以后，第二个索瑟又把这些晦涩难懂的碑文的内容翻译成了普通文字。这次大洪水是埃及人在故事中唯一一次提到的大洪水，同一个曼尼索在他给我们留下的"王朝"这本书中并没有提到它，而这本书是他仅存的一本完好无损的有据可查的著作。有关这个法老的统治区域的其他神话传说对这个问题的沉默说明以上很可能只是一个外国的传说，而且是在最近才流

②《瓦拉的预言》，第9页。

传起来的,毫无疑问它的原始版本只有在亚洲人和迦勒底人中才能找到。”

在我看来,这个特殊的遗漏是非常明白的。埃及人记录了关于亚特兰蒂斯毁灭的准确的历史，而有关大洪水的传奇故事就是在它的基础上衍生出来的；并且就像他们对希腊人所说的那样，并没有发生过一场普遍的大洪水,它只是发生于某个地方的一场灾难。他们知道的是亚特兰蒂斯如何覆灭的真实历史，所以他们并没有被任何有关一场将全世界所有山脉都淹没的大洪水的神话所迷惑。在他们附近并没有亚拉腊山。

基督教早期有关大洪水的传说指向了世界上亚特兰蒂斯曾经所在的位置。

在大约 100 年前，一位性情古怪而趣味横生的叫做考斯莫斯(Cosmos)的老修道士,出版了一本书,名字叫做《纪元世界地形》,在这本书中还附有一张地图,他在书里表达了自己对世界的看法。他认为,世界是一个实体,它的四周被水包围,而且不以任何东西为基础。考斯莫斯说:“地球本是向下坠压的,但是那些由火形成的部分是向上的”,在这两股相互牵制的力量的作用下,地球就像古老的故事中描述的穆罕默德的灵柩那样挂在了中间。在书中附着的插图上画着被海洋包围的地球,在海洋的那一边是“大洪水之前人们安居的乐土”。

然后他又给我们提供了一张在他那个时代绘制的已知世界的详细而精确的地图。

我拷贝下这张地图,不是想证明我们比可怜的考斯莫斯知道得更多,而是在他看来,在人们居住的世界之外还有另外一个世界存在,这个世界就在围绕天堂的所有城墙的地方。“据他判断,人类就是在这块横跨海洋的土地的东部诞生的；而且我们的乐园就坐落在那里，就在这里所描述的东部边缘,它接收了我们的第一批祖先,他们从乐园中被驱逐到了海岸上土地的极点。因此,在大洪水来临之后,诺亚和他的儿子们乘坐方舟来到了我们而今居住的地方。他认为那四条河是从乐园中的源头喷涌出来的。“在上面的地图中,它们都被描绘了出来:O 是地中海;P 是阿拉伯海湾;L 是里海;Q 是底格里斯河;M 是批森(Pison)河;“J 是大洪水前人们居住的地方。”

我们观察到,他认为乐园是在东方,而发生洪水灾难的地方在西方;而且他认为诺亚是从洪水暴发之地去的欧洲。

这告诉我们在考斯莫斯时代的传说中,西方是发生大洪水的地方,在大洪水之后，诺亚来到了地中海沿岸。考斯莫斯还断定在海洋的西边存在一块大陆，这也许是对亚特兰蒂斯时期的一个朦胧的记忆。

考斯莫斯的著作中有一幅图片，画的是北方的一座山脉，夜晚降临的时候，太阳就躲在这座山后面，因此才有了白天和黑夜的轮换。在他看来，崇高的太阳就躲在大山的背后，而月神看到这个安排的时候非常平静。这座山像库尔胡阿坎(近墨西哥湾市)一样弯曲，后者是阿兹特克人所描述的阿兹特兰的山脉。

第五章　美洲流传的大洪水传说

阿尔弗雷德·莫瑞(Alfred Maury)说："一个值得留心的事实是我们发现美洲关于大洪水的传说比旧世界的任何人表述的大洪水的传说都更接近于《圣经》中迦勒底人在宗教中的相应叙述。很难想象这些记忆是由那些从亚洲通过阿留申群岛到北美并且至今仍在继续的移民带来的，因为在已经和当今的本土人融为一体的蒙古人或者西伯利亚人身上找不到任何有关的痕迹……那些企图在亚洲找到墨西哥文明的起源的尝试并没有发现些许有足够说服力的事实。除此之外，就算佛教的确已经传入了美洲——这点我们表示怀疑——它也不可能把连它自己的经文中都不曾存在的虚无的神话引入美洲。因而，新世界民族中有关大洪水的传说与《圣经》中的描述为什么会如此的相似还没有给出相应的解释。"

这些相似性的原因是很容易就可以得到解释的：有关大洪水的传说并非从阿留申群岛传入美洲，也不是由亚洲的佛教徒传到美洲的，而是美洲人本来就具有关于亚特兰蒂斯的知识。

早在远古时期，亚特兰蒂斯和西方的大陆就已经开始互相往来了：美洲的伟大国家不过是亚特兰蒂斯的殖民地而已，他们还分享了亚特兰蒂斯的文明、语言、宗教和血统。亚特兰蒂斯的殖民地范围极大，从墨西哥到犹加敦半岛，从巴西海岸到玻利维亚和秘鲁的高地，从墨西哥湾到密西西比河的上游都包括在内；因此正如阿尔弗雷德·莫瑞说的，如果你发现美洲有关大洪水的传说比流传于旧世界的任何传说都更接近于《圣经》以及迦勒底语中对大洪水的记录的话，那么没有什么值得大惊小怪的。

“在美洲的传说中，墨西哥人占了最重要的一部分，因为在他们与欧洲人有任何联系之前，这些墨西哥人已经被用象征性和记忆性的符号准确地确定下来了。从这些文件中我们得知，墨西哥大洪水中的诺亚就是考克斯考克斯（Coxcox），有些人还称他为泰兹皮（Tezpi）。他和他的妻子是通过乘船避难的，或者，根据其他的传说，是坐着一只由柏树作为木材的木筏逃生的。关于回忆考克斯考克斯的大洪水的图画在阿兹特克人和赫萨巴特克人中均有出现。后一个传说更为接近于我们在《创世纪》中和迦勒底语的材料中所读到的传说。它告诉我们，泰兹皮和他的妻子、他的孩子们，以及几只动物和谷物登上一艘大船的前后经过——所有保留的这一切对人类的繁衍生息都是不可或缺的。当无所不能的神泰斯卡利下令让洪水退却的时候，泰兹皮从船上放出了一只兀鹰。那只鸟儿以啄食散乱各处的尸体为生，再也没有飞回来。泰兹皮又放出了其他的鸟儿，只有蜂鸟嘴里衔着一支长满叶子的枝条回来了。泰兹皮看到又有植物开始在地球上生长了，就把他的船留在了科尔胡阿坎山上。”

勒诺尔芒说：“不过，墨西哥人提供的那些有关宇宙起源且极具价值信息的文件被称为‘梵蒂冈抄本’，它来自收藏它的图书馆。它包括四幅具有象征意义的图画，那四幅图画分别象征着古代世界的四个时代。它们是从被征服之前的一份原稿上复制下来的，还附有派卓·德·劳斯·瑞奥斯（Pedro de los Rios）的解释性的说明，派卓·德·劳斯·瑞奥斯是一个旦米尼克的传教士，他在1566年——这一年离考特兹（Cortez）的到来还不到50年的时间——就全心投入到对本地传说的研究，而这些研究对他的传教工作是非常必要的。”

在这份文件中，世界共分为四个时代。第一个时代是巨人时代（那种巨大的哺乳动物），他们在饥荒的灾难中灭绝了；第二个时代因一场水灾而结束；第三个时代是猴子的时代。

“然后第四个时代到来了，阿托那提是‘水的太阳’，它们的数量为10×400+8或者4008。它因一场大洪水而毁灭，一场真正的洪水。在这场洪水中，只有一个男人和他的妻子由于乘坐了一艘用柏树做成的船才得以从洪水中逃过一劫，而其余的人全都变成了鱼。那幅画所描绘的是女水神玛特拉库那和特拉洛克的配偶——雨神向地球袭来的情景。那两个逃生的人类考克斯考克斯和他的妻子坐在一棵漂浮在水中的树干上。这场洪水被描述为毁灭地球的最后一场灾难。”

学识广博的法国人阿芝特克语的“齐玛波卡抄本”翻译成了下面的关于大洪水的传奇故事：

“这就是那个被称为纳胡依·阿特尔的太阳，是‘四支水’的意思。现在水已经沉静了40年加上12年了，人类已经是第三次和第四次存在了。当太阳纳胡依·阿特尔到来的时候，已经过去400年加上两个时代加上76年了。后来一切人类都毁于一旦，他们在大水中被埋没并且发现自己已经被变成了鱼。天和水更为接近了。在某一天，所有的东西都消失无踪，在那一天纳胡依·阿特尔，‘四支水’使我们所有的血肉之躯遭受了毁灭。

就在所有的人类都被毁灭的那一天，一切都消失了，以至于大山都在水中沉没了，大水就那样沉静了52个春天。”

在那一年的年末，提特拉坎胡对纳塔(Nata)和他的妻子耐那(Nena)发出警告说，‘停止制造龙舌酒吧，你们现在把一棵柏树的树干挖空。在托桑特里那个月天水相接的时候，你们就躲到这棵树干里去。’”

于是他们就躲进了那棵树干里面，当神关门的时候，他告诉他们‘你只能吃一穗玉米，你的妻子也只能吃一穗玉米。’

但是他们一做完就出去了，水仍是毫无波澜，因为那块木头一动不动，他们打开门，看到了鱼。”

然后他们钻木取火，并在火上烤鱼。”

希特劳林尼和希特劳拉托纳克神向下看了看并立刻说：‘万能的上帝啊，那里生的是什么火？他们为什么要生出那样熏天的浓烟？’提特拉坎胡安—泰斯卡特里鲍卡立刻降临人间。他大声怒斥道，‘是谁在这里生火？’他把鱼抓在手里，摆弄着它们的腰和头，于是它们被变成了狗。”

在这里我们注意到一个地方，它与柏拉图所描述的亚特兰蒂斯毁灭的景象极其相似。柏拉图说：“在一个毁灭性的黑夜里，爆发了一场震天动地的地震和席卷一切的大洪水，它们吞噬了好战的人类。”在阿芝特克的传奇故事中，这样说道：“仅在一天之内，万物消失无踪。”《圣经》中讲述的是一场暴雨下了40个昼夜，而在这里我们看到“仅在一天之内……甚至山脉都在水中沉没了”；不仅那块曾生活过被变成鱼的人们的大陆被洪水吞噬，就连那些土地上的山脉都沉没在了水中。这不恰恰就是对亚特兰蒂斯命运的描述吗？在迦勒底的传奇故事中“伟大的女神伊斯塔哭得像个孩子一样”，她边哭边说，“我是人类的母亲，我给予他们生命，然而如今他们却像鱼一样填满了这个海洋。”

在《创世纪》的叙述中，诺亚“为上帝建造了一个神坛，他抓住了每一种干净的走兽和每一种干净的家禽，并且把那些烤熟的祭品供在神坛上。于是一股食物的香气就飘到了上帝那里；上帝在心里说，我将不会再因人类的过错而迁祸地球了。”从迦勒底的传奇故事中我们知道，卡希萨特拉也建造了一座用以祭拜上帝的神坛，也奉上了烤熟的祭品，“那些神在这个献祭仪式的主持者上方飞翔并聚集，像一群鸟儿一样。”但是拜尔来的时候怒气冲冲，就像阿芝特克的神一样，他要完成让洪水淹没地球的任务，就在这时候，伟大的艾神“心生怜悯，并且介入挽救人类的残存者”。

这些相似之处绝对不是偶然的巧合；它们也绝对不是基督教的传教士添入的词句，因为我们将会观察到在阿芝特克的传奇故事与柏拉图的记录和迦勒底的传奇故事相同的地方与《圣经》是不一样的。

阿芝特克故事中主人公被称为纳塔(Nata)，其中a发的是大口型的音，与诺亚(Noah或者Noe)的名字差别并不大。《创世纪》中的大洪水是腓尼基语，闪米特语或者希伯来语的传奇故事，但是，令人不解的是，其中出现的诺亚(Noah)这个词在那些语言中并没有什么对应的意义，这个词源于亚利安语；它的词根是“Na”，这个词根在所有的亚利安语言中的意思都和水的关系密不可分——“vàəlv”，流动；“v□μα”，水；“Nympha”，“Neptunus”，水神。[1]我们发现“Na”这个词根在中美洲的诺亚(Noah)和“Na-ta”这两个词中被重复了，在“Na-hui-atl”这个词中可能也被重复了，它的意思是——水的时代。

但是迦勒底的传奇故事和中美洲的《圣书》中所讲述的故事在相似性上有着更为引人注目的地方：

“水在天堂之心(Hurakan)的意志操控下咆哮腾涌，一场大洪水袭击了这些生物的头颅……它们埋没于其中，厚重的黑云从天而降；……地球变得阴暗无比，一场暴雨昼夜下个不停……在他们的头顶上发出了一声像是

①勒诺尔芒等：《东方的古代历史》第一册，第15页。

因火而起的巨响。然后就看到人类像无头苍蝇一样在拼命地奔跑,彼此推搡践踏;他们想爬到房顶上面,但即将倾颓的房子轰然倒塌,他们想要爬到树顶,是树把他们摇了下来;他们想要躲进洞穴,但是洞穴在他们面前自动闭合了……在创世纪之前,第四次最后的那次大灾难中,水和火将一切都吞噬掉了。”

观察一下这段描述和迦勒底的传奇故事的相似之处我们就能发现。它们对这次可怕的灾难有着相同的生动描述。在两个版本中,“黑云”都被提到了;还有那可怕的声音,上升的水位,地震将大树拔地而起,将房屋夷为平地,甚至挤没了山上的洞穴;《圣书》上说,“人类绝望地奔跑,彼此推搡着”;亚述的传奇故事中写道“兄弟再无相见之日”。

在这里,我注意到“hurakan”这个词——它是地狱的灵魂的意思,暴风雨之神,飓风——这引发我们诸多联想,并且证明很早以前,在大西洋两岸之间就已经有了相互的往来。我们在西班牙语中发现了“huracan”这个词;在葡萄牙语中发现了“furaca”这个词;在法语中发现了“ouragan”这个词;在德语,丹麦语和瑞典语中发现了“orcan”这个词——所有这些词表示的都是暴风雨的意思;而在拉丁语中,“furo”或者“furio”是发怒的意思;冰岛语中“hurra”的意思是在冰冷的土地上发出嘎嘎的响声,它们都由同一个词根构成,它同时也是地狱之神的名字“Hurakan”的词根吗?人类对他们的神的名字是最难以忘记的;我们对周一到周日的称谓就是为了能够记住四位斯堪的纳维亚神和一位罗马神的名字。

对我而言,以上传说仅仅是记录同一个事件的两个版本,这似乎是确定无疑的了;也就是说,当那些从亚特兰蒂斯乘船而来的魂飞魄散的乘客们将这次可怕的灾难告诉给地中海沿岸的人们的时候,从暴风雨中乘风破浪的其他船只也为遍布墨西哥湾的文明民族带来了同样可怕的消息。

墨西哥本土的历史学家依克斯特里·艾克索奇特尔向我们提供了下面的关于大洪水的传奇故事:

“从塔尔迪克族的历史中可以发现,被他们称为第一个世界的那个时代总共存在了1716年的时间;人类在电闪雷鸣的袭击下而惨遭毁灭,甚至陆地和陆地上最高的山脉都淹没在了水位高达15腕尺的洪水中;在这里他们又补充了其他在洪水中侥幸生还的几个人是如何在‘toptlipetlocali’中生殖并延续的传说；这个词的意思和关着的箱子非常接近；以及在人类繁殖之后，他们又如何建造起一座非常高的'塔'的传说，这座塔是在第二个世界（时代）遭到毁灭时被当作避难所使用的。眼下，他们的语言极为混乱不堪，他们彼此之间无法沟通，无法理解，于是他们就分别去往世界各处。"

来到这个地方的塔尔迪克族的七个朋友，和他们的妻子懂得同样的语言，一开始，他们穿越重洋，横跨大陆，在洞穴里居住，为了到达这个地方历尽艰辛；……他们在世界的不同地方流浪了 104 年，最后到达了特拉帕兰，这个地方就是大洪水发生 520 年后的泰克帕托。"

人们当然会说这些叙述中与《圣经》一致的那些细节是源于西班牙牧师的广泛传播；但是不要忘记，依克斯特里·艾克索奇特尔是一个印度人，他是泰斯尤科的本地人、王后的儿子，他的《部族神话与礼仪记述》是在他的族谱和他们民族古代的书写作品的基础上写成的：他不会篡改当时或许很多人手中都有的文件。

从塔尔迪克族的传奇故事中我们得知地球上洪水的水位高达"15 尺"，这与《圣经》中的描述不谋而合："洪水一直升到了 15 尺的地方"。②

阿兹特克人在博图里尼的收藏品中保存的并由盖靡丽·凯瑞（Gamelli Careri）和其他人出版的两幅奇妙的历史图片中，都描绘了关于移民从他们的原点出发，穿过北美洲大陆的各个地方最终到达墨西哥的行程。在这两幅图片中可以看到，他们都是从一座岛屿登上一只小船并从该岛屿出发的。在其中一幅图片中，位于岛屿中央的是一座大山，而在另一幅图片中，在岛屿中央的是一座非常高的塔。画上描绘的这些东西也许都是对他们的起源地亚特兰蒂斯的回忆。

在这两幅图片中，我们都看到了阿芝特克传奇故事中的绵延弯曲的大山——卡尔胡阿坎，看起来它和修道士考斯莫斯所描述的大山有很大的相似之处。

在波哥大奇布查人的传奇故事中我们似乎能看到对亚特兰蒂斯明显而具体的回忆。波赤卡（Bochica）是他们最重要的神。他花费了 2000 年的时间去提升自己的位置。他居住在太阳里面，而他的妻子赤阿（Chia）则将月亮据为己有。看起来，这似乎是对太阳和月亮的崇拜的暗示。在他们的神话中，赤布查库的地位在波赤卡之下。他异常愤怒地将洪水降临在居住在高原上的

②《创世纪》，第七章。

人们。波赤卡因为他的这种行为而让他像亚特拉斯一样把地球背在背上,这是对他作出的惩罚。他背得累了，偶尔就会把地球从一个肩换到另一个肩上,这就是地震产生的原因!

在这里我们看到了一支古代的人,在上下数千年的时间里,他们的文明程度得到了很大的提高,并且最终在洪水中被毁灭了,相关的还有一位将地球扛在肩上的巨人一般的神。我们看到甚至连彩虹都与这个传奇故事产生了若干的联系。当波赤卡为了答复人们让洪水缓和下来的祈祷而现身的时候,他就是乘坐彩虹而来的。他使泰昆达玛的地面裂开了一条缝,全部的水都流进了这个裂缝中，这和我们从希腊看到的洪水通过巴姆比斯附近的一个裂缝流走了是一样的。

塔尔迪克族人把他们迁移的起源地上溯到一个被称作"阿兹特兰"或者"亚特兰"的地方。这个地方除了是亚特兰蒂斯之外,不会是其他的任何地方。[3]"纳胡阿特拉卡斯最初的故乡是阿兹特兰,人们经常为了它的位置而争论不休。我们对他们成群结队地从那个国家迁移出来的原因只能主观猜测;但是他们也许是因为遭到了他们的敌人的驱逐而迁移出来的，因为在描述中,阿兹特兰是一块和平、安详而美丽的土地,没有人会想要离开那里去寻找一个更好的地方。"[4]阿兹特克人也声称他们最初来自阿兹特兰,[5]他们之所以被称为阿兹特克人,也是源于阿兹特兰。[6]他们是亚特兰蒂斯人。

从《圣书》中我们知道,自迁出阿兹特兰之后,奎切斯国王的三个儿子因为他们父亲的去世,"决意执行他们父亲的命令到东方去，到他们父亲的迁移起源地接受王位,'他们和他们的兄弟和朋友们举行了告别仪式，并且誓言一定会重返此地。'他们在去往东方接受王位的路途中肯定要跨海越洋,这是毋庸置疑的。现在,这就是他们所去的东方君主的名字。当他们面临纳克希特帝王的时候，那位伟大的帝王，拥有至高无上的权力的唯一的判决者，注视着他们并给予他们代表王位的标志和代表王位的所有东西……和王位的徽章……所有的东西，事实上他们把他们从海的另一边获得的东西

③班克罗富特:《本土民族》,第五册,第221页。

④班克罗富特:《本土民族》,第五册,第306页。

⑤班克罗富特:《本土民族》,第五册,第321页。

⑥班克罗富特:《本土民族》,第二册,第125页。

无一遗漏地带了回去——图兰(Tulan)的绘画作品,还有一系列的书写作品,他们说,他们的历史被记载在那些东西里面。”⑦

在这个传奇故事中,它把东方视为这些民族的起源地,而且还证实了这块东方的土地,阿兹特兰,这个在亚特兰蒂斯统治之下的位于中美洲的殖民地,并且让文明在他们中间传播。这与在柏拉图的描述中所出现的被亚特兰蒂斯的国王们统治着的“对面的那个大洲”是一模一样的!

在盖靡丽的这部作品中,沃兰蒂尼(Valentini)教授对一幅来自阿兹特兰的阿芝特克移民的图画做了这样的讲述。⑧

“在水泽之中现出一座山的山巅;有一棵树立在山巅之上,有一只鸟儿正在树枝上拍打着翅膀。在山巅下面的水中有一个男人和一个女人的头。在那个男人的头上有一个标志,上面写着它的名字,考克斯考克斯,一只野鸡。那个女人的头上也有一个标志,是一个手中握有一束花的标志。在最引人注目的地方有一艘小船,一个赤身露体的男人把他的手伸向天堂以示哀求。现在我们再来看下在洪水中刻于石碑上的东西(在一块非常大的日历石上)。在石碑上我们可以看到代表大洪水和占有重要地位的古代墨西哥人用来象征水的所有的符号和标志:一个正在滴水的桶,滴出来的水有四滴,而不是历来象征着亚特兰的两滴。表示潮湿的图画,一只蜗牛;在上面有一只鳄鱼,它是河中之霸。你在这些符号的中心位置会看到两个人的轮廓:一个是手拿鱼片的男人的轮廓,还有一个是略微小一些的女人的轮廓。他们肯定就是墨西哥人的诺亚,考克斯考克斯和他的妻子;另外,很明显的是(我们知道那块日历石是在公元1478年制成的)他们的故事以及描述该故事的图画,并非由天主教的神职人员所创,而是在征服前的很长时间里已经在这些民族中存在了。”

当我们将目光再投向美洲仍未受到文明开化的印第安人的时候,虽然我们也能找到关于大洪水的传说,但是它们大多形式粗糙不堪,我们仅仅能从一大堆传说中隐约找到这段闪现的历史。

下面这个就是在印第安人中流传的故事。

“在遥远的古代,印第安人部落的祖先生活在面向太阳的地方。有一天,他在梦中被告知地球上将会爆发一次毁灭性的大洪水,于是他们建造了一

⑦班克罗富特:《本土民族》,第五册,第294页。

⑧《玛雅考古学》,第23页。

艘救生艇,借助这艘救生艇,他和他的家人以及所有的动物才免于在洪水中遇难。他在水上漂流了数月,这段时间里那些动物都会开口讲话,它们向他牢骚满腹,抱怨不已。最后,一个新的地球出现了,他和所有的动物都在那里登了陆,后来这些动物丧失了开口讲话的能力,因为它们向救命恩人抱怨,这便是对它们的惩罚。”

据查理沃克斯(Charlevoix)神父说,在加拿大和密西西比河山谷居住的部落的传说里,人类是在一场大洪水中灭绝的,仁慈的神为了使地球再次住满人类,就把动物变成了人。我们能看到赤皮威人的版本完全是J.S.考希尔(Kohl) 的功劳——这是一个非常怪异和令人费解的版本——其中在洪灾中成功脱逃的那个人的名字叫做曼纳波术(Menaboshu)。他从船上放飞了一只潜鸟,以探查洪水是否已经退却,大地是否正在变干;后来,他成为恢复人类民族的先驱和现今社会的始创者。

一个印第安人的牧师在1764年拜访了俄亥俄州的西北部,在一次谈判中他遇到了一群来自密西西比河西岸的印第安人。

“他们对他说,在他们最为古老的传说中,他们的祖先是同一个人,他居住在面向太阳的地方,整个世界的权力都握于他一人之手。所有白人都被他踩在脚下。他有十二个儿子,他们代他管理国土。他的这十二个儿子极为残暴苛酷,他们利用手中的权力随意折磨压迫人民;那个伟大的灵魂对此非常愤怒,于是他让白人灌他们酒喝,一直到灌醉为止,之后将这个伟大的灵魂赐予他们的礼物偷偷拿走,以这种方式夺取了他们的权力;从那时候开始,印第安人就被踩在白人的脚下了。”⑨

在这个故事中,我们看到他们把“朝着太阳的地方”——朝着亚特兰蒂斯的地方——看作他们这个民族的发源地;他们认为这个地方统治着“整个世界”;它包括白种人,最早的时候,这些白种人只是一个附属的种族,后来他们犯上作乱,并夺去了对深肤色人种的统治权。由此,我们可以轻易地得出合乎情理的结论:亚特兰蒂斯的人口是各色人种的大杂烩,希腊神话中泰坦神族的造反是附属人种兴起的。

1836年C.S.瑞芬耐斯克(Rafinesque)在宾夕法尼亚州的费拉德尔菲亚出版了一部作品,名字叫做《美洲的民族》,在该书中,作者引用了德拉威州

⑨波丁诺特:《西方星辰》,第111页。

印第安人的历史歌谣或者诗歌,最早的时候,这个印第安人居住在德拉威河岸边。在描述了“大地的最高处除了海水空无一物”的时代,以及太阳、月亮、星星、地球和人类的产生之后,那个传奇故事又这样为我们讲述了黄金时代的覆灭:“万事万物都那么祥和而快乐,人们思想单纯,过着无忧无虑的生活。但是没过多久,一个名叫颇瓦可(Powako)的蛇牧师不为人知地把对蛇神沃肯(Wakon)的崇拜带到了地球上来。于是奸邪、罪恶和不幸降临在了地球上。坏天气在地球降临,坏脾气在地球降临,死亡也在地球降临。所有的这一切都是在距今很遥远的时代发生在第一块土地奈塔玛基上的事情,而这块土地在基塔希考的另一边。”下面给出的就是关于洪水的歌谣。

“在很久以前,人类变成了邪恶的生物马卡维尼。这个时候出现了一条蛇,这条强大的蛇已经成为了人类难缠的敌人。人类开始变得暴躁,憎恨的种子开始在他们的心里萌芽。他们到处发动战争,破坏着和平的土地,再也不会有安静祥和的日子了。他们都在战争,地位最低下的人在和死亡的监管人并肩作战。那条强大的蛇决定将人类毁灭掉,或者开始与他们进行战争。它带来了一条黑色的蛇、一个怪物,还有像蛇一样蜿蜒奔流的大水。大水汹涌奔腾,一部分流向山峦,一部分渗入地下,很快,整个世界都被这场大水淹没了。与此同时,在图拉(这个图拉就是中美洲的传奇故事中所指的那个图拉),在那座岛屿上,纳纳-布什(巨型的大野兔纳纳)变成了世界上所有生命和人类之祖。他生来就是爬着走路的,他已经为移居图拉做好了准备。人类和万物生灵在浅水中向前爬行,或者在水面上浮游,他们问哪一条道路是通往龟甲甲板、图拉木栓的路。但是同时有很多怪物在路上游走,一些人于是命丧怪物之口。但是一位神的女儿用一条小船拯救了他们,她呼喊着,‘来吧,来吧’,于是他们就上了船并因此而得救了。那条小船或救生艇被称为莫可(Mokol)……无论是在平原、山脉还是洞穴中的小路上,洪水都在渐渐地消退,就这样,大水日日退去,大地开始变干。”然后就是第三首歌,它在对大洪水进行了叙述以后,又对人类的状况做了叙述。像亚利安人一样,他们迁移到了一个寒冷的国家:“那里天寒地冻,白雪皑皑,冷酷难耐。”于是他们转而向一个气候更为温和的地方迁移,此举的目的是猎取牛;他们把自己划分为农夫和猎手。“更伟大更受人尊敬的是那些猎人们,他们向北、南、东、西四个方向分散开来”。就在这个时候,所有在避难所中躲避的蛇感受到了恐惧,那些蛇的神父——一条名叫那可帕瓦(Nakopowa)的蛇对所有的蛇说:“我们走吧”。自那以后,德拉威的祖先们,那些“总是乘舟而行的人”发现那些蛇人们已经占领了一个漂亮的国家,所以他们聚集了来自东、南、西、北四个方向的人们,企图“跨越那片已经冻成坚冰的海洋,去侵占那块土地。”他们似乎穿越了北冰洋的黑暗,最后,来到了海洋的入口。他们无法走得更远;但是一些人在佛兰(Firlang)停了下来,其他的人则返回到了他们出发的地方,也就是返回了“那块像龟甲一样的土地。”

在这里我们发现“第一块土地”就是被洪水摧毁的那块土地,这是“越过海洋,在海洋那边”的一块土地。在那个时代的早期,人们的生活安乐而和平;后来他们变得邪恶,像《创世纪》中描述的那样:“对蛇的崇拜”被引入,并且被与“人类的堕落”联系在一起。纳纳-布什成为新的人类民族之祖;他的名字让我们想起了塔尔迪克族的纳塔(Nata)和希伯来人的诺亚。洪水过后,人们开始四散而居,并逐渐分化为从事捕猎和耕种的人。

从曼丹族的印第安人那里,我们不仅知道了有关大洪水的传说,而且更为重要的是,我们还发现他们世世代代都流传着描绘方舟的图画,还有一个宗教仪式,那明显是为了纪念亚特兰蒂斯的毁灭以及那个大难不死并带来了有关那场灾难的消息的人的。人们一定还记得,我们在之后也会证明的是在这些曼丹族印第安人中,有很多是长着淡褐色,灰色和蓝色眼睛的白人,他们头发的颜色多种多样,从黑色到纯白色,各色都有;他们居住在设有防御工事的城市的房屋里,他们还会生产陶罐并用它来烧水——而一般的印第安人对这种技艺一无所知,他们采用的是把烧热的石头放在水中的方法来烧水的。

下面我要引用的是来自乔治·卡特林的妙趣横生的记述,在大约五十年以前,他拜访了曼丹族人,后来他在伦敦出版了一部名为《北美印第安人》的书,这是一部非常奇妙并且有极高价值的作品。他说:

“在村庄的中央,有一块直径为150英尺的圆形空地,也许是一个公共广场,所有的公共运动会、节日的庆典、展示和展览都在那里举行。这块空地的周围是居住用的房子,这些房子的门面向中央的方向。在这块空地的中央矗立着一个宗教所崇拜的建筑物,因为它的重要性非比寻常,所以它被与年度的宗教仪式联系了起来。这个建筑物从外形看起来像是一只巨型的桶,大约有 8 英尺或者 10 英尺那么高，桶身用厚厚的木板和铁环做成，里面放有一些经过认真挑选的秘密事物或者驱病魔咒。他们把它称作‘大独木舟’”。[10]

这是一个象征着方舟的纪念品，古时候的犹太人崇拜着一个与之非常接近的形象，一些希腊的城邦国家也保存着大洪水中方舟的模型。但是在发现美洲中部的印第安民族直到现在还在做这种事情的时候的确令人难以置信。卡特林在这部著作第一册的第 158 页，描述了大型的年度宗教仪式，在那段描述中，这个方舟始终是宗教仪式的中心形象。他说：

“在进行宗教仪式的那一天，我看见一个孤独的身影正逐步走近这个村庄。

伴随着震天动地的嘈杂声，在这个村庄里的巡视队的混乱不堪中，那个身影出现在大草场上，并且迈着庄严的步伐继续向这个村庄行进；所有人都凝视着他，最后他出现在了巡视队中，并且向村庄的中央走去，所有的首领和勇敢的人们都守候在那里准备接待他，他们与他热情地握手，把他看作是一个老熟人，并且称他为 Nu-mohk-muck-a-nah(第一个人或者唯一的人)。这个人非常奇怪，在他裸露了一大部分的身体上，都涂抹上了白色的黏土，这样的话，从远处看起来他就像一个白人。他进入那个存放驱病魔咒的地方，并且穿过某些神秘的仪式。”

整整一天，这个 Nu-mohk-muck-a-nah(第一个人或者唯一的人)都在村庄里四处行走，他会在每个人居住的房屋前停下来并大声呼喊，直到房屋的主人走出来问他是谁，以及他有什么事。在他对这些问题作出回答的同时，他会讲述一场悲惨的灾难，那是一场淹没世界的大洪水，接下来他说他是唯一的一个从那场灾难中侥幸生还的人。他把他的大独木舟留在了西方一座大山的山顶上，而且他现在仍然在那里居住；他行至此地的目的是为了打开那个存放驱病魔咒的地方，为了达成这个目的，他需要居住在印第安小屋中的主人每人都送给他一把带刃的工具，这种工具可以作为献给大洪水的祭品；‘因为’，他说，‘如果不这样做的话，地球上就会爆发另外一场大洪水，不会有人在这场洪水中幸存，而这种工具就是用来制造大独木舟的。’”

在白天对村庄中的每一座房屋进行了逐一拜访，并且在每一处都得到了诸如斧头和刀一样的礼物之后（无疑这些礼物是早就为这个仪式准备好

[10]《北美印第安人》，第一册，第 88 页。

了的)，他就会把这些礼物放在那个存放驱病魔咒的地方；这些礼物会在仪式的最后一天被扔到河水的深处——‘以向水中的神灵献祭。’”

在被保存在驱病魔咒所在地的那些神圣的物品中有四袋水，这四袋水被称为 Eeh-teeh-ka，它们被缝在了一起，每一袋水看起来都仿佛是一只躺在地上的海龟，还有一撮束鹰的羽毛在海龟的尾巴上粘着。他们对我说：“这四只海龟中装的是分别来自世界四个方向的水——这些水在大洪水来临之前就已经被存放在那里了。”对亚特兰蒂斯的理论毫不知情的卡特林说：“我的确觉得最好能够提出一些反对这些不着边际的信仰的东西。”卡特林试着想要购买其中的一袋水，但不论他出价多高，都不能把它收入囊中；人们告诉他那是“属于整个社会的财产”。

接着他讲述了一种 12 个人围着那座方舟跳的舞蹈：“那些舞者分别立于四个主要的方向。其中有两个人被涂成了黑色，两个人被涂成了朱红色，还有一些人的一部分被涂成了白色。他们边跳舞边喊着‘Bel-lohck-na-pie’，他们的头上装饰有角状物，就像欧洲人用作象征太阳神的符号一样。

还有其他的什么能够比这些仪式同亚特兰蒂斯的毁灭有着更为紧密的联系的吗？我们从这些仪式中看到了方舟的形象，看到了一个白人来到了这里，带来了“洪水席卷一切”的消息，而且他还告诉人们除了他以外的所有人都在洪水中丧生了；我们还看到为了拜祭带来洪水的神灵而供奉的祭品，这与我们在希伯来，迦勒底和中美洲的传奇故事中看到的献祭仪式是一样的。在这些仪式中，还出现了海龟的形象，在印第安人有关大洪水的其他传奇故事中，也有海龟的形象出现，它被当作是一座岛屿的自然象征。就像我们自己在一首诗歌中所描述的那样：

“在那个饱含希望的美丽之地，
圣托马斯的岛屿坐落在那里；
它仿佛是一只酣睡中的绿色海龟，
就是那些堆积在海上的绿色的家伙。”

在这里我们还看到了由亚特兰蒂斯的四条河流分隔而成的四个部分，它表现在一种舞蹈之中，就像我们在下面的论述中会进一步看到的，舞者们被分为四个部分，每一部分都在指南针上的四个主要的方向；被涂上颜色的舞者们代表的是黑色人种和红色人种，而“第一个人或者唯一的人”代表的是白色人种;这种舞蹈的名称类似于太阳神,一个被亚特兰蒂斯人的后世民族所顶礼膜拜的古代的神。

但这还不是全部。显而易见,曼丹族人是一个亚特兰蒂斯的民族。他们流传着另外一个独立的传奇故事,我们在对路易斯和克拉克的描述中发现了这个故事:

“他们对未来状态的信仰被与这个和他们的起源有关的理论联系在了一起:整个民族都生活在一个位于地下的大村落中,这个村落的旁边是一个地下湖。一棵葡萄藤的根向下延伸,一直延伸到他们的地下居住地,它让那个民族的人看到了亮光。那些大胆的人沿着葡萄藤爬了上去,在上面他们看到了地球上的景象,他们发现地球上到处都是水牛,还有各种各样的水果,这让他们惊喜异常。他们把摘得的葡萄都带回了他们的村子,村子里的人都非常喜欢这些葡萄的味道,于是整个民族的人决心离开暗无天日的居所,迁往上面那个充满阳光的地方去。男人,女人和孩子们都开始顺着那棵葡萄藤往上爬,但是当这个民族中大约有一半人爬上了地球表面的时候,有一个肥胖的女人,因为体重太大,所以在爬的过程中导致葡萄藤无力承受,从而把葡萄藤弄断了,于是光明之门在她和剩下的人们面前关闭了。”

这个奇妙的传说意味着现在的这个民族曾经大面积地分布在地下,也就是说在土地之外,在大海里;“一个地下湖”指的就是大海。曾经有一段日子,这个“大村落”和北美洲之间进行着往来贸易,他们在这个大洲上建立了众多的殖民地;后来,某种大灾难使得这些殖民地与它们母国之间隔绝了联系(根据梅杰·詹姆斯·W·林德的说法)。依阿华州印第安人或者苏人印第安人是从达科他族人中分离出来的一个部族,或者是曼丹族人的亲戚;在他们的传说中,“在很久以前,全部的印第安人部落就是同一个部落,所有的人都居住在一座岛屿上或者至少在一片面积很大的水域的对面,面朝东方或者太阳升起的地方。他们乘坐由皮革制成的独木舟穿越那片水域,或者有时候,他们也会游过去;但他们不知道自己航行了多久,也不知道水的咸淡。”梅杰·林德曾经在达科他族人中住了9年,根据他的说法,在那个民族中流传着一个和“巨大的轻舟”有关的传说,“达科他族人乘坐这叶轻舟在水上漂流了几周的时间,最后他们到达了一块干燥的土地”——这是对大船和海上航行的回忆。

在柳树初次发芽的季节，曼丹族人都会庆祝以上所描述的对他们来说极为盛大的宗教节日，在这些宗教节日中还出现了鸽子。他们还更为深入地谈到了一个传说，“地球本是一只体型巨大的海龟，它在水中出生，且覆盖有厚厚的泥土，某一日，来自一个白人部落的人们为了寻找獾的藏身之地，在地上挖了一个很深的洞，他们越挖越深，最后挖出了那只乌龟的壳，乌龟沉了下去，覆盖着它的大水将所有人统统淹没，只有一个人乘坐小舟才得以从这场大水中逃生；当地球再次恢复原来的形状的时候，那个人放飞了一只鸽子，这只鸽子衔着一支柳树的枝条飞了回来。”

为了寻找獾而挖的那个洞是野蛮时期的人们对矿业工事的回忆。当大洪水来临之时，那座岛屿伴随着火山爆发的剧烈震动而沉没于海水之中，人们很可能认为这是那些很深的矿坑所致，这些矿坑打开了通向火山中心的道路。但是作为矿工的“白人”的再现，作为“最后一个人也是惟一一个人”的白人的再现，以及人们的血管中流淌的白色血液的出现——所有这一切都归于一个相同的结论——曼丹族人的土地是亚特兰蒂斯的殖民地。

在此我理应补充的是卡特林发现曼丹族的语言和威尔士语言存在下列的相似点。

英文	曼丹族语言	威尔士语言	发音
I	Me.	Mi.	Me.
You.	Ne.	Chwi.	Chwe.
He.	E.	A.	A.
She.	Ea.	E.	A.
It.	Ount.	Hwynt.	Hooynt.
We.	Noo.	Ni.	Ne.
They.	Eonah.	Hona, fem.	Hona.
No; or there is not.	Megosh.	Nagoes.	Nagosh.
No.		Na.	
Head.	Pan.	Pen.	Pan.
The Great Spirit.	Maho Peneta.	Mawr Penæthir.	Mosoor Penæthir.

梅杰·林德发现达科他族语言和旧世界的语言之间有下列相似之处。

拉丁文	英文	撒克逊语言	梵文	德文	丹麦文	苏人语言	其他语言	Primary Signification.
	See, seen	Seon		Sehen	Sigt	Sin		Appearing, visible
Pinso	Pound	Punian				Pau	W., Pwynian	Beating
Vado	Went Wend	Wendan				Winta		Passage.
	Town	Tun		Zaun	Tun	Tonwe	Gaelic, Dun	
Qui	Who	Hwa	Kwas	Wir		Tuwe		
	Weapon	Wepn		Wapen	Vaapen	Wipe		Sioux dimin. Wipena
Ego	I	Ic	Agam	Ich	Jeg	Mish		
Cor	Core					Co	Gr., Kear	Centre, heart
	Eight	Achta	Aute	Acht	Otte	Shaktogan	Gr., Okto	
Canna	Cane					Can	Heb., Can W., Cawn	Reed, weed, wood.
Pock	Pock	Poc		Pocke	Pukkel	Poka	Dutch, Poca	Swelling.
	With	With		Wider		Wita	Goth., Gewithan.	
	Doughty	Dohtig		Taugen	Digtig	Dita Ditaya		Hot, brave, daring.
	Tight	Tian		Dicht	Digt	Titan		Strain.
Tango Tactus	Touch Take	Taecan		Ticken	Tekkan	Tan Htaka		Touch, take.
	Child	Cild		Kind	Kuld	Cin		Progeny.
	Work	Wercan				Woccas Hecon	Dutch, Werk Span., Hecho	Labor, motion.
	Shackle	Seoacul				Shka	Ar., Schakala, Dutch, Schakel Teton, Shakalan	to bind(a link).
Query						Kuiva		
Shabby				Schabig	Schabbig	Shabya		

根据梅杰·林德的说法，达科他族人或者苏人与曼丹族人同属一个民族;这就是这些语言上的相似性的重要性之所在。

“在易洛魁人中流传着一个大海和大水淹没陆地，吞噬人类生命的传说。契卡索人坚持认为这个世界曾经被洪水吞噬，但是有一个家族得以逃生,每种动物中也都有一对得以逃生。苏人族人说历史上曾经存在那么一个时代,在那个时代中没有一块干燥的土地,所有的人类都消失了。”[11]

“在奥卡那高斯人(Okanagaus)信奉的神中有一个神叫做斯苛皮(Skyappe),还有一个叫做查查(Chacha),后者拥有洞察一切的能力;但是他们最重要的神是他们的伟大而神秘的统治者和女英雄斯考莫特(Scomalt)。很久以前,在太阳还只有星星般大小的时候，这个女强人就已经统治了那个消失了的岛屿。最后,战争破坏了岛上的和平,战争的哭喊詈骂之声传入了斯考莫特的耳朵里,她极端愤怒,于是她利用她自己的力量飞升了起来,并且把挑起战争事端的人们赶到了那个岛屿的一个极点,他们因恐惧而哭作一团。斯考莫特把他们所在的那块陆地劈开并把它推到了海里,让它随意漂流,飘到哪里是哪里。这块漂浮的陆地起伏不定,在它上面的人们摇摇摆摆,最后这块陆地被大风吹倒,上面的人都死掉了,只有两个人逃了出来——一个男人和一个女人,他们幸亏乘坐了一只独木舟才得以逃生,后来他们到达了大陆的主要部分;奥卡那高斯人就是他们的后代。”[12]

在这里我们发现了一个与那座消失了的岛屿有密切关系的有关大洪水的传说。

尼加拉瓜人相信:“很多年前,世界毁于一场大洪水,在这场洪水中,绝大多数人类都丧生了。后来那些神又把地球恢复到了它初始的形态。”[13]在野蛮的阿帕切人——“那些生来野蛮的人”中,也有一个传说,在这个传说里,“世界的最初时代是一个充满快乐而又和平的时代”;后来一场大洪水暴发,在这场大洪水中只有蒙泰祖玛(Montezuma)和草原狼得以生还。后来蒙泰祖玛变得非常恶毒,他妄图修建一座直抵天堂的房子,但是天上的神用雷电把这座房子劈毁了。[14]

---

⑪林德:《达科他族人的历史》,第 249 页。

⑫班克罗富特:《本土民族》,第三册,第 149 页。

⑬班克罗富特:《本土民族》,第三册,第 75 页。

⑭班克罗富特:《本土民族》,第三册,第 76 页。

在与帕帕戈斯结盟的印第安人的一个部落——披玛族人中有一个传说。造物主的儿子名叫斯尤卡。它连续三次向人类的预言者发出一场大洪水将要到来的预言，但是人们无视它的预言；“转瞬之间迸发了一种雷鸣般的巨响和一种令人毛骨悚然的轰隆隆的响声，一股绿色的被堆积起来的水从平原上陡然而立。它似乎直立了一刻，然后闪电像一只巨大狰狞的野兽一样刺向这股水柱，它冲向了预言者的小屋。晨曦来临之时，除了一个男人以外没有任何活物——如果那确实是一个男人的话，那就是造物主的儿子斯尤卡，他在一个漂浮的树胶球或树脂球上才得以逃生。”这场瞬间爆发的洪水猛然间让我们想起了亚特兰蒂斯的毁灭。斯尤卡杀掉了那只鹰，让它的受害者们重新获得了生命，并且使世界上又住满了人，就像杜凯里恩用石头让世界上又住满了人一样。

第六章　大洪水传说带来的启示

深海的泉源——由于亚特兰蒂斯毁灭于一次火山爆发，所以一定有火山存在于亚特兰蒂斯。如果我们依旧记得它所在的那块土地上的山脉从冰岛自北而南一直延伸到圣海伦那，即使直到今天在其中仍有火山存在——比如在冰岛，亚速尔群岛，加拿利群岛等等——在其原始轴线上的海床，正如我们已经证明的那样，直到现在仍然有火山喷发的景象的话，这个推断就一定更接近真实了。

假如在亚特兰蒂斯的山脉中存在着火山的话——其中亚速尔群岛上的山峰就是存活下来的火山代表——那么使之沉没于海中的伴随着大洪水的剧烈震动的爆发就不是不可能的了。我们已经看到，类似的大洪水吞没了爪哇岛，4000 人因此而丧生。伽隆冈的火山“喷发出了大量的沸腾的水柱和泥浆”；大山强烈地向外喷射着水，“像一个喷水口一样”。1831 年，当一个火山岛在西西里岛附近形成的时候，上面有“一个 6 英尺高的喷水口”。

多米尼加岛，在西印度群岛下风方向的岛屿之一，处于一个最接近亚特兰蒂斯的位置，在 1880 年 1 月 4 日，那里发生了一系列的火山喷发，这让我们不由自主地联想到柏拉图所描述的那个毁灭的岛屿；他们之间的相似性在另一个特别之处也有所体现：多米尼加岛和亚特兰蒂斯岛都拥有难以数计的热的硫磺色泉源。下面的这段文字是我摘自1880年1月28日在《纽约公报》上的一段描述：

"刚过上午11点，罗马的天主教徒在大教堂聚集没多久，当神圣的服务工作还在圣公会的信徒和卫斯理教徒之中进行的时候，霎时间，种种迹象表明一场雷雨即将降临；原本凉爽而舒适的天气——清晨就下起了蒙蒙细雨——一下子变得异常闷热让人感觉快要窒息；人们耳中传来远处隆隆的雷声，漂浮在浅蓝色的天空上原本洁白的羊毛样的云彩变得又黑又重，恶魔似的向地面压来。很快，雷声越来越近，越来越响，天空闪烁着蓝色和红色的闪电，并且越来越频繁，越来越明亮；豆大的雨点从天而降，天堂像是开了闸门，大雨倾泻而下。天变得黑漆漆的，似乎夜晚到来了一样。空气中到处弥漫着刺鼻的，无法抗拒的硫磺的气味。正在街上行走的人们感觉雨点像冰雹一样砸在了他们的头上，背上和肩膀上。人们看到熔化的铅瀑布似的从那些喷嘴中喷涌而出，下面的沟里流出了大量的黏稠厚重的灰色泥浆，看起来好像以前在里面什么都看不见。与此同时，罗索河的河水也变得异常愤怒，它冲上了它的岸边，冲毁了岩石和大树，上面的桥梁和附近的房屋也因此被摧毁。当暴风雨停止的时候——它一直持续到正午12点——城市里建筑的房顶和墙壁，街上的人行道，门阶和后院都覆盖着一层厚厚的火山岩屑。这些岩屑呈深灰色，它们粘在一起，像黏土一样，在一些地方，这种岩屑有一英尺厚，上面有小小的，闪亮的金属颗粒，这些颗粒很容易被看成黄铁。从岩屑的表面上刮下来少许，简单检查一下就能确定它的主要成分——砂岩和氧化镁，其中还有少量的黄铁还有更为少量的银混杂在一起。这些其实就是沸水湖国家火山爆发时流出来的岩浆的成分。离沸水湖只有半英里的恶魔的撞球桌主要也是由这些物质构成的，人们认为它是由岩石形成的。据周一早晨开始进行的调查显示，除了东南方向以外，岩浆雨并没有下在那座城市范围之外。在西北部，下的仅仅是雨水而已。人们没有发现有任何与火山爆发有关的迹象……

但是，在庞特·姆拉特发生的事让我们得以确定火山具体是在哪里爆发的。庞特·姆拉特坐落在一片山脉的山脚下，沸水湖的水在这些山脉的顶端奔腾汹涌。这个湖有一条瀑布，是它唯一的排泄口，这个小瀑布中的水落入了庞特·姆拉特河的一条支流，从河水的颜色和温度可以发现，曾经有一段时间，距离该湖不远处的那些国家有过火山喷发的迹象。顺便，我们还可以发现，从湖中瀑布落下的水表面上看起来和罗艾拉玛瀑布中的水无异，后者位于英属圭亚那地区；在那里，没有连续的水流，水像装满了沸水的壶的壶盖一样跃过凹下去的地方，从顶部叉成两股瀑布流了下来。难道罗艾拉玛那遥远的顶峰上就不能有一个沸水湖吗？周日我们在庞特·姆拉特看到的现象与我们在加勒比海东部的岛国多米尼克首都罗梭(Roseau)看到的现象是相似的，只不过它从各方面来说，特征更为鲜明一些。这次火山爆发落下的岩浆更多，并且覆盖了所有的田地；这次对大气的影响更大，分布在附近的那些汹涌的水流从外观看起来变化更为惊人。火山的岩浆和河水流满了庞特·姆拉特河，后来岩浆越来越多，几乎把河水都压在了下面，空气中浓浓的硫磺气味让人难以忍受。没用多大功夫，河中的鱼都死光了。压着河水流下来的岩浆在一个月之内形成了一个河岸并且几乎控制了下来的水流，并且险些把水流投回到庞特·姆拉特的低地处。关于沸水湖区域的报告是非常奇妙的。在岛屿上那个地方的艾米罗河和数不清的矿源中都滚动着厚厚的白色水流，像牛奶一样。整个国家的面貌，从艾米罗河一直到索发特拉(Solfatera)平原都发生了怪异的不吉利的变化，以致那些惊恐万分并把这个消息带到了罗梭的农民们甚至都不能清楚而有条理地讲述这件事情的来龙去脉了，而且火山的活动还在继续进行着。”

从上述描述中我们能够看出雨和岩浆雨来自山顶上的沸水湖；它肯定上升得很高，“像一个喷水管”一样，然后其中的液体就像下雨一样遍布那个国家的表面。这个多米尼加的沸水湖让那个有关莱恩利昂火山爆发的传奇故事在我们脑海中浮现，和故事中那个“吞噬了整个国家”的“波涛汹涌的湖”。在爱尔兰的克雷郡有一座大山，叫做曼戈顿山，在这座山的山顶上有一个深水湖，叫做普里伊弗隆湖，这个名称的意思是“地狱之洞”；它经常泛滥成灾，骇人的水流顺着大山奔腾而下。在爱尔兰，也有一个湖占据了大山的山顶地带，从那儿溢流而出的湖水形成了河流。

我们假设伴随着亚特兰蒂斯毁灭的是以同样的方式从它的火山中流出来的一股或者多股巨大的水流，这些水流从极高处飞流下来，并且淹没了那块土地的话,那么在迦勒底的传奇故事中有关“可怕的喷水口”的描述对我们来说就不难理解了,它喷出的水甚至“让神都感到毛骨悚然”,汹涌的水流“直抵天际”,并且这股浩浩荡荡的水流似乎是导致那个国家毁灭的主要因素之一——另外一个因素是地震。我们的这一观点在阿拉姆关于大洪水的传奇故事中也能得到印证,也许这个故事同样源自迦勒底的传说。在这个故事中,“激流突然之间从地下喷射而出,大雨倾盆而下;河流离开了它们的河床,海洋淹没了它的海岸”。对于多米尼加火山爆发的描述与这个故事中的描述完全相同:“顷刻之间” 水和泥浆从山上流下,“天堂的闸门被打开了”,“大水淹没了河岸”。

这让我们又一次想起《创世纪》中所记载的:“在同一天,所有深海的泉源都被打开了。”[①]这里说的并不是雨,很明显,我们从它的表达方式上就可以看得出来:“在同一天,所有深海的泉源都被打开了,天堂之窗被打开了。雨水普降大地”等等。当这次惨绝人寰的事件结束之时,我们被告知“深海的泉源和天堂之窗被关闭了。”这源自一个居住在内陆的人的回忆,在他居住的地区,人们几乎没有听说过火山爆发,也没听说过迦勒底传奇故事中的可怕的水“涨到了天上”以及阿拉姆传说中的“地球上涌出了巨大的水流”的事情。印度在关于大洪水的传奇故事中提到了“在地狱之中度日的海神哈雅格芮瓦(Hayagriva)”,大洪水就是他一手引发的。毋庸置疑,他就是出现在迦勒底传说中的“地狱中的大天使”。

我们从柏拉图的下列描述中就可以看到亚特兰蒂斯的山脉。

“经描述,整个国家坐落在海边一个地势高且陡峭险峻之处……岛屿上的整个区域都向南方延伸,并受到来自北方的庇护……目力所及之处尽是群山环绕。”

这些山脉说的就是现在的亚速尔群岛。只要我们对它们现在的海拔以及它们深入到海水中的深度稍加考虑,就能意识到它的高度是何等的惊人,柏拉图的描述是何等的精确了。

我们在印度的传说中发现了鱼神的存在,它代表的就是亚特兰蒂斯之父波赛冬,在他的帮助下,曼努穿越了“北方的山脉”。在迦勒底的传奇故事中,卡希萨特拉的船被“尼泽尔山”截住了,直到海水退去为止。

①《创世纪》,第七章。

阻止航海的泥浆——柏拉图告诉我们,“亚特兰蒂斯消失于海面之下,后来由于那座被吞噬的岛屿产生厚重的泥浆,使得海水无法进入,于是航海活动被迫停止了。”这是柏拉图所讲述的故事中的一个点,古代世界甚至现代世界的人无不对此怀疑而且嘲笑。我们在迦勒底的传奇故事中发现了一些类似的东西:卡希萨特拉说,“我望向大海,屏息凝神地观察——整个人类都已经退回泥土中去了。”在“保留”中,我们被告知“一块树脂从天上掉了下来”,就像多米尼加的传说中下的那场“厚重的灰色岩浆”雨,同时伴有刺鼻的硫磺的气味一样。

探险号的探索表明,整个被洪水淹没的山脉——亚特兰蒂斯也是其一部分,直到今天还覆盖着厚厚的岩屑。我们记得从公元79年开始,庞贝城和赫基累尼亚城被大量的这种岩屑所覆盖,17世纪以来它们一直在15到30英尺深的地下深埋着;一群新的人类在它们的上面居住,并开始耕种劳作,在它们的顶上修建了一条水道;多亏一个农夫在挖井的时候挖到了一间房屋的屋顶,才使它们能重见天日,并且回到了人类的知识宝库中。

我们看到在1783年,一次冰岛上的火山爆发使岩石覆满了长达150英里的海面,“当然船只航行于这片海域的时候,举步维艰”。

1815年发生于松巴哇岛上的那次火山爆发,释放出了大量这样的烟尘,空气都因此变得浑浊而乌黑。“在4月12号,向苏门答腊岛西面漂浮的火山灰聚成了一个火山灰团,它足足有两英尺厚,绵延几英里,船只根本无法通航。”

这样看来,柏拉图的那些引起学者们重重怀疑的描述本身就是他故事中的一个被印证了的片断。极有可能是这样一种情况:在暴风雨过后,当亚特兰蒂斯人的船只正在返回祖国的路上航行时,看到有厚厚的火山灰堆积在海面上,使得船只无法通过。他们感到异常恐惧,于是又掉头返回了欧洲海岸;亚特兰蒂斯的毁灭给世界文明带来的震动可能导致产生了我们民族的历史上那些倒退的时期,在那段时期里,它们断绝了与西方大陆的往来。

有关大洪水的传说还有一个非常特别的巧合。

桑及尼亚所保留的腓尼基人的传奇故事让我们知道字母表和书写艺术的创始者叫做陶特(Taut)。

现在,我们在埃及人的传说中发现了关于马尼度的段落,从这段话中我们可以得知,在大洪水之前知识与魔法之神陶特用象形文字或宗教文字将所有知识的基本原则镌刻在了石碑上。在大洪水以后,第二个知识与魔法之神陶特将这些刻于石碑上的文字翻译成了普通文字。

约瑟法斯向我们说:“塞特族长预感到亚当预言的洪水和火灾的双重灾祸马上来临,为了使这些浓缩着智慧的庞大知识体系能够得以留存,于是他建造了两根圆柱,一根用砖建造,另一根用石头建造,他把那些知识刻在上面。它们被保存在希里亚底克国中。”

在迦勒底的传奇故事中是这样描述的,在大洪水来临之前,艾神命令卡希萨特拉将有关神的学问和所有科学的基本原则刻在一块被称作赤陶的石碑上,并把它们埋起来。

博弱瑟斯在他所翻译的迦勒底语的有关大洪水的传说中作了这样的描述:

“克洛诺斯神在他(奚苏锡洛斯)的面前现身,并且向他预言,有一场大洪水将会在(古希腊18年学中的第一月份)这个月的第十五天爆发,在这场大洪水中,无人能够生存下来。因此克洛诺斯神命令他将所有事物的开始,过程和结论一一写下,并且把它埋在西巴拉的太阳城的底下,并且建造一艘船”,等等。

在印度的传奇故事中说是鱼神警告撒提拉瓦塔洪水即将来临,并且命他将宗教经文置于安全之处以保万无一失,“为的是把它们从马头明王(梵语称何耶揭梨婆)——一匹居住在地狱中的海马那里保留下来。”

通过柏拉图在以下对亚特兰蒂斯历史的描述中,我们是否能找到这些传说的源头呢?

“现在,波塞冬通过下达的命令调整了他们的政府彼此之间的关系,而他的命令被作为法律在他们之中流传了下来。这些法律被刻于在岛屿中心位置的一根铜柱上,这根铜柱就在波赛冬的庙宇里,每一个人都被通知在那里聚集……他们在那里做出和接受审判,黎明时分,他们在一个金色的石碑上写下他们做出的判决,并且将这些石碑和长袍作为纪念物一并保存。”

《灾难的继续》——由法国人德·保尔勃格所翻译的中美洲的书籍,说明了在早期的时候美洲大陆有一部分延伸进了大西洋深处。后来探险号通过探索证实了这个传说,后者证明那座“海豚的山脉”与亚马逊河口北部的南美洲海岸紧紧相连。从中美洲的书籍中我们知道,这块大陆上的这个区域毁于一场骇人的持续的震动，这些震动之间可能时隔很久。其中的三次大灾难被经常提及，有时候还会提到另外一次或两次这样的灾难。

在这些震动中："土地因为令人恐惧的地震而剧烈地摇晃，海涛和山火一起把它淹没、吞噬……每次震动都会摧毁一部分土地，直到整块土地都消失，只剩下了我们现在所看到的海岸线。绝大部分居民在灾难来临时正在从事他们的日常工作，他们因此而毁灭；不过有些人得以乘船逃生，另有一些人跑向大山之巅或者那些暂时的完好之地，以便找一个安全的避难所。"②

它与地质学里讲述的内容高度一致。我们知道那块后来形成欧洲和美洲的土地以前包括现而今被大西洋占据的这两个大州之间的几乎全部的土地；我们有理由相信这块大陆是分块下沉的，亚特兰蒂斯只是这块古老的大陆的一部分，后来它也因为同样的原因，以同样的方式被摧毁了。

从美洲居民现有的节日中可以看出这个传说曾在他们之中流传："尤其是在'伊兹卡里'月的那个节日，设立这个节日的目的就是为了对那块毁灭的土地和生活在那块土地的人们表示纪念，宗教书籍记载，在这个节日期间，'国王和他的子民们在神灵面前毕恭毕敬，虔诚地祈求他不要再让这样的灾祸降临'。"

难道我们还对已经在雅典、叙利亚以及中美洲海岸上的那些宗教仪式中得到证实的事件心存怀疑吗？

另外我们发现，发生于大西洋地区的这场持续的毁灭性的灾难也出现在了威尔士三句一段的诗歌中，其中保留着关于"三场可怕的大灾难"的传说。根据探险号的探索，我们知道高一些的土地达到了不列颠群岛的方向；在塞尔特的传说中，曾经提到过他们国家的领土曾经延伸到大西洋深处，不过后来毁灭了的内容。

在希腊的传奇故事中也提到了关于这场连续的毁灭的事件，其中奥及格斯的洪水——"奥及格斯是阿提卡最古老的国王，极其神秘，于多年前的一个夜晚消失无踪"——早于杜凯里恩的洪水。

在后面，我们会发现亚利安人在他们最古老的圣歌中祈祷上帝，祈求他让大地更为坚不可摧。亚特兰蒂斯人看到他们的国家就那样不可挽回地逐渐毁灭了，于是他们相信自己的毁灭不日之后也将到来，那么他们的生活注

②鲍德温：《古代的美洲》，第176页。

定被恐惧的阴影所笼罩，这将会更为深入地解释原始宗教的起源，以及这场灾难给人类留下的难以消除的印象；在这种情况的基础上，我们将有能力对流传至今的那些传说做出解释，这些传说是通过人们世代保留那些刻于柱子上的知识而得以流传的；我们也将能够对有关通天塔的其他传说做出合理的解释，就像我们下面将要印证的一样，这种塔在两个大洲极为常见，是人们为了能成功地从洪水中逃脱而建造的塔。

古代人的文明已经到了拥有字母表和书写体系的高度，这在有关得以留存的传奇故事中能够得到证明，接下来我们将会看到，新旧世界字母表中所使用的符号的最初的相似性也进一步确证了这个结论。

第三部分　新旧世界文明的比较

第一章　新旧文明是同一起源吗

物质文明应该归功于人们一系列的发明和发现，人类就是依靠这种发明和发现才有了改善自己状况的能力并通过控制自然的力量以有利于自身。

野蛮人是极为可怜的一种生物，就像曼那波斯布所表述的那样，在赤皮威的传说中，他永远摆脱不了“永恒的饥饿”的纠缠，在严冬的寒风和炎夏的烈日中赤身裸体无可遮挡。他的灵魂充满了深深的恐惧：因为每一种自然现象——暴风雨、风、雷、闪电、寒冷和炎热——都是令人胆寒的危险的恶魔。四季没有留给他播种的时间也没带给他收获的季节；他忍饥挨饿，仅仅吃些种子、浆果和蔓生植物聊以果腹，他眼看着森林中的动物在他身边争斗冲撞却无力阻止。在大自然中，他软弱无能而又悲惨无比。每迈向文明一步，便是征服自然的一步。在那个时代，弓箭的发明是一项伟大的进步，这比蒸汽机和电报对人类的发展有着更为重要的意义。有了它，野蛮人便能捕获到他的猎物；时时纠缠着他的饥饿而今也得到了满足；就连“傲然在其领地屹立”的鹰也难逃这种新式的、奇妙的武器的追捕。另外一项巨大的进步便是火和烹饪技术的发现。野蛮人除了木质的器皿以外没有任何其他的烹饪器具。他先在木头上包括一层黏土，然后点上火，黏土被火烧得越来越坚硬。后来野蛮人逐渐意识他可以不用木头了，这就是陶器的发明。后来，有人在那个地方（如果我们觉得赤皮威传说可以相信的话，就是在苏皮芮尔湖的海岸上）发现了纯铜的碎片，而且将它们打造成了某种形状，这意味着冶金术的开始；同样地，最初铁也是由流星的形状被逐渐打造为矛头的。但是不要因此认为这些发明是一个接着一个快速而连续地出现的。每一步都需要成千上万年的时间；其中有一些步骤，直到现在很多野蛮人都还没有实现。理查德·欧文教授说："艺术、语言、文学的进步是缓慢的，是逐步发展的结果。"

接下来我将要讲述的是：我们所通晓的差不多所有对文明极为重要的技艺都可以上溯到亚特兰蒂斯时代——当然也可以上溯到那个与亚特兰蒂斯同时代并继承其文明的古埃及文明。6000年以来，人类从亚特兰蒂斯继承而来的文明没有一项得到些许的进步。

腓尼基、埃及、巴比伦、印度、希腊和罗马依次交接文明的火炬，逝者如斯，它们在埃及历史上最早期就已经存在的技艺的基础上没有任何的创新。仅仅两三百年前，在建筑学，雕塑，绘画，雕刻，采矿，冶金，航海，陶器，玻璃制品以及运河、公路和高架渠的修筑方面，腓尼基人和埃及人的技艺有所发展，但是并没能取得实质性的变化或进步。现在我们已经迈进一个新时代，亚特兰蒂斯的目录中也增添了一系列奇妙的发明：蒸气和电被人类征服并为其所用。但现在仅仅是开始而已：也就是说，人类文明将继续被提高到一个远远超出现在的水平，就像人类现在的文明程度要远远超出原始人一样；并且在将来会产生一种这样的说法，即，在亚特兰蒂斯文明诞生和新文明形成之间，要历经一段几千年的时期，在这段时期内，人类没有任何发明，而仅仅是继承和延续。

希罗多德告诉我们，根据他从埃及教士那里获得的信息，他们的书面历史可以追溯到他那个时代的1340年之前，就是说几乎距今约14000年前。那些埃及教士把它领进一座高大敞亮的教堂，并且让他观赏了341名高级教士的塑像，这些教士是前后相继的；然而，在哥伦比亚时期除了绘画(这种技艺在中国是最古老的)以外就找不到任何其他技艺了，但是埃及人并不知道这一点；最早出现的埃及文明的水平要高过它在后来历史上任何时期的水平，这说明它的辉煌的文明是继承自水平更高的文明。早期的埃及人只崇拜一个神，后来，这种简单而崇高的信仰因腐化的多神主义而消失。埃及最大的金字塔是由第四王朝建立的，那个时候教育非常普及，这从工匠们在修建金字塔的石头上留下的字迹中就可以看出。美尼斯是埃及的第一个国王。

温切尔说："早在美尼斯时代，埃及人就已经拥有高度文明且是一个人数众多的群体了。[1]曼尼索告诉我们，孟菲斯宫殿是由第一个国王美尼斯的儿子爱索提斯所修建的：除此之外，他还是一名医生，并留下很多与解剖学

①温切尔：《亚当以前的人类》，第120页。

有关的书。所有的这些说法都表明，甚至在很早的时期，埃及人就已经拥有高度发达的文明了。理查德·欧文教授说："在美尼斯时代，埃及人中很早就有建筑师、雕刻家、画家、神话学家和神学家了。根据记载，在美尼斯时代之前，埃及是一个管理型的社区。像摩西五经中所描述的那样，是一个由一群游牧家族的牧人组成的社区，这也许被认为是早期向文明迈进的一步。但是在这个时期的多长时间之前，一个由国王的政府管理的国家，有着高低阶级之分且劳动分工明确的社会——其中一种分工就是对神职人员的委派，就要将那些国王们的名字和朝代以及他们在位的时间和主要事件记录在册了！"厄恩尼斯特·芮南指出："看起来埃及的最初时代就是一个成熟、古老并且完全没有神话和英雄的时代，就好像这个国家没有过'青年'时期一样。它的文明没有幼稚期；它的艺术也没有幼稚期。这个古老君主国的文明没有经历'婴儿时期'，它从一开始就是以成熟的面貌示人的。"

如同柏拉图在他的记录中描述的那样，我们应该试图说明它是在亚特兰蒂斯时代开始成熟的，但是埃及人却没能将这种成熟保持在它被继承时的水平。虽然我们在地中海的较早的历史中可以看到埃及第一个国王的儿子被记录为"一个医生，并且留下了大量的与解剖学有关的书"，但是亚速尔、希腊、罗马以致这些现代国家的国王们在为全人类献身于医学研究和医学书籍的撰写方面又有什么贡献呢?——实际上代表他们的集团是在扼杀人民而不是在治疗人民。

我相信，毫无疑问，在地球的某些地域，在相当长的一段时间里，原始人类已经存在于一个很大的空间中了，并且在最有利的情况下，创造、发明和发现了构成文明的艺术和事物。当看到6000年以来，欧洲、亚洲和非洲的人们，纵然由伟大的民族领导，被富有才智的人启发，都难以超越埃及艺术哪怕一英尺的时候，我们不难想象，在历史的进程中，由最初始的野蛮人发展到埃及人拥有的文明，其间要经历多么漫长的历史时期和历史停滞的状态。那个出众的法国人，H.A.泰因看到了现在的语言、文学和哲学中的印欧家族的联合，并且声称这些先前的显赫印记是"一个初期典型的伟大标志"。如果我们"在我们的时代之前的15、20甚至30世纪之前就会遇到他们——一个雅利安人、一个埃及人、一个中国人，发现他们代表的是多年的，也许是几万世纪的成果……这就是促进那些历史事件发展的最原始也是最丰富的源泉;并且他还看出这个源泉是充满活力,那是因为它不是浅显的源泉,而是一种湖,一个深水库,在很多世纪中,在这里的其他源泉流出的水已经汇成了它们的几条河流”。换句话说,埃及人、雅利安人、迦勒底人、中国人、撒克逊人和塞尔特人保持文明的能力只是在“无数世纪中”在该种族的一些最初的本部中所进行的文明训练而获得的。[2]

我无法相信伟大的发明会自动呈倍数地增长,但是在不同的国度,一些人却会使我们相信这一点: 在生存压力重压下的人们将会用同样的发明来满足自身需要的理论是不足为信的。假如真是这样的话,所有的野蛮人就都已经发明了回飞棒;所有的野蛮人也都会有陶器、弓箭、投石器、帐篷和独木舟;简而言之,因为人们彼此的生活都较为轻松,所有的种族都应该已经迈进文明时代了。

文明并非对人人都可传达的, 有许多野蛮部落并没有达到一定文明高度的能力。人类可分为两个大的分支,一个分支是文明人,另一分支是野蛮人,并且,正如我们应该证明的一样,世界上所有文明的民族都有一些文明的东西是来源于远古时期的。正所谓“条条大路通罗马”,所有文明的线索最后都指向了一点——亚特兰蒂斯。文明人和野蛮人之间的差距是绝对难以衡量的;它不仅象征着艺术和生活方式的差异,还象征着心理构成、才能和灵魂的倾向性的不同。在他们嬉戏玩耍的过程中,文明种族的后代们创造了水车、马车和用玉蜀黍的穗轴搭建而成的房子,野蛮人的后代则用弓箭自娱自乐,一个是富于建设和创新的种族,另一个则是野蛮蒙昧和沉迷游猎的民族。在历史发展的进程中,如果抛却外部的影响,从来没有一个民族能够借其原始的力量缩小文明和野蛮之间的差距。历史初期便是野蛮人的人仍然是野蛮人:野蛮的奴隶们也许能从他们的主人那里学得几分技艺,被征服的民族也可能分享到了其征服者所拥有的一些有利条件, 但是就算我们找遍野蛮人依靠自身的能力发展自身文明的例子,仍然是一无所获。我们可能会想起高卢人、哥特人和不列颠人,但这些人并非野蛮人,他们有书面语言、诗歌、修辞和历史,他们被宗教信仰所控制,他们相信上帝的存在和灵魂的不朽,也相信死后的报应和惩罚。罗马人无论在什么地方接触到高卢人、不列颠人或日尔曼人的部落都会发现他们浑身上下都是用铁制的武器武装起来

②H.A.泰因:《英国文学历史》,第 23 页。

的。根据泰西塔斯的说法，在一场战役中，苏格兰人使用了两轮战车和铁剑。迪奥·德鲁斯·希库勒斯指出高卢的塞尔特人已经使用了铁头的矛和盔甲上衣，在公元前222年和罗马军队交战的高卢人则装备了柔软的铁剑，恺撒征服他们的国家时也是一样。在高卢人中，人们愿意借出到下辈子才能得到偿还的款项。同时我们还要说明的是，没有一个基督徒的诚信能达到如此高的境界；他们耕种土地、修建房屋、修筑城墙、织布、使用有轮子的交通工具，我们拥有的所有谷类和家畜，在他们那里也几乎全部都有，他们锻造铁、青铜和钢。高卢人甚至发明了一种用来收割谷物的带有轮子的机器，因此他们在享受收割机和除草机的便利方面比我们早了两千年。恺撒统治下的罗马文明和韩斯陶隶克斯统治下的高卢文明二者之间的区别在于程度而不在于种类。罗马文明只是汇聚了所有欧洲人民所拥有的文明的发展和尽善尽美，它也毫不例外地来自共同的亚特兰蒂斯之源。

我们如果在大西洋两岸发现的确有相同的艺术、科学、宗教、信仰、习惯、风俗和传统的话，那么有关来自两块大陆的人民经过相同的过程，各自到达了这两个大陆并且得到了相同结果的说法是相当荒谬和可笑的。如果我们对地中海国家文明的相似性稍加思考的话，恐怕没有一个人会愚蠢到认为从罗马、希腊、埃及、亚速尔到腓尼基的每一个国家都是自主地、单独地发明了艺术、科学、习惯和一致的信念的；我们要做的只是去继续摸索历史的线索或者他们彼此之间的联系。为什么一条在大西洋两岸流行的解释规则与地中海两岸保持完整的规则不一样？假设换一种情况，相同的起源无疑已经造就了相同的艺术、风俗和状态，为什么在另一种情况下，相同的艺术、风俗和状态就不能证实他们是来自同一源头呢？在这个由两种人构成的人类社会中，是否有任何这样的例子呢，即，人们在彼此互相隔绝没有联系的情况下，恰巧有了同样的发明，而无论该发明是箭头还是蒸汽机。如果人类在重新开始发明工作之前需要一个至少6000年的暂停期，并且吸收了亚特兰蒂斯留下的一系列最初的思想，三个或四个独立的国家以相同的速度向前发展并最终达到同水平的艺术和思想的可能性又有多少？所以这个理论是无法立足的。

那么，如果我们发现大西洋两岸的文明从本质上的确是一模一样的，那么我们就已经证明了他们肯定是相互承袭，或者是源自一个共同的源头的。

第二章　不同文明的习俗和仪式

建筑学——从柏拉图的描述中我们知道，亚特兰蒂斯人通晓建筑学，他们建造了墙、寺庙和宫殿。

我们不必要另行补充说在埃及和所有的欧洲文明国家都能发现此等艺术，而且在秘鲁、墨西哥和中美洲也能发现。在秘鲁和埃及，墙都是斜向内侧的，而且这两个地方的门的顶部都要宽过门槛处的底部。

为象形文字所覆盖的埃及方尖石塔是平行于中美洲的圆柱的，二者都被认为是源自对男性生殖器的崇拜。通常，男性生殖器的象征是一块直立的石头，这些石头往往都粗糙无比，有时也以雕刻物作为装饰。[①]在亚洲、埃及、沿地中海的欧洲海岸以及中美洲的森林地带都可以找到对普里阿普斯的崇拜。

欧洲和亚洲的坟墩都是以相同的方式搭建而成的，搭建这种坟墩的目的与美洲相同。希罗多德讲述了西西亚国王的葬礼，他说："这以后，他们开始极为认真地在坟墓上修建起一个巨大的坟墩，他们彼此之间展开竞争，尽最大努力把坟墩建到最高。"福斯特说："必须承认，这些西西亚的葬礼仪式与这些坟墩建造者们的葬礼仪式非常相似。"[②]荷马则对阿契里斯坟墓上作为坟墩的巨大而对称的建筑物，以及赫克特坟墓上被作为坟墩的建筑物做了描述。

伟大的亚历山大斥巨资在他的朋友海菲思辰的坟墓上建造了一个巨大的坟墩；西密拉米斯也在她丈夫的坟墓上修建了一个一样的坟墩。埃及、亚速尔和腓尼基的金字塔与墨西哥和中美洲的金字塔一模一样。美洲坟墩中石制的坟墓石棺与在英国坟墩中找到的安葬死者的石匣子或者石棺巧合般地相似。[③]在约克郡发现的围绕着棺柩的坟墓与在密西西比山谷坟墩中的坟墓完全一致。两个大洲中死者的陪葬品也都没有什么区别：兵器、琐物、食物、衣物和葬礼用的瓮。在密西西比山谷和迦勒底人中，人骨的周围都筑有

①斯奎尔：《魔鬼的象征》第49页；班克罗富特：《本土民族》，第三册，第504页。

②福斯特：《史前民族》，第193页。

③福斯特：《史前民族》，第109页。

瓶子,而且瓶颈小得令头颅难以拔出。[4]

在使用水泥方面与欧洲和美洲国家相似。弓形结构的使用在大西洋两岸都是非常普遍的。砖块的生产在新旧世界中都很闻名。所有上面的表述都证明两个半球的建筑装饰风格都是彼此接近的。

冶金——亚特兰蒂斯人开采矿石并生产金属制品;他们使用的金属是铜、锡、青铜、金和银,可能还有铁。

这些金属在美洲国家都有分布,青铜器时代开始于美洲一个更为朴素的铜器时代,而并不是始于其他地方;因此金属制品的生产可能源于美洲或以美洲为支流的地方。墨西哥人生产青铜,印加人在的的喀喀湖附近开采铁矿。如同我们接下来将要说明的那样,后面这个地区的文明可能也要追溯到亚特兰蒂斯时代。秘鲁人称金子是太阳的眼泪,因为太阳的缘故,人们认为金子神圣无比,银子则是因为月亮之故而被奉为神圣。

雕塑——亚特兰蒂斯人精通此项技艺,美洲和地中海国家的人同样精通。

阿瑟·司考特博士在描述"卡拉巨人"或者巨脸——它是犹加敦的一座扎马纪念碑——的时候说,"在主教法冠的后面和两边以及下部都有一块短的面纱垂至肩部,它是用来保护后脑勺和脖子的。这个特殊的附加物生动地使人想起埃及和印度的僧侣,以致希伯来僧侣身上的象征性装饰物的同一特点。"司考特博士从这个雕像上面的轮子般的球星盘中发现了代表克洛诺斯和萨杜恩的轮状符号,同时也可以认为克洛诺斯的轮子不过是在亚特兰蒂斯的十字架外面套上了圆环而已。

绘画——在大西洋两岸,这种艺术久盛不衰。中美洲一些绘画作品的艺术水准足以与埃及的绘画作品相比肩。

雕刻——从柏拉图的描述中可以知道,亚特兰蒂斯人在柱状物上进行雕刻。在美洲国家、埃及、腓尼基和亚速尔都有这种艺术。

农业——亚特兰蒂斯人是精巧而聪明的农人,文明的美洲国家人和埃及人也是如此。在埃及,在年度庆典上,国王将会把手搁在犁上,就这样,农耕成为一项尊贵的工作并且受到了人们的尊敬。同样的风俗在秘鲁也颇为盛行。在这两个地方,犁都是人人皆知的:在埃及是用牛拉犁而在秘鲁是人

④福斯特:《史前民族》,第200页。

来拉犁。在北欧直到相对最近的一个时期,犁仍然是由人来拉。

公共工程——美洲国家所建造的公共工程与已知的欧洲国家的任何公共工程同样伟大,甚至比它们还要伟大。秘鲁人建造了1500英里到2000英里长的公路,甚至西班牙人都对其精确性赞叹不已。每隔几百英里便会有一家旅馆或客栈供旅行者住宿。洪保德断言这些秘鲁公路"位列人类最有用、最伟大的作品"。他们为便于灌溉而修建的水渠,其中有一些长达500英里。他们建造了壮观的石桥,甚至在欧洲引进吊桥几千年以前就发明了它。在秘鲁和墨西哥,他们发明了邮政系统,通过这种邮政系统,每天可以将消息传送几百英里。这种邮政系统与希罗多德时代波斯人的邮政系统和其后罗马的邮政系统非常相似。在秘鲁,类似里程碑的石碑被放置在公路沿线。

航海——秘鲁人和中美洲人都了解用以航行的船只。1502年,在洪都拉斯附近的一座岛屿上,哥伦布在一艘大船上偶遇了玛雅人的聚会,这艘船配备有船帆并且载有各种式样各种颜色的纺织品。

生产——美洲国家生产羊毛制品和棉纱制品,他们可以制作出同埃及一样漂亮的陶器,他们生产玻璃,他们还用宝石和贵重的石头进行雕刻。秘鲁人拥有数不清的金质容器和装饰品,以致印加人付给皮沙洛价值1500万美元的金质物品为自己赎身。

音乐——我们已经指出苏格兰高地五音调的音乐听起来比较接近于中国以及其他东方国家的音乐。

武器——新旧世界的武器大同小异,都有弓箭、矛、标枪、短剑、战斧和投石器;而且这两个世界的人采用的防护器具都是盾牌或者小圆盾以及盔甲,或者披着金属制成的外套。如果这些武器都是各个国家独立发明的话,那么各个国家就应该都有只属于自己国家的秘密的工具,比如吹管、回飞棒等等。如此多的完全相同的武器无疑告诉我们一个事实,他们有着同样的源头。

宗教——如柏拉图所述,亚特兰蒂斯人信奉的宗教简单而又朴素;他们不必摆放供奉所需的祭品,只有水果和鲜花;他们还崇拜太阳。

秘鲁的人们崇拜的是一个唯一的造物主,他最绝妙的作品——太阳因为被作为他的代表而受到崇拜。奎兹塔苛特·兹特克的创始人谴责除了水果和花以外的所有祭品。首支埃及宗教同样是简单而又朴素的:其祭品也是水果和花;埃及的所有庙宇都是面向太阳(Ra)的方向建造的。在秘鲁,最盛大的太阳节被称作"Ra-mi"。腓尼基人崇拜太阳神和摩洛克:它们一个代表仁慈,一个代表太阳的杀伤力。

宗教信仰——位于加那利群岛的关细斯或许是来源于遥远的亚特兰蒂斯人的一个分支,他们相信灵魂可以不朽,肉身能够重生,并且用木乃伊保留死者的尸体。埃及人相信灵魂的不朽和肉身的重生,并且用防腐香料保存死者的身体。在秘鲁,他们有同样的信仰和习惯。"在契努克族和平顶族中发现了几个保存完整的木乃伊。"[5]这种尸体防腐法在中美洲人和阿兹特克人中也得到了广泛的实践。阿兹特克人和埃及人一样,将死尸的内脏挖出之后再填进防腐香料,从而把尸体做成木乃伊。弗吉尼亚印第安国王的身体就是用防腐香料保存的。

这里有着不同的民族,他们中间被辽阔的陆地和海洋相隔,却兼具同样的信仰,而且这些信仰在实践和逻辑上的运用也都是相同的。

人所共知的是,在美洲一些国家的宗教仪式上都有忏悔和苦修。洗礼也是他们宗教仪式的一种,在这种仪式中他们通常会向死者的尸体撒水。

在大西洋两岸有组织的社区中都能找到纯洁的圣女:她们许下誓言,不论何种情况都要保持独身,而一旦她们违背了誓言就得献身死亡。在两个半球都有用活埋的办法杀掉懦夫的事情。在秘鲁人、墨西哥人、中美洲人、埃及人、腓尼基人和希伯来人中,都有一个极具权威的世袭牧师。

秘鲁人对一个被称作灾巴步的邪恶的灵魂深信不疑,他们同样相信存在一个叫做库培的恶魔。他们会将香料埋在寺庙中,当他们用动物祭祀的时候,他们会对这些动物的内脏进行检查,并据此对未来作出预测。

我无需补充说所有这些国家都保留着大洪水的传说,并且他们都掌握了写作的技巧。

萨以斯的埃及牧师告诉梭伦,在希里阿斯之子费顿试图驾驶太阳的两轮战车并因此而把地球毁灭的神话中,谈到了"在地球周围与天堂之间巡游的倾斜的躯体"(彗星),它引发了"地球上的大火",只有在河流和海洋附近居住的人能够从这场熊熊大火中逃生。齐玛尔波波卡抄本——一部中美洲纳华语的记录——告诉我们世界的第三代,或者"第三个太阳的时代"被称为太阳雨时代,"因为在这个时代中,降下一场火雨,一切生命都被烧毁;还下了一场

⑤《古代学校所授之知识》,第五册,第693页。

碎石雨:岩石‘纷乱沸腾,并且产生了朱红色的岩石’”。换句话说,这些人的传说都可以追寻到地球可能遭遇埃及神话中的“在地球周围和天堂之间巡游”的一个躯体时的这场大火,他们保留着关于“漂流时期”和岩浆迸发的记忆。如果人类存在的时间像科学所断言的那么长的话,那么他们肯定历经众多的令人惊异的大灾祸,而这些灾祸都被写在这个星球的表面了;在神话和传说中,他们理所应当保留一些对这令人魂飞魄散的毁灭性事件的记忆。

对于早期的希腊人来说,牧羊神就是古老的上帝:他的妻子就是玛雅。法国人对与牧羊神在墨西哥和中美洲的所有地方都受到崇拜的事实有所注意:在濡努科或者潘卡,严格地说是潘诺波里,西班牙人在进入墨西哥的时候,发现了宏伟的寺庙和牧羊神的塑像。牧羊神和玛雅的名字在美雅的词汇中频繁出现,美雅与玛雅相同,是这个半岛的主要名称:牧羊神和玛雅的名字一起组成了古老首都的名称——玛雅蓬。在纳华族的语言中,pan,成者,表示的都是“与以上相同的意思”,潘特卡特是万物之祖。⑥

古时候的墨西哥人认为在第52年的最后一个晚上太阳神将会毁灭世界,而且他永远也不会回来了。因此在每个第52年的年末,他们为了抚慰他,都会供奉上祭品:他们熄灭所有王国内的火;打碎家里所有的日用器具;还把黑面具罩在脸上:他们祈祷和斋戒;在最后一天的傍晚,他们组成一条长队向邻近的山脉行进。在午夜时分,他们会把一个人作祭品:在他的身上放一大块木头,然后用另一块木头和这块木头摩擦生火;然后把摩擦出的火星引至祭祀用的建筑上,上升的火焰向焦躁不安的人们宣布上帝承诺在接下来的52年中让世界安然存在。严格地说,在小亚细亚国家和亚洲大陆其他地区的国家中,只要有崇拜太阳神的地方,就会出现神圣的火焰,也都有着相同的风俗,只不过他们的仪式不像墨西哥风俗那样带有血腥味。⑦

直到今天,印度的婆罗门还用钻木取火的方法“制造”他们的圣火;罗马人用同样的办法延续他们的圣火;在瑞典,直到今天,“当发生霍乱和其他瘟疫之时,驱邪之火同样会以这种方式被点燃”。⑧

在两个大洲都会发现对鬼魂的信仰。美洲的印第安人认为人死后,灵魂

⑥舒特:《古代北美洲》,第467页。

⑦圣梵伦泰:《玛雅考古学》,第21页。

⑧圣泰勒:《人类学》,第262页。

还保持着生前的形体和容貌；地狱和天堂是真实的存在：地狱在大地的下面，而天堂则在云彩的上方；顽劣的鬼魂有时会在地球上游荡，人们偶尔能看到他们。在赤皮威传说中有关于丹达罗丝的故事，他们相信邪恶的灵魂为了看到灵魂之地会把头从水面上露出，一直到露出他们的下巴，但是他们永远也不能进入这个灵魂之地。死了的人通过一座狭窄、光滑的桥越过一条河后就能进入天堂，会有很多人从桥上跌落。祖尼人每年都要利用一天的时间呆在他们的死者的墓碑中，与他们的灵魂展开对话，并且把他们带到现在——一个所有灵魂的时代。在迦勒比的神话中，记载着关于地狱的洪水，斯库拉和卡力布狄斯的内容。甚至冥府渡神的船都会再次出现在赤皮威人的传说中。

在每一个美洲部落中都可以看到东方对轮回的信仰。人的灵魂会附在动物或其他人身上。[9]恶毒人的灵魂则会附在蟾蜍或者野生走兽的身上。

在日尔曼人和美洲印第安人中，人们相信有可以将人化为狼的妖术或者人能够变为狼形。在不列颠的哥伦比亚大陆，人们经常看到一群狼人聚在火堆四周，把他们的狼皮挂在棍子上烤火！在爱尔兰神话中，经常会有猎人追捕的动物刹那之间消失无踪，而在它消失的地方却会出现一个人的事情。在所有的美洲部落中都可以发现这个神话。

野兔这种动物胆子非常小，而且于人无害，它极为罕见，但是在欧洲、亚洲和美洲的迷信中，它却是被人们崇拜和感到恐惧的对象。古时候的爱尔兰人在5月1日这一天会将他们在家畜中所能找到的所有野兔赶尽杀绝，就是因为他们认为这些野兔是巫婆所变。恺撒因为不列颠人抓住了这种动物而感到恐惧。凯尔姆克人对兔子心怀崇拜和敬畏。在墨西哥，野兔被赋予神圣的荣耀。沃巴索被变成了一只白色的兔子，并且以那种形体被封为圣徒。

埃及人的白色的公牛和阿皮斯(古埃及圣牛)再次出现在达科他人有关神圣的白色水牛的传说中，他们认为水牛拥有超自然的力量，在它死后可以成神化仙。豪瑟托尼克山谷的白鹿是欧洲神话中白色雌鹿的代表，它死后会把不幸带给部落。通过手来传达精神，驱除恶魔是美洲部落宗教的一部分。斯堪的纳维亚用咒语制造暴风雨的巫婆在美洲也存在并且是完全相同的。一个克里族男巫以一磅烟叶的价格出卖三天的晴好天气！生活于淡水湾附近

⑨《古代学校所授之知识》，第一册，第33页。

的印第安男巫把风系在一个皮袋子里，等他们哪天心情好的时候再对它们做出相应的处置。在美洲印第安人中,人们相信狂乱或者癫痫的人在“恶魔的掌控之下”,[⑩]邪恶的灵魂占有了病人的身体,从而使他们生病。动物的灵魂非常可怕,使人们感恩的一个原因就是它们离开了病人的身体。所以,一个奥马哈人在驱逐出动物的灵魂后会说:“谢谢你,动物! 他们对自己的罪恶做出忏悔的目的就是为了博取邪恶的灵魂的满意并诱使它们离开自己的身体。

两个大洲的人们都用烧过的祭品祭祀上帝；两个大洲的牧师都会以作为祭品的人或动物的内部器官的状况为依据从而对未来作出预测。在两个大洲,鸟的飞翔和梦境都可作为预示未来的依据。像罗马一样,在秘鲁和墨西哥都有占卜师的团体,他们通过观察鸟的活动和歌声而对未来作出预测。

在中美洲和尼罗河沿岸,动物受到崇拜。

“Ojibbeways”人认为狐狸的鸣叫是疾病的象征。西欧的农民则认为狗的狂吠是同样的不祥预兆。在美洲人们还信仰森林之神和其他半人半兽的生物。基克普人是达尔文主义者。”他们认为他们的祖先长有尾巴,当他们失去尾巴的时候,每天早上狐狸都会不知羞耻地来问他们的尾巴怎么样了,熊把这个恶作剧看在了眼里,笑得肥胖的身体来回颤动。”在巴西本土人中流传着这样的习俗，父亲在女儿的婚礼上都会削一根棍子,“这是将来用作割断孙子的尾巴的。”

手持雷和闪电的朱庇特与墨西哥的雷神是一样的，后者以手持一捆箭为象征。“他骑在飓风上,将闪电散出。”罗马酒神与墨西哥的酒神也是同一个人。[⑪]

亚特拉斯在奇布查人中再现,他是奇布查人信仰的神:他将整个地球扛在自己肩上,当他将地球从一个肩膀换到另一个肩膀的时候,就会发生强烈的地震。

在“Xololt”中,重新讲述了使人类重生的杜凯里恩,在世界毁灭之后他降临在死亡之地,并把那些被毁灭民族的人们的骨头带去那里。他把鲜血洒在这些骨头上,使之长成一个青年人,他就是现在这些民族的祖先。”奎契族(玛雅人部落)的“英雄之神死去了:他们的躯体被燃烧,他们的骨头被磨成

⑩圣泰勒:《史前文明》,第二册,第123~126页。

⑪班克罗富特:《本土民族》,第三册,第418页。

粉末并被投入水中，在那里他们变成了俊朗的青年人，容貌和以前一模一样。”

巫婆和巫师,美人鱼和男美人鱼都是美洲部落神话的一部分,也是欧洲民族神话的一部分。奥特沃斯的美人鱼是“一个只长到腰部的女人”,所以像一条鱼。

一个易洛魁的古代文化之神的蛇似的头发和美杜莎的蛇似的头发是一样的。

相信神可以变身为人，英雄的肉体会进入天堂是印度民族和美洲民族神话的一部分。我们被告知,海华沙当着众人的面升入天堂,伴随着优美的音乐在人们的眼前渐渐消失。

埃及和希腊的声音之神的塑像和神殿与在美洲的一样。在秘鲁的一座山谷中,有一座能够对人们的问题做出回答的神像,后来他成了一个著名的预言者。

秘鲁人认为有的时候人可以变为石头。奥奈达人宣称他们是一块石头的后裔,就像希腊人称自己是杜凯里恩石的后裔一样。

在所有的美洲民族中,巫术都是由信仰衍生而出的。在伊利诺伊的印第安人中,“他们制作小的雕像来代表那些他们想让其夭亡并想刺伤其心的人”。[12]因此,被代表的人就是被诅咒死亡的人。欧洲的巫婆制作出他们敌人的蜡像,将它们置于火上使之慢慢溶化,他们认为他们的敌人会随着蜡像的溶化而生病直至死亡。

《大众科学》月刊的一个撰稿人指出,实际上黑人具有的有关南部大农场的民族知识和流传于南美洲某些印第安部落的神话和故事是完全相同的,而且就在赫波特·史密斯先生所描述的“巴西,亚马逊河及其沿岸”。[13]哈里斯先生——一部关于黑人民族知识的著作的作者，提出这样一个问题：“黑人或者北美的印第安人是于什么时候开始与南美洲部落有往来的？”

风俗——两种人都生产出了一种发酵了的能使人喝醉的酒。一种是从大麦中提炼的,另一种是从玉米中提炼的。他们都会念祝酒词。他们都有结婚的风俗,仪式的一个重要的部分都包括手的结合;他们都承认离婚,而且

⑫《夏洛瓦》,第二卷,第166页。

⑬《大众科学》,1881年四月刊,第828页。

秘鲁人和墨西哥人专门成立了判决这种案件的特殊的法庭。美洲人和欧洲人都建造拱门,都有为庆祝他们国王凯旋而准备的队伍,并且都会在这些胜利者面前的土地上撒上鲜花和叶子。在庆祝重大事件时,他们会使用篝火和灯饰;他们都使用旗帜,也都要做祈祷。腓尼基人、希伯来人和埃及人都施行割礼。帕拉西欧叙述道:在洪都拉斯的亚莲里,本土人在一个叫做伊赛卡的神像跟前对男孩实施割礼。一位国王告诉我们,在中美洲这种做法同样流行,肯麦兹说,他看到过赤皮威人的割礼实施仪式。他们都有游唱诗人和吟游诗人,他们会把国王和英雄们的事迹在盛大的节日中咏唱出来。埃及人和秘鲁人都举行农业展览会;他们还都进行人口调查。两块大陆的土地都是按人口均等分配的:在朱迪亚,每隔50年都要重新分配一次土地。秘鲁人每年都会对王国内太阳神庙中的所有火种进行更换,他们通过凹面镜借助太阳光将新的火种点燃。努马统治下的罗马人有着完全相同的风俗。秘鲁人有在剧院表演的戏剧。他们咀嚼古柯叶和莱姆树果实的混合物,就像现在的印度人咀嚼蒌叶和莱姆树果实的混合物一样。美洲和欧洲的民族都被分为不同的等级,他们都崇拜行星,他们都使用天平、砝码和镜子。秘鲁人、埃及人和迦勒底人都把一年分为12个月,并把月再细分为周。他们加入多余的几天,以使每一年都有365天。墨西哥人添加了5天;埃及人在“阿木诺福”时期就已经有同样的实践了。

洪保德的权威性不必怀疑,在一次苦口婆心的讨论中,他说明了纳华族的日历和亚洲人的日历是相同的。他还引用了中国人、日本人、蒙古人和鞑靼人都把60年作为一个周期,并且每个周期都被分为5个阶段,每阶段都是12年的事实。用符号和数字记录日期的办法与亚洲人和墨西哥人的做法非常相似。他又更深层地适时地说明了阿兹特克语中所使用的这20天的名称大部分都是东亚人从远古时代就使用的黄道带的名称。

卡比拉认为他找到了墨西哥和埃及日历的相似之处。他采纳了几个作者关于墨西哥的一年始于2月26日的观点,并发现它与埃及年份的起始日期是一致的。

美洲的民族相信在太古时代有四个大的时期,而印度人直到如今仍然持有这样的观点。

福内说:“在荷马时期的希腊,我发现了易洛魁人、德拉威人和迈阿密的风俗、礼节和叙述方法。用我的观点来看,沙乎克里斯和欧里庇得斯的悲剧的绘画就是有关生活基本需求、命运、人类生活的苦难和悲惨命运的冷酷的情感。”⑭

在墨西哥人看来,所谓的月食就是月亮被龙吞噬了,印度人也是这样认为的;并且在对月食的现象作出科学的解释之后的很长时间里这两个民族都保持着这样的表达。鞑靼人相信如果他们在火的旁边用斧头砍一根正在燃烧的棍子或者用刀刺入其中,或者用刀接触火的话,他们就会“把火拦腰斩断”。苏族的印第安人则不会将锥子或者针刺入火中的木棍,也不会用斧头或刀去砍它。

在新世界中,火葬的习俗遍布各地。死者被烧掉了,他们的骨灰被收集并放到瓶子和骨灰盒中,这与欧洲的情况是一样的。人们制作死者的木质雕像。

有一种被称为“拟娩”的极为奇怪、从表面上似乎无法理解的习俗,这种习俗从中国一直延至密西西比山谷:它要求“当一个婴儿诞生之时,他的爸爸躺在床上,而妈妈则必须承担一切家务劳动”。马可·波罗在13世纪的中国人中发现了这样的习俗。

寡妇讲述了这样的叙事诗——

“据说中国的男人们

代替他们的女人躺在了床上。”

直到今天,马可·波罗记录的这种习惯在中国的山区仍在延续。“一旦母亲恢复到能够下床的程度,新生婴儿的父亲就会自己躺在床上,并且在那里会收到亲朋好友的祝贺。”⑮斯特雷波提到,在西班牙北部的伊比利亚人中,女人在生完小孩以后,就要开始照料他们的丈夫,让他们躺在床上而不让他们自己下床行走。⑯仅在几年前,巴斯克人中还存在着这样的习俗。M.F.米歇尔说:“在比斯凯湾,女人生完小孩后就要立即起床,并且包办所有的家务劳动,丈夫则在床上躺着带孩子,并且因此而受到邻居的称赞。”在法国,也存在着同样的风俗;而且据说在一些郡中,现在还存在这样的习俗。迪奥德鲁斯·希库勒斯告诉我们在科西嘉岛人中,丈夫在床上躺着享受病人的待遇,

⑭福内:《美国研究》,第221页。

⑮马克斯·穆勒:《一个德国工厂的琐事》第二卷,第272页。

⑯马克斯·穆勒:《一个德国工厂的琐事》第三卷,第4页,第17页。

妻子却无人过问。阿波罗尼栗斯·罗兵说在黑海南部,“当一个婴儿诞生的时候,父亲的头被绑牢,躺在那儿呻吟,而母亲则要照顾父亲的进食和洗浴”。在北美和南美的部落中这样荒谬绝伦的习俗都有广泛的流传。在西印度的迦勒比人中(法国人说迦勒比人就是古代地中海的卡累亚人),孩子一出世,男人就躺到床上去,并且还不能杀生。在美洲印第安人中,人们认为假如父亲在孩子的婴儿期杀生的话,被杀的动物的灵魂就会附在这个无辜的小生命身上并带来疾病。“在6个月里,迦勒比的父亲不能沾染鸟肉或者鱼肉,因为不管他们吃什么动物,这个动物都会在婴儿的体内留下印记,或者被吃掉的动物会进入到婴儿的身体中给他带来疾病。”在阿比蓬部落中,丈夫也要在床上躺很多天,多布里斯鲍菲说:“你将会认为生孩子的是他。”巴西的父亲在孩子降生期间和以后将会被放在他的吊床上,在15天内,他们禁止吃肉、禁止打猎。在爱斯基摩人中,丈夫在妻子卧床期间及以后的一段时间都不能打猎。

那么,直到今天在大西洋两岸还存在着这样一个异常奇怪而且丝毫没有人情味的习俗,其起源可以上溯到遥远的古代,而且它的原因所在只有从美洲民族的迷信中才能发现找到。这样的一种荒谬绝伦的做法不可能是其本身在两个大洲各自形成的:它的存在极具说服力地证明了大西洋两岸的民族是有着同一起源的;虽然在欧洲还保持着这个没有缘由的习俗,但是该习俗及其缘由都能在美洲找到事实,表明美洲的人口比其他两个地方的人口更为古老。

印第安人把武器和食物放在死者周围的做法在古代的欧洲也极为流行;如今在德国的乡村,人们还会将针和线放在棺材里,用以修补他们破碎的衣服,“而在整个欧洲,人们都会在死者的手中放一张钞票作为他的买路钱。”⑰

美洲的印第安人把食物留给死者;俄罗斯农民把面包屑放在圣人画像后面的小铁架子上,并且相信他们的祖先在悄悄地进出时会把它们吃掉。在巴黎的墓地,在“All—souls-day”这一天,人们“依然会在坟墓上放些蛋糕和糖果;在布列塔尼,农民在那一天晚上都不会忘记生起火来,并把晚上的剩菜残羹留在餐桌上等待死者的鬼魂来吃”。⑱

⑱圣泰勒:《人类学》,第351页。

⑰圣泰勒:《人类学》,第347页。

印第安人向他们的祖先祈祷；中国的宗教大多数是“对祖先的膜拜”；为死去的祖先举行的仪式使罗马的家庭聚集在一起。[19]

我们看到印第安人让死者以坐着的姿势被埋葬的做法同样也被使用在利比亚人的部落中。希罗多德在谈到北非的游牧部落时说：他们埋葬死者的时候遵循的是希腊的习俗……他们埋葬死者的时候让他保持坐着的姿势，并且在病人垂死之际极为认真地扶他们坐起来，而从来不会让他们躺着死去。”

人们通过在河床上建造坟墓从而改变河道，然后再使河流回到它自然的河道中的方式保护波哥大酋长的尸体不被亵渎。哥特人的领袖阿拉就是以这样的方式被秘密埋葬的。

在美洲的部落中，任何人娶亲的时候都不能找与自己同一族姓或者图腾的女子；在印度，婆罗门不能娶与自己同一族姓的女子为妻；中国人也不能与自己同一姓氏的女子结合为一家人。[20]在整个印度，丘陵部落分为不同的家族或宗族，男人不能娶自己族中的女子。鞑靼的 calmucks 被分为部落，男人不能娶自己部落里的女子。索卡西亚人和西伯利亚的撒摩耶人的风俗也是如此。奥斯齐雅克人和雅库特人认为与同族甚至同娃的女子结婚都是犯罪。[21]

自焚殉夫的习俗，也就是将寡妇烧死在她丈夫的坟茔上——在美洲是被普遍实践的。[22]在伟大首领的葬礼上，战士、仆人和动物也会被殉葬。在地中海的民族中，往往用漂亮的女孩子做祭品用以抚慰暴怒的神灵。[23]在迦太基人中，父亲为了同样的目的把自己的孩子贡献出来。美洲的毒箭在欧洲也有自己的代表。奥地修斯在他的铜头箭上涂上作为杀人毒药的海蜇苗。[24]

“美洲用树皮做的独木舟在亚洲和非洲也有人使用。”[25]而我们在泰晤士河和幼发拉底河的岸边发现了印第安人和爱斯基摩人用皮革制作的独木舟。在秘鲁和幼发拉底河流域，贸易是通过用膨胀的皮革支撑的筏来继

⑲圣泰勒：《人类学》，第 351 页。

⑳圣泰勒：《人类学》，第 403 页。

㉑约翰·鲁勒克：《史密森学会会刊》1869 年，第 374 页。

㉒韦斯特：《航海日记》，第 141 页。

㉓班克罗富特：《本土民族》，第三册，第 471 页。

㉔圣泰勒：《人类学》，第 237 页。

㉕圣泰勒：《人类学》，第 254 页。

续的。这种筏在底格里斯河流域仍在使用。

印第安人把炙热通红的石头扔进由兽皮做成的水容器中用于煮肉；Linnaeus 发现两块大陆的人酿酒的时候同样用这种方法——“而且直到今天,野蛮的克林西亚人仍在饮用这种被称为石头酒的酒”。[26]

在曼丹族印第安人所跳的水牛舞中，舞者在脸上蒙上用水牛的头和角制成的面具。而今,在印度的寺庙或是中国西藏的喇嘛中,祭司通过跳舞的方式将恶魔驱逐,要么在新年来临的时候带上兽皮面具;[27]在英国,圣诞节期间的“哑剧演员”同样是这种习俗残留的表现。

文身在两个大州都很普遍。在印第安人中,文身源于崇拜:“每一个印第安人的胸部或者胳膊上都刺有动物形象的文身,用于驱赶邪恶的灵魂。”欧洲和美洲的水手直到今天仍然流行着一个在古代民族中曾经非常普遍的习俗。旗帜和其他文身的图案被认为是古老的图腾文身的残存物。阿拉伯妇女仍然在她的脸上、胳膊上和脚踝上文身。美洲野蛮人的化妆品在森林中被再次发现,古时候的不列颠人用它在身体上染色;圣泰勒提出:马戏团小丑身上的条纹在某种程度上即是这种曾经非常普遍的习俗的体现。[28]

在美洲,如同旧世界一样,祭拜的寺庙建于死者尸体的上面。[29]罗马诗人普顿修说:“神庙和坟墓一样多。”

伊特鲁里亚人认为邪恶的灵魂尽力占据死者的尸体，类似信仰在印第安人中也可以发现。[30]

西欧民间传说中,有一大部分是对仙女的信仰,同样这种信仰在美洲的民族中也被找到了。奥济伯韦看到了数以万计的仙女在阳光中翩翩起舞;下雨的时候,无数这样的仙女藏在花中。假如她们受到打扰,就会消失在地下。她们有她们的舞蹈,像爱尔兰仙女一样;而且,和她们一样的是,她们会把惹恼她们的家畜统统杀死。达科他族人也信仰仙女。奥托把这些“小人儿”放在白石河口的小山里;她们高约 18 英尺,有着大大的头;她们佩戴弓箭,并且

㉖圣泰勒:《人类学》,第 266 页。

㉗圣泰勒:《人类学》,第 292 页。

㉘圣泰勒:《人类学》,第 327 页。

㉙多曼:《原始迷信的起源》,第 23 页。

㉚多曼:《原始迷信的起源》,第 24 页。

把接近她们居住地的人都杀掉。“在肖肖尼印第安人的神话中，居住在蒙大拿山脉的人都是小魔鬼，他们只有两英尺高，赤身裸体而且长有尾巴。”他们把印第安人的孩子偷走而把他们自己族中害人的小小的魔鬼放回去，这些小魔鬼和被偷走的孩子极为相像，以至于能骗过他们的妈妈，让她们哺乳这些小魔鬼，而后这些妈妈就会染病死去。这与欧洲人相信的被偷换后留下的孩子非常相似。[31]

我们在两个大洲都发现了对树的崇拜。在墨西哥和中美洲的寺庙旁都植有柏树和棕榈树，一般都是三棵一组，它们得到了悉心照料，并且会有人给它们烧香或送来礼物。在罗马人中也流行着同样的习俗——柏树被献给冥王，棕榈树被献给维多利亚。

在巴比伦王国的宗教中不仅可以看到用水给婴儿洗礼的仪式，在阿兹特克人的典礼上还能看到用作供品的蛋糕，这被先知耶利米作为巴比伦王国对女神之母“天堂之后“的崇拜的一部分记录了下来。[32]

在巴比伦王国、中国和墨西哥，社会的底层阶级往往都在湖水或者河水中覆有泥土的芦苇或竹筏构成的漂浮的小岛上居住。

在秘鲁和巴比伦，婚礼只能在一年中一个公共的节日举行。罗马人、中国人、阿比西尼亚人和加拿大的印第安人都有举起夫家门阶上的房梁的习俗。[33]

“结婚蛋糕在我们的婚礼中几乎是不可或缺的，而且这个蛋糕必须由新娘来切；这种习俗最早来自于古罗马大家庭在婚礼上一起吃东西的习俗。所以，在易洛魁人的婚礼中，新郎和新娘要一起分享一块蛋糕，而这块蛋糕通常都是由新娘给自己的丈夫的。”

美洲的很多部落，尤其是巴西，丈夫通常是靠暴力掳获妻子的，就像便雅悯族男子在盛宴上把夏罗的女儿夺走，罗马人掳获赛宾妇女一样。在威尔士，几代都保留着一个悠久的传统，即，新郎和他的朋友们像征伐似的骑上战马，带上武器将新娘夺走；在爱尔兰，人们甚至对新娘一方的人投掷矛，虽然这种投掷都是在一定的距离之内，应该无人受伤，但是也有例外——比如一位国王

㉛约翰·鲁勒克：《史密森学会会刊》1869 年，第 352 页。

㉜圣泰勒：《人类学》，第 409 页。

㉝多曼：《原始迷信的起源》，第 379 页。

就因此失去了一只眼睛,这次意外最终使这个古代的奇特风俗被禁止掉了。[34]

在墨西哥,婚礼由牧师主持。他勉励新人们彼此友好和睦,并且把男人斗篷的底部与女人的裙子系在一起;他将香水撒向新人,并且给他们都披上上面画着骨骼的披肩,"这象征着唯有死亡才能使他们分离"。[35]

在秘鲁和墨西哥,牧师们组织严密,他们既担任预言者又担任牧师。"他们将新生的婴儿带进这个宗教的社会;他们对这些孩子的培训和教育进行指导;他们在婚礼上送上他们的祝福使婚姻变得神圣庄严;他们使病人得到安慰,并且帮助濒临死亡的人。"[36]在墨西哥的庙宇中一共有5000名牧师。他们倾听有罪之人的忏悔并通过进行圣礼赦免他们的罪过,他们安排节日,并且管理教堂的唱诗班;他们纪律严明,与修士无二,不过他们被允许结婚;他们进行鞭打和斋戒,定时做祈祷;他们中间有非常伟大的传道士,还有收纳女性的修道院。新的信徒剪掉他们的头发并且誓不结婚;她们的生活虔诚而庄严。[37]国王是宗教等级中最高等的牧师。除了要佩带胸带以外,新的国王要裸体登上寺庙,被祝福过的圣水要分四次撒在他身上;然后他穿上斗篷并且跪下许下誓言说要延续这个历史悠久的宗教。最后牧师就会传授给他庄严的职责。出席仪式的除了常规的神职人员,还包括修道院艺术博物馆里的修道士。[38]考蒂斯说墨西哥的牧师在诚实和贞洁方面要求非常严厉,出现任何的偏差都会遭受死亡的惩罚。他们都是一袭白色的长袍并戴着点燃的香。地球上的第一批果实被用来供养神职人员。地峡的牧师发誓永远保持贞洁。

美国的医生实施静脉切开术。他们将病人的血液抽出,因为他们认为对病人百般折磨的邪恶灵魂会随着血一起流出。在欧洲,静脉切开术延续到了最近的一个时期,但是使它产生的最初的迷信,像在许多情况下一样被遗忘了。

哲学家是有机会考虑人类本性的邪恶和传统的错误的持续性的。在一个时代被称为迷信的东西没准到了另外一个时代就会成为科学,人类是第一个为了消灭邪恶的灵魂而付出流血的代价的,这种行为从古老的洪荒时代生成后便"源远流长"地延续下来,一直持续到中世纪文明时期,在最终数

㉞多曼:《原始迷信的起源》,第374页。

㉟多曼:《原始迷信的起源》,第375~376页。

㊱多曼:《原始迷信的起源》,第390页。

㊲多曼:《原始迷信的起源》,第379页。

㊳多曼:《原始迷信的起源》,第389页。

以百万的人因他被送进坟墓时它才得以被毁灭。一些医生可能已经发现对他们职业起源的解释仅存在于美洲的红色人种之中。

民间传说——马科斯·慕勒说："我们不仅发现了梵文和哥特语中相同的词汇和词尾的变化，不仅发现了梵文、拉丁文和德文中宙斯的名字是相同的，不仅在印度、希腊和意大利，上帝的女人是相同的；而且这些同一的故事，在色林吉亚的森林和挪威的小村庄的保姆们仍然在用几乎相同的话讲述的，孩子们仍在印度的皮宝树下认真倾听的童话，都是来自印欧家族共同的祖传产物，它们的源头能够把我们带回到同样遥远的过去，那时候希腊人未曾踏上欧洲的土地，印度人也没有在恒河的圣水中洗浴过。"

我们发现美洲的民间传说和神话故事和旧世界的民间传说和神话故事来自同一个源头的说法是可以成立的。比如挪威和印度的传奇故事有着非常明确的同源性。我们从泰勒先生那里听到这样一个故事：在中美洲有两兄弟，他们的父亲死在了辛巴达，于是他们踏上了去往辛巴达的危险旅程，在启程前，他们分别在奶奶的屋子中央种了一棵藤，根据这棵藤的盛衰就可以看出他们是活着还是死了。在格林童话中可以发现其内核相同的构思，当两个金孩子想要离开他们的父亲去看世界的时候，他们告诉父亲："我们会给你留下两支金百合，从它们你就可以看出我们生活得如何。如果它们生机盎然，就说明我们平平安安；如果它们枯萎了，就说明我们生病了；如果它们凋谢了，就说明我们死了。"格林描述着与印度的故事相同的想法。马科斯·慕勒说："这已经够令人惊讶的了，可没料到的是它又出现在了印度、日尔曼和中美洲的故事中。"对比一下下面两个故事，其中一个是奥济伯韦的印第安人讲述的，另外一个则来自爱尔兰。

奥济伯韦的故事

有一天，小鸟儿们聚集在一起，想要比试一下谁飞得最高。有一些鸟儿飞得很快，但是体力不支，很快就累了，并且被其他有强壮翅膀的鸟儿超过了。但是在鹰超过所有的鸟儿，并准备宣布胜利的时候，红雀——一种非常小的鸟儿——从鹰的背上飞起来，它就悄然栖身在鹰背上而没有被察觉。红雀在精力旺盛，毫不疲惫的情况下因为飞得最高而赢得了比赛。但这些鸟儿经过开会讨论之后决定把奖品授予鹰，因为他不仅飞到了离太阳最近的高度，而且背上还背着红雀。出于这个缘故，鹰的羽毛便成为勇士所能佩带的最受尊敬的荣誉标志。

爱尔兰的故事

有一天，小鸟儿们聚集在一起并且制定了一个游戏规则：它们之中飞得最高的鸟儿将会成为所有鸟儿的统领。就在所有的鸟儿都要起飞之时，一只被称作鹪鹩的小淘气跳起来，静悄悄地栖身在鹰的尾巴里而没有被发觉。于是它们越飞越高，后来鹰飞到比其他的鸟高很多英里的高度，当它感到非常疲惫而不能飞得更高的时候，它说："那么，我就是鸟儿世界的统领了。""你说谎！"鹪鹩从它的栖身处飞了起来，飞到比鹰高一半的高度。鹰想到了它是如何做到的，气得发疯，于是当鹪鹩下来的时候，它用翅膀打了鹪鹩一下，自那以后直到如今，鹪鹩再也飞不过山楂树的高度了。

再对比下面的故事：

亚洲的故事

在印度的神话中，来自天堂的阿瓦思降临凡间并成为佛陀的妻子，只有她的两只作为宠物的牧羊在她身边，而且她在绝不能看到她丈夫的裸体的情况下，她才能做别人的妻子。然而，天堂的神仙希望阿瓦思回到天堂中去，于是他们设法偷走了牧羊；当国王在夜晚拿着他的剑追捕强盗的时候，闪电使他的身体显现了出来。协定被违背了，于是阿瓦思消失了。

在流传下来的亚利安语和都兰语中都可以发现形式不同而实质相同的故事，其中心意思就是一个男人与来自空中或水中的女人结了婚，并且过上了幸福的生活，直到她打破了她的居住所倚赖的条件。这些故事实质上与土鲁斯的雷蒙得的故事是一样的，当他狩猎的时候他在一个喷泉处遇到了美丽的麦鲁斯娜，二人过上了幸福的生活，直到他发现了她实际上是一条鱼，在这以后，她便消失了。

美洲的故事

腕郭是一个伟大的猎手，有一天他来到一块奇怪的草场，在那里他听到有隐隐的音乐声传来，他仰起头看到空中有一个斑点，这个斑点是一个篮子，里面装着十二个最美丽的处女，她们一到达陆地，就迫不及待地起舞。他试图抓住最小的那个，但是白费力气；后来，他扮成一只老鼠，终于取得了成功。他对新妻子关爱非常。新妻子实际上是一颗星星的女儿，她非常想回家，因此她私下编了一个柳条筐。最后，在符咒的帮助下她记起了她的父亲并且飞去与他团聚。

如果卡得马斯在尤罗笆被白色的公牛——洁白无瑕的云彩——带走之后又将其追回的传奇意味着“太阳只得向西行进直到他再次看到早晨映入他眼帘的绚丽色彩”，那么在如今的北美洲看到下面的故事就奇妙非常了。从前，一个人有一个非常美丽的女儿，他严禁他的女儿离开他们的居住地以防被水牛之王带走。有一天，这个姑娘正坐在屋外梳头，“突然之间，水牛之王带领着他的大批追随者冲撞进来，把她夹在双角之间，穿越旷野，穿越流经他土地的一条小河，最终将她安全地带到他所在的另一边的居住地”。不过女儿的父亲最终找到了这个地方，并把美丽的女儿追了回来。

游戏——从印度一直到苏必利尔湖岸边，人们都在进行着类似的游戏。印度人在十字架形状的板子或布上玩双骰游戏；游戏中有方格和网，另外还要掷骰子，根据骰子的点数确定要走的格数。当西班牙人进入墨西哥时，他们发现阿兹特克人在玩一种叫做帕托里的游戏，与印度的双骰游戏相同，也是在一个相似的十字架形板子上玩。美国印第安人在发现这个国家的时候，从加利福尼亚到大西洋的人们都习惯玩的球类游戏，与欧洲的曲棍球是一样的。

在读完这段后，人们会停下来问自己，这些人到底有哪方面的不同呢？关于所有这些相同之处都出于巧合的结论无疑是荒谬绝伦的。

这两种人，中间远隔一个大洋，在婴儿时期就同样接受圣水的洗礼；他们向神灵们祷告时用同样的方式；他们同时崇拜太阳、月亮和星星；他们忏悔自身的罪过时也用同样的方式；他们一样受确定的神职人员的指导；他们举行婚礼的方式相同，婚礼上都有手的结合的过程；他们用来装备自身的武器也相同；当婴儿降生之时，两个大洲的男人都会躺在床上并让他们的妻子负责家务劳动；他们用同样的方式给自己文身，在自己身上涂颜料；他们都开始陶醉于家族中酿造的酒；他们穿相像的衣服；他们以同样的方式烹饪；他们使用相同的金属；他们用同样的驱邪和放血的方法治疗疾病；他们同样相信鬼魂恶魔和仙女；他们听的故事一样；他们玩的游戏一样；他们使用的乐器一样；他们的舞也一样；在他们死去的时候，他们同样被涂上防腐香料并且以坐着的姿势被埋葬；在两个大州，死者的尸体上面都建有同样的坟墩、金字塔、方尖石塔和寺庙。虽然这样，我们还是被要求去相信他们之间毫无关联并且在哥伦比亚时期之前他们从没有过任何的往来!

如果我们对亚特兰蒂斯有更为透彻的了解,就会明白,每个欧洲人与美洲人一致的例子,也是与亚特兰蒂斯人一致的地方;亚特兰蒂斯是两个大陆的起源之地,人们继承了它的艺术、科学、风俗和观点。可以看出,从柏拉图为我们提供的有关亚特兰蒂斯的信息的每一个例子中,我们都发现了这种一致的存在。它存在于建筑、雕塑、航海、雕刻、写作、确定的神职人员、崇拜的方式、农业以及公路和运河的修建中。我们可以理所应当地认为这种一致深入到了本章所表述的所有微小的细节。

第三章　古代美洲文明难道源于亚特兰蒂斯

1. 在中美洲的纪念碑上有长胡子的男人的雕像。没长胡子的美洲印第安人对长胡子的人种的形象是如何想象出来的呢?

2. 中美洲文明民族的所有传统都指向一个东方的起源。

奎兹特克是纳华族家族的领袖和使其步入文明时代的人。下面这个神话故事就是关于他的。

"这个被神秘所笼罩的人从遥远的东方,从胡胡特拉帕兰令人难以置信地来到了杜拉,并且成为塔尔迪克族祖先的守护神和高级牧师。在描述中,他是一个白色的人,身体强壮,前额宽大,眼睛有神,长须飘飘。他的头上戴有一个主教法冠,身上穿着长及脚面、并覆有红色十字架的白色长袍。他手中拿着一把镰刀。他习惯于禁欲,他没有结过婚,他的生活是最单纯和贞洁的。而且据说他在邻近的一座山上长期苦修,他这番行为的目的不是为了自己得到什么结果,而是为了对其他人发出警醒。他反对用除了水果和鲜花以外的其他东西祭祀,而且他被认为是和平之神,因为当谈论有关战争的话题时,他便会用双手捂住耳朵。"①

"许多技艺在他手中都驾轻就熟:他发明了(也就是说他引入了)宝石切割术和金属铸造术;他发明了字母和墨西哥日历。最后,他返回东方的土

①舒特:《古代北美洲》,第 268 页。

地——因为他来自那里：他在委拉克路斯离开了那个海岸，坐上一叶由蛇皮做成的独木舟，向东方驶去。”②

普朗职恩博士谈到了契晨的圆柱。

“库卡尔坎的头构成了柱基，它的羽毛同蛇的躯干一起被雕刻成漂亮的柱头。在契晨·伊特萨城堡的入口处支撑着门廊的柱头上，可以看到雕刻有长胡子男人的形象。他们双手高举，在膜拜神圣的树。这让我们联想起亚速尔相似的膜拜仪式。”

在一个来自杜拉的古瓶随附的碎片中，我们看到了一个长胡子的男人的形象抓住一个没长胡子的男人。在另外一些碎片中，我们看到了一张脸，它可能是一位欧洲老人的脸的复制。卡克萨奎尔女士说：“四个人都来自杜拉。一个来自太阳升起的方向——那是一个杜拉；另一个杜拉在艾克希巴尔贝；在太阳落山的地方有一个杜拉——我们就来自那里；在太阳落山的方向还有一个杜拉，那是上帝所在的地方：所以总共有四个杜拉。我们从海的另一边的杜拉，来到太阳落山的地方的杜拉，就在那里我们的父母孕育了我们并使我们降生。”

这就是说，这个种族发源于东方，一个在大海的那边，叫做杜拉的地方。当人们从那里迁移出来，来到美洲的时候，他们就把他们在美洲的第一个暂居地也称为杜拉；除此以外，还有两个杜拉。

“在墨西哥塔尔迪克族的纳华族先辈中，奥梅克和艾克希卡劳坎是两个最具分量的人物。他们是接下来的伟大的民族的祖先。这些人被认为是在第三代统治世界的人；他们从东方乘坐船或者小帆船来到了波冬缠大陆，并在这里开始繁衍生息。”

3. 法国人在一份介绍玛雅人的圣经《波波武经》的笔记中，指出那部作品叙述了艾克希巴尔巴王国和亚特兰蒂斯值得注意的相同的地方。他说：“两个国家都拥有广大辽阔的疆土，非常富饶，并且盛产贵重的金属。亚特兰蒂斯帝国被分成十个王国，这十个王国分别由海神的五对双胞胎儿子统治，最年长的儿子拥有最大的权力；他们十个组成一个裁判庭管理帝国内的事务。他们的后代仍旧管理帝国。在胡坎和瓦库坎(双双)统治这个帝国(并且共同组成主要的王国议会)的十个艾克希巴尔巴国王之间，当然有奇妙的相

②舒特：《古代北美洲》，第271页。

同之处。在那里发生了大灾难——艾克希巴尔巴一场可怕的大洪水——还有亚特拉斯的名字。其辞源只能在纳华族语言中找到:它来自"atl",是水的意思;并且我们知道,在征服时,大西洋岸边的巴拿马地峡中仍然存在着(水附近的)亚特兰城。"

"在犹加敦,所有的传统都归于这个民族在东方和外国的发源地。早期的作家在书中这样写道,本土人对他们的祖先曾经通过一条为他们而开辟的道路穿越海洋的事迹深信不疑。"

"人们还相信这个国家的一部分人是由西方而来的。隶匝纳说小部分人,即'数目很小的'后代来自东方,而大部分人,即'数目很大的'后代则来自西方。考格鲁达则认为来自东方的移民更多……文明英雄赞姆纳,所有犹加敦文明的创始人,都被描述成教师和来自他们古老家园的人们的领袖……他是东方移民的领袖。"③

在古代的墨西哥神话中,在大洪水过后,考克斯考克斯和他的妻子流浪了104年,最后他们到达亚特兰,并经过那里到达卡普泰佩克,然后是卡胡阿坎,最后到达墨西哥。

因为他们来自亚特兰蒂斯,故而他们把最先到达的土地称作亚特兰。

我们被告知,所有在墨西哥定居的民族的起源地都可以追溯至亚特兰(亚特兰蒂斯)。在度阮的描述中,亚特兰是"一块最令人向往的土地"。④

赛米,在巴西神话中是一位伟大的人物,他从朝阳初生的地方穿越海洋。他可以控制自然和暴风雨:森林中的树都会后退为他把路让开(把树砍倒);动物们经常蹲伏在他的周围(驯养的动物);湖泊和河流在他的控制下变得坚固(船和桥);他教人们耕作和魔术。像他一样,穆伊斯卡斯伟大的立法者,太阳之子波齐卡,给他们发明了日历并且管理节日,他长有花白的胡子,这是一个美洲所有的文明英雄都具有的特征。巴西的"赛米"或许就是犹加敦的"赞姆纳"。

4. 在美洲我们发现了很多代表着大象的图案。我们不得不承认下面两个结论中的其中之一:要么这些图案和已经在北美洲绝迹的巨象有关,要么在过去的某些时期这些人与有大象的民族交往过,并从他们那里获得过大

③舒特:《古代北美洲》,第229页。

④舒特:《古代北美洲》,第257页。

象的图画。从柏拉图的描述中我们可以知道，亚特兰蒂斯人拥有数目众多的大象。

在威斯康辛有很多象征不同动物的泥像——人类、鸟和四足兽。在四足兽的泥像中就有大象，“它的比例是如此的完美，对大象的描述是如此的详尽，它的建造者肯定对这种动物身上所有的特征再熟悉不过了”。

在依阿华州的路易沙郡，人们在犁地的时候发现了绘有大象图像的一只管子。我们得益于约翰·T·数特的一件极具价值的作品——一张大象的图片。⑤它是在一个有大量古代泥像的地方被发现的。这只管子是用砂岩制成的，是那种普通的泥像制作者的作品，并且有可以证明它的年代和用途的迹象。对于它的真实性我们不用怀疑，但是发现者对它在考古方面的价值还没有做出判断。

我们在帕伦克城的废墟中的一个宫殿里发现了一座灰泥浮雕，雕刻的是一位牧师。他的精巧的头饰或者头盔如实地反映了一个大象的头。

在中美洲的很多古代废墟中都可以发现“象鼻型”的装饰物，特别是在建筑物的入口处上面都有一个凸出的象鼻。

在泰勒所著的《对人类早期历史的研究》一书的第 313 页，我发现了一个值得注意的大象的形象，它是从古代墨西哥人的手稿中获得的。

第四章　现代文明的发源地

1. 勒诺尔芒一贯认为人类民族的起源地在须弥山，并且补充说一些希腊的传统也指向“这个位置——尤其是这样的表达：‘μροπεθωποι’，它的意思只能是‘来自须弥山的人类’”①提奥帝普斯告诉我们居住在亚特兰蒂斯的人们就是须弥山人——即“Mer opes”。

2. 大西洋(Atlantic)这个词又是来自哪里呢?字典上说，这个大洋是根据亚特拉斯山命名的，但是亚特拉斯山的名字又是从何而来呢?

⑤舒特:《古代北美洲》，第 530 页。

①莫里纳:《墨西哥马卡斯蒂利亚语言学》，第 178 页。

“在欧洲的语言中，找不到与亚特拉斯和大西洋的适合的词源。它们不是希腊语，同样地，在旧世界已知的语言也找不到源起。但是我们很快在纳华族的语言中找到了它们的根源——“atl”这个词代表的是水，战争和头顶的意思。从这个词中演变出来一系列的词，比如亚特兰——在水的边缘或中央——从这词又演变出它的形容词大西洋 (Atlantic)。还有亚特拉卡(atlaca)，它的意思是战斗或者激烈斗争，同样它还有从水中冲出来的意思，它的过去式就是亚特拉斯(atlas)。哥伦布在达连的乌拉巴湾的入口处发现了这个大陆以后就出现了一个叫做亚特兰的城市。虽然它曾经是一个不错的港口，不过如今难免沦为一个叫做阿克拉的不太重要的印第安村落。”②

从柏拉图的描述中，我们知道亚特兰蒂斯和大西洋都是根据亚特拉斯——宙斯最年长的儿子以及这个王国的缔造者——而命名的。

3. 在非洲大陆最接近亚特兰蒂斯的地方，我们发现了绵延不绝的山脉，在上古时期，这些山脉被称作亚特拉斯山。如果亚特拉斯这个名字并非来自缔造亚特兰蒂斯帝国的国王的话，它又是来自哪里呢？如果这不是它的源头，我们怎么会非洲西北部发现它呢？在希罗多德时代，又怎么会发生被称为亚特兰蒂斯人或许是梭伦岛的移民在这些山脉附近定居的事情呢？希腊人、罗马人和迦太基人怎么会知道位于埃及回教地区的人是“亚特兰蒂斯人”，而这个名字主要是适用于斐赞和比尔马居民的？他们从何处知道的这个名字？在大西洋东岸根本无法找到它的出处。③

看哪！一座位于非洲海岸的“亚特拉斯”山；一座坐落在美洲海岸的“亚特兰”城；在非洲北海岸和西海岸生活的“亚特兰蒂斯人”；来自美洲阿兹特兰的阿兹特克人；在两块大陆之间流动的叫做“大西洋”的海洋；在神话世界中把世界扛在肩上的叫做“亚特拉斯”的神，还有太古时期亚特兰蒂斯岛的传说。难道所有这些都事出偶然吗？

4. 柏拉图说“在亚特兰蒂斯和岛上的其他地方之间有一条通道，这些岛屿与环绕着真正的海的对面大陆之间也有一条通道”。他称之为真正的海，以和地中海区别开来，他说地中海并不是真正的海(或者洋)，而只是一块被陆地所包围的水域，类似于一个海港。

②鲍德温：《古代的美洲》，第 179 页。

③勒诺尔芒：《东方的古代历史》，第 253 页。

现在,可能柏拉图已经根据他的想象力创造出了一个亚特兰蒂斯;但是他又是怎样想象出更远的岛屿(西印度群岛),和环绕着那片真正的海的整个大陆(美洲)呢?如果我们看地图的话,我们就会看到美洲大陆的大部分的确环绕着这个大洋并且形成了一个巨大的半圆。柏拉图有能力猜出这所有的一切吗?如果没有亚特兰蒂斯,如果没有从亚特兰蒂斯出发的一系列航行,也没有发现从纽芬兰岛到圣罗切角的半圆形大陆的话,柏拉图又怎么能猜得到呢?他怎么会知道与环绕亚特兰蒂斯的面积巨大的海洋相比,地中海只能算是一个海港呢?如果要对这个事实做出正确的判断,就必须进行漫长的航海旅行,而仅在海岸附近做短距离航行的希腊人并没有做过这样的航海旅行。

5. 如果亚特兰蒂斯确实不曾存在的话,我们对欧洲巴斯克人的存在又应该作何解释呢,我们又怎样解释他们的语言同欧洲大陆的其他民族的舌音关联不大,但是与美洲语言却是如此的相近呢?

从柏拉图的描述中我们知道,亚特兰蒂斯的一个国王加德鲁斯的领土"朝着巨人的柱子延伸一直到地球上的那个现在仍被称为盖德的地方"。"Gades"就是今天的加地斯,"Gadeirus"的领土包括了伊比利亚人和巴斯克人的土地,他们主要城市的名字是以亚特兰蒂斯的一个国王的名字为依据而命名的,而且他们自己也是亚特兰蒂斯人。

法拉博士在谈到巴斯克语的时候说:"确凿无疑的是,像美洲的语言一样,这种语言结构是多元的,去掉简单单词的某一个词根它就可以形成一个复合词。所以"ilhun"(黄昏)这个词是"hill"(小山)、"dead"(死的)和"egun"(天)这几个词省略而来的;而"belhaur"(膝盖)这个词则是"belhar"(前面)和"oin"(腿)这几个词省略而来的……下面的事实是无可辩驳而且是非常值得注意的:虽然对巴斯克语词根的密切联系从来都没有结论性的说明,但是这种还在欧洲西角两个强大国家之间被保留的孤立的语言在语法结构上与遥遥相望的美洲大陆和那些独立大陆上的土著人的语言非常相似。"

如果亚特兰蒂斯的确存在,如果它的绵延不断的山脉构成了从美洲土地延伸到非洲土地的一座连续的桥梁,那么我们就能理解巴斯克人是如何从一个大洲迁移到另一个大洲了;但是如果辽阔无际的大西洋一直畅通无阻地从两块大陆之间流过,就很难想象得出那些蒙昧的人类是如何进行这场迁移的了。

6. 如果亚特兰蒂斯不曾存在的话，我们对埃及人在他们自己的纪念碑上把他们自身描述成红色人种这一事实又该作何解释?另一方面,我们对于为什么中美洲的纪念碑上会有黑人的画像应该给出什么样的答案呢?

从事对那些纪念碑勘探工作的法国人戴西莱·夏尔奈在1880年12月份的《北美回顾》上刊登了在特奥蒂华坎(墨西哥中部)发掘的大量神像的照片。

李·普朗职恩博士说:"除了契屈·伊特萨的探险家发现的长胡子的人的雕像之外,还有长着小脑袋,厚嘴唇和短卷发或者羊毛状头发的高大的人的塑像,他们被认为是黑人。'我们常常可看到他们身为普通佣人或手拿阳伞的佣人的形象,但是从来没看到他们参与过真正的战争。'"

一个巨大的用花岗岩制成的头像，在委拉克路斯墨西哥州的卡萨帕被发现。显然他是黑人的画像。因为在黑人中,向来没有过从事过海上航行的民族,他们的脸在古代的中美洲出现的事实证明了以下两件事中的一件:要么就像在征服者的深海勘探里显示出的，存在着一块将美洲和非洲连接并经由亚特兰蒂斯的大陆；要么是美洲和非洲借助亚特兰蒂斯人或其他文明民族的人的船只有了贸易往来的关系，故而黑人在历史久远的古代就被作为奴隶带到了美洲。

在奎契族(玛雅人部落)斯单行本的《波波武经》《玛雅人的《圣经》)中，我们在关于第一批人产生于"太阳升起的地方"的描述的后面发现了一些能证明后一种理论的证据,[4]在讲述完最早的几代人以后,它又这样写道,"好像每一个人说的都是同一种语言,而且黑人和白人相处得非常和谐。他们在这里等待太阳的升起,并且向天堂之心做祈祷。"[5]中美洲的红色人种是从何种途径得知关于"黑人和白人"的事的呢？结论似乎必然是:对于这块原始的、和平的、幸福的土地——东方的阿兹特兰的故事指的只能是亚特兰蒂斯，这块居住着黑人和白人的土地是美洲文明民族的发源地，也是白色人种,黑色人种和红色人种相遇的地方。从《波波武经》(玛雅人的《圣经》)中我们还可以得知,这个民族最早的故乡是怎样变得人口过多的,以及巴兰姆—奎泽统治下的人们是如何迁移的；他们的语言是如何开始混淆的，换句话

④班克罗富特:《本土民族》,第五册,第548页。

⑤班克罗富特:《本土民族》,第五册,第547页。

说，因为他们彼此分开，他们的语言是如何变成多种方言的；还有一些人是如何“去了东方，而且有很多人到达了危地马拉”。[6]

M·A·德·夸特法格说：“在美洲只发现了少量的黑人，他们是在他族中生活的孤立的部落。这一类人还包括巴西的查鲁西斯人，墨西哥湾的圣·文森特黑人，佛罗里达的雅玛希和黑皮肤的加利福尼亚人，类似的部落还有巴波亚于1513年在达连地峡的航行时发现的部落……他们都是真正的黑人。”[7]

7. 对于旧世界文明都是从地中海沿岸蔓延出的结论是如何得出的呢？地中海是一个凹进去的海湾，亚特兰蒂斯正处在海湾口的对面。其沿岸的每一个文明都有承自亚特兰蒂斯的传统。我们从没听说过有什么文明是自亚洲、非洲或者欧洲——即北方，南方或者西方传入地中海的；但是在北方、南方、东方和西方，我们却发现了自地中海扩散至其他大陆的文明。我们看到来自地中海方向的印度的雅利安人；我们发现中国人引入了来自印度的发明——他们声称这些发明是从一个离地中海不远的地方传过来的。

地中海是现时代的中心，因为它处在一个更为久远的文明的绵延处，他们的船只在它的海岸拓殖，如同他们在美洲海岸所做的那样。柏拉图说：“在地中海沿岸聚集的民族好似在沼泽四周扎堆的青蛙。”

麦克斯兰博士说：

“依据这些事实可以总结出这样的论述，即在这些迁移之前的某个时期，讲着优美的结构复杂的语言的人们打破了他们的社会，出于某种强烈情绪的推动，开始向不同的方向迁居，并渐渐地在如今高加索人居住的地方安居下来。他们的领土从大西洋一直延伸到恒河，从冰岛一直延伸到锡兰岛，领土的北部和东部与亚洲的蒙古接壤，南部与中非的黑人部落相邻。他们的外貌同后来的民族是一样的，他们在先前存在的相邻民族的领土之间和之内扩张，并且有利地占据了他们繁衍后代所需要的空间。”[8]

现代文明就是亚特兰蒂斯。如果没有亚特兰蒂斯几千年的发展，就不会有现代文明的存在。现代人的发明正是利用了亚特兰蒂斯人几千年前留下的伟大作品中的有益之处。

---

⑥舒特：《古代北美洲》，第530页。

⑦M·A·德·夸特法格：《人类的种类》，第200页。

⑧麦克斯兰：《亚当和他的后裔》，第28页。

8. 如果亚特兰蒂斯的确不曾存在，那么我们对欧洲闪米特人的存在又该作何解释呢?这是一个侵略的民族，一个在海岸线上开拓殖民地的民族。它在旧世界的同族又在哪里呢?

9. 为何小麦、大麦、燕麦、玉米和黑麦——它们都是重要的文明植物——的起源在遥远的古代就已经完全遗失了？在希腊神话故事所做的描述中，它们绝大多数都是由亚特兰蒂斯的国王或神引入欧洲的，但是没有任何欧洲民族声称他们发现或发展了它们，因此将它们的源头上溯至其野生时代是不可能的。整个世界上所有的植物没有一种是人类在最后的7000年里培植的，而且其对人类家族的重要性是可以与上述植物相提并论的。如果今天一个聪明而科学的民族想要在这个单子上添一笔的话，它就得建造一个大的植物种植园，并且要经过长时间的系统的实验，在田地和森林的可怜的产物中选取有用的植物进行培育。那么在过去，生活在亚特兰蒂斯岛上的人们也是这样做的吗?

10. 为什么在托勒密的《小亚细亚地理学》一书所记载的公元140年亚美尼亚主要城市的名单中，居然有5个与中美洲的地名极为接近的城市名称？[⑨]

11.为什么在契晨·伊特萨发现的伽克摩尔人形石雕脚上的草鞋“实际上就是在关彻斯脚上发现的草鞋的复制品”？——“关彻斯是加那利群岛的早期居民，在特纳利夫岛的屋檐下偶尔也会发现他们的木乃伊。”麦芮特博士认为在中美洲挖掘出的斧子头或凿子头“从形状和材料上来看，与在英国萨福克郡发现的样品几乎没有差异”。斯曼先生断言奇里基的石刻与在英国的诺森伯兰的岩石上发现的古代人物的石刻有着惊人的相似之处。[⑩]

“最近在耶劳和拉斯帕玛(加那利群岛中的小岛屿)又发现了一些石头，结果发现刻于其上的符号与在苏必利尔湖海岸的岩石上所刻的符号相似；这个发现使加那利群岛的历史学家相信，加那利群岛的第一批居民和西方的第一批居民的祖先曾经是同族。”[⑪]

12. 为什么最高权威莱查斯教授宣称：“以美洲的原始人头颅做参照，我坚持一个更为大胆的假说，即他们与加那利群岛的关彻斯人、大西洋上的非

⑨舒特：《古代北美洲》，第497页。

⑩班克罗富特：《本土民族》，第四册，第20页。

⑪本杰明：《大西洋岛屿》，第130页。

洲人、摩尔人、哥普特人等的关系都极为密切，而且他们是由拉塞姆人构成的埃及的亚特兰蒂斯人。我们在非洲海岸前面的加那利群岛和正对着非洲海岸上的迦勒比群岛中发现了一个形状相同的头颅。大西洋两岸人的略略发红的棕色皮肤也能从这些人中找到。[12]

13. 荷马和修西得底斯提到的巴比伦人是古代被称为卡利斯，或者卡利安的航海者和海盗的一族，他们比佩蜡斯吉人更早占领了希腊的小岛，而且先于腓尼基人控制了大海。法国人声明这些卡利安与西印度群岛的迦勒比人，洪都拉斯的卡拉人和南美的古拉尼人是一样的。[13]

14. 假如我们认真地想一想，在为人类所知的最为特殊的习俗中，有一种我已经在前面的章节中提到过了，就是把防腐香料涂抹于死者的尸体上以便他的身体在将来能够重生的那个风俗。要做到这点，必须同时具备几个条件：

a. 人们必须非常虔诚，并且由有组织的权威教士将这种很麻烦的风俗代代相传地保持下来。

b. 人们必须无条件地相信灵魂的不朽；这就说明他们相信人死后在天堂和地狱所遭受的因果报应。

c. 他们必须相信肉身能够得以永生，并且相信死者的肉身在遥远的将来能够在坟墓中复活。

d. 只是相信灵魂的不朽和肉身的再生还不够，因为所有的基督教民族都信仰这些；除了这些以外，他们还必须坚定地相信肉身不死的说法；死者体内的血肉在他死亡那天会同他一起上升，即上升的不单单是一个精神层面的躯体。

这四个条件必须同时满足，人们才会出于宗教目的将防腐香料涂抹在死者身上。广泛分布的民族偶然同时具备这四个条件的可能性实际上是非常小的。机会主义与它是完全相悖的。这里并没有共同的需要促使人们使用同样的权宜之计，而这权宜之计的如此多的相似之处已经得到了解释。这种实践是一种宗教仪式，这种仪式产生于一种从未普及的宗教信仰，即死人还能再生，而且是从他已经死亡的肉身中再生。甚至并不是所有的犹太人都相信这些事。

---

⑫威莱查斯：《史密生的报告》1859 年，第 266 页。

⑬兰达：《纪录》，第 52-56 页。

那么，假如这些民族往死者身上涂抹防腐香料的做法继承自亚特兰蒂斯而不是其他地方的话，我们只有在承认亚特兰蒂斯以及居住在亚特兰蒂斯的民族所信奉的伟大宗教存在的前提下才能运用这些证据，这些宗教使亚特兰蒂斯人相信灵魂和肉体的不朽，所以他们就在死者的身体上涂防腐香料。我们发现,正如我已经证明的：

第一,居住于加那利群岛的关彻斯人被认为是亚特兰蒂斯人的幸存者，他们用木乃伊保存死者的肉身。

第二,在亚特兰蒂斯最古老的移民——埃及人中,在身上涂抹防腐香料的人非常多,以至他们被成吨地出口到英国,作为种植英国芜菁的肥料。

第三,亚速尔人、埃塞俄比亚人、波斯人、希腊人甚至罗马人都在死者的身体上涂防腐香料。

第四,在美洲大陆,我们发现秘鲁人、中美洲人、墨西哥人和一些印第安部落也都有同种做法。

如果亚特兰蒂斯真的不曾存在的话，有可能对这个习俗能够传到这么多国家和所有适合人类居住的地方这一事实做出解释吗？

15. 在地中海民族的所有传说中,都把海洋当成是人和神的源头。荷马唱道:“海洋是神的源头,蒂西斯母亲。”奥菲士说:“海洋中的菲尔河是第一个结婚的,他娶了他母亲的女儿也就是他的姐姐蒂西斯。”[14]古代人在提到海洋时都说它是一条环绕地球的河；那可能就是柏拉图提到的环绕着亚特兰蒂斯平原的大运河。荷马把蒂西斯描述成了“女神母亲”,从“海洋深处来到阿喀琉斯”:“女主人的海中女神和所有深海中绿色的姐妹们围绕着她们哭泣。”

柏拉图则让一百个女神的画像围绕着亚特兰蒂斯的波赛顿像。

16. 在印度广为流传的洪水故事里（见前文），讲述了马努救了一条小鱼,后来,这条小鱼长成了大鱼,并且警告他会发洪水的故事。在这个故事中,所有的迹象都表明海洋是那场大灾难的结果。在这个故事里:“在最后一次灾难行将结束之时,婆罗门的睡眠致使万物毁灭,由此,他在不同的世界里所创造的东西都消失于巨大的海洋之中……后来一个叫做赛替亚拉塔的令人尊敬的国王继位,他是一个行走于波浪上的神(波赛冬)的仆人”,“他极

⑭柏拉图:《对话录》,第 402 页。

其虔诚,水是他唯一的支撑……在7天之内,这三个世界"(记住波赛顿的三叉戟)"就会遭到海洋的吞噬"……"你将要登上那宽阔的方舟,安全地坐着它航行在浩瀚无际的海洋上以免受洪水的侵犯。后来,海洋完全覆盖了它的海岸,淹没了整个地球,并因厚厚的云彩降下的雨水而更为浩瀚。"

所有这一切都让我们想到"海洋深处的源头和天堂的闸门",似乎是在重复柏拉图所描述的亚特兰蒂斯沉没于海洋中的故事。

17. 虽然我没有特别强调两个大洲在语言文字上相似的地方,但是有些相似之处的确应该引起我们的注意。我们已经知道中美洲玛雅人的帕恩和玛雅就是希腊的帕恩和迈亚。在胡纳普发现了威尔士之神的抒情诗"强大的胡",他是"奎契族(玛雅人部落)"人的英雄之神;在胡纳普也是英雄之神。腓尼基女神爱尔(El)被分化为很多叫做巴尔神的人格化的东西,它们是这个女神的本体散发出来的第二位的神";并且我们发现巴尔神这个词在中美洲神话中也出现了,代表人类某些民族的半神。

第五章　体态特征之谜

人类学把种族特征看得越来越比语言更为重要,例如身高、头发、眼睛和皮肤的颜色以及头颅和身体的一般形状。因为某类人使用的语言可能仅仅是由于征服或者移民的结果。例如,今天美国的白人、黑人和红色人种,法国人、西班牙人、意大利人、墨西哥人、爱尔兰人、德国人、斯堪的纳维亚人和非洲人的后裔都讲英语,如果以语言作为界定标准的话,他们应当全部属于英国人;但实际上他们的出生、祖籍与发展这个语言的国家毫无关联。

长期以来有一个对欧洲和美洲的人种颜色的普遍的误解认为,白种人占了欧洲人口中的大部分;但事实是,在那个大洲上你能看到各种肤色的人,从肤色最白皙的瑞典人的白色皮肤到地中海沿岸居民的黑色皮肤你都能看到,他们的皮肤颜色仅比地中海彼岸的柏柏尔人或者摩尔人浅一点。塔西佗讲到过"黑色的凯尔特人",在肤色范围内,这个表达可能不会被不恰当地适用于一些意大利人、西班牙人和葡萄牙人,而且巴斯克人的肤色要更深一些。圣泰勒说："总体来说，从有着最白皙肤色的英国人到拥有最深肤色的非洲人来看，似乎人类肤色并非一开始就固定不变，而且他们的肤色也不是一开始就有这么大的差别的，他们的皮肤也是渐渐从一种颜色转变到另一种颜色的。"[①]在美国流行这样一种普遍的观点，即印第安人都是"红色的人"，他们的肤色与从巴塔哥尼亚高原到哈德逊湾的人的肤色都是一样的，据我们观察，我们的观点有着显明的错误。普瑞查得说："很容易就可以证明美洲的种族在这方面与旧大陆上的种族所表现出的不同之处；他们之中有皮肤白皙的白色人种，也有黑皮肤或肤色非常深的种族；他们的身材、风度和五官是同样多样的。"[②]

约翰·T·舒特说："'白色印第安人'以前占领了和密歇根湖相邻，环绕着榷林湾的领土。这些印第安人的白色皮肤，有时也被比喻为黑白混血儿的白色皮肤，很早就引起了耶稣会会员传教士的注意，并且旅行者们也常常对此发表评论。虽然"杂交"对改善很多部落的肤色情况方面功用匪浅，但是从欧洲人第一次遇到他们开始，他们的特殊肤色就一直备受注意。几乎每一种肤色，从'白色印第安人'的灰色到红褐色、红棕色、淡青铜色，在之前占领了密西西比河流域领土的部落中都可以看到，甚至我们还可以看到堪萨斯深色皮肤的考斯人，他们的皮肤几乎和黑人一样黑。南美洲人的肤色和这个大洲北部落的肤色一样是多种多样的。"[③]

根据《美国对通向太平洋铁路线的调查报告》第三册107页的注释，我们得知：

"许多祖尼(新墨西哥)印第安人的肤色都是白的。他们皮肤白皙，眼睛呈蓝色，头发为红棕色或褐色，而且相貌美丽非常。他们声称自己是纯种的祖尼人，没有与异族结婚的传统。环境并没有将这些人变化的令人难以置信，因为太古时期的部落中就已经存在相同种类的人了。"

温切尔说："位于北纬40度加利福尼亚的古印第安人的肤色与几内亚的黑人一样黑；而墨西哥的部落还包括有颜色相对浅显的橄榄色或淡红色皮肤。我们发现在热带地区的黑人中散布着一些肤色较浅的部落。在这些部

①圣泰勒：《人类学》，第67页。

②普瑞查得：《对人类历史的研究》第一册，第269页。

③舒特：《古代北美洲》，第189页。

落的人中，有些长着浅色的头发和蓝色的眼睛。这和撒哈拉的特瓦瑞格人、印度的阿富汗人以及亚马逊河岸上的土著人的情况大体上差不多。”④

威廉·潘在他写于1683年8月的一封信中对宾夕法尼亚的印第安人有所提及：“本土人一般都很高，很直，有着发达的肌肉，比例单一；他们行动敏捷，走路有力，走路时将下巴高高抬起……他们的眼睛很小也很黑，和身材笔直的犹太人很像……在他们之中，我曾经看到过与你们那边的人一样长有欧洲人面孔的男人和女人。其实，从肤色上看起来，意大利人和白人差不多，有些意大利人的鼻子和罗马人的也很像……关于他们的起源，我准备相信他们是犹太民族——我是指那十个部落的祖先——下面即是我的理由：首先，我发现他们有着相近的容貌，而且他们的孩子特征明显的相像之处，甚至使人们看到他们的时候会以为自己置身于伦敦的公爵路或者贝利街。但这还不是全部：他们的礼仪也均相同，他们都以月亮作为计算时间的根据，他们都把他们收获到的第一批果实作供奉之用，他们都有犹太人神堂的盛宴，据说他们都把祭坛放在十二块石头上，他们一年对逝者哀悼一次的习俗，妇女的习俗以及很多其他的东西现在都找不到踪迹了。”

对于这个问题，我们在凯特林所著的《北美印第安人》第一册的第95页发现了一些奇妙的信息。我们已经发现曼丹族人将方舟的形象保留了下来，并且他们中流传着有浓郁的亚特兰蒂斯特色的传奇故事。凯特林说：“到曼丹族人的村庄的访客首先就会被他面前的一群人的不同肤色和各种发色打动，并且马上就想要宣称，‘这不是印第安人’。他们中的许多人肤色很浅，看起来和混血儿的肤色一样浅；尤其是很多女人的皮肤几乎是白色的，她们的身材苗条，比例天然适中，有着淡褐色、灰色或蓝色的眼睛；甜美温和的表情和正派端庄的举止，使她们显得风情万种且惹人怜爱。对于他们肤色的差别如此之大的原因我不得而知，他们自己也不清楚。就我对他们的了解，他们的传统给我们提供了这样的信息，33年前，即在刘易斯和克拉克来拜访这个村庄以前，他们中并没有白人的概念。从那时候开始直到现在(1835年)只有几个白人来到过这个地方，这当然不足以改变一个民族的肤色和风俗了。我记得非常清楚，在我出发来这个地方之前，克拉克州长告诉我说曼丹族人是非常奇怪的，他们是半白种人。

---

④温切尔：《亚当以前的人类》，第185页。

除了没有找到红色或者褐色以外，我们在女人中能看到在我们国家能看到的所有肤色和发色……男人和女人中都有很多不同年龄的人，从婴儿到成人到老人，都有着鲜亮的银白色头发，其中有一些人的头发是全白的。这个令人不解的现象并不是由于疾病或是习惯而造成的，而是——毫无疑问——家族的遗传特征，而且从性情和智力上而言，这些头发花白的人一点儿也不比其他人差。这种头发与其他颜色的头发在本质上的不同之处是，当这种头发滑过手掌的时候，我发现他们都像马鬃那样粗糙，而曼丹族人其他颜色的头发都是像丝绸一样细滑、柔软的。

曼丹族人的身高比普通人的身高要低得多，他们的身材匀称，比例完美，身体柔软且韧性好。”

凯特林出示了一组图片来证明这种肤色的巨大不同：其中一个人几乎被画成了纯白色，并且有着浅色的头发。他们的脸是欧洲人的脸。

梅杰詹姆斯·W·林德，在达科他族的印第安人中生活了9年并于爆发于1862年的大暴动中被杀害，他在观察到苏人族不同部落的人的肤色是深浅不一的黑色这一事实之后，说：“在达科族中，儿童的肤色比青年勇士的肤色浅；青年勇士的肤色比中年人的肤色浅；中年人的肤色比老年人的肤色浅，他们经过了烟熏，涂色和灰尘，伴随着生命的逐步耗尽而看起来像真正的古铜色皮肤的达科他人。达科他人的肤色因民族、年龄和个体情况的不同而各不相同，然而，他们的肤色都可以描述为比橄榄色浅的颜色；不过在环境和生活方式不断改变的情况下，他们的肤色变得更浅甚至几乎消失了，尤其是被经常洗浴并长期避免暴露的儿童的皮肤。海兹伍德教区的那些孩子在很小的时候就被带走了，并且他们不被允许暴露自己的身体，因此他们的皮肤完全看不出橄榄色，并变得和美国的孩子一样白。曼丹族人的肤色和西班牙农民的肤色一样浅，而他们的教友——该族人的肤色则与阿拉伯人的肤色一样深。[5]古德利奇博士在《宇宙旅行者》第154页上写道：‘在秘鲁温暖地区生活的现代秘鲁人的皮肤差不多和南欧人的皮肤一样白。’”

在有关描述中，秘鲁和玻利维亚山区的古老居民爱玛拉人有着橄榄棕色的皮肤，相貌平平，头比较大，并且他们生来就有着表示深思和忧郁的表情。早期，他们施行头颅的整型。

---

⑤林德：《达科他族人的历史》，第165页。

维尔森教授对在木乃伊中发现的古代秘鲁人的发色做了这样的描述，他说，那是“一种比较浅的棕色，并且和盎格鲁撒克逊人的头发一样细密”。舒特说：“从大量的坟墓中发现的头发可以证明，古时候的秘鲁人是一个长着褐色头发的民族。”[⑥]卡西拉索，一个曾经看到过国王尸体的人，他在描述国王的头发时用了“雪白”这个词。海伍德告诉我们，在本世纪初，在坎伯兰河南岸的一个洞中发现了3个木乃伊，他们都被埋在篮子里——偶尔，秘鲁人就会被用这种方式埋葬——他们的皮肤是白的，头发是褐色的，而且很细密。[⑦]

一般认为所有美洲印第安人的容貌都是一种类型的观点都是不正确的。本书中从《美国对太平洋铁路线的调查报告》摘抄的描述表明有些人的容貌近似于欧洲人；实际上，这里的每一张脸与旧大陆南部居民的脸都有着极为明显的相似之处。

另一方面，看看对伟大的意大利演说家和革新者萨佛纳罗拉的描述，比起先前描述的脸，它看起来更像美洲西北部的印第安狩猎民族的脸。实际上，如果给它带上一个卷发的发套，他们会使任何地方的召集人都同意把它描述成“害怕他的马的男人”或者“坐着的公牛”。

看起来，亚当是一个红皮肤的人，温切尔告诉我们亚当出生自红土地。在亚当这个词中能找到“ADaM”这个词根，意为“有的时候植物在其上发芽生长”，也就是土地的意思。“ADaM”和“ADOM”则表示马的红色，红润和赤褐色，或者红色小母牛的颜色。“ADaM：一个人，人类，男性或女性，红色，红润。”[⑧]

“阿拉伯人把人分为两个种族，一个是红种人，一个是黑种人。”[⑨]他们认为自己属于红种人。

不仅亚当是红色人种，而且有证据证明在最古老的时代，红色还是一种神圣庄严的颜色；古代人的神像就是红色的。哲人所罗门谈到了这个习俗：“木匠娴熟地雕刻它，并且根据他的理解塑造它，最后把它雕刻成人形，或者令人生厌的走兽的形状，然后用朱砂或者颜料把它涂成红色，并把里面的每

⑥舒特：《古代北美洲》，第187页。
⑦《田纳西自然和土著的历史》，第191页。
⑧温切尔：《亚当以前的人类》，第161页。
⑨温切尔：《亚当以前的人类》，第161页。

一个斑点都盖上。”

印第安人的神像也是红色的，红色是宗教的颜色。[10]

亚特兰蒂斯人的早期分流为库施特人和埃塞俄比亚人，他们因为“晒黑的”皮肤而得名；他们都是红色人种。

腓尼基人的称呼表示“红色”。“Himyar”，希米雅尔阿拉伯人的字首，是红色的意思，并且埃及纪念碑上的阿拉伯人也被涂成了红色。

古埃及人是红色人种。他们承认人类包括4个种族——红色人种、黄色人种、黑色人种和白色人种。他们自己属于“Rot”或者红色人种；他们把黄色人种称为“Namu”——包括亚洲的民族；黑人被称为“Nahsu”，白人被称为“Tamhu”。

到了后来，埃及人保留他们皮肤颜色具有的贵族特征的渴望异常强烈，他们在纪念碑上把自己染成深红色——这是对他们这个民族原本肤色的夸张。

我们发现古代雅利安人的作品中他们以同样的方式也把人类分为四个种族——白色人种、红色人种、黄色人种和黑色人种：印度人被划分为4个等级的依据就是皮肤颜色的不同，实际上，在梵文中“颜色”这个词代表的就是等级的意思。其中，红色人种就是刹帝利——武士阶层——他们后来参与了与白人——婆罗门的野蛮争斗，几无活口，即便如此，仍然有一些人活了下来，并成为佛陀之祖。所以不仅回教和基督教，而且佛教都好像是源于哈姆族或者红色人种祖先的分支。伟大的马努也是红色人种。

虽然埃及人将自己描绘成红棕色，但是他们代表的实际上是巴勒斯坦的黄棕色人种和利比亚的黄白色人种。而今的埃及居民的肤色在北部的黄色和深古铜色之间变化。依圣泰勒来看，古埃及人应当算是棕色人种，包括努比亚人的部落，并且从某种程度上来说，包括阿尔及尔和突尼斯的巴巴里人。[11]他把亚速尔人、腓尼基人、波斯人、希腊人、罗马人、安塔露西亚人、布列塔尼人、威尔士黑人、高加索人都归为一类，并称他们为“黑皮肤的白人”。就像我已经证明的，希米雅尔阿拉伯人因为他们的红色皮肤而得名，在埃及纪念碑上他们经常被描绘成红色或浅棕色。希罗多德告诉我们有一个利比亚民族叫做麦克斯炎斯的，他们称自己是特洛伊人的后裔。(我们应该知道，特

⑩林德：《达科他族人的历史》，第145页。

⑪圣泰勒：《人类学》，第295页。

洛伊的城墙是由海神修建的，这也就意味着特洛伊是亚特兰蒂斯的殖民地。)这些麦克斯炎斯人将他们从上到下都染成红色。阿尔及尔的朱阿瓦(其名称为法国的朱阿夫兵所承袭)的祖先扎维希安也把自己染成了红色。有些埃塞俄比亚人的皮肤是“古铜色的”。[12]圣泰勒说:“古埃及的语言虽然不属于希伯来人的闪米特语系,但是两者之间仍存在重要的相似之处,或者这是因为两个种族的人在埃及的长久交往或者是因为二者之间有更为深入的祖传的联系;我们在北非的巴巴里语种也发现了这种相似性。”[13]

最后,古代人把他们叫做亚特兰蒂斯人。

“如果有十二个分别来自马六甲、中国、日本、蒙古、桑威治岛、智利、秘鲁、巴西、契卡索族、科曼奇族等的人聚在一起,有着相似的穿着,或者不穿衣服不做化妆的话，最熟练的解剖学者也无法依据他们的外表把他们区分开来。”[14]

斐迪南·哥伦布,在他父亲的航海参考中,把瓜那尼居民比作加那利群岛的岛民,并且把圣多明戈描述得更为漂亮和白皙。秘鲁·M·安格兰德所研究的查兰扎尼斯也和加那利群岛的居民一样。法国人在遭到拉宝喏印第安人重重包围的时候,还误以为困住自己的是阿拉伯人,因为他们有着和阿拉伯人一样的肤色、容貌和胡子。彼埃尔·马提尔谈到帕罗斯湾的印第安人长着金黄色的头发。[15]同一个作者相信在美洲也发现了闪米特型的部落,他谈到“圭亚那的某种传统,以及在这个国家对武器的使用完全具有古代加那利岛民的特色。”

假如科学可以将摩顿尼安的错误理论纠正过来——这个理论认为美洲的土著居民都是红色人种，而且都属于一个种族——那么我们能够希望在这个大洲上广泛聚集着来自不同国家的不同种族这一事实能够被意识到并且明智地开始被研究。毋庸置疑,红色人种、白色人种、黑色人种和黄色人种是构成美洲最初人口的主体。同样毫无疑问的是欧洲和地中海南岸的整个人口就是一个混血的种族——是比例时常变化的深棕色人种或者红色人种

⑫《美国百科全书》,埃及卷,第464页。

⑬圣泰勒:《人类学》,第160页。

⑭福泰因:《世界上是如何住满人的》,第147、244页。

⑮彼埃尔·马拉尔:《人类的种类》,第201页。

与白色人种结合的产物。不同民族的特征由深色种族和浅色种族结合比例的不同所决定,因为在肤色变化的同时,心理或是精神上的特征也会引起相应的变化。红头发的人就是他们白色祖先的一个变种,曾经有段时期整个部落和民族的人都长着这种颜色的头发，现在他们的血统正逐渐地与从巴勒斯坦到冰岛的所有人类种族混合起来。欧洲的每一件事物都表明在很长的一段时期内，绵延不断的血液的混合使得这个大洲上所有白皮肤人的静脉中都流淌着黑色头发种族的血液，肤色不浅于黑白混血的颜色的深色皮肤的人也不少见。

第六章　寻找亚特兰蒂斯文明的源头

希伯来人是一个大家族的一支分流，这个家族的部分人是鼎盛强大的商业民族——腓尼基人——他们在基督时代的1500年前就已经在世界范围内经商了。希伯来人从他们民族的宝库中携带出大量瑰宝,其中很多被载入那本最古老、最有纪念价值的人类著作《创世纪》中并得以流传。我已经说明大洪水的故事清楚地谈到了亚特兰蒂斯的毁灭，这在很多重要的方面都与柏拉图的叙述相同。在这两个例子中,遭到了毁灭的人们就属于那个创造了文明的古老民族:他们以前生活得快乐而简单;后来他们愈发强大并且人心思恶。他们的毁灭源于他们自身的罪孽,最终他们惨遭洪水的吞没。

但是我们可以再深入一步,可以肯定地说在《创世纪》的开篇章节中所描述的广为人知的事实在美洲民族的传奇故事中都可以找到副本，也几乎所有犹太人知道的习俗在新世界中都可以找得到副本。

甚至在上帝创造天地的历史中我们都发现了这些相似之处。从《圣经》中我们得知天地之初,地球是空的而且是一片混沌,表面完全被水所覆盖。“奎契族(玛雅人部落)”的传奇故事让我们知道“最早的时候整个世界就是一片汪洋——没有人、没有动物、没有鸟儿、也没有绿色的草本植物——除了海洋和天空空无一物”。

《圣经》上说:“上帝的灵魂游走在水上。”奎契族(玛雅人部落)的传奇故事中说："造物主——那个创造者和统治者——那条长着羽毛的蛇——那些赋予生命的东西，像发光的灯一样在水面上移动。"

《圣经》说："上帝说，让天底下的水汇聚在一处，并露出干燥的土地来：于是就这样了。"奎契族(玛雅人部落)的传奇故事中说："那个有创造力的灵魂大声呼喊'土地！'，于是转瞬时间之间土地就出来了，而后像由蒸汽形成的云彩那样升了起来；平原和山脉也马上升起来了，柏树和松树也出现了。"

《圣经》告诉我们："上帝看到它还不错。"奎契族(玛雅人部落)的传奇故事上说："于是古库玛兹心花怒放，而且放声喊道，'哦！雷电，天堂之心，保佑即将到来的一切吧。"'

在两种记录中，蔬菜、动物和人类形成的顺序都是一样的。

《创世纪》中如此写道："众神之王用地上的灰尘做成了人。"奎契族(玛雅人部落)的传奇故事上说："第一个人是用黏土捏成的；不过他不具备智力而且最终消失于水中。"

据《创世纪》中的记载，第一个人是赤身露体的。阿兹特克传奇故事说："太阳与地球之间的距离比现在近得多，阳光温暖，舒适宜人，根本没有穿衣服的必要。"

甚至夏娃的诱惑也能够在美洲的传奇故事中找到副本。合斯葆罗夫国王说："塔尔迪克族有一张画，上面画了一座花园，花园中间只有一棵树；一条蛇缠在树根周围，它露在树叶上方的头呈现出了一张女人的脸。塔尔迪克人承认他们之中存在这个传统，并且比较赞同印度历史，该历史确认了夏娃是世界上的第一个女人，她生了孩子，所有的人类都是她的后代。"[①]还有一个关于苏驰奈卡的传奇故事，她违抗命令，从一棵树上收集了很多玫瑰，结果因此而获罪，而且牵连到她的子孙后代也一同遭罪。[②]

旧世界的传奇故事是构成《创世纪》的基础，而且在《失乐园》中被米尔顿所引用，这些传奇故事同样在墨西哥流传的有关天使之战，以及有关其他造反幽灵的衰败的传奇故事中得到了再现。

我们已经看到中美洲的传奇故事中对大洪水的描述与《创世纪》中的描述惊人的一致。

---

①金斯葆罗：《古代墨西哥》，第八卷，第19页。

②金斯葆罗：《古代墨西哥》，第四卷，第401页。

还有一个已经被明确确定的传奇故事,它与《圣经》中有关通天塔的记录一致。

多兰在他的手稿(1585年)中,引用了有关恰路拉的大金字塔如何建造的传奇故事的译本,这些传奇故事在恰路拉本土人中已经口头流传了一百多年,其内容如下。

"在阳光没有被创造出来的时候,整块大地(恰路拉)黑暗而沉寂,没有任何被创造出来的东西。整体上来说,它是一块大平原,没有什么山脉,处处都流满了水,没有树也没有任何被创造出来的东西。当太阳在东方升起,阳光普照之时,立刻就有身体畸形的巨人现身,他们控制了这块土地并且渴望看到太阳的出生地和西半球,他们打算外出去找寻他们希望看到的东西。于是他们被分成两部分,一部分人向西走,另外一部分人向东走。这些人一直朝各自的方向前进,直到大海阻断了他们前行的道路,于是他们决定回到他们出发的地方,最后他们到了这个地方(恰路拉)。因为他们无法到达太阳,却又喜欢太阳的光辉,因此他们下决心建造一座可以通往太阳的塔。在为此目的收集材料的时候,他们发现了一种非常粘的黏土和沥青,于是他们马上开始用这些东西建造这座塔。他们尽可能地把这座塔建到最高,结果是他们说它真的触到了天。天上的国王因此愠怒,他对天上的居民说:"你们是否看到了那些沉迷于太阳的光辉的地球人是如何建造起一座已经到了这里的又高又骄傲的塔?来,咒骂他们吧,因为他们作为生活在肉欲中的地球人是不配与我们交往的。"天上的居民像飞驰的闪电一样出击了:他们将这座巨大的建筑物弄得支离破碎,让建造它的那些人彼此分离,天各一方。在这个传奇故事中我们能够看到一个更为野蛮的民族对一个高度文明的民族的记忆:因为只有高度文明的人才会想到做这么巨大的作品。他们智力上的优势和对艺术的控制能力赋予了他们来自东方的巨人的特征;这位巨人把人们分成了两大部分,一部分人向东走(朝着欧洲的方向),另一部分人向西走(朝着美洲的方向)。他们都极其崇拜太阳;因为我们被告知"他们迷恋于太阳的光辉和美丽",并且因他们的崇拜而建造了一个地方。

恰路拉的金字塔是人类所建造的最伟大的建筑之一。虽然现在它破旧不堪,但还是高达160英尺,其底座面积达1400平方英尺,且占地达45英亩。只要我们想到埃及最大的金字塔基奥普斯也仅占地12到13英亩,就会对这座美洲建筑物的体积之大有一个概念了。

不能忘记的是这个传奇故事是在征服墨西哥不久以后，由一个天主教的神父根据在哥伦布从西班牙出发航海以前出生的古印第安人的口述记录下来的。

观察一下这个传奇故事和《圣经》中对通天塔的叙述的相似之处。

印第安的传奇故事中说:“一切都是平原,没有山脉和海洋。”而《圣经》中说:“他们在示拿的土地中发现了一块平原,于是他们决定在那里定居。”在两个例子中,他们都在建筑中用到了砖。《圣经》中说:“让我们建造一座能够直通天堂的塔。”印第安的传奇故事中说:“他们决定建造一座塔,它的高度要足以能触到天。”《圣经》的记录中说:“于是上帝下来看这座由人类的孩子们建造的城市和塔。他说,看……他们想要做的东西是不能长久存在的。走,让我们下去咒骂他们。”而印第安的记录中说:“天堂的国王被激怒了,他对天上的居民说,‘你们看哪……来,咒骂他们。”《圣经》中说:“上帝将他们驱逐到国外各处,因此他们在世界各地都有分布。”而印第安的传奇故事中说:“他们将建造它的那些人驱散到世界的各个角落。”

有谁能怀疑这两个传奇故事在某方面是彼此互为渊源的，或者它们有某个共同的来源吗？有足够的不同点能够证明美洲人并非是希伯莱传奇故事中描述的奴隶。首先,第一个讲述这个故事的是本地人:它是在它所纪念的巨大的金字塔下被讲出的；它是一个由本地人重复了的地方上的传奇故事。根据他的叙述,它的建造者们都是外国人。他们建造它的目的就是为了能够到达太阳——那就是说,是作为一个太阳庙建造的;而在《圣经》的记录中,建造通天塔的目的是为了使其建造者的荣誉流芳千古。在印第安传奇故事中,神借助大风暴使这项工作得以停止,而在《圣经》的叙述中则是通过咒骂人们使之停止的。

两个传奇故事可能都是得自亚特兰蒂斯，那里的人用它们表示某种非常高的巨大建筑物。当这个故事分别向东方和西方流传的时候,在一种情况下,它被用来指迦勒底人的塔,而在另一种情况下,它被用来指恰路拉的金字塔，就像我们发现的在大洪水中的方舟从希腊到美洲都停留在不同的山脉上一样。塔尔迪克族通天塔的传奇故事告诉我们恰路拉的金字塔被建造的目的是“作为第二次大洪水暴发时逃脱的通道”。

但是《创世纪》和美洲传奇故事的相似之处还远远没有结束。

我们被告知“上帝让亚当沉睡”,在他沉睡之时,上帝抽出他的一根肋骨并用这根肋骨制造了夏娃。根据奎彻族的传统,世界上的人是4个人的后代(可能是对红色人种、黑色人种、黄色人种和白色人种的记忆);并且这些男人都没有妻子,于是造物主在“他们沉睡之时”为他们制造了妻子。

一些怀有恶意的厌世者在谈到这些传统的时候说,“男人的第一次睡眠成了他最后一次宁静的睡眠”。

在《创世纪》中,“上帝说,看,那个男人的外貌和我们一样,他可以辨得出善良与邪恶。现在,我们要防止他伸出手,拔掉生命之树并吃掉它以得到永生”。于是上帝将他逐出了那个花园。在奎契族的传奇故事中,我们被告知,“神们担心他们把男人造得过于完美,于是他们在这些男人的视线中制造了一团迷雾”。

当奎契族的祖先们向美洲迁居之时,神们把大海分开以使他们通过,像红海就是为了犹太人而被分开的一样。

萨姆森的故事与《波波武经》中讲述的关于一个叫兹藩卡的英雄的历史故事是相同的,他被敌方俘获并被置于一个坑中,后来他将俘获他的那些人所在的建筑推倒并杀了400个敌人。

《圣经》上说,“那时候有巨人”。中美洲有大量的历史故事描述了一个古代叫做奎纳姆的巨人民族的事迹。

这个相似之处还体现于诸多细节之中:

犹太人和墨西哥人都冲着东方膜拜。

他们都把南方称为“世界的右手”。

他们都向着地球的四个角上香。

对罪恶进行忏悔和用献祭赎罪在这两种人中极为普遍。

他们在洗礼和沐浴时虔诚恭敬。

他们都相信魔鬼,都经受了麻风病的折磨。

他们都认为在婴儿出生时死去的女人如同在战斗中牺牲的士兵一样是高尚而值得尊敬的。

他们都会用乱石砸死通奸的人,以示惩罚。

就像大卫在上帝的避难所前跳跃和舞蹈一样,墨西哥的统治者也在他们的神像前这么做。

他们都有一个避难所，是无法看见的神的永恒领地。

他们都有一种崇拜蛇的信仰。

将我们对俄亥俄中的大蛇堆的描述和以下对苏格兰的大蛇堆的描述做下比较。

西方对蛇的崇拜——最近的考古学探索对古代西方崇拜蛇的信仰又做了进一步的阐述。斐尼先生刚刚对一个奇妙的石堆作了番调查，他在爱丁堡的英国协会的会议上指出，它的形状类似一条蛇或者一种蜥蜴类的动物。这个苏格兰人说，这个石堆是最完美的一个。它的头是一个圆锥形石堆，这个爬虫身长300英尺，在斐尼先生第一次看到它的时候，就发现了在头的中央曾经摆放过神坛的证据。站的位置是最为重要的，假如一个人站在蛇头或者圆形石堆上，他就能够看到这个爬虫身上的三个顶点。也就是说只有在一定的高度俯视，才能看到这种形状的全貌并能予以理解，因为假如看不到它的全貌就不能理解它的轮廓。如果观众站在这个动物形体的头上，或者站在它西边的一块很高的石头上，那么他所处的就是最完美的角度。这个土堆和美洲的一个700英尺长的土堆差不多全部相同。斯奎尔先生经过了仔细的调查，于最近出版了一份关于这个石堆的报导。两个石堆的头部中所放的神坛的位置也是一致的。在美洲的石堆中，三条河(也是古人崇拜的对象)被明晰地确定了。

在所有古代神话中，“三”都是一个神圣的数字。以上提到的石堆的盘绕蜿蜒和脊椎骨上茎节的安排从解剖学上讲是非常完美的。在斐尼先生调查期间一直在场的那位绅士声明：“在形成这个动物的头的那个圆锥形石堆下面发现了一个巨石的房间，在这个房间里有大量的木炭、烧过的泥土、炭红色的小容器——这是一种坚硬的仪器，在它边上有美丽精细的锯齿——和烧过的骨头。这条蛇的背部或者脊椎，像已经说明的一样，有300英尺长，是在泥炭沼下发现的，它是由石头经过仔细地修整而形成的，它的形成可能使这个建筑物免予受到长时间的气候的侵蚀。”

我们发现在美洲和欧洲的石器时代的作品之间有惊人的相似之处。

在犹太人和印度人中也同样存在奇特的习俗——“一个男人必须将他死去的兄弟的妻子娶为自己的妻子，以延续香火”，而在中美洲国家中也发

---

③多凯马达：《印度君主史》，第八卷，第258页。

现了这个风俗。[3]

除了犹太的高级牧师，谁都无法进入神圣的圣堂。在秘鲁同样流行相似的风俗。他们都会吃那些用以赎罪的祭品的肉；他们都把祭品的血撒在土地上，用它给人做记号，并且把它涂在墙上和石头上。墨西哥人的寺庙和犹太人的庙宇同样都面向东方。“在犹太人中方舟是一种可移动的庙宇，人们认为造物主长期待在那里，在墨西哥人、柴基族人和洪都拉斯的印第安人中也是这样，方舟受到最高的尊敬，人们认为它神圣高尚，以致除了牧师以外，没人可以碰它。”[4]

秘鲁人相信彩虹是地球不会再次遭受洪水淹没的标志。

犹太人有这样一种风俗，他们把人的罪恶施于动物的头上，并将其驱赶至荒野，以为这样可以弥补人的罪恶，这种风俗同样能在墨西哥人中找到，为了治疗发烧发热之类的疾病，他们用玉米面做成一只狗并把它放在路边，据说第一个过路的人将会把疾病带走。在奥济伯市的藤蔓或树中有与雅各的梯子相同的东西，它从地上一直通到天上，供神灵们上下之用。[5]

犹太人和墨西哥人在接待陌生人时都会让他们用水洗脚；他们都吃象征谦逊的灰尘；他们都在身上涂油；他们都用犯人做祭品；他们都定期和女人分开独居，而且他们都对那个时期流行的不道德的普遍而强烈的观点持肯定态度。

他们都相信水有超自然的力量，他们都施行洗礼。

在墨西哥，婴儿出生后，接生婆会将她湿润的手指放在婴儿口中让他品尝水，而且念念有词：“带着它，它可以让你在地球上生存、成长和繁荣，通过它我们得到了地球上存在的所有东西，接受它吧。”然后她用潮湿的手指触摸婴儿的胸膛，并且说，“看这水是多么纯净，它可以洗涤和净化你的心灵，涤除一切污秽；接受它：女神会看到你的好处，洗涤和净化你的心灵。”然后接生婆把水倒在婴儿的头上，并且说：“哦，我的孙子——我的儿子——带着这世界之王的水，它是你的生命，它能给你注入活力，使你生龙活虎，洗涤和净化你的灵魂。我祈祷这蓝色和淡蓝色的神圣的水能够进入你的体内，并在那里存活；我祈祷它能够破坏并带走世界开始之前带给你的所有灾祸和不

④金斯葆罗：《古代墨西哥》，第二卷，第 377~378 页。

⑤多曼：《原始迷信的起源》，第 67 页。

利……不管你在这个婴儿体内的什么地方，哦，你这个不吉祥的东西，快出去！离开它，自己远离这里吧；因为它现在得到了重生，它再一次出生了；现在它再一次被洗涤和净化了；现在它再一次在我们母亲——水的女神——的体内成形并出生。”⑥

在这里我们发现了它与基督教的洗礼有很多相似之处：把水倒在头上，把手指放在嘴里，触摸胸部，获得新生并洗去最初的罪恶。我们知道，基督教的宗教仪式并不是基督教所独创，而是从古代亚洲人传统和信仰的宝库中继承而来的。

墨西哥人会将用作祭品的敌人的头悬挂起来，这也是一个犹太习俗："主对摩西说，把每一个人的头拿到主的面前并对着太阳悬挂起来，于是主的暴怒就会离开雅各。摩西对雅各的法官说，杀掉参加巴力田比珥的每一个人。"

从希罗多德那里我们知道，西西亚人会将他们敌人的头皮剥下来，并且把带着头发的头皮放在他们马鞍的前鞍桥上；犹太人可能也剥他们敌人的头皮："不过上帝会攻击对他敌对的人的头，而且还会不停地伤害带头发的头皮。"

古代的斯堪的纳维亚人也曾有剥头皮的经历。当哈罗德·海尔福特抓住他的敌人的时候，有着600个追随者的阿佛列"让他们负重伤、瞎眼、残废、剥掉头皮或者切腹取肠"。⑦

希罗多德对斯堪的纳维亚人剥头皮的方法做了详尽的描述："他在耳朵旁边切开，把头盖骨摇出来。"这正是印第安人的风俗。希罗多德说："一个人手中的头皮越多，那么他的威望就会越高。"

我们在埃及的纪念碑上发现了印第安人带着卷发的头皮的雕刻，并被看做雅佛的利比亚人的特征之一，除了一个在中间的卷发的头还留着以外，其余的头都被砍掉了。

鞑靼人带着带卷发的头皮，现代的中国人也是一样的做法。

拜伦描述了被抛于科林斯城墙下的被野狗觊觎良久的鞑靼人的头："他们带着深红色和绿色的披肩。每个头皮上都有一束单一的长头发，剩下的地

---

⑥班克罗富特：《本土民族》，第三册，第372页。

⑦泰因：《英国文学史》，第35页。

方都被剥掉且都暴露在外了。”

这些地方都是如此惊人地相似，相似之处是如此之多，它们一再证明了美洲的居民就是犹太人的祖先，其中有一些相似点还说明他们代表着那些，“失去的部落”。但是犹太人决不是航海或迁移民族，他们没有形成殖民地；并且我们绝对不会相信（正如已经被断言的一样）他们离开了他们的群体，在整个亚洲大陆迁徙、漂泊、跋山涉水，坐着船在最大的海洋上航行，最终到达了一个他们闻所未闻、见所未见的大陆。

假如我们要寻找这些如此相似的观点和习惯的源头的话，我们必须回到失去部落的遥远时代。我们必须在犹太人和诺亚家族的关系中，在被大洪水中毁灭的诺亚民族和已经消失在水中的亚特兰蒂斯民族的相似之处中寻找这个起源。

即使发现已经存续了成千上万年，尤其是在有宗教信仰的人中存续了成千上万年的传统也没有什么值得大惊小怪的。

从本质上来说，宗教是保守主义：没有发明什么；也没有摧毁什么；变化来自外面；即便是在一个宗教为另一个宗教代替的时候，它的神也会继续存在，不过或许已经成为了新的宗教信仰中的恶魔，或者他们会被记录在民族知识或者神话故事中从而被流传下来。我们看到美洲英雄沃坦成为斯堪的纳维亚的欧丁神或者沃登神；当他作为被崇拜的神死去的时候，欧丁作为广为流传的传奇故事中的罗宾汉得以幸存。法国的赫勒奎恩变成了我们哑剧中的丑角。威廉泰尔从没存在过，他是被虚构出来的——太阳神阿波罗的一个残存体，在亚特兰蒂斯的神坛上受到崇拜的因陀罗，除了把它变成某些丰富而奇怪的东西，这里没有其他。

割礼仪式可以追寻到腓尼基、埃及和库施特的最初时期。它可能也是一个发明于石器时代的亚特兰蒂斯风俗。从石器时代算起，到现在为止已经过了上万年，中间经历了铜器、青铜器和铁器时代，但是直到现在，希伯来的老师仍在用石头进行割礼仪式。

福罗庭哈姆在谈到罗马的圣彼得大教堂时说“这些仪式能把我带到多么古老的年代啊！它把我们带到了依路西斯的秘法，还有腓尼基的祭祀仪式。少年们把监察官吊起，监察官在祭祀酒神的仪式中也被吊起。牧师的胸带和法衣是从波斯来的；面纱和受戒之俗来自埃及；白麻布圣职衣和十字褡是来自努马的规定；圣带借用的是过去官员扔在被作为祭品的受害者背上的圣带；白法衣与奥维德描述中的一样。”

虽然印度西北写梵文的人们在欧洲定居显然已经是几千年前的事了，不过直到如今他们仍然保留着有关欧洲西海岸甚至英格兰和爱尔兰的书籍、地图和描述；而且我们在他们之中得到了有关尼罗河这一引起广泛讨论的问题的知识。这要比世界上任何国家在25年前所掌握的都更为丰富。

中世纪的欧洲在驱邪时所使用的咒语是亚速尔话，而这些话或许是几千年前引自迦勒底的术士，这一事实说明了形式和信仰的永存。当欧洲的行咒法者对恶魔喊出“Hilka，hilka，besha，besha”的时候，他自己本身意识不到自己正在重复多年前就已经消失了的人的话，这些话代表的意思是：走开，走开，邪恶的东西，邪恶的东西。⑧

我们认为一个圆有360度：把一个圆分成其弦等于半径的相等的60部分，就叫做度，把度分为60分，把每分再分为60秒。把每秒再分为第三等的60份。一天被分为24小时，每小时被分为60分钟，每分钟被分为60秒。每星期被分为7天，这些天的顺序——都是从迦勒底——亚速尔人那里流传下来的。而且这些可能继续会在我们的后人中得到永久的留存，一直到时代记录的最后一个音节。

因此，如果我们发现在中美洲和以色列的不同民族中存在相同的传奇故事时，无需惊讶。不但如此，它还应教会我们带着更多的崇敬看待《创世纪》，把它看做世界上最古老的人类历史的纪念物，它的根基穿越大洋，每一行都有不可估量的价值，一个字，一个字母，一个重音都可能使我们弄清楚文明起源的最重大问题。

数千年来，一直把犹太人推到他们本土的重大信念就是：他们是“上帝选中的人”，他们被上帝从地球上的众多人口中挑选出来，以使下面这个伟大的真理得以永存，即，上帝只有一个——他是一个无限的、万能的、父亲般的灵魂——他惩恶扬善——他与地球上其他民族各种各样附属的动物和兽类的半神相对。这个崇高的一神论只能是高度文明的结果，因为人类的第一个宗教必然是对“树桩和石头”的崇拜，历史告诉我们，人的智商越高，存在的神也就越少。一神论最初的说教或许就是在亚特兰蒂斯出现的。从埃及人

⑧勒诺尔芒：《古代东方史》，第一卷，第488页。

保存的最古老的书籍中可以知道，这个历史最为悠久的亚特兰蒂斯殖民地继承了他们祖先在历史之初的纯洁信仰：这本书宣扬的是一神论的原则，是有关"善良的奖励者和邪恶的惩治者"的书。[9]在早期，埃及人崇拜的上帝只有一个，他是世间万物的造物主，没有开始也没有结束。到最后，牧师保留了这个原则并私下将它传给了少数被挑选出来的人。"[10]在埃及人丢弃这个伟大真理的地方，犹太人接纳了这个真理，在埃及、迦勒底、腓尼基、希腊、罗马和印度的源头和废墟上，这一小撮可怜的牧师——无知觉的、失去尊严的、被轻视的——把一个只可能源于人类社会的最高状态的观点带到我们的时代。

甚至怀疑论在这个奇迹面前都必须止步——这些奇特的人经过了这么多年，肩负他们伟大信仰的重担，在他们持久的、不可阻挡的冲动力量的推动下，仍然继续存在的奇迹。今天在芝加哥和墨尔本的犹太教集会上所听到的演讲与2000前罗马街道上的演讲能够产生共鸣；而且比这更早的时候，在巴比伦的宫殿和底比斯的商店——在泰尔、在西顿、在尼尼微都能听到这样的演讲。从这个崇高的理论俘获这些特殊人的心到现在，其间有多少民族消失不见，有多少语言随着时间而流逝，有多少光辉灿烂的文明都毁于一旦了，有多少庙宇和塔倒下了——最终剩下的只有一堆灰尘！他们家族所有的游牧部落都消失了；他们承诺的土地到了陌生人的手中；但是犹太教及其创造的基督教却遍及世界上一切有人居住的地方；而那些人——贫穷的、身份低贱的、可怜的人——生命的延续却跨越了古埃及大臣蒲他何贴和19世纪间的巨大鸿沟。

如果这个灵魂的宇宙只是一种表达——在它的范围内，星星不过是数不清的微小颗粒——并且这种表达已经深入到了人类的日常生活之中的话，那么它会把已经消失于洪水的亚特兰蒂斯文明的最崇高果实——只信仰一个唯一的上帝（这个上帝是一切生命之父，所有道德义务的加诸者）——的一神论从毁灭以及时间的消耗中挽救出来吗？

---

⑨雷金纳德·S·普尔：《当代研究》，1881年8月，第38页。

⑩《美国百科全书》，第六卷，第463页。

第七章　揭开字母表之谜

【作者的笔记：这部分的讨论主要是根据朗达主教的玛雅语字母表，它是完全不确定的，而且现在被证明是完全不正确的，以玛雅语写就的作品直到最近才被翻译成普通文字。玛雅的象形文字比朗达发明的要少很多，而且完全是表意的，没有特殊的语音密码可言，在这一部分要讨论的唯一一件事就是旧世界字母表的发展，这与亚特兰蒂斯的问题没有关系】

在人类的发展历史上，语音字母表或者代表人类语言声调的符号体系可以说是最令人不可思议的一个发明。假如没有它，可能就不会有我们现在的文明的存在。

我们还不能就欧洲字母表的源头作出解释：我们可以从一个国家查找到另外一个国家，从一种形式查找到另一种形式，一直查找到埃及人、腓尼基人、希伯来人和库施特人的古体表格，不过除此之外就不知道其他的了。

埃及人并没有把他们的象形文字的书写体系归功于自身的发明，而是把它说成是“神的语言”。毋庸置疑，“神”就是他们高度文明的祖先——亚特兰蒂斯人——就像我们在下面将要看到的一样，他们成了地中海许多民族的神。

“在腓尼基人看来，透特(Taautus 或 Taut)是书写艺术的发明者，‘埃及人叫他 Thouth’，而且埃及人说它是由 Thouth 或者 Thoth 发明的，在其他地方他被称为‘第一个贺密士’，从这里我们可以清清楚楚地看到腓尼基人和埃及人都把发明归于一个比他们自己的独立政治存在更为久远的时期和民族，他们就是从那个时期和民族那里继承这个发明的。”①

在这里谈及的“第一个贺密士”(后来罗马人称之为莫丘里)是宙斯和玛雅之子，玛雅是亚特拉斯的一个女儿。这个玛雅和法国人阿比·布拉索·德·保尔勃格所确认的中美洲的玛雅是一样的。

威廉·杜蒙德先生在他的《起源》中说：“似乎无法说清楚早期字母在这么多不同的民族中是如何被运用的，或者为那些民族所用的一些图表之间

①鲍德温：《史前民族》，第 91 页。

为何会存在某些相似之处，除非推测象形文字的书写——如果我可以被允许使用这个术语的话——在大洪水之后的第一个时期就已经被使用了,那时候对行星的崇拜几乎是当时每一个有人居住的国家都信仰的宗教。”

亨利·劳林森先生说:“早期书写原则有如此之多的相似之处,以致它似乎在迦勒底时期就得以继续了，正如我们实际上能够把它的进步追溯至埃及一样，我们没有理由不把最初发明的源头追溯至哈姆族人分散和分裂之前的一段时期。”

很难相信这个令人惊叹的语音符号体系是由一个人或者在一个时期内所发明的。像我们获得的其他东西一样,它绝对经过了长时期的缓慢发展和添加;它肯定是由图像经过像中文那样的中间状态一步一步发展而来的,在这个中间状态,每一个词或事物都是一个单独的符号。像中国人一样古老开明的民族都没有发明语音字母表的能力，这一事实向我们证明了发明它的人们是何等的伟大,以及他们达到这个水平要经过多么漫长的时间。

洪保德说:“根据从商博良的伟大发现开始就逐步被适用的有关字母文字发展的早期状况的观点，腓尼基和闪米特的文字都被看做是根据图形文字变化而来的语音字母;这些符号的象形意义已经完全被遗忘了,它们只不过是被当做语音符号而已。”

鲍德温说:“作为海上霸主的民族,与每一个海岸都建立了联系,而且一手操控了已知世界的贸易,在他们逐步到达这个显赫地位的过程中,他们肯定用语音字母代替了象形文字;而孤立的埃及,由于受实际需要和贸易发展趋势的影响较少,所以能使象形文字的体系得以保留,并将其发展到了最高水平。”②

必须谨记这一事实：我们字母表里的一些字母是稍后一些的民族的发明。在历史最为古老的字母表中没有 c,c 的位置是 g。罗马人将 g 改成了 c；后来他们发现有必要增加一个 g 的符号,于是他们在 C 的尾部加了一笔,就成了 G。希腊人将希腊语的第 20 个字母加入了古代的字母表中，这个字母的形状和我们的 V 或者 Y 很相像,开始的时候,这两个形状的字母是被混合运用的。他们加上了符号 x;他们将腓尼基语中的 t 改成了 th 或者 theta；z 和

②鲍德温:《史前民族》,第 93 页。

s 成了双辅音的符号；他们还将腓尼基语中的 y(yoa)改成了 I(iota)。希腊人把一部分是辅音的腓尼基语音表改成了一个完整的语音表——“一个口语表达的完美工具”。w 也被加入了腓尼基的字母表中。罗马人加上了 y。开始的时候，i 和 j 发同样的音；j 这个符号是后来加上的。像欧洲其他语言一样，我们还加上了一个双 U，也就是 VV，或者 W，其发音为 W。

那么应当把功劳记在腓尼基人头上的字母是 A、B、C、D、E、H、I、K、L、M、N、O、P、Q、R、S、T、Z。如果我们要寻找同任何其他国家的字母表的相同之处，那么它肯定与这些符号不无关联。

有没有任何其他国家拥有在某些方面与腓尼基字母表类似的字母表，好让我们用以参照呢?它绝不会是中国字母表，其中符号比单词多；它也不可能是亚速尔的楔形文字字母表，其中的 700 个箭形文字中，没有一个与腓尼基语的字母有哪怕一丁点相似之处。

我们在中美洲发现了一个语音字母表，这件事的确令人感到意外。它是在玛雅人，犹加敦半岛居民的字母表中发现的，他们认为自身的文明是从东方，也就是亚特兰蒂斯的方向通过船只漂洋过海到达这里的。玛雅人是考华斯人的继承者，后者的时代在基督时代的 1000 年前就已经终结了：玛雅人的字母表就是从他们那里得到的。它是通过早期的传教士之一朗达主教流传给我们的，他对外宣称自己把大部分的玛雅语书籍都付之一炬了，因为里面除了恶魔的作品，什么都没有。然而，他给后代留下了玛雅语的字母表，真是不幸中之大幸，我们把它列在下边。

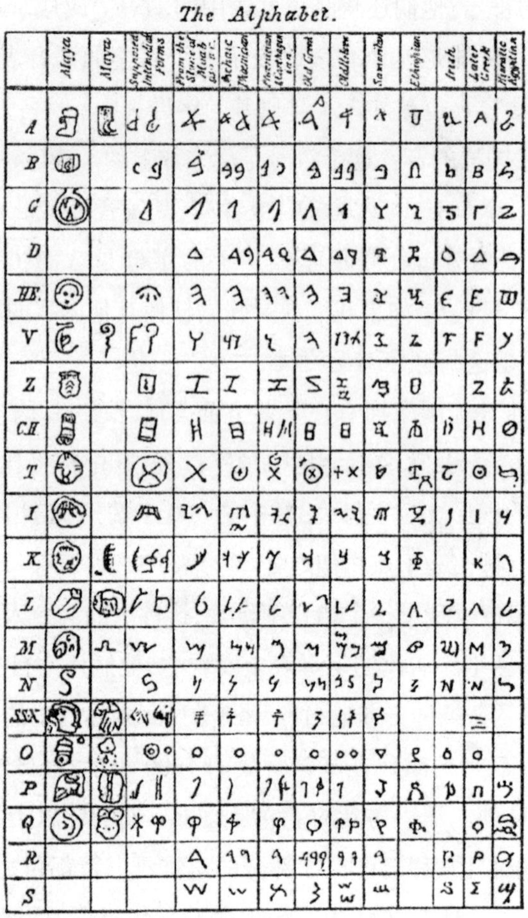

朗达的字母表:③

犹加敦的首位主教是迪亚多哥·朗达。他记录下了玛雅人和他们的祖国的历史，他的手稿在马德里皇家历史学会的图书馆中得到了完好保存……在手稿中有对玛雅语字母表所做的描述和解释。人们似乎忘记了被保存在图书馆中的朗达的手稿,因为在法国牧师布拉索·德·保尔勃格发现它之前,谁也没有听说过它,在它的帮助之下,这个法国牧师已经把一些古老的美洲作品翻译成了普通文字。他说:“朗达对那些字母表和符号所做的注释于我而言就像罗塞塔的石头。”④

如果我们观察到我在这里所给出的不同欧洲国家的字母表在腓尼基字

③舒特:《古代北美洲》,第 434 页。

④鲍德温:《古代的美洲》,第 191 页。

母的基础上做了多么大的改动的话，两、三世纪以来的玛雅语字母表和古代欧洲的字母表的任何相似之处都会令我们惊讶不已。但是，必须记得玛雅人是世界上最保守的人之一。他们的固执令人惊讶，他们还在坚持讲他们在哥伦布登上圣萨尔瓦多岛时讲的语言；而且我们深信那种语言和在他们国家最古老的纪念碑上所刻着的语言是一样的。赛诺·皮门特尔在谈到他们的时候说：“印第安人固执又保守地延续着这种习惯用语，以至他们不愿意讲别的语言；白种人有必要把这些习惯用语放在他们自己的语言中，以方便同他们交流。”因为他们的字母表像腓尼基人的字母表一样没有从一个民族传到另一个民族，所以它在继承考华斯人的原始形态的基础上并没有做出很大的改变。

但是如果我们考虑到已经过去的这么长的时间，以及我们可能没有经历腓尼基之前的古代字母表的中间状态这一事实，那么发现玛雅语的字母和欧洲字母的形状有些许相似的地方都是让人无比惊讶的，虽然我们承认它们有联系。如果我们发现两或三个字母之间有确定的相似之处，我们就能够理所当然地推断对于许多其他在世纪的磨损中消失的字母也一定存在这种相似的巧合。

我们对朗达字母表做出解释的最初根据是这些字母所构成的复杂而华丽的文字。在这里，呈现在我们眼中的是粗糙的物体图，而不是我们用以表示发音的符号的两三画。而且我们发现它们自己经过了一种更为复杂和古老的文字的简单化。例如，字母 PP 在朗达字母表中的形状是 ，显而易见，这是一张脸的图像。符号 x 也是一样，虽然不是特别明显，它的形状是 。现在，如果我们能够看到在中美洲纪念碑上刻着的古代象形文字，我们将会在其中的很多文字中都能发现人脸的形状，以下是我们从布兰科的十字架碑上复制而来的。我们从碑铭的左边摘取了这些象形文字。在这里，我们能够发现，在 7 个象形文字的图形中有 6 个都包括人脸。而且我们还发现，在那个十字架碑上刻着的 108 个象形文字中有 33 个都是部分地由人脸组成的。

因此，我们能够发现朗达字母表的趋势是逐步的单一化。如果把象形文字的图画——最初的时候它们可能被试图用于制作缓慢而精细的宗教碑铭——放在一个繁忙、活跃的商人手中，例如亚特兰蒂斯人和以后的腓尼基人以及其他时间对其非常有价值的人们，自然而然地它们就会被简化、压缩；并且如果该图形的原始意思遗失了，他们会很自然地把它忽略掉，比如我们在玛雅语字母表中发现的保留着粗糙模糊的人脸形状线条的字母 pp 和 x。

就像朗达字母表中显示的那样，字母 h 的两种形状也清楚地证明了这个趋势，其原先的形状比其变体要更为细致得多。它的最初形状是 ，变体的形状是 。现在我们假设这种简单化又向前迈进了一步：我们已经看到第一个形状的上部和下部均变为一个更小且比原来更为简单的形状，让我们想象他们都是在同一个趋势下被废除的，然后再看玛雅语字母表中的字母 h，它是用这个图形表示的，；现在来说，因为写一画比写两画更为省时，所以这个图形会适时地变为 。现在我们再审视一下古希腊人和希伯来人的文字，就会发现字母 h 是用  这个符号表示的，正是从玛雅语的字母 h 简化而来的。再来看古希伯来人，我们发现了 。正如我们所知，腓尼基人书写的时候是从右到左，就像我们从左到右的书写方式会使我们写出的字向右倾斜一样，腓尼基人的书写方式决定了他们写出的字会向左倾斜。因此玛雅语的符号在古腓尼基语中就变成了这样，。我们甚至在一些腓尼基的字母表中发现了和玛雅语中的字母 h 一样的上下都是由两画组成的字母 h。埃及象形文字中 h 的形状是 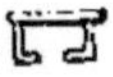，而 ch 是 。希腊人又适时地作了进一步的深化，就像我们已经推测过的亚特兰蒂斯人把双线去掉一线那样，他们删除了上面的横线，于是这个字母就变成了流传至今的这个样子，H。

现在，所有这些都可以被说成是偶然的巧合。如果确实是的话，这当然是非常引人注意的。但是让我们再做下更为深入的观察。

从朗达的字母表的显示中，我们发现字母 m 有两种形状。第一种形状是 ；但是朗达说我们也发现 m 以以下这种方式被字母 o，a 或 e 联了起来，。M 当然是这个联合图形的中间部分。这证明了什么？亚特兰蒂斯人或者玛雅人在试图对他们的字母作出简化并且把它们与其他字母联起来的过程中，从过度装饰的象形文字图案的中间摘取了某个文字符号，并用这个符号来代替整个图案。现在，让我们适用这个规则。

在字母表中我们已经看到，从我们的时代到腓尼基人的时代，在每一种语言中，字母 o 都是用一个圆圈或者一个圆圈套在另一个圆圈里面来表示的。那么腓尼基人是如何得到它的呢？很明显是从玛雅语中得来的。在玛雅语的字母表中代表字母 o 的图形有两个：它们是和。现在假如我们将上面适用于玛雅语的字母 m 的例子中的规则适用于这些图形，那么每一个图形中最为重要的一处就是那个圆圈，在第一个象形文字中是那个下垂的部分；在另一个象形文字中在其下半部分的中间。这个圆圈摘自象形文字，且被单独使用，这与字母 m 的例子是一样的，后一个例子可以由用于朗达字母表底部的符号得到证明。朗达把它叫做 ma、me 或者 mo；这可能是最后一个，并且其中有在象形文字中分离出来的圆圈。

我们发现标准的玛雅语中的 o 是两个圆圈里外相套，或者在一个圆圈中点上一个点，这在腓尼基语中得到了再现，因此腓尼基语中 o 的形状是⊙和◎；而且字母 o 在埃及象形文字中的形状实际上是相同的；希腊语中字母 o 的点位于圆圈的旁边而不是下边，就像在玛雅语中一样。

难不成这些是另一种巧合？

再以另外一个字母为例。在玛雅语字母表中，字母 n 是用这个符号表示的，它也许是某一种更加繁琐的形式的简化。它和我们的字母 S 很相像，而不像我们的字母 N。但是如果我们查一下我们的字母 N 的家谱，就会发现在和埃及语一样有着古老历史并代表着其亚特兰蒂斯祖先的库施特族分支的古代埃塞俄比亚语中，代表字母 n(na)的符号是。它的形状在古代腓尼基语中与S 更为近似，即，或者是这种形状，。只需把这些角弄弯我们就会发现它与玛雅语中的字母 n 非常相似。在特洛伊发现了这个形状，。撒玛利亚人把它转化为这个形状，；古希伯来人则把它又转变成这个形状，；在默阿布石碑的碑铭上它的形状是这样的，；后来的腓尼基人又对这一古代的形状做了更深一步的简化，它简化到，然后到；它在古希腊语中的形状是；后来的希腊人又把它演变成，到后来它的形状就演变成了现在的 N。所有的这些形状看起来都像是一条蛇：我们希望能在尼罗河的山谷中有所发现，我们发现在埃及语中，N 的象形文字就是一条蛇，；佩拉斯吉语中的 n 的形状是；阿卡狄亚语中的 n 是；伊特鲁里亚语中的 n 是。

还有什么比在中美洲以及所有这些旧世界的语言中，发现蛇是字母 n 的标志这一事实更重要的吗？

现在我们将目光投向字母 k，玛雅语中以符号来代表 k。这与我们的字母 k 不是很像；但是我们可以分析一下它。以玛雅人在字母 m 的例子中为我们树立的先例为依据，让我们观察下在这里什么最为特殊。很明显蛇的图案是直立的，它的尾巴围绕中心盘了两圈，形成了一个圆圈。萨瓦林尼已经注意到这条直立的蛇的形象比较接近埃及人的毒蛇形标志，一条有着扩大了的身体的直立的蛇——在他们的造物主的头发里发现的一个神圣的象征。再来求助于尼罗河的山谷，我们发现埃及语中字母 k 的象形文字的形状是一条在中间盘了一圈，或者中间部分凸起的蛇，很像玛雅语，它是这样的；这又转变为埃及语中的字母；这条蛇和它的凸起又在腓尼基语中字母 k 的形状中出现了，它是这样的；而它在古迦太基语中的形状则是和。现在假设一个手忙脚乱的人想要写出这样的符号：他或许会把它简化为诸如此类的东西，而不是将所有蛇的细节一一描画出来；现在我们来看古代埃塞俄比亚语中表示字母 k(ka)的符号，它以这种形状表示；而在腓尼基语中它演变为；在古希腊语中又变成了：在后来的希腊语中，书写方式变为从左到右，于是字母 k 的形状变为K。所以夹着我们的英文字母 k 的竖画的两条横线是对最早出现在玛雅语中缠绕的蛇以及它在埃及语中的副本的回忆。

现在来看玛雅语中代表字母 t 的符号：。这个图案又有什么独到的特征呢？它是由两条曲线交叉构成的，即，。在玛雅语的符号中这个交叉可能是在底部相连，类似于一个 8 的图案。在这里，再一次求助于尼罗河的山谷，我们就会发现埃及语中相应的表示字母 t 的符号是和；古叙利亚语中字母 t 的相应图案是。我们甚至发现玛雅语中形状有些像数字 8 的表示 t 的曲线在地中海的字母表中完全得到了复制；换句话说，古迦太基语几乎一成不变地复制了玛雅语中X和的形状。现在假设一种情形：在数千年前，

一个繁忙的人被迫每一天都要书写整个符号,一般在过于匆忙的时候,在写这个交叉符号的时候为了省事就不会画曲线了,就这样,它变成了 *x*。但是,在它被演变成这种形状之前,它就已经穿越了大西洋,并且在古代埃塞俄比亚语中表示 tsa 的符号里出现了,它是这样的。在古代腓尼基语中,代表 t 的符号是和;最古老的希腊语形状是或者,再后来,希腊人把它转变成了罗马书中的,并且把它修改为;古老的希伯来人又把它的形状变成了和;在默阿布的石碑上它的形状是;后来它又被适时地转变成了和。

我们再分析下字母 a,在玛雅语中有三种形状代表着字母 a。第一种形状是;第三种形状是。第一种形状看起来很像一头狮子或一只老虎的脚的图形;第三种形状很明显是一只脚或靴子的图形。如果要求一个人匆匆忙忙地画出这些图案的粗糙线条,任何一个人都会画成这种形状。我们可以认为这个图案会被及时地修改为腓尼基语中的字母 a,即吗?在僧侣们使用的埃及语中,a 的形状是;古希伯来语中的 a 是或者的形状;古希腊语中的 a 看起来像一只被颠倒过来的脚;后来的希腊语中的 A 就变成我们的 A 了。

下面再来看玛雅语中字母 q(ku)的符号是如何表示的:它是这样的。那么这个象形文字又有什么独特的地方呢?下面的圆圈没有什么特殊意义,因为在玛雅语字母表中可以发现很多圆圈的图案。显然地,假如让一个人对这个符号做下简化的话,他会将上面的两个边挨在一起的小圆圈保留下来,而且会用一条线或者一个破折号替换掉下面的这个圆圈。如果我们查一下埃及语中的 q,我们会发现它的形状是;如果我们查的是埃塞俄比亚语的 q(khua),就会发现它的形状是,就像 qua 一样,;腓尼基语中的 q 与推测的玛雅语中 q 的形状更加近似,它是;默阿布的石碑上刻的是;在希米雅尔的阿拉伯语中 q 的形状变成了,渐渐地,这个符号演变成了罗马字母中的 Q。但是,在 q 的其他形状中找到了一个可以证明腓尼基语的字母表是从玛雅语演变而来的更加令人侧目的证据,即玛雅语中的 cu,它的形状是。现在假如我们将玛雅语中的规则套给它,去掉外面的圆圈的话,就只剩下了。很快,线条由曲变直,这个图案就会显示出这个形状,;下一步将是在直线上加一个交叉,成为这样,。腓尼基语中的一个形状是。难道所有的这些都是偶然的吗?

字母 c 或 g(因为在腓尼基语中它们可能发相同的音)在玛雅语中用这个形状表示,。很快,它被简化为一个代表顶点在上方的三角形的两边的图形,即∧。这种形状∧正是希里曼博士在特洛伊的废墟中发现的。在默阿布的石碑上发现的腓尼基语的 g 的形状又是什么样的呢?它是这样的:。在迦太基的腓尼基语中,它的形状要更为圆滑一些,是∩。僧侣用的表示 g 的埃及图案是;在早期的希腊语中,这个图案左边的部分被缩短了,成了;后来的希腊语将它反转过来,并把它写成了Γ;罗马字又把它改成了,于是最后它变成了 C。

在玛雅语中,有一个表示字母 P 的符号,还有一个表示字母 PP 的符号。在第一个符号里包括一个奇特的图案,它的形状就如同我们的字母 r 躺在它的背上一样,。很明显在玛雅语的字母表中 r 这个字母是不存在的,而且罗马语中的 r 是由腓尼基语中形状为的字母 r 变化而来的,看起来好像是最早的腓尼基语字母表中并不包括字母 r。不过假如我们现在查找腓尼基语的字母表,我们会发现一个与上面给出的表示字母 P 的图案形状相同的字母,,在它的表面有一个非常清晰的代表脸的图案。在玛雅语和腓尼基语中都能发现这个单独的符号,这总不是惊人的巧合了吧?玛雅语中字母 PP 的形状是这样的,。如果要求我们根据已经说明的原则将这个图案变换成它的一部分,那么我们会变成这个图案,;很快,出于省时的需要我们就会把这些竖线中的一条减短,这样经过改变以后,我们就会发现它和腓尼基语中的 P 的形状极为相像,它是这样的,。希腊语中的字母 ph 就是Φ。

字母 IO 在玛雅语中的形状有两个:一个是,另一个是。现在,假如我们仍然利用字母 m 的例子中的规则——也就是说采用这个象形文字的一部分代表这个字母的话——我们将会对以下两个形状其中之一进行挑选,或者是一个有右边角的图案,即,或者是一个把两条不连接的线连起来形成的一个锐角，即 ν；不管是哪个形状都在一定程度上和旧世界里的字母 I 非常相似了。我们在默阿布的石碑上发现了字母 I，其形状为 6。古代腓尼基语中字母 I 的形状为 ν 或者 L；古希伯来语中字母 I 的形状为 ∠ 和 L；在僧侣用的埃及语中，字母 I 的形状为 ；在希腊语中它呈现这样的图案：Λ——即罗马语中的 L。

玛雅语中代表字母 b 的形状是 。现在如果我们再看腓尼基语，就会发现代表字母 b 的是一个相同的新月形图案，而从这个象形文字的中间可以发现这个图案，只不过书写方向相反，它是这样的形状，)。虽然在古希伯来语中的新月形图案与玛雅语中的图案相同而方向不同，但是这些图案的下面和左面都有直线，即 。在腓尼基语中的 9 又发现了与之相近的形状，它在最初的希腊语中的形状转变成了 8，并且在其后的希腊语中变成了 B。在伊特鲁里亚语中字母 b 的形状是 ɔ，而在佩拉斯吉语中，ɔ コ 代表字母 b；在迦勒底语中，代表字母 b 的形状是 ；古叙利亚语中的 b 是 1；伊利里亚语种的 b 的形状是 。

在玛雅语中，代表字母 e 的形状是 ，没多久它就变成了 ，到了后来就转变成了 （我们在玛雅的纪念碑上发现了这个形状），这些点又迅速地被笔画所取代，后来我们使用了僧侣用的埃及语中的  这个形状；在一些古腓尼基人的碑铭上我们甚至找到了玛雅语中被留做构成字母 e 的圆圈，它的形状是 ∃；后来我们发现了古希腊语中的 ʒ；古希伯来语中的 ∃；以及后来腓尼基语中的 ㅋ。当书写方向改变了以后，它又适时地演变成了 E。希里曼博士在特洛伊的废墟的碑铭上发现了相似的形状，。这恰恰是在美洲纪念碑上发现的形状。

在玛雅语中，代表字母 i 的形状是 ，它又迅速地演变成了 ，伴随着不断的演变，后来它又发展成为一个更简单的形状 ，这个形状又转变为腓尼基语中的形状 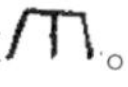。撒马利亚语中 i 的形状是这样的，；埃及语中的字母 i 是 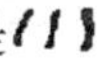。渐渐地所有这些图形的左半部分都被舍掉了，就这样我们看到了默阿布石碑上的所刻的图形  和 ；很快地，他们在古希伯来语中又变成了  或者 ；后者又发展为希腊语中的 ‡。

我们已经看到象征着字母 m 的繁琐的符号被玛雅人简化成了这样的形状， 。如果我们想要很快地去写出这个形状，我们就会发现，下面的线很难写平。很自然，有时候我们会写成这样的形状 。玛雅语中表示 m 的独特图案是 或者 。我们看到在埃及语中 m 的象形文字重复了这个图案，这些象形文字是 、 和 ；在迦勒底语中，m 是 ；埃塞俄比亚语中的 m 是 。我们发现腓尼基语中一个表示 m 的形状是 。在古迦太基语中它的外形是这样的， ；这与默阿布石碑上的 m， ，或者古腓尼基语中的 以及古希腊语中的 或古希伯来语中的 并非没有一些相同之处。

字母 ，玛雅语字母表中的 x 是看起来像是一只指向下方的手 ，如果把它简化为它的成分，则会呈现像 或者 的形状。这和古代腓尼基语中的字母 x，即 ，或者默阿布石碑上的 ，或者后来的腓尼基语中 ，或者希伯来语中的 、 ，或者古希腊语中的 是非常相似的，后来希腊语中 x 的形状为 。

在玛雅语字母表中，找不到代表字母 s 的符号，但是在 k 的上面有一个叫做 ca 的符号，这个符号 ca 有可能代表的是字母 c 的轻音，它的发音就像我们在下面的单词中的发音一样：citron，circle，civil，circus 等。由于在玛雅字母表中它被写为 ca，而不是 k，这说明它代表的不是同一个音。符号 ca 是这样的， 。在表示 k 的符号中，发现了在某种程度上与表示 ca 的符号相似的符号，即， ，这看起来好像是由符号 ca 简化而来的。只不过它是向下的。如果我们现在看埃及语的字母，我们会发现字母 k 是用这个图案表示的 ，经过简化，它又变成了 ；而在默阿布石碑上腓尼基语的碑文中，代表 k 的符号是 。如果我们现在来看玛雅语中的符号 ca 即 所代表的轻音 s，就会发现它与欧洲的字母在相似度上更为惊人。腓尼基语中的 s 是 ；在希腊语中它们变成了 ；希伯来语中的 s 是 ；撒马利亚语中的 s 是 。埃及语中代表 s 的象形文字是 ；埃及语中的字母 s 是 ；埃塞俄比亚语中是 ；迦勒底语中是 ；伊利里亚语中的 s 是 。

我们已经把 18 个古代字母的源头都追溯到了玛雅语字母表。在一些例子中,那些相似之处非常明显,因此是无法辩驳的。

以字母 h 为例:

玛雅语, ;古希腊语, ;古希伯来语, ;腓尼基语, 。

或者以字母 t 为例:

玛雅语, ;古希腊语, ;古腓尼基语, 和 X。

或者以字母 q 为例:

玛雅语, ;古腓尼基语, 和 ;希腊语, 。

或者以字母 k 为例:

玛雅语, ;埃及语, ;埃塞俄比亚语, ;腓尼基语, 。

或者以字母 n 为例:

玛雅语, ;埃及语 ;佩拉斯吉语, ;阿卡狄亚语, ;腓尼基语, 。

所有的这些当然都不可能是偶然的。

但是我们发现了另外一个独立的证据可以证明这个理论的真实性:玛雅语字母表中没有字母 d 和字母 r。墨西哥的字母表中有一个 d。在玛雅语中 d 音和 t 音可能是用同一个符号表示,在芬族语和拉普语中这两个音没有分别。通过在默阿布的石碑上找到的腓尼基语字母表中已知的最古老的形状,我们发现同样也只有一个符号表示 d 音和 t 音。在伊特鲁里亚的纪念碑上,没有字母 D,它被字母 t 取代了位置。因此,据推断,玛雅字母表是在被传到腓尼基以后,他们才加上了两个表示字母 d 和 r 的新符号。一个令人费解的事实是, 他们发明的字母好像就是他们用来同时表示 d 和 r 的那个符号,这个符号是他们已经从玛雅字母表中获得的代表字母 b 的符号, 而且没有做什么大改动。

为了举例说明这一点,我们把这些符号挨着放在下面:

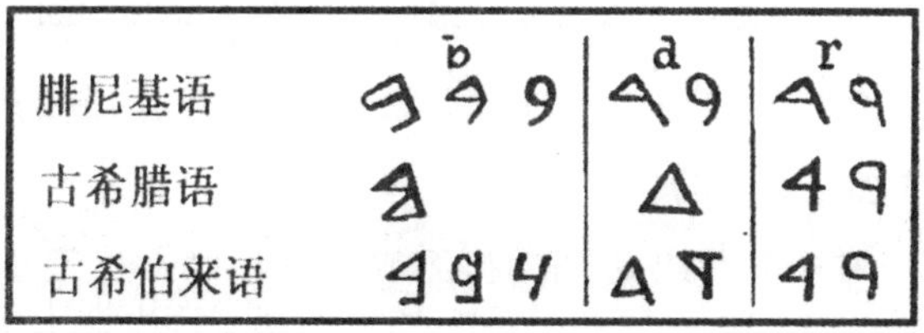

因此看起来，在玛雅语中不存在的，但是在腓尼基语、古希腊语和古希伯来语中用以表示 d 和 r 的符号，是通过玛雅语中代表 b 的符号转化而来的。而且一个奇妙的事实是在腓尼基传奇故事中，他们说书写艺术的创造者是透特，同时，还将透特记笔记的事情告诉了我们，并且“把它们交给他的继任者和外国人，其中一个是奥西里斯(埃及人的神)——发明这三个字母的人”。d 和 r 有没有被包括在这三个字母中呢？正如玛雅字母表已经向我们证明的，这两个字母并不是他们从亚特兰蒂斯的字母表中得来的。

在我们借此附加的字母表中，我们用玛雅语中代表 U 的符号代表了 v、vau 或 f。“在现在所谓的希伯来语中，像在古叙利亚语、赛伯伊语，以及一些其他性质的作品中一样，vau 代替了 F 来表示 v 音和 u 音。我们还发现，在塞浦路斯印第安人的石碑上，在利西亚语和巴巴里语和一些其他的作品中，F 出现在了相同的位置。”

自以上的作品之后，我在 1880 年 12 月《美洲哲学社会的进程》一书的第 152 页看到了一篇很有意思的文章，他写到了玛雅字母表和埃及字母表存在的其他相似之处。特引用如下。

“按照圣梵伦泰所说的那样，我惊讶地发现，朗达的第一个 B 是用一个脚印来表示的，而且那条小路和脚印在玛雅语字典中的发音是 Be，而埃及语中表示 F 的形状则是人腿的图形。

还有更为惊奇的，在朗达字母表中，H 是一捆粗线，而埃及语中的 H 是一条扭曲的粗线……但是最让人感到惊讶的是朗达字母表中代表 U 的是盘绕的或者歪曲的线；因为它与埃及语中弯曲的 U 完全一样。在玛雅语中，代表缠绕和弯曲的词是 Uuc；但是埃及人为什么应该在他们要去尼罗河山谷的时候划界，为什么在欺骗大海和海员的时候应该受到憎恨，为什么他们把 U 和中美洲的朗达字母表中的 U 写成一个样子？在朗达和埃及语的字母表之间还有一个让人惊奇的巧合。而且，顺便说一下，英语和条顿语的方言在其中也有奇特的一致之处。朗达字母表中的 D(T)是一个每 1/4 份中都有线的圆盘，在墨西哥语中它象征着白天或太阳。从发音上来说，英语的 day 是它的发音；从形式上来说，埃及语中(1)国家、家乡，以及(2)太阳的运行轨道的表意文字‘cake’实质上是一样的。”

看起来腓尼基语和埃及语的字母表好像是从同一个源头演变而来的，

而玛雅语则是这个源头的残存物,但是它们彼此并未互相借鉴。他们从同一个最初的象形文字中演变出了各种各样的特征,字母 b 的例子就是这样。我已经证明了玛雅语的字母表和埃及语的符号之间最紧密的相似性——在 c、h、t、i、k、m、n、o、q 和 s 中——总共是 11 个字母。有些时候,比如在 n 和 k 的例子中,符号是完全一样的。在这两个字母表中,k 的形状都不只是一条蛇,而是一条在中间绕了一圈或者中间有凸起的蛇! 如果我们在上面再加上《美洲哲学社会的进程》中提到的 b 和 u,那么在玛雅语和埃及语中,16 个字母中就是 13 个是彼此联系的。有任何刚好巧合的理论能够对此作出解释吗?而且必须记住这些相似性是在世界上仅有的两个语音体系之间找到的。

让我们做个假设:假如这两种人一致认为他们彼此都应该在另一种人之外再建立一个 16 个字母的语音字母表;假如他们仅能使用简单的形状——即直线或曲线的联合——而且他们的符号与现在使用的字母从哪方面来说都不存在相似的地方。他们分开工作,他们在线、角、圆和曲线的上千种可能的组合中选取了很多形状,当他们将这一切都完成的时候,把他们的字母表放在一块做下比较。在这种情况下,在 16 个符号中有一个可能是一样的,而发生这种情况的几率只有 1/100,不过该符号在两个字母表中表示同一个语音的几率连 1/500 都不到。相隔如此之遥的两种人不太可能选取两个或三个相同的形状,这些形状更不可能具有相同的意义了。就算我们有无比丰富的想象力,恐怕也很难想到在如此产生并且没有一致性的两个字母表中,16 个符号中竟然有 13 个都是形状相同,意思一致的。

对中美洲纪念碑的大量的研究可能会使我们更加明白玛雅语字母表和欧洲字母表之间存在的关联,并且对欧洲碑铭的进一步发现或许也能通过对中间形状的添加使新旧世界的字母表更为接近。

在美洲的象形文字中我们找到了代替图画的特殊符号,如同和埃及的象形文字掺杂的僧侣用符号一样,这些符号也许代表了字母的读音。例如,我们在帕伦克宫殿的墙上找到了这个符号,  ,它和腓尼基书面语中 t 的形状是一样的,即,  和  。在这些纪念碑上我们还观察到字母 o 是由一个小圆圈代表的,并且记入了很多象形文字。我们还发现 tau 这个符号(即)经常被重复。还有我们推测的代表 b 的那个符号, ;还有这个符

号,,我们认为这个符号是由字母 k 简化而来的;还有这个我们推测代表 e 的符号;还有这个图案,;和这个。不管在什么时候,假如作者要继续构成文字,都会有一个很明显的倾向,那就是将繁杂的图案转变为简单的符号。

虽然,到现在为止,这一直都是很困难的,但是如果对形成于玛雅字母表的合成词的解释是可能的话，我们仍然可以做足够深入的研究以领会简单易懂的语音体系——那些他们用于我们已经参考过的整个象形文字的语音体系。

除了字母表以外,朗达主教还给了我们表示天和月的符号,这些符号很明显是玛雅字母组合而来的。例如,代表月 Mol 的符号是。在这里我们可以非常明显地看到代表 m 的字母,代表 o 的符号;而且在符号 m 右边的直角中我们可能还会发现代表 I 的符号,这个图案是从玛雅字母表中代表 1 的第二个符号中得来的。

恰磐奈克是中美洲最古老的民族之一,它是玛雅人的一个分支。他们对外宣称他们是第一批来到这个国家的移民。从他们的传奇故事中我们可以知道,他们来自海那边的东方。

即便是几千年之后，我们仍然看到了恰磐奈克语言和希伯来语之间存在的惊人的相似性,后者是腓尼基语的生动代表。

墨西哥学者提供了下面的表格，其中的单词都是摘自恰磐奈克和希伯来语。[⑤]

因此，我们发现在玛雅语字母表和腓尼基语字母表之间的相似度如此令人惊讶的同时，也发现了玛雅语的分支恰磐奈克语和腓尼基语的分支希伯来语之间存在同样惊人的相似之处。

欧洲的学者长久以来一直努力将腓尼基语的字母表的源头上溯至复杂的象形文字,所有的学者都想要证明这些字母的源头是这些象形文字,但是没有一种努力取得成功。然而在这里,在玛雅的字母表中,我们不仅能够从象形

⑤舒特:《古代北美洲》,第 475 页。

英语	恰磐奈克语	希伯来语
儿子	Been	Ben.
女儿	Batz	Bath.
父亲	Abagh	Abba.
黄道带的星星	Chimax	Chimah.
国王	Molo	Maloc.
亚当的名字	Abagh	Abah.
痛苦的人	Chanam	Chanan.
神	Elab	Elab.
九月	Tsiquin	Tischiri.
更多	Chic	Chi.
富有	Chabin	Chabic
塞特的儿子	Enot	Enos.
给予	Votan	Votan

文字的中心选取代表一个语音的典型符号,而且我们还能更深一步地通过科潘和帕伦克的纪念碑上的碑铭,将更为古老和复杂的象形文字图形变得更加简单;因此我们不仅发现了欧洲字母表和美洲字母表之间存在的联系,还用某种方式探索了它们的发展踪迹。所有这些都证明讨论中相似性的形成并不是因为腓尼基人偶尔拜访了美洲海岸,而是因为其起源、源头以及腓尼基语字母表借以形成的母体是同一的。根据这种发现,中美洲纪念碑上碑铭具有的重要性难以言喻,它们把我们带回到了欧洲已知的最悠久文明很久以前的文明,它们代表着太古时代的语言。

也许会存在这样的说法,即,字母表使用的历史不可能追溯到太古时代,或者古代欧洲和美洲进行交往的史前时期;但是必须要记得,如果欧洲和亚洲流传的有关大洪水的传奇故事有任何真实性的话,那么就是它们证明了书写艺术早在大洪水发生之前就已经存在了,那些在洪水中侥幸逃脱的人们将有关洪水的记录保留了下来;虽然柏拉图告诉我们,亚特兰蒂斯人把它们的法律刻在铜制的柱子和金子做的盘子上。

在上古民族中有一种普遍的信仰,即在大洪水来临之前的人们已经掌握了书写的艺术。德鲁以特教的教徒相信比大洪水的传奇故事还要古老的书籍。他们称这些书为“费里特之书”,和“前一天或胡的作品”。赛芮德文在试着揭开可怕的大洪水的谜团之前就参考过这些书。[⑥]从第一个护寺神的神话故事中我们知道:“恶魔盗走了神圣的法令。于是护寺神变成了一条鱼;而且在洪水消退之后,他在海底重新发现了这些神圣的书。”博弱瑟斯在谈到大洪水之前的时期时说:“欧恩尼斯的作品是关于人类的后代以及他们文明

⑥法珀:《异教徒的崇拜》,第二卷,第150、151页。

的政治制度的。"《创世纪》的希伯莱注释者说,"我们的犹太教士主张,存留于我们神圣记忆中的父亲亚当写下了一本箴言书，这些箴言是上帝在天堂给他的。"[7]这也就意味着,希伯莱人保留了这样一个传说,即,亚特兰人或者亚特兰蒂斯人,在天堂定居的时候就已经掌握了书写艺术。这表明如果离开字母的话,就不可能会保留这么多有关日期、年代和尺寸直至方舟的细节并通过《创世纪》传递给我们了。朱瑟福斯引用了犹太人的传说,他说:"亚当和诺亚之间的时期,大人物的出生和死亡的确切日期都被记录在史了。"[8]希腊11世纪的一个词典编纂者苏达斯在谈到传说的时候说,"亚当是艺术和文学之父"。埃及人说他们的神阿努毕斯就是大洪水之前的人,他在洪水之前写下了一些记录。在中国人中流传着这样的传说,即他们民族最早的史前民族"教给人们所有生活的艺术，并进行书籍的撰写"。"哥特人一直都使用文字";李·格兰德声称在大洪水发生之前或不久以后就有了"在大石头上刻着的英雄任务的事迹"。普林尼说,"文字从未间断"。斯特雷波说,"西班牙的居民保留着大洪水之前写下的记录"。[9]米特福德说:"对我们来说,再没有比它(字母表)来自大洪水之前的世界更为可能的了。"

第八章　令人迷惑的欧洲青铜器时代

在欧洲我们发现了可以证明人类3个不同时代的证据。

1. 石器时代,可追溯至遥远的古代。它又被分为两个时期:粗糙石器的时代以及一个晚一些的时代,在这个时代,人类将这些石器打磨得更加光滑圆润,从形状上也有所改观。

2. 青铜器时代,在这一时期,混合金属工具被大批制造出来,这种金属是由9:1的铜、锡混合而成的。

3. 铁器时代。虽然铜还是被用于制作装饰品,但是铁已经成为了制作武

⑦史密斯:《神圣的年鉴》,第49页。

⑧史密斯:《宗教年鉴》,第49页。

⑨杰克逊:《古代编年史》,第三册,第85页。

器和切割工具的制作原料。这个时代一直持续到我们称为历史时期的那个时期，并且包括了我们现在的所有文明；它的更为古老的残留物被和高卢人、希腊人以及罗马人的钱币混合在一起。

青铜器时代是使欧洲科学家困惑的问题之一。差不多从那个大洲的每一处都发现了青铜制作的物品，只不过在爱尔兰和斯堪的纳维亚发现的更多些。这些青铜制品说明在其制作者中掌握了极为先进的精炼技术和文明；关于这些人是谁,他们在哪里定居的问题,曾经流传诸多不同的看法。

首先被提到的是,根据事物自然发展的顺序,青铜器(铜和锡的混合金属)时代肯定晚于铜与锡被独立使用的时代,也就是说在这个时代之前古代的冶金家还无法将它们彼此混合起来，但是在欧洲并没有发现这个时代有什么遗迹。约翰·鲁布克阁下说:“对我来说,在欧洲发现了小数量的铜制或锡制工具这一事实似乎告诉我们青铜的制造技术是被传进欧洲而非发明于欧洲的。”[①]人们特别注意到了在欧洲没有发现多少铜器这一事实——几乎所有欧洲的铜器标本都是在爱尔兰发现的，但是在都柏林的大博物馆中的1283 件青铜制品中,用纯铜制作的只有 30 件铜斧和一件铜剑,而且这些物品好像还有某方面的瑕疵。

我们将从地球表面的哪一部分发现一个铜器时代呢？是在野蛮时期的亚洲吗——据称它的野蛮部落是所有文明的起源？不可能。在考察西方的经历中,我们在美洲,从玻利维亚到苏必利尔湖的每个地方都发现了历经持久的铜器时代的踪迹;确实,在墨西哥存在青铜,但是它与铜的关系就像它和欧洲铜器关系一样——也是背离一般规则的一个例外。在苏必利尔湖岸边的赤皮威人中,也仅是在他们之中,我们找到了一些和铜器生产起源相关的传说:而且在那个湖的岸边我们发现了纯铜,在人们掌握矿石提炼技术之前,第一批金属工具可能就是用这种纯铜打造的。在靠近这个美洲湖岸边的地方,我们发现了古代的矿山,几千年前的人们就是在这些矿山中获取铜的。

W.R 维尔德先生说:“(在欧洲)只发现了这么一点的古代铜器是令人不解的,虽然人们对这种金属的了解肯定是在青铜的产生之前。”他认为只有作出下面的假设才能解释这个问题，即,“在了解熔炼技术和提炼铜中的矿砂技术之后,人们在短短的时间内就学会了把锡熔入铜的技术,于是青铜器

①约翰·布鲁克:《史前时代》,第 59 页。

开始被制造和使用”。

但是我们已经在美洲发现了大量的证据向我们说明，在人们学到把1/10的锡混入铜中就可以使边缘更加坚硬，并且在生产出了一种更高级的金属之前，他们对铜的使用已经有了上千年的历史了。

青铜器时代的出现并不是罗马文明的结果。约翰·鲁布克阁下指出[②]："从来没有发现青铜制的武器和罗马的硬币或陶器或者罗马时期的其他残留物之间有一丝一缕的联系；在像爱尔兰和丹麦一样的国家发现的青铜制品最为丰富，而这些国家一向未曾受过罗马军队的入侵；青制制品上面的装饰物并不具有罗马特色，罗马的青铜中包含比例很大的铅，这种情况在我们的青铜器时代从来都没有出现过。

人们普遍认为青铜器时代的出现应该归功于腓尼基人，但是就在最近，最高权威们对这个观点提出了不同的看法。约翰·鲁布克阁下[③]给出腓尼基人不可能是青铜器时代的创始者的下列理由。首先，装饰物不一样。在青铜器时代"装饰物中总能看到一些几何图形，而且绝少有动植物的图案出现，而在荷马所描述的被装饰过的盾牌上，以及所罗门的庙宇的装饰物中，则有大量的动植物的图案"。其次，青铜器时代葬礼的形式与腓尼基葬礼的形式不同。"再次，在我们所知的范围内，腓尼基人对铁器的使用已经非常熟悉了：我们发现，荷马在诗中描述的士兵们装备的已经是铁制的武器了，用于准备所罗门寺庙材料的工具也都是由这种金属制成的。"

M·德·福伦博格也持这种观点。他说："令人惊讶的是，腓尼基人最近的邻居——希腊人、埃及人、伊特鲁里亚人和罗马人——本应该生产过含铅的铜，但是腓尼基人带给北方人的只是不含铅的纯铜。如果地中海的文明人在他们的青铜中混入了铅的话，毫无疑问，那些有策略的腓尼基人也会做到这一点，至少他们应该像远古的半文明部落那样，用这种更便宜的金属取代了锡这种更贵重的金属……那么，总的来说，我认为将青铜器的知识传入这个青铜器时代的人不仅是腓尼基人还有其他在更靠东北的地方定居的文明人。"

E·戴瑟教授在他的著作中说："腓尼基人当然很熟悉铁器的使用，而且

---

②约翰·布鲁克：《史前时代》，第21页。

③约翰·布鲁克：《史前时代》，第73页。

几乎无法想象为什么在他们与在斯堪的纳维亚海岸之间的贸易没有这种金属……此外,伊特鲁里亚人也像腓尼基人一样对如何用铁非常熟悉,而且我们已经看到他们的青铜的成分是不一样的,因为他们的青铜里含有铅,这对于我们的青铜器时代是完全陌生的……现在，我们的目光必须超越伊特鲁里亚人和腓尼基人,以确认我们史前湖上高架小屋的青铜器时代的贸易。是不是在腓尼基人和迦太基人之外,就没有其他人从事航海和贸易了?在铁被发现以前这些人通过力久利亚港坚持与意大利湖边青铜器时代的人们进行交易。调查这个问题应该是历史学家的任务。我们都还记得,我们并不能证明腓尼基人是第一批航海家。相反,历史确实提及了被称为多卡里的俘虏,他们是在上一纪元 13 世纪的一次海上战斗中被哈姆斯三世打败的，而且,依据摩顿的描述,他们的面貌和赛而特人的面貌属同一类型。现在,可以假设如果这些多卡里的精力旺盛，以至能与一个强大的埃及国王比试他们在海上的力量的话，那么我们更有理由相信他们绝对与地中海沿岸和大西洋沿岸的国家和人民之间已经展开贸易了。如果在腓尼基人的时代之前确实存在着这样一种贸易,它肯定不会仅限于阿尔卑斯山南面的斜坡;它肯定也已经扩及石器时代在处于现在的瑞士这个位置的民族了。因此,青铜的引入可以追溯至非常遥远的古代,毋庸置疑,这个古代已经超越了最古老的欧洲民族的界限。”

埃及纪念碑上的赛尔特士兵

至于青铜器时代的商人，我们所确定的范围不能仅仅限定在腓尼基人和与其同时代的人,即多卡里的范围内。

我们已经看到,多卡里被描述成了大约公元前 12 世纪在与第 20 个朝代的哈姆斯三世的海战中被俘虏的人。他们可能是斯特雷波所说的吐火罗人。随附的图案上画着一个和埃及纪念碑上的画像一样的人。[4]这里我们看见的不是一个亚特兰蒂斯居民,而可能是一个来自殖民地的混血民族的代表。

摩顿博士认为,这些人看起来很像在埃及纪念碑上画的那些,长着“强壮的赛而特人的身材。对苏格兰高地居民非常熟悉的人或许能够看出他们

④诺特和格里登:《人类的类型》,第 08 页。

在表达上相同的地方”。

描述一个勇敢的民族至少是很有趣的,3000多年前,他们就坐船离开了西欧,去进攻强大的埃及。

很多世纪以来,对东方民族来说,他们都是很麻烦的;我们发现他们在公元前770年,被画在亚速尔人的纪念碑上。另外一个图案中是塞纳克瑞布时期的一个多卡里人。我们将观察到,在两幅图案中有着相同的头饰,虽然它们中间隔了600年。那么认为欧洲青铜器时代的创始者是柏拉图所描述的人是更为合理的——他们是用金属工作的工人,他们有着发达的文明,他们生活在所有我们称之为古人之前的时代。就是这些人在到达青铜器时代之前经历了一个铜器时代;在美洲的殖民地,他们是这种旧式的冶金术的代表,而这种技术已经存续了很多年了。

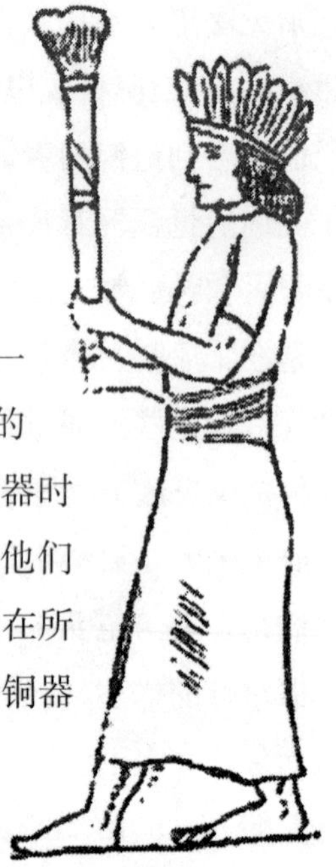

亚速尔纪念碑上的塞尔特士兵

戴瑟教授说:“当我们被问到如果青铜制品不是本土的发明的话,起源于阿尔卑斯斜坡上的又是什么呢?……”

对于这个想法,我们暂时勉强同意。但是有人提出下面的反对意见,即,如果是这样的话,像美洲的古老部落一样的本土人,早就生产出铜制的器皿了,不过这种金属制成的器皿只是在嘎达湖边发现了几个,在其他地方根本就没发现。相当数量的金属物品都是用青铜制造的。青铜器的制造是需要使用锡的,而锡只能通过贸易得来,因为在阿尔卑斯山上压根就找不到锡。所以,认为把锡和铜混合起来的技艺——换句话说,认为生产青铜的技术——是从国外引入的似乎就更入情入理了。”然后,他又表示,虽然在阿尔卑斯山上发现了金属铜的矿砂,但是存在一种可能,即,甚至“铜都是从外国引入的。考虑到在那个时代所生产的铜的数量之庞大,独立的贸易分支本身就需要不断的贸易沟通”。

而且如同我们看到的,使这种贸易延续下来的不可能是罗马人、希腊人、伊特鲁里亚人或者腓尼基人,因为他们的文明是在铁器时代才繁荣起来的。对于这个时代而言,青铜时代已经是以前的时代了,我们要寻找的就是这个时代从事航海和贸易的伟大的人们,他们将数量庞大的铜、锡和青铜

(这里指的是那些没有混入南欧的铅的青铜)带到了丹麦、挪威、瑞典、爱尔兰、英格兰、法国、西班牙、瑞士和意大利。如果将亚特兰蒂斯人排除在外,我们还能在哪儿找到这样的人?从柏拉图的记录中我们知道,亚特兰蒂斯人的船、船坞、运河和贸易都令古埃及人感到匪夷所思。塔尔迪克族语中水这个词的词根是 Atl;在秘鲁人的语言中表示铜的单词是 Anti(安第斯山脉的名字或许就是以它为依据的,因为在这些山的斜坡上有一个叫做 Anti 的领域);亚特兰蒂斯这个名字有可能不是从它产生的吗?它的意思难道不是铜岛或者大海中的铜山吗?是不是从这里生产出了成千上万吨的铜和锡,然后这些铜和锡在青铜器时代又被引入了欧洲呢?没有什么古代的作品能证明早期开采康瓦耳的锡矿用了多长一段时间。摩洛特已经指出,澳大利亚铜制工具的源头在外国,因为它们不含有铅或银。

或者,如果我们想要把除了亚特兰蒂斯之外,被带到欧洲的大量的铜是否有其他源头这一问题弄清楚的话,就要设想一下这些供应品的大部分难道不可能来自美洲苏必利尔湖的岸边吗?古代人所从事的矿业,被保存下来的数量惊人,不仅遍布湖边甚至延伸至湖中的岛屿。在罗伊尔小岛上发现了数量众多的 60 英尺深的铜矿;即使在被干扰的时候,后续最富的矿脉还是让我们看到了开矿者的伟大智慧;矿中的坑道都是通过地下排水管排水的。在这个岛屿上的三块土地上,古代人的开矿量比 20 年来我们开矿最多时的数目还要多,并且投入了大量的人力。在一个地方,矿中的坑道几乎连续延展了两英里。在这些矿的四周没有发现尸体也没有发现坟墩:因此,似乎开矿的人来自遥远的地方,并且把死者的尸体都带回去了。亨利·格里曼猜想,密歇根被称为“花园床”的奇特地方是那些开矿的古代人获取食物的地方。他还补充道:“在罗伊尔小岛上的发现使我们得以观察到了那些‘坟墩建造者’的特点,也使我们对他们有了一个彻头彻尾的不同的概念,这个发现使他们被赋予勇敢和冒险精神的尊荣,而这些品质往往都是和有着更高文明的民族联系起来的。他们在采矿的过程中获得的铜,有可能是用或大或小的船只运输的,这些船只载着它们穿越危险四伏并且常有风暴袭击的大海,这种危险性对我们现代人来说都难以应对,我们最大的船只对它都有着深深的恐惧,并丧身其中。而那些远离故乡的古代人却有面对未知世界的勇气,敢于面对海洋深处和荒野上的艰难与危险——他们确实是在被一股我们今天也不会羞于承认的雄心激励着。”

之所以在这么遥远的土地上存在如此大的工作量是源于那些伟大的文明民族对贸易的需求。那些其青铜器的生产遍及欧洲、亚洲和非洲的古老而伟大的人们，正如柏拉图所描述的那样拥有与可以到世界各地进行贸易的庞大舰队，他们的领土延及意大利和埃及，而且他们还使与美洲“相对的那块巨大的大陆”处于自身控制之下，那么为什么这些大量的工作不是由他们来做的呢？从亚特兰蒂斯的岛屿一直到墨西哥湾有一条连续的水道不断延伸，然后向上到达密西西比河，它的支流几乎触及了苏必利尔湖所有的铜矿。

亚瑟·米契尔说：“从智力程度上讲，发现和制造青铜要比发现和制造铁所需的智力水平要高。因为如果要制造青铜，首先要发现铜，还要掌握从矿砂中将它提炼出来的技术；其次要发现锡，还要掌握从矿砂中将它提炼出来的技术；最后是进一步学会将比例适中的锡和铜混合起来，只有如此，才能生产出这种具有坚硬金属特性的合金来。在把铁从矿砂中提炼出来以及从铁向钢转化的过程中要耗费同样的脑力劳动的说法当然没错。但是石器到青铜器要有一个相当大的跨越，而从青铜器到铁器的跨越相对而言是很小的……人类在其发展的某个时期，会在这里、那里或者不管什么地方独立地发现把铜和锡混合起来就能生产出一种非常坚硬的金属，而且用这种金属还能生产出生产工具或者武器——这种说法虽然不那么荒诞无稽，但是其可能性也没有多大。在人类进步的历史过程中也并没有类似的事件。可能性更大的情况是：最初的时候青铜器是在一个地方被一个或者一群人发明的，于是就开始在这里被使用。后来这个发明得到了更好的完善，而且人们也发现它适用于各种不同的用途，之后，它才会被在地球上广泛传播——这样就更容易理解了。”⑤

我们会在亚特兰蒂斯所开拓的所有殖民地上发现关于青铜的知识，在其他地方就发现不了；柏拉图告诉我们亚特兰蒂斯人拥有并使用这种金属。

通过某种迹象，我们可以知道，在青铜器时代，新的人类——即文明人就出现了。人们相信，在那个时代，欧洲第一次出现了驯养的动物——马，牛，绵羊，山羊和猪。这是一个长着小手的小人民族，从剑柄的尺寸上就可以

⑤亚瑟·米契尔：《现在的过去》，第132页。

推测出来,甚至对于今天的欧洲人来说,它们使用起来都不合手。与石器时代的人相比,这个民族的人的头颅比较长。

他们的移民肯定将它们生活的艺术和工具带到了法国、西班牙、意大利、爱尔兰、丹麦和挪威的海岸。在欧洲不同地方发现的青铜镰刀表明他们还种植谷物这种农作物。

人们对冰岛的研究结果是不确定的。洪保德说:“当北方人第一次在冰岛登陆的时候(公元 875 年),虽然那个国家空无一人,不过他们在那里发现了爱尔兰的书籍、钟和被称为帕帕鲁的早期来访者留下的其他物品,这些 papae(父亲)都是传教士。那么,如果根据我们在此处提到的证据,我们猜想这些物品属于来自法罗岛的爱尔兰修道士的话,为什么本土的传奇故事却将他们描述成穿越大海来自西方的‘西方人’?”⑥

如果他们“来自西方”,他们就不可能来自爱尔兰;斯堪的纳维亚人可能轻而易举地就会错把亚特兰蒂斯的书和钟当成了爱尔兰的书和钟了。他们并没有提到有任何能够证明这些遗迹属于最近造访这个岛的人的证据;并且因为他们发现这个岛上没有人居住,他们不可能辨别出这些书和钟在那里放了多少年了。

在瑞士、爱尔兰、丹麦和非洲遍布的青铜器有如此惊人的相同之处证明了青铜器时代的源头是同一的,而不是在每个不同国家的青铜器时代有其独立的源头这一事实。人们并不认为那个时期在这些国家之间存在任何陆路的沟通;我们所发现的图案上的巧合就只能用下面这个事实来解释了,即,他们的青铜制品得自某些从事航海的人,这些人同时从事与所有的这些地区的贸易。

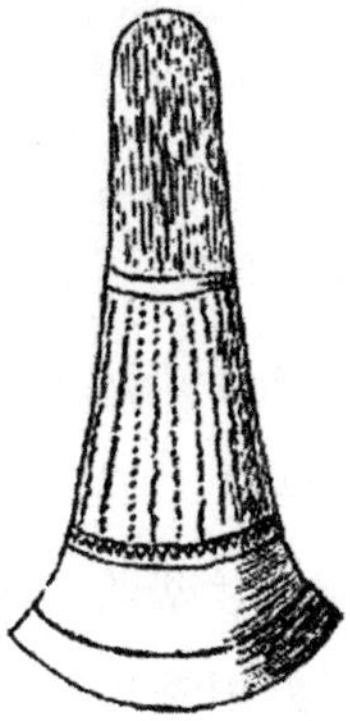

爱尔兰斧

例如,比较这两把装饰过的斧头。第一把来自爱尔兰,第二把来自丹麦;然后把这两把斧头与在田纳西坟墩中发现的斧头进行对比。就可以看出它们的形状是完全相同的。

把来自爱尔兰、瑞典、瑞士和丹麦的四把青铜剑和来自田纳西的石剑进行比照,就能发现它们有着相同的非常寻常的形状——即,所谓的叶形。

继续前进,我们将会发现腓尼基人的确是与亚特兰蒂

⑥洪保德:《宇宙》第三册,第 238 页。

斯人密不可分的，他们的太阳神或者天地之神或者 El 没准就源于亚特兰蒂斯，它就是以巴比伦人的天地之神，犹太人的神和魔王以及阿拉伯人的上帝的名字命名的。而且我们发现这个在地中海民族受到普遍崇拜的伟大的神，在欧洲的北部和西部海岸亦为众人所知并受到崇拜。尼尔森教授在斯堪的纳维亚发现了崇拜太阳神的痕迹；他对我们说在斯堪的纳维亚，以及远至挪威几乎到罗福登群岛，直到过去的 50 年中，太阳神节都是在夏至的晚上庆祝的。在后来的时期，爱尔兰人也有庆祝太阳神节的习俗。根据对这些事实加以分析，我得到的看法是，对太阳神的崇拜并不是从速尔述或者阿拉伯传入爱尔兰和挪威的，而是把有关太阳神的知识带到的地中海的先人们也把这种崇拜带到了欧洲西海岸，同时，他们也把今天在那些区域发现的青铜工具带到了这里。

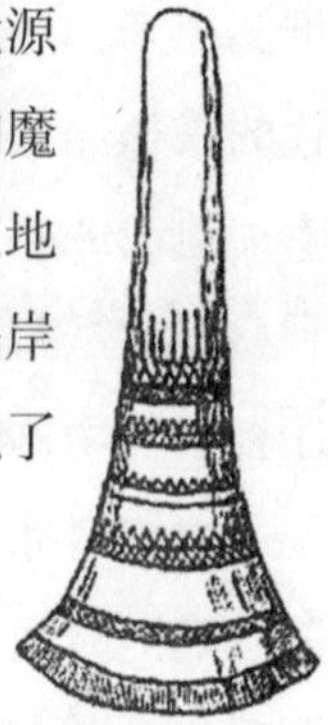

丹麦斧

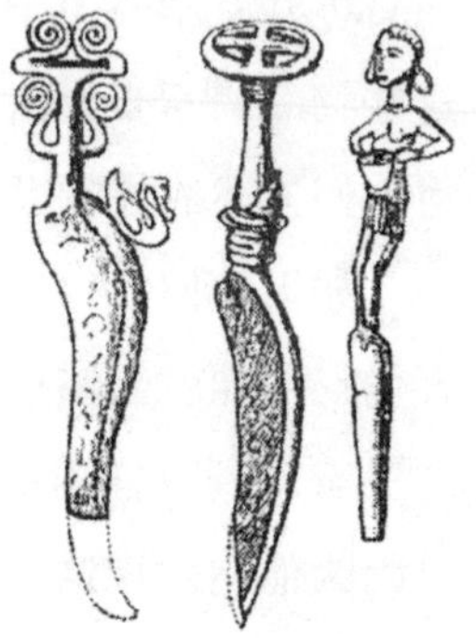

来自丹麦的青铜刀

丹麦和瑞士的青铜刀也有同样的相似之处。

在第三把刀柄上，我们会看到一个长着埃及人相貌的人拿着一个杯子。

继续前进，我们还会看到磁针，或者“水手的罗盘”——这个罗盘是由在水杯中漂浮的一块木头上的一根磁铁组成，这些都可以追溯至赫拉克勒斯的时代。可能在这个青铜器时代的古老遗迹中我们还会看到一个磁杯。在欧洲，从地中海到波罗的海所有海岸的人们都要在这种磁针的帮助下开展他们之间的贸易，因此对他们来说，这种磁针的重要性是不言而喻的。后面我们将会看到，上面的第二把刀的刀柄上有一个轮状物，或者说它被一个圆环包围，它是杰出的亚特兰蒂斯的标志。

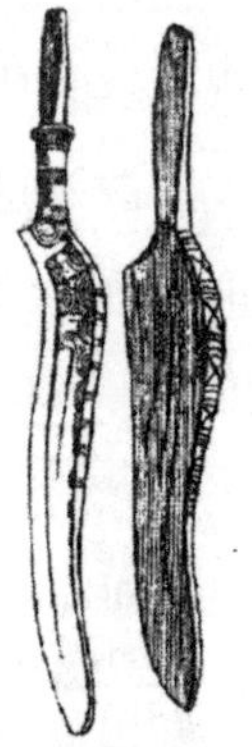

来自瑞士的青铜刀

如果我们能够证明这些青铜工具确实是大洪水之前的亚特兰蒂斯工匠的作品，那么它们在我们的眼中无疑具有额外的特殊意义，我们根据它们能够获得一些有关“那个伟大的、最初的、有着广阔眼界的、沉入水中的民族”的习惯和风俗的东西。

我们在青铜器时代的遗迹中发现了一个壶，它可能会帮助我们对亚特兰蒂斯人的房子有一些了解:壶上的图案代表的是一座房子,它甚至给我们展示了他们的固定门的粗糙式样。曼丹族的印第安人所建造的圆形房屋的式样和这个并没有太大差别。

慕尼黑博物馆中有一件有意思的陶器，人们推测它代表的是湖上村庄或小村庄——在那个时代,瑞士人还在从湖底搭建起来的高大建筑里居住。上面双螺旋形的装饰物告诉我们它是青铜器时代的产物。

在青铜器时代的奇妙遗迹中,有大量像刮胡刀一样的刀子;由此我们可以得出以下结论,即,刮掉脸上或头上全部或部分胡子或毛发的习惯在遥远的古代就已经存在了。

这些刀子是在丹麦发现的。它们上面有船的图案,它们上面的奇妙附属物也有可能是上古时期的一种帆。

检查一下第二把青铜刀,我们会发现它拥有独特的特色:这把刮胡刀的刀柄上有 10 串线;10 颗天上的星星；这个图案的左边可能还有 10 个圆环，其中有两个已经被擦掉了。我们被告知,它们代表的是亚特兰蒂斯 10 个下属王国；正像美国国旗上的 13 个条状图案代表的是美国最初的 13 个州一样,这个青铜工具上的图案中浮现的“十”这个数字或许也与亚特兰蒂斯的 10 个下属王国有关。这艘船中间的大型物体代表的或许是棕榈树——我们应该知道,在美洲,它是阿兹特兰或者亚特兰蒂斯的象征。我们只需要把这些古代刮胡刀上的船的图案与罗马大帆船的图案和威廉征服时期的船加以对比，就会幡然醒悟原来它们代表的都是那个遥远时代的大帆船——这是没有问题的。毫无疑问,它们是对柏拉图所描写的充斥亚特兰蒂斯的港口的大帆船进行的如实的描述。在爱尔兰发现了一把青铜短剑,这是一种制造得很坚硬的武器。它下面的雕刻表明,它是已经发现的青铜器时代的工具中唯一一件刻有文字的。我们根本不能分辨它的字母属于何种语言,更别提把它翻译成普通文字了。

关于青铜器时代,我们还应该提到,青铜(bronze)这个词是从巴斯克语,或者伊比利亚语中的 broncea 这个词得来的,西班牙语从中获得了 bronce 这个词,意大利语从中获得了 bronz 这个词。在远古社会,巴斯克人的铜矿得到了普遍的开采，这些铜矿的开采者要么是亚特兰蒂斯人要么是巴斯克人自己，后者是亚特兰蒂斯的一部分移民。这说明青铜器名字的源头和这种金属本身一样，都可追溯至柏拉图所描述的岛屿。

通过研究一些青铜时代的装饰品和工具，我们可能会明白那些古人的习惯。我们能看到它们已经达到了相当发达的文明程度；他们种植谷物，并且用镰刀收割；他们的女人用手镯、臂镯、耳环、戒指、夹发针和护身符装饰自己；他们的技工使用锤子、扁斧和凿子；而且他们的陶器的式样非常漂亮。约翰·鲁布克阁下争辩道："象征一个新的文明的不仅是青铜的存在，还有那些用青铜制造的物品的美观和多样。我们发现，这些物品中仅有以前石器时代的斧子、箭和刀，还有剑、矛、镰刀、鱼钩、耳环、手镯、别针、戒指和各种各样的其他物品。"

如果欧洲的青铜工具源于腓尼基人、希腊人、伊特鲁里亚人或者罗马人的话，那么我们发现的青铜器的数量在越靠近这些国家的位置就会越多：但是情况恰恰与此相反，约翰·鲁布克阁下指出在丹麦已经发现了350多件青铜剑，而且都柏林的博物馆中有1283件在爱尔兰找到的青铜武器。他说："但是我听说在意大利总共只有6件青铜剑。"依据上述事实，我们不能解释这种情况出现的原因，除非我们假定爱尔兰和丹麦从某些航海民族那里直接获得了他们的青铜工具，而且这些航海民族的领地和他们的海岸的距离就像他们的海岸离地中海的距离那么近。只要我们看一下地图，就会明白亚特兰蒂斯离爱尔兰比离意大利要近得多。

在欧洲各个地区发现的青铜工具具有如此让人惊讶的相似之处是它们来自同一个源头的另一个证据——这个源头就是某些伟大的从事航海的人们，他们同时还与丹麦、挪威、爱尔兰、西班牙、希腊、埃及、瑞士和匈牙利进行贸易。芮特先生说："不管什么时候，只要我们发现青铜剑或斧头，不论是在爱尔兰的远西、在苏格兰、在遥远的斯堪的纳维亚、在德国还是在更远的东方的斯拉夫国家，它们都是一样的——不是特征相似，而是毫无差别。"约翰·鲁布克阁下说："不但在欧洲发现的几种不同种类的斧头是相同的，还有一些剑、刀、短剑等等，它们看起来都极为相像以至于好像是出于同一个制作人之手。"

在希腊人、罗马人、伊特鲁里亚人和腓尼基人的铁器时代之前，除了亚特兰蒂斯人之外还有哪些人是文明的，是用金属工具作业而且同欧洲的所有地区都有贸易往来呢?历史或传说中提到过这样的人吗?

我们发现欧洲青铜器时代的陶器非常类似于美洲古代居民的陶器。

如果离开了支撑的东西,这些瓶子都不能自己立住;而且我们还发现瑞士的古代居民在用这些瓶子的时候,都将它们置于烘干的土圈或土环上。密西西比山谷坟墩的建造者们使用的也是同样的装置。

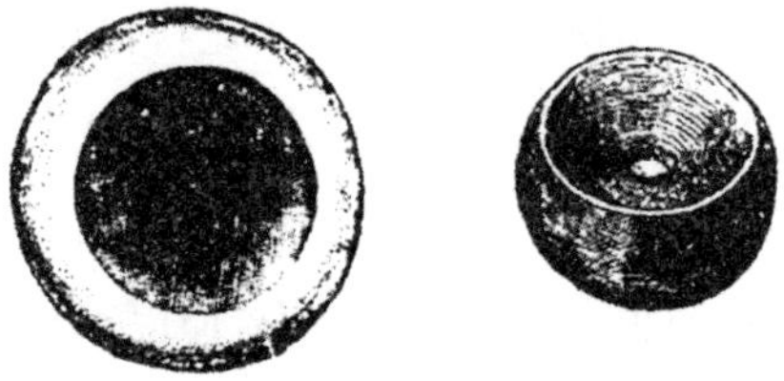

铁饼状的石头,伊利诺斯

下方圆环状石头的插图摘自《古代的北美洲》第 77 页。图上的这些物品来自于伊利诺斯州的一个古代坟墩。如果在两个不同大洲上生活的两种不同的人没有丝毫的往来，却把他们的瓶子都做成了这种不方便的形状，并且还想出了同样权宜之计来补救的话,这不能不让人感到惊讶。

我们观察到,在美洲的矛头和瑞典的斧头上、杆或柄的周围都缠绕了同样重叠的金属——这是一种把它们结合在一起的特殊方式，现在已经不再使用了。

在青铜器时代,欧洲最为流行的图案就是螺旋形或双螺旋形。它出现在了一个湖上居所状壶的表面上;另外,它还出现在苏格兰的石刻中。

同样的图案在小科罗拉多发现的陶片上出现了,见《美国太平洋铁路调查报告》第三册第 49 页,陶器一章。它是一件大容器的一部分。

我们在新墨西哥的古代岩石上的蚀刻画中发现了同样的图案。

这个图案在密西西比山谷的坟墩内发现的瓶子上同样也出现了。

在中美洲的很多纪念碑上也有这个图案的存在。在希腊迈锡尼爱特鲁斯的宝屋中,发现了一件柱形物的断片,这种双螺旋的图案完全将它的表面覆盖住了。

爱特鲁斯的宝屋是希腊最古老的建筑之一。

在离田纳西州诺希维尔不远的一个坟墩中，我们看到了一个构造严密的棺柩,里面有一副骨骼,在这副骨骼胸部的壳制装饰品上出现了一个双螺旋形的图案。

勒诺尔茫在埃及孟斐斯附近发现的青铜工具已经深埋于地下 6000 年了;在那个时代,因为埃及人对大海心生畏惧而不敢从事海上航行,所以他们用来制作青铜的锡肯定是一些从事贸易的民族从印度、高加索或者西班牙这些可以发现锡的离埃及最近的地方带来的。

黑尔已经说明了湖上居所的文明植物不是源于亚洲，而是源于非洲，并且很有可能都是来源于埃及的。他们的斧头的材料主要是翡翠或者软玉，奇怪的是，地理学家在欧洲大陆的土地上并没有发现这种矿石。⑦

把发现于印第安纳的坟墩中的铜斧的图片和发现于爱尔兰瓦特福特郡附近的青铜器时代铜斧的图片加以对比。福斯特教授宣布它们之间几乎没有差别。

把瑞士湖上居所中的陶器样本和来自墨西哥圣何塞的样本加以对比。福斯特教授让我们注意这两件艺术作品上的图案惊人的相似性，而且它们彼此相隔遥远，一件属于欧洲的青铜器时代，另一件则属于美洲铜器时代。

综上所述，以下是我们确信欧洲的青铜器时代与亚特兰蒂斯有着密不可分的关系的理由。

1. 从时间上来说，青铜器时代是铁器时代之前的一个时代这一公认的事实证明，它应该被归类为遥远的古代。

2. 根据从时间上讲，青铜器时代在铁器时代之前这一事实可以得出结论，即，它并不是源自欧洲或亚洲任何已知的民族，因为那些民族都属于铁器时代。

3. 根据在欧洲，亚洲或者非洲的青铜器时代之前既没有铜器时代也没有锡器时代这一事实，我们可以得出如下结论，即，这些大陆上青铜器的生产都是从外国引入的。

4. 全世界只在美洲发现了铜器时代，而且这个时代肯定在青铜器时代之前这一事实告诉我们，在界定该外国国家的时候，要注意欧洲的西部和海的另一边。

5. 我们发现欧洲青铜器时代的工具和美洲铜器时代的工具在形状上有诸多相似之处。

6. 假如柏拉图所言非虚，那么亚特兰蒂斯人就是一个同欧洲和美洲都进行贸易的伟大贸易民族，同时他们还掌握了青铜制造术，并且作为其他金属的制造者，他们也是顶尖的。

---

⑦福斯特：《史前民族》，第 44 页。

7. 接下来，我们将会看到在希腊的神话故事中出现了一个在铁器时代之前的青铜器时代,而且这个时代被放在了神的土地上,也就是大西洋上超过海克力斯之柱的一个岛屿;就像我们接下来就要看到的,这块土地很明显就是亚特兰蒂斯。

8. 因为我们发现美洲的青铜器时代只取得小步的发展，所以可以合理地假定在美洲和欧洲之间一定存在某个中间地带,在一段很长的时期里,那里的青铜器时代在铜器时代之后发展了起来，大量的青铜工具就在那里被生产并被带到了欧洲。

第九章　被毁坏的古代颅骨

我们发现美洲纪念碑上记载的是人们习惯于用人为的方法把头颅变平的习俗。希腊和罗马的作家们曾经提到过这种做法,但是在很长的一段时间里,它已经被文明世界完全遗忘了。直到人们在迦勒比岛民和北美的几个印第安部落中发现了这种习俗。摩顿在《美国颅骨文物志》中记录了对几个被变平的秘鲁人的头颅的描述，于是我们知道了在古代的秘鲁人和墨西哥人中也有相同的做法。现在,美国西北部的平顶印第安人仍在这么做。

在 1849 年,M·瑞克写了一份值得注意的研究报告，这份报告表明在克里米亚发现了形状相似的头颅，并且引起了人们对斯特雷波的一篇关于西西亚人的实践的文章以及希波克拉底的相关著作的注意。斐兹格博士于 1854 年,出版了一部学术性研究报告,是关于乌拉山脉地区土耳其人的一个分支的头颅的。他指出在很早的年代，这种使头颅变平的做法就遍布东方了，并且对一个最近在原始的奥地利发现的被人为的方法大大改变了的古代头颅进行了描述。我们同样在瑞士和萨伏伊发现了被变平了的头颅。阿提拉的匈奴人也有相同的使头颅变平的做法。安德斯·瑞祖斯教授证明这样的习俗仍然存在于法国南部和土耳其的部分地区。“近期,就有一位法国医生公布了一个让全世界为之震惊的事实——在布列塔尼，人们把婴儿的头颅挤压成圆形。而在诺曼底,护士则是用绷带和绑得很紧的罩子把婴儿的头颅弄成圆锥形。今天他们还在这么做,这一点毋庸置疑。"[①]

维尔森教授注意到:在照顾婴儿和带孩子的时侯,把它放在一个木板做的扁平摇篮上,这看起来好像很繁琐,但是通过对古墓和古代包囊的考察使我们注意到这种做法并不是没有意义的。这一行为在人们最初注意到解释波罗的海或英吉利海峡另一边的人的存在的书面历史很长时间之前，就在大不列颠和北欧盛行起来了，而且很有可能从日耳曼海的岸边到白令海峡都持续盛行着相同的风俗。

L.A.博士宣称苏格兰人和斯堪的纳维亚人在早期也盛行着这样的风俗;瑟曼博士则论述了盎格鲁撒克逊人的相同的做法。

这是一个违反自然的奇特行为，从远古时代开始它就存在于大西洋两岸国家的土地上,而且这一行为在广泛分离的土耳其人,法国人和平顶印第安人中直到今天还在继续。除了推测它们源于同一个地区,还有其他更为合理的解释吗?

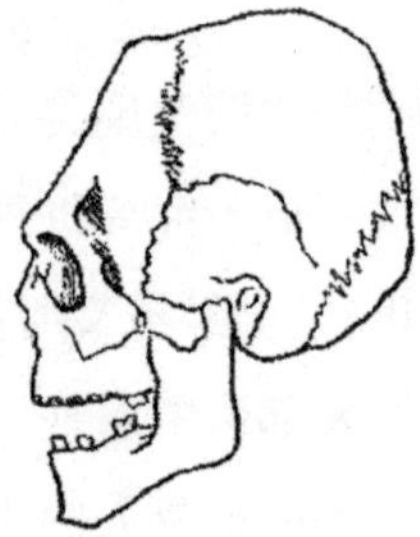

古代瑞士人头骨

右图中是一个来自洛桑附近的墓地的古代瑞士人的头颅。把它和下边的插图加以对比，后者是从摩顿 1846 年的《美洲原住民人种论和考古学》中复制来的,它表现的是一个秘鲁人的平顶头颅。这个头颅变形的程度让人震惊。星罗棋布的线表明了使用绷带让头颅变形的过程。

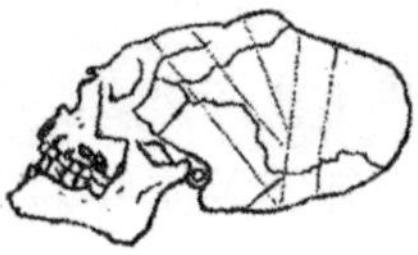

秘鲁人头骨

向后倾斜的前额是古代中美洲人的自然特征，甚至在头颅的化石中都发现了同样的头颅形状。因此我们可以作出推断,这种在旧、新世界都有实践的改变头颅形状的做法,是其他种族在企图模仿一种头颅形状的结果,而这种头颅形状被发现于埃及和美洲的纪念碑上。已经证明甚至在秘鲁胎儿的木乃伊中也发现了这种特殊形状的头颅。

布波克拉底告诉我们，西西亚人是为了让自己具有某种贵族特征才这样做的。

爱米地·赛芮在他的《阿提拉历史》中指出匈奴人这样做是基于同样的目的;这种理由还影响了俄勒冈州的印第安人。

瑞典博物学家朗德博士在巴西的人骨洞穴里发现了与四足兽的残骸连

①圣泰勒:《人类学》,第 241 页。

在一起的古代人骨。朗德博士说:“这些头颅不仅具有美洲民族的特征,而且其前额已经达到了完全消失的极端程度。”罗伯特先生在奥利诺科河的一些支流上发现了一个被称为“青蛙印第安人”的部落,他们的头天生就是平的,新生婴儿的头颅证明了这一点。

在随附的镀金器皿上,我们看到了不同民族拥有不同的前额构造。上面的虚线 A 代表欧洲人的前额形状;B 线代表澳大利亚人的前额形状;C 线代表的是美国坟墓建造者的前额形状;D 线是加那利群岛 Guanche 的前额形状;E 线是秘鲁印加人墓地中头颅的前额形状。我们只要把这些线和埃及人,库德人的头颅,以及希腊神雕像的英雄型头颅进行比照,就会发现在历史的早期有一个以向后倾斜的前额为标志的民族;使头颅变平的实践可能就是企图使自己头颅的形状接近早期文明的并占有控制地位的民族的头颅形状的做法。

不同种族人
头骨的轮廓

我们不仅在欧洲和美洲古代民族的头颅中发现了同样的向后倾斜的前额,以及通过人工的方法效仿这种自然的特殊形状的尝试,还发现美洲的坟墓建造者和秘鲁人,以及法国和加那利群岛的新石器时代人都有这样一个相同的奇特风俗,即,在死者头颅的顶端钻一个孔,以便于灵魂进出。[②]除此以外,值得注意的是我们还发现所有的这些古代人的骨骼都显示出了其腿骨在一定程度上的变平。在这方面,密歇根的坟墓建造者们与克罗马努人和威尔士的古代居民都是一样的。

附图中从纪念碑上得来的埃及人头颅表明:或者尼罗河流域的人们用挤压头颅前部的方法使头颅变形,或者他们有一些使头颅呈现这种外观的民族特征。这些都是牧师的头颅,因此是贵族阶级的代表。

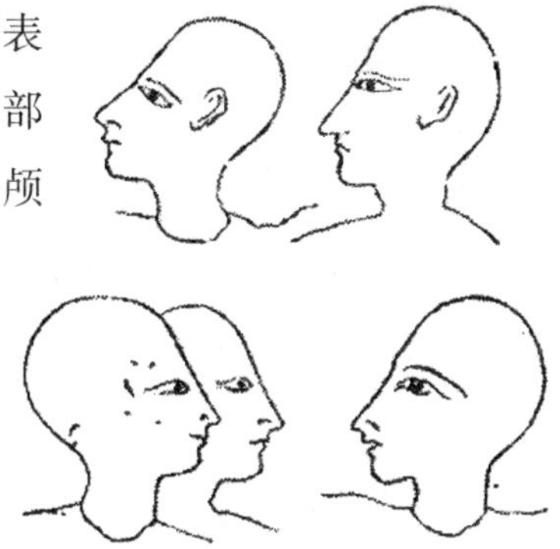

埃及人的头颅

下面的第一幅图来自于中美洲帕伦卡的寺庙中找到的粉刷浮雕。

第二幅图是从拉美西斯四世时期的埃及纪念碑上复制的。

②亨利格里曼:《密歇根的古代人》,第 242 页。

第三幅的轮廓图显示了印加皇族的头颅线：这个向后倾斜的前额看起来不像是人为挤压形成的，倒像是天生的。

中美洲人的头形

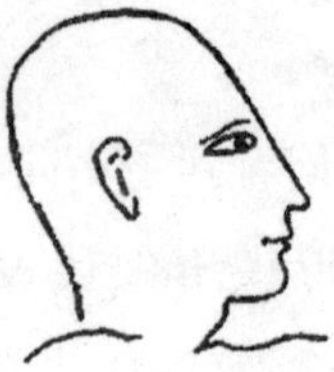

埃及人头形

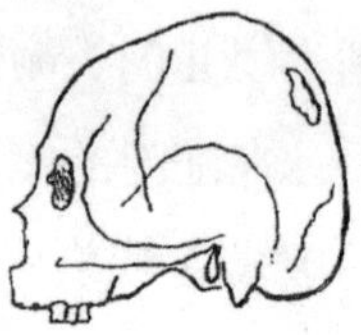

秘鲁印加人的头骨

我们在欧洲和美洲发现的变形头颅可以作为这两个大洲的人来源于同一个种族的又一证据。

亚特兰蒂斯之谜·下卷

第一部分　亚特兰蒂斯文明神话猜想

第二部分　亚特兰蒂斯统治下的殖民地

第一部分　亚特兰蒂斯文明神话猜想

第一章　和亚特兰蒂斯有关的各民族传说

在许多不同民族最古老的传奇故事中都流传有和亚特兰蒂斯有关的传说。

爱达斯人(Adites),他们是阿拉伯人中的第一批居民,据说是哈姆的孙子亚德的后裔。很有可能这些爱达斯人就是亚特兰蒂斯人。“爱达斯人的国王享有绝对的权力,他主宰一切事物,还被赋予了几世纪的寿命。”[①]亚德来自东北方。“他的寿命长达1200年,拥有1000个妻子,生有4000个儿子。他的后代繁衍生息的速度相当惊人。沙地德(Shadid)和沙戴德(Shedad)是亚德的两个儿子,他们在父亲死后,继续对爱达斯人进行统治。在以后的历史时期,亚德的人民组成了1000个部落,每个部落中都有几千人。伟大的征服完全是沙戴德的功劳,据说,整个阿拉伯半岛和伊拉克都被他征服了。很多阿拉伯作家都认为是沙戴德的远征造成了迦南人的迁移,他们在叙利亚的定居,以及牧羊人对埃及的入侵。”[②]

沙戴德建造了一座被称为伊瑞姆(Irem)的宫殿,这座宫殿用华丽的圆柱装饰,四周还有一个奢华美丽的花园。“沙戴德曾经听说过天堂的欢乐情景——于是他仿照美丽的天堂建造了这个乐园。”[③]也就是说,一个崇拜太阳的、强大的和征服的古老民族在历史的早期就侵占了阿拉伯的土地。亚特兰蒂斯人是他们的祖先:他们的统治者试图建造一座华丽的宫殿和花园,像亚

①勒诺尔芒:《东方的古代历史》第二册,第295页。

②勒诺尔芒:《东方的古代历史》第二册,第296页。

③勒诺尔芒:《东方的古代历史》第二册,第296页。

特兰蒂斯的伊甸园那样。

在阿拉伯人的记忆中，爱达斯人是一个伟大的、拥有高度文明的民族。“他们身材巨大,力量也大得惊人,移动巨大的石头对他们来说易如反掌。”④他们是设计师和建筑者。“他们建造了很多纪念碑,用以象征他们的权力;阿拉伯人中产生的把大的废墟称为‘爱达斯的建筑’的习俗正是源于此。”就是在今天,阿拉伯人还有“像亚德一样古老”的说法。《可兰经》中有“建于高地的毫无用处的”高大建筑物的记载;这一典故证明他们的“崇拜被认为已经和拜星教或者对星星的崇拜一起被玷污了。”⑤勒诺尔芒说:“在这些奇妙的传说中,我们发现了一个富庶的民族的影子,他们是那些伟大建筑物的建造者,有类似于迦勒底王国的高度文明，他们声称他们信仰的宗教与巴比伦人所信仰的宗教类似;总之,这是一个物质进步的同时伴随着社会风尚和道德水平急剧败坏的民族。这些一定是真实的事实,并且是绝对的历史,因为在库施特人和迦南人中到处都能看到这些事,而这些人最初都是亚特兰蒂斯人的兄弟。”

还有一场使整个爱达斯民族惨遭毁灭的大灾难，一块黑云袭击了他们的国家,它引发了一场风暴(或许是从地下喷涌而出的洪水),并使一切消失殆尽。只有很少的一部分人得以幸免,因为他们背叛了自己的国家,被驱逐出他们的国土。

第一个爱达斯民族灭亡之后,接着出现了第二个爱达斯民族,兴许他们就是那些从大洪水中逃脱的移民。他们以示巴国为权力中心。这个王国存在了1000年之久。埃及纪念碑上的爱达斯人画像与埃及人自己非常相像;从另一个角度来说,他们是红色种族或者是一个皮肤黝黑的民族:他们的大庙宇被建筑物置于顶部，而且都是金字塔形状的。⑥阿加培尔西提斯(Agatharchides,约公元前190—前105年)说“在赛伯伊人的房子中,瓶子多得无以计数,有各式各样的金银器皿、白银质地的床、三角架和令人瞠目结舌的贵重家具。他们建筑物门廊上的柱子,都带有金套或者银质底座。他们还将镶有贵重石头的金盘子放在墙的横饰带上、装饰品上和门的框架上。”

所有这些都让我们联想到西班牙人对秘鲁的太阳神庙的描述。

④勒诺尔芒:《东方的古代历史》第二册,第296页。

⑤勒诺尔芒:《东方的古代历史》第二册,第297页。

⑥勒诺尔芒:《东方的古代历史》第二册,第321页。

爱达斯人所崇拜的神与腓尼基人的神一样，只是名字有了微妙的变化："他们的宗教主要与太阳联系在一起……最初它只是一种模糊的概念，没有完整的神的形象，甚至连牧师都没有的宗教。"他们"在金字塔的顶端向太阳膜拜。"[7]他们还相信灵魂的不朽。

我们能在这些事中看到与亚特兰蒂斯相像的地方。

在远古时代，伟大的埃塞俄比亚或者库施特王国十分强大，——就像若林森说的那样——"从高加索山脉到印度洋，从地中海的海岸到恒河河口"，几乎所有的地区都在他们的控制范围之内，它是狄俄尼索斯帝国，是"亚德"的帝国，是亚特兰蒂斯帝国。爱尔·爱尔德瑞斯把阿拉伯东部的阿拉伯人现在所使用的语言称为"亚德人的语言"，J.H.卡特博士在1847年7月的《孟买日报》上说："它是我所听过的最温柔最甜美的语言。"如果把这种原始语言和中美洲的语言加以对比将会是很有趣的研究。

被称为埃特—郝塞斯(At-hothes)的埃及人的索瑟神，也是外国的神，而且还发明了字母。

接下来我们来看另外一个古老的民族——印欧语系家族的雅利安民族。

阿蒂姆(Adim)在梵文中是第一的意思。在印度人中，第一个男人是亚德—伊玛(Ad-ima)，他的妻子是哈瓦(Heva)。他们居住在一座岛屿上，据说这座岛屿就是锡兰岛，后来他们离开了这座岛屿来到了大陆，由于后来发生了一次自然的巨大震荡，他们与祖居之地的联系就被永远地切断了。

在这里，我们似乎回忆起了亚特兰蒂斯的毁灭。

布赖恩特先生说，"亚德(Ad)和爱达(Ada)都是第一的意思。"波斯人把第一个人称为"亚德-阿玛(Ad-amah)"。"爱当(Adon)"是腓尼基人的一个最高神的名字；希腊神"亚德-欧尼斯(Ad-onis)"的名字也是由此而来的。《创世纪》中的阿兀-亚德(Arv-ad)就是库施特语中的阿-亚德(Ar-Ad)；现在它被称为如-亚德(Ru-Ad)。它是一系列连接起来的城邦，位于海岸上，长达12英里，里面全是巨大的废墟。

威廉·琼斯先生提供了最早期波斯人的传说。他说："我们可以肯定，在最有知识的波斯人看来伊朗乃至整个地球的第一个统治者是玛沙-亚德(Mashab-Ad)，他在造物主那里获得了一本用天国的语言写成的圣书，并在

⑦勒诺尔芒：《东方的古代历史》第二册，第325页。

人类中间散播开来,回教的创始者把这本书命名为'Desatir'或者'法令'。在古代的波斯人看来,玛沙—亚德是在最后一次大循环中留下的人,因而他是现代世界之父。他和他的妻子在前一个循环中幸存下来,并幸福地拥有为数众多的后代;他开垦了花园,发明了装饰品,铸造了武器,把在绵羊的身上剪羊毛并制成衣服的技术教给人类;他还建造了城邦,修筑了宫殿,为城镇设立防御工事,并且引进了艺术和贸易。"

我们已经看到亚特兰蒂斯最初的国王就是这些人最初的神以及希腊神话学中的诸神。但是似乎这些古代的神被组合在了一起,称为"爱蒂提尔"(the Aditya);而且我们还发现"爱蒂提尔"这个名字非常相似于闪米特语的"爱达斯人",这是另外一个对亚特兰蒂斯的一种猜测。为了确证这个看法,我们发现:

1. 被组合在一起称为"爱蒂提尔"的神在印度的神话学中是最古老的。

2. 他们都是光明之神或者太阳神。[⑧]

3. 他们的数量是 12 个。

4. 一年的 12 个月由这 12 个神掌管。

5. 他们是对遥远的古代世界的模糊回忆。惠特尼说:"似乎印第安人的宗教试图在道德方面有一个新的改变,但是人们的品质和境遇的变化使它在中途就失败了,在只完成了一半,还很模糊的时候就又被忽略了。"[⑨]

6. 这些被称为"爱蒂提(Aditi)之子",就像我们在《圣经》中"爱达博(Adab)之子"的典故一样,爱达博是第一位冶金家和音乐家。"爱蒂提并不是一个神。她穿得就像女王的女儿一样,是漂亮的孩子。"

7.《吠陀经》所载诸神(Aditya)"没有任何缺点,相当完美,他们不用睡觉也不用眨眼睛"。埃及人也把他们的神描述成同样的警醒并且是无所不通的。"他们的特点是非常诚实,他们憎恨一切犯罪行为,并对其加以惩罚。"我们已经看到希腊人对亚特兰蒂斯国王的描述也是这样的。

8. 太阳有时候被称为一个爱蒂提尔。

9.《吠陀经》所记载的诸神(Aditya)中,瓦鲁纳(Varuna)就是乌拉诺斯(Uranos),这在有关亚特兰蒂斯的论著中已经得以印证。相当于天神

⑧惠特尼:《东方语言学研究》,第 39 页。

⑨惠特尼:《东方语言学研究》,第 39 页。

(Uranos),在《吠陀经》中,“Varuna”就是“海洋之神”。

10.《吠陀经》所载诸神(Aditya)代表一种早期比较单纯的宗教形式:“长期以来,在唱给其他神的圣歌中,普遍的祈祷内容是生命、财富、权力,而在唱给爱蒂提尔的圣歌中,主题是对贞洁的渴望,对罪恶的宽恕,逃离犯罪的自由和忏悔。”[10]

11. 像爱达斯人的信仰一样,《吠陀经》所载诸神(Aditya)与灵魂的不朽融为了一体。亚玛(Yama)是除了坟墓以外的所有居所之神。在波斯语的故事中,他被称作伊玛(Yima),并“被说成黄金时代的统治者和天堂的缔造者”。

在这些事实面前,人们对“亚德之子”、“爱达斯人”和“爱蒂提尔”的传奇故事所指向的都是亚特兰蒂斯深信不疑。

乔治·史密斯先生把巴比伦石碑上的碑文译成了迦勒底语,其中对上帝创造天地的描述说明在迦勒底历史之初有一个人类的原始民族, 一个黑色的民族,被称为亚德—米(Ad-mi)或者亚德—阿米(Ad-ami)人民;他们是“已经陨落”的民族,并与“浅肤色的民族”形成了鲜明对照。“陨落”指的可能是他们道德沉沦,引起天神发怒,结果被大洪水毁灭。在这些传说中也出现了亚当这个单词,只不过它是一个民族的名字而不是一个人的名字。

《创世纪》中记载,上帝创造了男人和女人,并且“给他们起名为亚当和夏娃”。换句话说,那些人是亚德—阿米人,“亚德”人或者亚特兰蒂斯人。M·金贝尔说:“《创世纪》的作者总是用‘亚当的后裔’来指代那些在大洪水中覆灭的人们。”该隐在离塞特大陆很远的地方生活和繁衍后代;那就是说,塞特大陆指的就是那块被大洪水破坏的大陆。朱瑟福斯(为我们提供了犹太人的原始传说)告诉我们在来到这块大陆之前,“该隐途径很多个国家”。《圣经》中并没有说该隐被大洪水吞噬了。“该隐在耶和华面前走了出去”;他没有叫他的名字;而且被毁灭的人是“耶和华的儿子”。种种迹象表明有相当数量的移民在发源地沉入大海之前,已经离开了。

穿越大洋, 我们发现危地马拉的人认为他们的祖先是一个被称为亚特—蒂特(At-tit)或“祖母”的神,她一共活了400年,并且第一个教会人们崇拜真主,但是后来这被他们遗忘了。[11]根据著名的墨西哥日历石的记载,太阳

---

⑩惠特尼:《东方语言学研究》,第43页。

⑪班克罗富特:《本土民族》,第五册,第547页。

通常被称为“托纳提乌”，但是当它被当作大洪水之神提到的时候，它就被称为亚特·托纳提乌或者亚特·昂纳提乌了。

希伯来人、阿拉伯人、迦勒底人、印度人、波斯人、埃及人、埃塞俄比亚人、墨西哥人和中美洲的人，是我们在人类的所有古代民族的根基之处所发现的亚德的子孙，这证明所有这些民族的起源都可以被追溯至模糊记忆中的亚特兰蒂斯。

第二章　亚特兰蒂斯国王与希腊诸神的关系

劳德·贝肯说：

“即使是希腊最古老的作家也没有声称发明了希腊的神话学，它仅仅是一丝淡淡的空气，经由更为古老的人被传送到了希腊人的笛子里，并被他们改编为他们最喜欢的合奏曲调。”

劳德·贝肯是一个非常聪明和伟大的人，他阐释了所接触过的每一个主题，这些阐释表明，他的猜想与事实非常接近。

最近，W.E.格莱德斯顿与考克斯(Cox)先生针对希腊神话学是基于一种自然的崇拜，还是对星星或太阳的崇拜这个问题，展开了一番争论。

秘鲁宗教崇拜太阳、月亮和星星，它可能代表亚特兰蒂斯简单而原始的宗教，他们用做祭品的是新鲜的水果和美丽的鲜花。这些传统直接被传到了他在埃及的殖民地。我们发现早期的埃及人同样崇拜太阳和星星。普拉(Ptah)是太阳神的父亲，统治着整个光明区域，是他们最崇拜的对象。若拉(Ra)是太阳神，他是孟斐斯附近的“昂”(On)或者希里奥波里斯的最高等级的神。有两个圆环支撑着的太阳圆盘是他的象征。他是天堂之下一切事物的创造者。

伊蒂亚(Idea)、亚努(Anu)和蓓尔(Bel)构成巴比伦三位一体的神。其中，蓓尔代表太阳，是最受欢迎的神。“辛”(Sin)是月亮之神。

腓尼基人也崇拜太阳。他们的太阳神是巴尔(Baal-Samin)，他是一个伟大的神，是造物主，是阳光和天堂之神，他能使人类返老还童。

“腓尼基的梅里卡提神身上综合了(好的)太阳神和(坏的太阳神)摩洛特的特质,他是‘城邦的国王’,被泰尔人尊奉为特别的庇护者。在希腊人那里他被叫做‘墨利刻耳斯’,还被视同为海克力。他用自己超强的意志力和强大的力量把邪恶的变成了美好的,从毁灭中拯救出了生命,在至点(天球上黄道距天赤道最远的点)把太阳拉回了地球,使过度炎热和寒冷的现象得以减轻,并且纠正了黄道带的邪恶迹象。在腓尼基的古老传说中,他征服了住在遥远海岸的野蛮民族,在地中海建立了古代殖民地,并把岩石放在了直布罗陀海峡里。”①

埃及人崇拜的太阳神叫若拉(Ra);印度人崇拜的太阳神叫若玛(Rama),而秘鲁人盛大的太阳神节叫做若蜜(Raymi)。

那个国家殖民地的所有迷信都是基于亚特兰蒂斯古老的宗教, 即对太阳神的崇拜。撒摩耶妇女对太阳说:“神啊,当你起来的时候,我也会从我的床上爬起来。”甚至到今天,婆罗门们还有这样的仪式:每天早晨单腿直立,双手向前伸开,面向太阳升起的方向,对其进行膜拜。“在德国或法国,人们还会看到农民脱帽向冉冉升起的太阳致意的情景。”②后来,罗马人膜拜被称为“埃拉加巴卢斯”的太阳神,“它的象征是一块圆锥形的黑色石头,人们相信这块石头来自于天国”。圆锥形的石头是天地之神(Bel)的象征。圆锥形的石头、坟墩、金字塔,三者之间有什么关联吗?

对太阳神的崇拜是美洲红色人种的原始宗教。我们在所有的部落中都发现了这一情况。③奇奇麦科族人把太阳称为他们的父亲。科曼奇族也信仰同样的宗教。

但是,希腊人同埃及和巴比伦的古代民族相比,还相当年轻,处于孩童时代。一个塞以斯的牧师曾对梭伦说:“对于古代知识,你们希腊人才刚刚开始探索。你们既不知道远古时代这里发生过什么事情,也不知道在古时候你们的祖先身上发生了什么。我们圣书中已经存有 8000 年的历史了,但是我还能追溯到更古老的年代, 并告诉你 9000 年来我们的父辈们都做了些什么:我所指的是他们的制度、法律和最辉煌的成就。”

①《美国百科全书》,人类学卷。

②圣泰勒:《人类学》,第 361 页。

③多曼:《原始迷信的起源》,第 338 页。

希腊人太年轻了，他们不可能分享到亚特兰蒂斯的宗教，而只能保留一些对那个伟大帝国及其历史的回忆，并把它的国王们变成神，把亚特兰蒂斯本身描述成人类的天堂。因此我们在更古老的民族中发现了很多对太阳或自然的崇拜，但是在古希腊神话的神的身上，我们看不到任何“不食人间烟火”的特征，他们与尘世中的人几乎没有什么区别，都有七情六欲，懂得喜怒哀乐，个性鲜明，优缺点俱全：他们也是由父母交合而生，他们吃喝、拉撒、性交，甚至还有强奸、偷盗和死亡；这些有史为证，在那些为纪念逝去的神而立的墓碑上就能得到证明。

“人们坚信这些世界上所有事物都崇拜的神是不死的，虽然他们的存在不是永恒的。在克利特甚至有一个关于宙斯之死的故事，作者还指出了他们的坟墓在什么地方。”④

亚特兰蒂斯的历史缓缓开启了希腊神话学的神秘之门。毋庸置疑，希腊的这些神都是人类。伟大的地球统治者拥有神的非凡特质已深深根植于人类的天性。虽然那些野蛮人杀死了科克船长，但是他们相信他是不会死的，他还活着，而且会回来惩罚他们。高度文明的罗马人的神来自于他们死去的君王。里温斯顿博士提到，有一次，他与一个居住在丛林地带的人谈论了一会儿关于神的话题，结果他发现那个人居然以为他们谈论的是那个地区的一个主要领袖塞考米。

我们发现地中海沿岸的蛮荒民族看待亚特兰蒂斯人是怀着敬畏和惊奇之情的：“他们的身体拥有惊人的力量，有时候，他们走过大地，大地都会为之颤动。他们无论做什么事都能以很快的速度完成。他们在空间中移动的时候，几乎不会浪费一分一秒的时间。”这暗示的可能是他们用于航海的船只的快速移动。“他们很聪明，并把他们的才智传授给人类。”从这一点来看，亚特兰蒂斯人使与他们有联系的人们文明化了。“他们的判断力公正无私，他们对犯罪进行惩罚，对高尚的行为进行奖励，但是在后一方面，他们不是很突出。”⑤我们应该理解，这意味着他们在殖民地上建起的政府有法律系统作保障，同野蛮人的无政府状态形成了鲜明的对比。

“在民间还有许多关于神造访人间以及幻游探险之类的传记，这些神都

④莫雷：《神话学》，第2页。

⑤莫雷：《神话学》，第4页。

在各类传奇故事中活灵活现地出现在许多战争场面中，甚至至今还会在人们的梦境中出现。他们有人类的体态,而且像人一样参与活动,经历爱和痛苦,但是他们总是具有人们所能想象的最高的素质和最完美的外型。”⑥

另一个证明希腊的神是亚特兰蒂斯被奉为神的国王的证据就是“人们并不认为是这些神创造了世界”。换句话说,他们接替管理的是一个已经存在的世界。

这些神居住在奥林匹斯山。同人类社会一样,他们住在一起:拥有宫殿、藏宝库、马厩和马匹等等。“他们的社会生活情景只不过是地球上社会体系的一个夸张的反应。争斗吵嘴,谈情说爱,相互帮助以及其他完全符合人间的方式在他们身上均有体现。”⑦

奥林匹斯山在哪里呢?就在亚特兰蒂斯。“海洋用一条巨大的河流包围了地球,它是一个产生各种奇迹的地方。”⑧它是一个很大的岛屿,即后来的文明世界。环绕地球的海洋“在所有古代的传奇故事中都被提到了。欧凯诺斯(Okeanos)和他的妻子蒂锡斯(Tethys)住在那里:这些岛屿是神圣的岛屿,是众神的花园,是众神赖以生存的醇美饮品和神仙食物的供应地。”⑨所谓的醇美饮品可能是一种发酵过的能使人喝醉的酒，而神仙食物可能就是一种用小麦做的面包。索玛(Soma)是一种威士忌酒,只是印度人将它神化了。“神们靠饮用这种酒和食用这些面包活着”,仅仅说明居住在这些神圣岛屿上的人们是文明的,并且拥有某种酒和某种食物,而这种食物比与他们有联系的野蛮部落的任何东西都要高级的多。

对这块神圣土地的描述与对亚特兰蒂斯的描述很相似。它是一块充满奇迹的土地。它在海洋中“像一个盘子一样向外延伸,它的土地上拔起了山脉”。⑩在这座山的最高处住着宙斯(君王),“而其他神的住处被安排在高原上或者峡谷中。奥林匹斯山的主神一共有12位,他们分别是:宙斯(或朱庇特)、赫拉(或婚姻女神)、波赛冬(或海神)、得墨忒耳(或司农女神)、太阳神阿波罗、阿耳特弥斯(或黛安娜)、希费斯德斯(或法尔坎)、帕拉斯·雅典娜

⑥莫雷:《神话学》,第4页。
⑦莫雷:《神话学》,第10页。
⑧莫雷:《神话学》,第23页。
⑨莫雷:《神话学》,第23页。
⑩莫雷:《神话学》,第23页。

(或米娜娃)、阿瑞斯(Ares)(或战神)、阿芙罗狄蒂(或维纳斯)、贺密士(或莫丘里)和赫斯提(或女灶神)。”毫无疑问这些就是埃及历史传说中记载的12位神。我们在列举上面诸神的名字时,对有的神给出了两个名字,其中第一个是希腊人所用的,第二个则出自罗马人之手。

这么说来, 我们把一年分为12个月是为了纪念亚特兰蒂斯的12位神也是有可能的。迪奥多罗斯·希库勒斯告诉我们,巴比伦人认为,天上一共有12位神,每一位都以黄道带的一个符号为象征,并在一年的某个月中受到膜拜。印度人最初也有12位神,即《吠陀经》中记载的诸神。摩西在西奈半岛建起12根柱子。曼丹族的印第安人用12个围着方舟跳舞的具有象征意义的人物为大洪水举行宗教仪式。斯堪的纳维亚人信仰12位神,即以奥丁为首的诸主神,他们在西斯堪的纳维亚奥林匹斯山上的仙宫中居住。在大量的调查研究的基础上,我们发现现代陪审团的成员是12位这一现象,可能是源于古代仙宫会议。

“根据腓尼基人的传说,金苹果园在遥远的西方。”亚特拉斯就居住在这些园子里。我们已经知道, 亚特拉斯是亚特兰蒂斯的国王。“克洛诺斯(Chronos)统治之下的天堂,快乐的岛屿,通常都会被放在遥远的西方。”冥府,死者幽暗的家园,也位于“遥远的西方海洋中间的一座岛屿上的山下”。它是冥王哈得斯的领地。在希腊神话中对亚特拉斯的描述是“一个庞大的巨人,他站在地球的最西边,用他的双肩举着天国,天国是在西方的某个地方,太阳在希腊落山后还继续照耀那里。”⑪

在希腊传说中,奥林匹斯山坐落的岛屿被安排在了“遥远的西方”,“在超越非洲的大洋中”,“在已知世界的最西边”,“太阳在希腊落山后还在继续照耀那里”。在那里,强大的亚特拉斯“用双肩支撑着天国”。柏拉图告诉我们海神和亚特拉斯统治的那块土地就是亚特兰蒂斯。

“金苹果园”(另外一个对神的居住地的称呼)“坐落在非洲最远的地方。据说亚特拉斯用高山将它包围”。⑫在这里发现了金苹果。这很像柏拉图对亚特兰蒂斯大平原的描述,它被各种水果所覆盖,从海中升起的陡峭的大山将它包围。

---

⑪莫雷:《神话学》,第58页,第60页,第156页,第258页。

⑫史密斯:《神圣的年鉴,族长的时代》,第131页。

在谈到金苹果园时，希腊神话告诉我们："花园的外部边缘被轻微抬起，略高于花园内部，这样水就不会涌进来并淹没陆地了。"这简直与柏拉图有关对围绕着亚特兰蒂斯的大山的描述如出一辙，现代的深海探测也显示出了这一点。

克洛诺斯或者萨杜恩、狄俄尼索斯、亥伯龙、亚特拉斯和海克力都与"一个昌盛富庶的大洲"有关；他们都是统治地中海、非洲和西班牙西海岸国家的国王。

一篇文章中写道：

"亥伯龙、亚特拉斯和农神萨杜恩或者克洛诺斯都是天的儿子，他们统治着由地中海西部国家组成的伟大王国，还有大西洋的某些岛屿。亥伯龙继承了父亲的王位，后来被泰坦神族人杀害。于是亚特拉斯和萨杜恩重新对这个王国进行了分配，亚特拉斯获得北非以及大西洋的岛屿，萨杜恩则分到了地中海对岸一直到意大利和西西里岛的国家。"⑬

柏拉图在谈到希腊神话时说："传说中，在世间万物都是自然和充足的时候，人类过着无忧无虑的生活……同样，出于对人类的爱，上帝让我们受一些精灵族(demons)的支配，他们是一个优秀的民族，他们无微不至地照顾自己，像人类一样幸福地生活着，他们照料我们，给予我们居住的地方，带给我们尊敬、规则和绝对的公正，使人类的部落快乐而和平……因为克洛诺斯知道如果有人被赋予最高的权力，没有一个具有人类本性的个体能够在指挥人类的事务的同时又能防止贪婪和不公平的泛滥。"⑭

也就是说，这个传说指的是远古时期，那时大西洋的克洛诺斯统治着埃及人的祖先，亚特兰蒂斯的国王通过文明的亚持兰蒂斯官员统治着这个民族，他们的智慧使和平得以维持，并且在他们统治下，人们开创了黄金时代——他们就是精灵族(demons)，也就是文明的人、"聪明的人"。

在《对话录》中，柏拉图摘录了老师苏格拉底说过的一段话：

"我一直在思索，太阳、月亮、星辰、大地还有天空，这些长久以来被一些野蛮部族视为神明的自然现象，或许正是最初的希腊人所唯一尊奉的神……这些神接下来会是什么呢？在它们之后肯定不是精灵族、英雄和人类

⑬鲍德温：《史前民族》，第 357 页。

⑭柏拉图：《对话录》，法律篇第四卷，第 713 页。

吗？……想想"demons"这个词的真正含义。我们都知道，赫西俄德在《神谱》中使用了这个词。他谈到了初期的'人类的黄金民族'。他说他们，

现在命运女神开始不断垂爱一个民族，

他们就是这个星球上的神圣的精灵族，

他们可以避免任何灾难，不受世俗教条的束缚。

苏格拉底所说的"黄金民族"并不是指真的用黄金做成的人，而是说那些人既善良又高贵，他们的品质像金子一样；他还说我们是'铁骑时代'的人。他把他们叫做精灵族(demons)是因为他们是 δαμονε(聪明的)。"

在我们读的过程中会更加明白这些神的领域——克洛诺斯、天神和宙斯——先后经历了黄金时代、白银时代、青铜器时代、铁器时代，最后被大洪水淹没，这是宙斯对这些人罪恶的惩罚。我们读到"在那个时候(白银时代)人类是富饶充足的，就像在克洛诺斯的黄金时代一样。他们非常富有，而且生活得很富足，但是他们仍然需要纯洁和满足，这是——前一个时代人们得以幸福生活的源泉。于是，在他们过着奢侈和细致的生活的时候，他们的态度变得粗野而傲慢，从来不知满足，并且忘记了神的存在，在他们对繁荣和舒适的自信中，他们忘记了自己对神负有的崇敬的义务，对神不恭，并且不再对神献祭……然后，青铜器时代到来了，这是一个崇尚暴力，并且相互残杀的时代。没有了耕作的土地，和平的生活和规律的习惯已经消失，在这个时代，拥有权力才是至高无上的，人类虽然身材魁梧，充满力量，但是他们的肉体已经变得精疲力竭……最后，铁器时代到来了，衰弱的人类不得不靠他们双手的辛勤劳作以获取面包，他们彻底堕落，贪婪狂妄，热心于利益的获取，并且费尽心机要超越别人。纯洁的正义女神达伊苛(Dike)以及另一位代表诚信和公平的女神阿斯特面对这种场面掩面而去，并返回了奥林匹斯山，与此同时宙斯决定用一场大洪水毁灭堕落的人类。于是整个希腊都被淹没在水中，只有杜凯里恩和他的妻子皮拉获救。"[15]

有一点需要引起注意，就是我们发现了铁器时代是继青铜器时代之后的一个时代的相同说法，对于这个说法，科学家们已经通过对古代欧洲的研究得到了解释。对青铜器时代遭到洪水破坏的土地的确定——克洛诺斯、海神和宙斯的土地，证实了第三章中所表达的观点，即，欧洲的青铜工具和武

---

⑮莫雷：《神话学》，第 44 页。

器主要来自于亚特兰蒂斯。

在这里，我们发现淹没神的土地的那场洪水是杜凯里恩所经历的洪水，而杜凯里恩经历过的洪水就是《圣经》中所记载的洪水，并且正如我们已经证明的，它是“最后一场大洪水”，根据埃及人的说法，这场洪水将整个亚特兰蒂斯毁灭了。

前面对“人类生活富足”的克洛诺斯的黄金时代的描述，使我们想起柏拉图对亚特兰蒂斯和平欢乐时期的描述，那时候，“人类崇尚高尚的道德，藐视除此之外的每一件事物，他们对现实的生活状态并不关心，而对金子和其他财产的占有非常看重”。正如特拉华州印第安人在歌曲中唱道的那样，那时候，“所有人都非常自然地感到幸福和满足”。而在上面所摘录的莫雷对人类在神的土地上的堕落的描述——“一个争斗不断，暴虐横行的时代，在这个时代只有权力是正确的”——这与柏拉图对亚特兰蒂斯的描写是一致的，那时候，他们变得“不断争斗”、“不愿听从命运的摆布”、“不合礼节”、“非常原始”、“充满邪恶的贪婪和力量”——“处于最恶劣的状态”。在这里，我必须再次引用特拉华州印第安人的歌曲——“他们变得困惑不安，彼此憎恶；他们不再和平相处，他们都在争斗，他们都在破坏。”上面列举的三个例子，都是神用大洪水来惩罚堕落的人类。难道这些精确的巧合都是纯属偶然吗？

古代人对亚特兰蒂斯(Atlantis)中字母 a 的发音是宽阔而饱满的，就像我们的单词“all”或者“altar”中 a 的发音一样；在这些词中，a 的发音都很近似于 o 的音。那么，难道我们不能认为“奥林匹斯山”(Olympus)这个词是“亚特兰蒂斯”(Atlanis) 这个词根据同级词汇的变形规则变化而来的吗？把“Otlontis”变成“Oluntos”再变成“Olumpos”并不困难，希腊人就把“Olympus”(奥林匹斯山)写成“Olumpos”。因此，我们可以假定希腊人说他们的神在“奥林匹斯山”居住和说他们的神在“亚特兰蒂斯”居住是一样的。

几乎希腊所有的神都与亚特兰蒂斯有关。我们已经知道在遥远的西方大洋上一座岛屿的中心，矗立着峻峭的奥林匹斯山，12 位主要的神就居住在山上。后来由于人们的堕落，这里被一场大洪水毁灭。如果我们再看柏拉图对亚特兰蒂斯的描述就会发现海神和亚特拉斯居住在岛屿中央的一座山上；在他们住的地方有雄伟的庙宇和华贵的宫殿，一道巨大的城墙将他们各自统治的区域隔离开来。

希腊人把奥林匹斯山系的一部分命名为马其顿(Macedonia),把另一部分命名为狄瑟利(Thessaly),所以可能有人会极力反对把奥林匹斯山说成是亚特兰蒂斯的任何一座山的观点。但是在密细亚(Mysia)、黎西亚(Lyci)、塞浦路斯和其他地方都有叫作奥林匹斯的山;在伊利斯的奥林匹亚平原,还有一块叫做奥林匹斯的高地。在未开化的人中有这样一种自然的倾向,即每个地区的传说中都有一片"具有浓郁地方色彩的居住地"。

鲍德温说:"很多古老的神话都与西班牙, 非洲的西北部和大西洋的其他地方有关,像那些与神圣岛屿、海克力、看守金苹果园的仙女和北方净土之人有关的神话。荷马在叙述尤斯里斯漫游时,对欧洲的大西洋区域有过描述……在腓尼基人对希腊的影响较为巨大的一段时期, 在对西方的了解方面,爱琴海周围区域的人们肯定比古希腊时期人们知道的多得多。"[16]

实际上亚特兰蒂斯国王和王后生活的历史就是希腊神话的源泉, 亚特兰蒂斯就是希腊人所说的天堂。因而那些从天上掉下来的雕像、铸剑等等,实际上是在早期就已经毁灭了的民族的遗迹, 它们被看作人类所拥有的最宝贵的财产, 从很早的古代时期就被保留在地中海沿岸不同国家的庙宇中了。因此我们会看到这样的内容:在一个城市中保存着从天上掉下来的青铜砧,据说它用了九天九夜的时间才掉下来;换句话说,通过海上航行把它从亚兰蒂斯带来,用了九天九夜的时间。

现代科学已经证明, 古希腊神话中的神实际上只是一些神奇的大气现象的反映,他们从来就不曾存在过,例如云、星辰和太阳的活动,当然今天的我们都已经知道,这些都只不过是很正常的自然现象。野蛮民族只会不断重复,不会创新发明;假定一个野蛮民族根据太阳的落山创造了他们的神就是对自然的颠倒。人类从最初对石头的崇拜,再到崇拜别的人,最后崇拜灵魂。名称的相似性什么也证明不了; 这就像一个人要证明伟大的拿破仑的名字的意思是"沙漠上的狮子"(Napoleon),那么他就得提出拿破仑从来没有存在过,他只存在于神话传说中,他象征荒野的力量等等诸如此类的理由。当我们读到宙斯鞭打他的妻子,又把他的儿子扔出奥林匹斯山的内容时,就可以推论出宙斯是一个男人,实际上他也做了一些与这个描述相似的事;神,要么是高尚的灵魂,要么是虚无缥缈的精灵,当然不会这样做;如果让撰写神

⑯鲍德温:《史前民族》,第376页。

话的人证明太阳，月亮或者星星鞭打它们的妻子或者把它们不听话的孩子扔出窗外的话,他们会感到困惑的。亚特兰蒂斯历史的一部分可能是改编自希腊神话,它是一部有关国王、王后和王子的历史,一部有关交合、通奸、叛乱、战争、谋杀、航海和开拓殖民地的历史;一部有关宫殿、庙宇、花园、工场和锻造厂的历史;一部有关铸剑、雕刻和冶金的历史;一部有关酿酒、大麦、牛、绵羊、马和普通农业的历史。谁能怀疑它描写的不是神的历史呢?

天神是所有事物的开始,天就是他的象征。他作为最高等级的神,他就是伟大民族的第一个国王。因为他是吉亚(大地女神)的儿子。他好像是泰坦神族、海卡通奇里族和独眼族(Cyclops)三个民族的祖先。他代表的可能是亚特兰蒂斯人定居之前的民族。

我比较倾向于认为他们是文明的民族，属于后两个民族的怪异的东西指的是他们巡视野蛮人的海岸时所用的船只。

泰坦神族的帝国显然就是亚特兰蒂斯帝国。“关于泰坦神族伟大帝国的分裂，我们的神话作者中最明智的一部分人”——例如吉拉德·沃斯尔斯(Gerard Vossius)、玛山姆(Marsham)、波查特(Bochart)和托马森神父(Father Thomassin)都认为宙斯、海神和冥王把世界分割开来的传说——就是以诺亚的三个儿子——闪，哈姆和雅弗对世界的分割为原型的。”“博学的派兹闰(Pezron)主张这个大帝国的分裂后来被当成了整个世界的分裂:兄弟三人中最强有力的宙斯分得了亚洲,这使他被看作奥林匹斯之神;大海和岛屿落入海神(Neptune)手中,由此他被冠以‘海神’(god of the sea)之名;冥王(Pluto)获得了西班牙,即后来的已知世界的末端,一个以金矿和银矿闻名,与亚洲有关的低地国家,后来逐渐衰败,冥王因而有了‘地狱之神’的封号。”[17]我们应该假定冥王统治的可能是亚特兰蒂斯横越大西洋的美洲部分，而柏拉图告诉我们那些“在对面大洲上的领土”则为亚特拉斯和他的后裔所统治,另外日落照不到的领土,或在日落下面的地方是古代人的“阴曹地府”。亚特兰蒂斯,加那利群岛等等,构成了西非和西班牙的岛屿部分。

莫雷告诉我们由冥王统治的那部分领土被认为是在“遥远的西方”。[18]古人的“下面的世界”仅是西边地平线以下的世界:“灵魂的归宿地与遥远的西

---

⑰《新不列颠百科全书》,泰坦神章。

⑱莫雷:《神话学》,第 58 页。

方领土有关,在那里的晚上,太阳就消失了。""在布列塔尼的海岸线上,佛得瑞兹(Cape Raz)向西伸出,一直延伸进这个大洋,那里有'灵魂的海湾',那些逝去的灵魂就是在这里进入水域,开始横跨海洋的航行的。[19]以同样的方式,奥地修斯在淹没海克力柱的海洋中发现了那些死者的土地。实际上,那里是那些强大的死者的土地,是被淹没的亚特兰蒂斯人的坟墓。

F.派兹闰继续道:"不管怎样,根据古代人的说法,泰坦神族帝国的疆域非常辽阔。他们占领了弗里吉亚、巴尔干半岛东部的古代国家、希腊的一部分、克利特岛以及西班牙地处内陆部分的一些省份。这些神圣的领土似乎与叙利亚相连,迪奥多罗斯又增加了非洲的一部分和毛里塔尼亚的几个王国。"毛里塔尼亚王国包括离亚特兰蒂斯最近的非洲西北部地区,其中有亚特拉斯山脉,在希罗多德时代,那里居住着亚特兰蒂斯人。

海神波赛冬在回答宙斯的信息时说:

我既不是神的仆人,也不是他的随从。
三兄弟,三位神,从萨杜恩那里来,
德高望重的莉雅,地球上不朽的贵妇;
受我们所知的我们的三重规则指派;
恶魔般的冥王操纵这下面世界的阴暗;
穿过大片的云彩,越过星星的草原;
灵妙的宙斯将他巍然耸立的领地扩展;
我保留了古老的浪花下我的权力;
在神圣深海中,让喧闹和喊叫开始肃静。

荷马把波赛冬比喻为:

他的液体的胳膊环绕着水珠,
他制造的地震让大地跟着一起震动。

神话告诉我们当泰坦神族人被萨杜恩打败的时候,他们撤退到了西班牙国内。宙斯紧追不舍,尾随着他们来到塔泰瑟斯(Tartesstus)附近的一个地方,彻底将他们打败了,从而终止了一场持续了10年的战争。在这里,我们看到一场发生在真实的战场上的真实的战争。

如果需要提供任何能证明泰坦神族帝国就是亚特兰蒂斯帝国的证据的

⑲圣泰勒:《人类学》,第350页。

话，我们可以在泰坦神族人的名字中找到：这些名字中有海洋之神（Oceanus）、萨杜恩（Saturn）或者克洛诺斯（Chronos）以及亚特拉斯（Atlas），他们都是天神的儿子。海洋之神在希腊神话中处于最重要的地位。柏拉图说："海洋之神和蒂锡斯是天和地的孩子，在他们之后又相继涌现出佛锡斯（Phorcys）、克洛诺斯、莉雅等很多和他们相类似的孩子。克洛诺斯和莉雅又是宙斯和赫拉以及我们已经知道他们所有的兄弟和孩子的祖先。"[20]也就是说，诸神都来自海洋：他们统治着某些海上的区域；克洛诺斯是海洋之神的儿子，而且是亚特兰蒂斯人的神，因为他，那些古人把大西洋称为"克洛诺斯的海洋"。年长的迈诺斯被称为"海洋之子"：他最早把文明带到了克利特岛；他把法律刻在黄铜柱上，在柏拉图的描述中，亚特兰蒂斯人也把他们的法律刻在黄铜柱上。

荷马的《奥德赛》中叙述了尤里西斯的漫游，它与大西洋之间有非常微妙的关系。腓尼基人的岛屿显然存在于在海洋的中央：

我们在遥远的地方分散地居住着，

在深不可测的大海里，在澎湃的浪花中，

人类最偏僻的地方，并没有其他民族，

与我们有贸易来往。[21]

对腓尼基人的海港、船只、城墙、城市和宫殿等的描写看起来都很像对亚特兰蒂斯的回顾。卡利普索岛也出现在大西洋中，距离腓尼基人的小岛有20天的航程。当尤里西斯去冥王的领地——"死人的地下世界"漫游的时候，他"到达了海洋之神的领地的遥远边界"，这个边界已经在海克力柱之外更远的地方。到底荷马史诗与亚特兰蒂斯有何关系？又在多大程度上受其启发？当你陷入对这些问题的思考和探寻时，那种感觉是如此的奇妙。或许，尤里西斯的出走正是其与亚特兰蒂斯的创建者——海神波赛冬之争的延续。

"海卡通奇里族或者称为赛提迈尼族是一种长着100只手的人，这样的人一共有三个——考特斯（Kottos）、古阿斯（Gyges 或者 Gyes）和布瑞阿若斯（Briareus）——他们代表剧烈的海浪的碰撞，那是一种像地震一样的剧烈震动。"[22]难道这100只手不是帆船的桨，剧烈的海浪碰撞不是他们奋力划桨的

⑳柏拉图：《对话录》，第二卷，第533页。

㉑《奥德赛》，第六卷。

㉒莫雷：《神话学》，第26页。

结果吗？

“独眼族也有三个——即布朗提斯(Brontes)和他的雷，斯德若普斯(Steropes)和他的闪电，以及阿智斯和他的光流。对他们的描述是：只有一只长在鼻子和眉毛之间的交叉点上的眼睛。这巨大而又闪亮的眼睛就是暴风雨中云彩的化身，它所发出的耀眼光芒就是具有破坏力的闪电，它发出的轰轰响声就是雷鸣。”

下面我们将要证明火药的发明可以追溯至腓尼基人的时代，他们可能是从亚特兰蒂斯获得这种技术的。我们在独眼族的画像中看到的是一个关于航海船只的传说也不是不可能的，

船头上燃烧着熊熊大火，船上配备着具有爆炸性的火药。这些火药爆炸的响声像震耳欲聋的雷声，明亮夺目的光亮有如闪电。所有被它炸到的人都会性命无存。如果我们假定这些怪物是野蛮人对大船的记忆的话，就不会像相信真的存在长着100只手，额头中间只有一只眼睛，又打雷又闪电的人那样使我们的想象力被扭曲得那么厉害。

哥伦布的船到达西印度群岛的时候，那里本土人认为他的船是有生命的动物，升起的帆就是船的翅膀。

在谈到古迦勒底时期时，博若瑟斯告诉我们：“在第一年，在厄立特里亚海与巴比伦王国接壤的地方出现了一个被赋予理性的动物，他的名字叫欧尼斯(欧恩尼斯)，(根据阿波罗多若斯的描述)他的整个身体就像一条鱼。在他的鱼头下面还有一个头，下面还长着脚，就像人长了一条鱼尾巴一样。他能够清晰地说出人类的语言，而且直到今天还能够看到他的画像。白天，欧尼斯习惯于在人类的社会中度过，当太阳落山的时候，欧尼斯就会再次回到海里，并会在深海中过夜，因为他是水陆两栖的。在人类中的那段时间它什么都不吃，而且赋予人类洞察字母和各种艺术的能力。他教他们建造城市，修筑庙宇，编纂法律，并且向他们解释几何知识的规则。他还教会人类区分土壤中的种子，告诉他们怎样收割果实。简而言之，他教给他们一切使他们礼节温和、明智理性的东西。然而从那时起，人类在他所教授的知识和技艺的基础上并没有什么实质性的进展。这以后，又出现了其他一些像欧尼斯的动物。”

很显然，这是野蛮人关于文明人的大船的回忆，这些文明人在他们的海

岸线上开拓殖民地，并将艺术和科学传入野蛮人的群体。在这里我们同样看到了把船看成生物的倾向，它把亚特兰蒂斯人的战船变成了一个额头中间长着一只眼睛的怪人。

克洛诺斯推翻了父亲的残暴统治，自己继承了王位。他被称为“已经成熟的人和收获之神”，这可能与农业的初始时期有关。他娶了他的姐姐莉雅，莉雅给他生了冥王、海神、宙斯、赫斯提、得墨忒耳和赫拉等许多子女。他害怕儿子们会像他原来推翻了自己的父亲——天神一样将他推翻，做出了一个残忍的决定，就是把生下来的孩子全吃掉。所以他吃掉了他的前 5 个孩子，莉雅很伤心。于是当她生下第 6 个孩子的时候，她决心保护这个小生命。她用布裹住一块石头谎称这是新生的婴儿，克洛诺斯将石头一口吞下肚里。于是，宙斯躲过一劫，他被送到克里特岛的一个山洞里抚养。后来克洛诺斯“又把他吃掉的孩子们生了出来”。这个神话的意思可能是说克洛诺斯在某个秘密的地方将他的孩子们养大，在那里他们就不会被他的敌人利用，变成推翻他的工具了。后来，宙斯的石像被瑞亚(Rhea)(希腊诸神之母)撤掉，很可能是其他的孩子取代了他的位置。克洛诺斯的预防措施似乎是明智的：因为孩子们一回到光明世界就开始了一场叛乱，并且把他从王位上赶了下来。随之而来的是泰坦神族的叛乱。那是一场可怕的战斗，最后结束这场战争的好像就是火药，在以后的篇章中我会对此做进一步的解释。

我们已经看到克洛诺斯与被罗马人称为“克洛诺斯海”的大西洋有关。罗马人把他称为萨杜恩，他统治着西方大洋中的“一个繁荣富足的大洲”。萨杜恩或者克洛诺斯在被推翻统治之后，逃到了意大利。在那里，他向国王詹努斯(Janus)传授有关农业、园艺和其他艺术的知识，例如怎样培植葡萄树。通过这种方法，他最后终于把人们从一个粗鲁的并且相对野蛮的状态提高到和平而有秩序的状态，因此他在各地都受到了最高程度的尊敬，被尊为果实神。后来，詹努斯将自己的半壁江山分给他掌管，于是那个国家后来被命名为萨杜恩尼亚(Saturnia)——“种子和果实的土地”。后来的诗歌把萨杜恩管理的时期描述成一段快乐的时期，那时候人们过着无忧无虑的生活，不知道什么是痛苦，在那块土地上盛行着纯洁、自由和欢乐。这个时期足以被称为黄金时代。[23]

㉓莫雷：《神话学》，第 32 页。

这些记载与柏拉图的故事都是吻合的。他告诉我们亚特兰蒂斯的统治扩展到了意大利,他们是文明的农业和贸易民族。因此,罗马文明就是亚特兰蒂斯文明的直接衍生物。

罗马的农神节是对亚特兰蒂斯开拓殖民地的纪念。这是一个喜悦快乐的时代:在这一天,财产和地位的差别被遗忘了,人们不会因为犯罪而受到惩罚,主人和奴隶以平等的方式交往,仆人和奴隶们穿着主人的衣服走来走去,孩子们从他们的父母和亲人那里得到礼物。这个喜悦和快乐的节日是对黄金时代记忆的保留。在罗马的"狂欢节"时,我们也能发现纪念黄金时代的一些标志。

宙斯是坐在最高王位上的第三位神也是最后一个神。他被称为"发出雷鸣的人"和"强大的雷神"。他以手握霹雳,脚踩神鹰为象征。不久以后,在某种推翻叛乱的神秘动力的帮助下, 泰坦神族在闪电和雷鸣中起来反抗他的权力。

在宙斯的统治下,亚特兰蒂斯似乎达到了其势力的巅峰。他被看作整个世界的统治者,在世界的每个地方,他褒奖正直、诚实、忠诚和善良,惩罚奸佞、虚伪、背叛和残忍。他对穷人也非常仁厚。下面的故事就证明了他对地球的统治。

"斐莱盟(Philemon)和布克斯(Baukis)是一对住在弗吉尼亚的老夫妻,他们过着贫穷但平静、幸福的生活,并且虔诚地崇拜着神。那时候,宙斯经常幻化成人形来地球巡视,察看人们的行为。在一次穿越弗里吉亚的旅途中,他和他的陪同装扮成疲倦的旅行者,他们敲过一千户人家的大门,请求住宿一夜,都被无情地拒绝了。当他们敲开这对老夫妇的门时,两位老人把他们请进了自己的小屋,然后为客人准备了一顿他们所能提供的最丰盛的晚餐,为此他们还要将剩下的唯一一只山羊杀掉,但是被宙斯阻止了。宙斯被这对老夫妇的善良、热诚和虔诚感动了。他在那个地区看到的其他居民十分自私残忍,并且习惯于责备和藐视神灵。为了惩罚人们的行为,他决定让洪水淹没这个村庄,只救出了斐莱盟和布克斯。最后,在打开洪水之门之前,宙斯在他们面前现了身,把他们坐落在山上的小屋变成了一座华丽的庙宇,并让那对老夫妇在这座庙宇中做祭司。他们向宙斯祷告,希望死了也在一起,宙斯答应了他们的请求。很多年以后,这一对虔诚的夫妇迎来了自己的大限:斐莱盟变成了一棵栎树，布克斯成为一棵菩提树，两棵树互相对望着、厮守着，就像他们生前一样永不分离。”[24]

在这个传说中，提到了一次洪水，于是这场洪水与亚特兰蒂斯有了另一种形式的联系。

宙斯是一个像亨利三世那样的人，喜怒无常，而且喜欢拈花惹草，他给自己娶了很多老婆，并和她们生下很多儿女。例如，他和得墨忒耳（司农女神）生下了珀尔塞福涅（普罗塞耳皮娜）；和莱托（Leto）生下了阿波罗和阿耳特弥斯（黛安娜）；与戴奥尼生下了阿芙罗狄蒂（维纳斯）；和赛米里（Semele）生下了狄俄尼索斯（罗马酒神）和美雅生下了贺密士（莫丘里）；和阿克曼尼（Alkmene）生下了海克力，等等。

由此我们看到可追溯至亚特兰蒂斯的神和女神的整个家族。赫拉是宙斯的第一个也是最主要的妻子,她被称为婚姻守护女神。诗里面说，宙斯和赫拉这对夫妻发生过很多次关于婚姻的争吵，而且通常都是赫拉受到责备。显然，她对宙斯的其他妻子非常忌妒。有一次，宙斯暴打了她，并把她的儿子希费斯德斯扔出了奥林匹斯山；还有一次他把她的胳膊用链子吊起来，在她的脚踝上坠了两个很重的东西，并把她挂在了奥林匹斯外面——这是一种很残忍粗俗的做法——但是希腊人把它变成了一个美丽的故事：他们说那两个重物是地球和海洋的象征，“所有天空中看得见的大气现象都被想象成生活在天堂里的至高无上的神明便是明证！”[25]赫拉可能是从一个完全不同的角度看待这件事的，因此她与宙斯的兄弟海神波塞冬和他的女儿雅典娜联合起来，策划了一次政变。她趁宙斯熟睡的时候把他捆起来，“并且如果不是席蒂斯向海洋巨人寻求帮助的话，她就已经是众神之首了”，这个巨人可能就是一艘战船。但是，似乎赫拉还是一个好妻子，具备女人所有的正直品性和高尚道德。

根据柏拉图的说法和希腊神话，亚特兰蒂斯的第一个国王波赛冬是克洛诺斯的儿子，宙斯的兄弟，地位仅次于宙斯。在划分王国势力范围的时候，他继承了海洋及其岛屿和适于航行的河流；也就是说，他是从事航海和贸易的人所崇拜的神明。他的象征是马。他是第一个训练和使用马匹的人，他还

㉔莫雷：《神话学》，第 38 页。

㉕莫雷：《神话学》，第 47 页。

把驭马之术交给人类,也就是说他的人民也是第一批驯养马的人。柏拉图曾经告诉我们,在亚特兰蒂斯,马以及为其提供的温泉和赛场非常重要,如此看来他的描述与这一情况是一致的。波赛冬在泰诺斯(Tenos)岛也受到非同一般的顶礼膜拜。“他被视作医生的化身,”这表明他代表着高度发达的文明。同时,他也被视作丰收之神:“与贾森所乘亚尔古舟一起,去海外寻找金羊毛的英雄便是波赛冬的后代。”波塞冬经常手持三叉戟,这成了他的标志——三叉戟毫无疑问象征着亚特兰蒂斯包括的三个帝国。他在地中海沿岸创立了很多殖民地:“他帮助建造了特洛伊城墙”;这个传说将特洛伊文明的根源追溯到了亚特兰蒂斯。他在阿提卡(Attica)定居下来并且创建了一座城市——雅典;雅典娜是宙斯的女儿,是乌云和雷电的主宰者,丰产女神,和平劳动的庇护者,女战神。她是从宙斯的头颅中蹦出来的,这可能说明她妈妈是谁并不为人所知——换句话说她是一个被抛弃的孩子。雅典娜使雅典的土地上长出了第一棵象征和平的橄榄树,这棵树是希腊所有橄榄树的祖先。波赛冬好像在科林斯、爱琴纳岛、那克苏斯岛和特尔斐都有居所。在希腊,几乎每一个海港城市都有为了纪念他而建立的庙宇。他派了一个海上怪物,也就是说,一艘船,去摧毁一部分特洛伊的领土。

在《伊利亚德》(iliad)中,对波赛冬的描写是这样的:他是“海洋的最高统治者,住在深海中一座灿烂夺目的宫殿中,乘坐铜蹄金毛马驾的两轮战车飞越海洋的表面,或者搅起滔天巨浪,直至地震山摇,摧毁海岸……他还被与肥沃的平原和山谷联系在一起”。[26]海洋深处的宫殿就是亚特兰蒂斯奥林匹斯山上的宫殿;横越海洋指的是一个从事航海贸易民族的活动;地球的颤动是对地震的联想;“肥沃的平原和山谷”让我们想到柏拉图描述的亚特兰蒂斯的大平原。

所有有关欧洲的文明的传说都指向了亚特兰蒂斯。

例如,希腊的司农女神——波赛冬的女儿得墨忒耳在雅典附近的依路西斯着陆的时候,居住在此的苛赖奥斯(Keleos)热情地接待了她,作为回报,得墨忒耳教他如何使用犁,并将大麦的种子授予他的儿子,派他教给人类如何播种以及如何利用大麦。波赛冬的孙子狄俄尼索斯“穿越了所有的已知世界,甚至到了印度最偏远的地方,在旅行的过程中,他教会人们怎样栽培葡

㉖莫雷:《神话学》,第51页。

萄树，了解了很多其他和平的艺术，除了这些他还让人们懂得了诚信交易的重要性”。[27]为了纪念他希腊人举行盛大的庆祝活动，这种情况在基督教传入之前依然存在。

“在希腊神话中，仙女是一种介于神和人之间的生物，她们与人和神都存在交流，同时也得到了二者的爱和尊敬……她们靠神仙食品活着，这点与神一样。人们相信，在特殊的情况下，她们会被召去参加奥林匹斯众神的会议；但是一般情况下，她们都会留在自己的领域——与世隔绝，在人类看不到的洞穴和平静的山谷里，整日忙于纺织、编织、沐浴，唱甜美的歌曲、跳舞、做运动或者陪伴路过她们领地的神仙们——例如，她们与阿耳特弥斯（黛安娜）一起打猎，与狄俄尼索斯（罗马酒神）一起奔跑，与阿波罗或者贺密士（莫丘里）一起玩耍，唯独对放纵而又兴奋的森林之神怀有敌意。

在亚特兰蒂斯的传说中，仙女居住的地方与按照身份来划分。普通的仙女都住在平原上，而只有那些身份显赫的贵族阶层才能居住在高原上。这一事实我们从她们中的一部分被称作“Atlantids”——即“亚特兰蒂斯人的后代”便可求得印证。看守金苹果园的仙女们也是“亚特拉斯的女儿”；她们的妈妈是“西方领域”的化身——海斯派瑞丝（Hesperis）。她们的家在海洋中远离非洲北海岸或西海岸的一座岛上。

这里我们发现了一个传说，它不仅指向亚特兰蒂斯而且与《创世纪》中有关树和蛇的传说有密切的关系。

“地球的一个女神”提太雅（Titaea）送给了宙斯一棵枝叶茂盛的大树，上面结满金苹果。宙斯派了一些仙女在金苹果园看守金苹果树。但是她们抵制不住金苹果的诱惑，把它们摘下来吃掉了；这之后，一条毒蛇就被放在那里看管金苹果树。后来海克力把这条蛇杀死并且把金苹果分给了仙女们。

我们已经知道，大力士（海克力）是宙斯的儿子，亚特兰蒂斯的国王之一。在他的12件事迹中，有一件（第10件）就是把吉瑞恩的牛夺走。吉瑞恩是落日的红色光亮的意思。“他居住在厄立特里岛上，这个岛屿位于遥远西方的某个地方，超过了海克力之柱的另一边。”海克力乘坐着一艘船，在遭遇了一场暴风雨之后到达了这座岛屿并且停留在了阿巴斯（Abas）山上。海克力把吉瑞恩杀掉，偷了那头牛，他把它放在船上，安全登陆，并且驱赶着它“通过利比亚、高

㉗莫雷：《神话学》，第119页。

卢，越过阿尔卑斯山到达意大利。”[28]这只是关于未开化的民族袭击文明民族的牛的回顾，当然这个文明民族指的就是养牛的亚特兰蒂斯人。

没有必要再对希腊的神进行深入的研究了。它们只不过是野蛮民族对一个伟大的文明民族统治者的回忆而已，因为在很久以前，这些统治者们曾经到过他们的海岸，并给他们带来了和平与文明。

现在我们将找到的证据一一列举在下面，这些足以证明希腊的神就是亚特兰蒂斯国王：

1.他们是世界的统治者而不是世界的创造者。

2.从本质上来说他们都是人；他们爱犯罪并且进行战争，战争的地点我们已经给出了；他们建立了城市，使地中海沿岸的人民文明化。

3.他们居住在大西洋中的一个岛屿上，“那是一个在偏远的西方的岛屿……太阳在希腊落山后还能够照耀着那里。”

4.他们的土地被大洪水吞噬了。

5.他们都是处于波赛冬和亚特拉斯的统治之下。

6.他们的领土范围一直延伸到埃及、意大利和非洲海岸，这恰好与柏拉图的描述完全吻合。

7.他们存在于青铜器时代以及铁器时代之初。

整个的希腊神话学就是一个野蛮落后的民族对一个强大的和高度文明的帝国的记述。在遥远的过去，这个帝国的版图覆盖了欧洲、亚洲、非洲和美洲的大片地区。

第三章　亚特兰蒂斯国王与腓尼基诸神的关系

我们发现腓尼基神话中的神与希腊的神一样，都是被奉为神的亚特兰蒂斯国王。

比如说，我们在腓尼基的宇宙起源学说中发现泰坦神族的祖先是腓尼基神雅格若斯(Agrus)和雅格若特斯(Agrotus)。这就把腓尼基人与那座坐落

㉘莫雷：《神话学》，第257页。

在偏远的西方海洋中央的岛屿联系了起来,而且根据希腊人的说法,腓尼基人就定居在那里。

根据桑收尼亚通(腓尼基作家,生活年代不详,留有腓尼基重要城市记载)的记载,尤利纳斯(Uranus)是奥托桑(Autochthon)的儿子,而且根据柏拉图的说法,奥托桑是亚特兰蒂斯的国王之一。他是希腊人的天神,是大地之神盖亚的儿子。腓尼基人告诉我们:“奥兰诺斯和吉亚生了四个儿子,分别是克洛诺斯、拜蒂路斯、半人半鱼神达贡和亚特拉斯(塔姆兹)。”在这里又出现了亚特兰蒂斯其他两个国王的名字。这四个儿子代表的可能是四个民族,他们都是大地的后代。希腊的天神是克洛诺斯的父亲,亚特拉斯的祖先。腓尼基人的神奥兰诺斯有很多的老婆:于是他的妻子吉亚很妒忌;他们总是不断地争吵,而且他还企图杀死与她生的孩子。这简直就是希腊人所讲述的宙斯和赫拉故事的翻版。在腓尼基的神话中,克洛诺斯发动了一场对奥兰诺斯的叛变,在一场激烈的战斗之后,他推翻了父亲的统治。而在希腊神话中,是宙斯向父亲克洛诺斯进攻并把他推翻的。奥兰诺斯的一个女儿叫阿斯德尔特,另一个女儿叫莉雅。“半人半鱼神在发现了面包-玉米和犁之后被称为宙斯——Atrotrius。”

我们还发现,在腓尼基传奇故事中提到了波赛冬——亚特兰蒂斯的缔造者和国王。

同希腊的传奇故事中所说的一样,克洛诺斯把阿提卡送给了他的女儿雅典娜。在瘟疫肆虐的时候,他将自己的儿子作为祭品献给了奥兰诺斯,他给自己行割礼,并强迫那些拥护他的人也施行这一仪式。“因此,就像我们所期望的一样,似乎新旧世界的埃及人、腓尼基人、希伯来人、埃塞俄比亚人、墨西哥人、美洲的红色人种所施行的这种奇妙的割礼,是可以追溯到亚特兰蒂斯的。”

“克洛诺斯造访了世界上适于居住的不同区域。”

克洛诺斯把埃及以王国的形式送给了透特(Taaut)神,透特神后来发明了字母表。埃及人称他为陶斯(Thoth),被奉为“字母之神”的代表,他的手中总是拿着笔、字母表和棕榈树枝。

这些记载不仅把腓尼基人与亚特兰蒂斯联系在了一起,还证明了埃及文明同亚特兰蒂斯和腓尼基人不无关系。

在希腊神话中，形成神的高贵人物也是腓尼基人的神，这点没有什么可怀疑的。我们已经看到柏拉图所说的奥托赤松重现在腓尼基人的奥托赤松身上，柏拉图的亚特拉斯重现在腓尼基人的亚特拉斯身上，柏拉图的波赛冬重现在腓尼基人的波赛冬身上，柏拉图所说的亚特兰蒂斯的麦斯特(Mestor)和姆尼瑟斯(Mneseus)国王可能就是腓尼基人的米瑟(Misor)和阿姆讷斯(Amunus)神。

在叙述完人们向文明前进的所有发现之后，桑收尼亚通告诉我们陶特神命令凯毕瑞(Cabiri)将他们对过去的记录记载下来，“而且，他们的后代以及一些外来人继承了他们的这些记录，其中就有被称为第一个腓尼基人的楚阿(Chua)兄弟的伊斯瑞斯(Isiris)，他发明了那三个字母”。①

这将会证明第一个腓尼基人是在这些国王或者神统治了很长时间以后才到来的，相对于他们他是一个外来人；因此，桑收尼亚通提到的那几个发明的发明者不可能是腓尼基人，而是其他某个民族，腓尼基人继承的可能就是他们的传统。

他们的记录被传给埃及的神——奥斯瑞斯(Osiris)这个外来人，这样就为我们提供了另外一个能证明埃及继承了亚特兰蒂斯文明的证据。

马克斯·穆勒(Max Müller)说：

“闪米特人的语言也是由某一种语言形式变化而来的。虽然我们尚不知道闪米特的方言是分化于哪种原始语言，但是我们知道这种语言确实存在于某个时期……我们不可能从梵文中得出希伯来语，或者从希伯来语中得出梵文；但是对于二者来源于同一源泉是能够很好地理解的。它们都是同一条河流的支流，它们带着的那些素材——虽然不总是在表面上——激励着我们去研究它们，并且我们的分析者们也得出了比较满意的结果。”②

根据波斯人古老的传说，腓尼基人从厄立特里亚海的岸边移民而来，也就是现在所说的波斯湾；在西班牙的大西洋海岸，加德斯城的附近，有一座非常古老的城市——艾菲亚城，它建立的时间是比加德斯(腓尼基的海军基地)还要更久远的某段古代时期，但在斯特雷波时期就全部变成废墟了。难道这个城市的名字就不可能作为邻近的海洋的名字吗？可能腓尼基向欧洲

①勒诺尔芒等：《东方的古代历史》第二册，第228页。

②马克斯·穆勒：《历史哲学的提纲》，第一卷，第475页。

迁移就是从这里出发的。看起来，甚至有座厄立特里岛。在希腊神话中，海克力的第10件事迹是偷走了吉瑞恩的牛，而吉瑞恩就住在厄立特里岛上，“那座岛在遥远西方，这个地方距海克力柱还有相当的距离”。海克力从这座遥远的海洋之岛上偷走了牛，在回来的时候赶着它“穿过利比亚、高卢，越过阿尔卑斯山，最后到达意大利”。[③]很可能一座西班牙海岸的城市就是以一群从大西洋开始迁移的人们的名字命名的，然后又在后来的某一天，这一名称又被波斯湾所继承——就像我们已经看到的，约克(York)这个名字被从英格兰带到哈得逊河岸边，然后又被带到北极圈一样。

报告中称中美洲城市的建造者们是一个蓄有胡须的民族。腓尼基人有用人做祭品的做法，而且涉及范围很广，这点与印第安人一样；他们崇拜火和水，将兽皮穿在身上，且以该动物的名字来命名——换句话说，他们有共同的信仰——他们通过火来传递信息，在自己的箭上涂上毒药，在开始战争前要创造一段和平的时期，并且使用鼓。[④]

腓尼基人的贸易范围在某种程度上代表了古老的亚特兰蒂斯帝国的疆域。他们的殖民地和贸易地点在东西方向，从黑海海岸，穿过地中海一直到非洲和西班牙的西海岸以及爱尔兰和英格兰的周边，在南北方向，从波罗的海一直到波斯湾。他们的范围波及了每一个后来出现文明的地方。斯特雷波估计他们在非洲西海岸有300个城市。哥伦布从腓尼基的一个海港起航去发现新大陆，而这个海港在2500年前就经由那个伟大的民族建立了。可以这么说这个有着腓尼基人特征的海员仅仅重新开启了已经关闭了的亚特兰蒂斯进行贸易和开拓殖民地的通道。非常有趣的是，在哥伦布到达奥利诺科河河口的时候，他的脑海中浮现出大洪水以前的世界，一个奇怪的念头蹦出来，他认为这就是来自天国的河流——基训河，后来他在给西班牙的家人写的信中说：“在这里我似乎接近了尘世间的天堂，因为不仅它的位置与虔诚而博学的神学家们的观点是一致的，而且种种迹象表明它可能确实是那个地方。”

桑收尼亚通认为是腓尼基人为我们提供了研究埃及、希腊和朱迪亚的资料。似乎这一观点是站得住脚的，腓尼基人继承了亚特兰蒂斯人的艺术、科学，尤其是他们在贸易上的至高无上的地位，而其他民族则是代表他们对

---

③莫雷：《神话学》，第257页。

④班克罗富特：《本土民族》，第四卷，第77页。

殖民地的开拓和征服;因此我们发现了美洲人和希伯来人(腓尼基祖先的一个分支)之间存在密切关联的相似性。

人们居住在叙利亚的海上,
他们自是腓尼基人,
他们是世界的第一批伟大缔造者,
他们是城市和强大国家的缔造者,
他们指出了一条通向未知世界的海上通道。
在第一个时期,
当人类的儿子们不知道从哪条道路拐弯的时候,
他们向每一个他们的出发地分配人力;
这些人有一部分被分配到了土地上,
大部分人则被分配去了海洋,
把每一个流浪的部落都派去分享一种不同的气候和土壤,
因此才产生了这么多的不同,显而易见就这样,
一个完整的民族从此四分五裂。

第四章　奥丁神、沃坦神与亚特兰蒂斯

在斯堪的纳维亚的神话中,最主要的神被称为奥丁神、沃登神、沃坦神或者日耳曼人的沃坦神(Wuotan)。在对他的描述中,他的很多经历都与希腊神宙斯的经历相同,而且一些人认为他就是宙斯。他和12位神在斯堪的纳维亚半岛奥林匹斯北山上的宫殿里居住, 雄伟壮丽的奥林匹斯山傲然屹立于群山之中,其周围的环境恰好处在四季分明、气候宜人的温带。斯堪的纳维亚的奥林匹斯可能就是亚特兰蒂斯。奇亚磐尼斯丁被描述为一个相貌庄重的年长男人,他长着长长的胡须,手中拿着一枝矛,有两只狗和两只乌鸦终日与他相伴。他被尊为诗歌之父,是北欧古文的发明者。

中美洲的奇亚磐尼斯 (我们已经看到他们的语言和希伯来语有如此惊人的相似之处)声称他们是新世界的第一批人。克拉韦格若(Clavigero)告诉

我们，根据奇亚磐尼斯的神话，有一个叫做沃坦的人，他是制造了一艘大船让自己和家人从大洪水中幸免于难的那个人的儿子；他是建造通天塔的其中一人。国王命令他要让美洲住满居民。“他从东方来。”他带来了7个家庭。伊根(lgn)和伊莫克斯(lmox)是在他之前的两个美洲人。沃坦在美洲建立了一座叫做“纳坎”(Nachan)的大城市，也就是他自己民族的蛇城(引诱夏娃的蛇是Nahash)，他的民族被称为陈，是一条蛇的意思。这座纳坎城(Nachan)被认为是帕伦卡。根据神话传说，他旅行的日期是3000年前，即公元前10世纪。他还建立了三个从属的王国，其首都分别为图兰(Tulan)、玛雅潘(Mayapan)和赤奎玛拉(Chiquimala)。他写了一本书，书中记录了他自己的历史事迹和他属于Chanes(蛇)这个部落的证据。他在书中写道：“他是第三个沃坦人；他把7个家庭从Valum——沃坦带到这个大洲，并且把土地分配给他们；他决定一直走到天堂的中心区域，找到他的亲人——库勒布里斯，并且让他们对自己有所了解；他曾经四次航行至赤韦姆(Chivim)，他去过西班牙，他到了罗马；他看到了神住的房子，他通过了他的兄弟——库勒布里斯修筑的道路，并在那里做了记号，他还途径13座库勒布里斯的房子。他说，在一次航行的返回途中，他发现了特泽奎尔族的其他家族，他们加入了第一批居民，他认为库勒布里斯是他们与自己共同的祖先；他们建造的第一座城市叫做特泽奎尔，是以其建造者的名字命名的；他还说教给了他们文雅的礼节，教给了他们如何使用桌子、桌布、盘子、盆子、杯子和餐巾，他教给他们有关神和他的信仰的知识，有关国王以及对国王的服从的观点；他还被选为这些联合家族的首领。”

西班牙人和罗马人可能是后来迁入的民族。卡布里拉声称沃坦人就是迦太基人。他认为沃坦的赤韦姆是希韦姆或者基韦姆，他们是海斯的后代，卡纳的儿子，腓尼基人；他们建造了阿卡伦，亚索都，阿斯卡伦和加沙。[①]《圣经》在《申命记》中把他们叫做希未人(Givim)。卡布里拉还认为卡得马斯和他的妻子赫蜜麦尼就属于这个家族；根据奥维德所说，他们被变形为蛇(Culebres)。在腓尼基语中希未人这个名字的意思就是蛇。

沃坦可能没有到欧洲，但是他可能穿越了整个非洲。他书中提及的“一条库勒布里斯修筑的道路”开始似乎是让人无法相信的，但是在1869年11

①卡布里拉：《古代墨西哥》，第一卷，第124页。

月8日出版的莱温斯顿博士最后的信中，在《皇家地理学社团的进程》中提到："在卢亚(Rua)地下的房子中生活着一个部落。据说一些坑道长达30英里，里面还有流淌的小河，整片区域连起来可以围成一座城。我没有去拜访他们，因为有人告诉我，那里的文字不是字母，而是动物的图案。他们皮肤黝黑，身体健壮，眼睛外部有棱角，眼窝深陷。"

格兰特船长，是著名的尼罗河资源考察活动中一直陪伴在斯派苛(Speke)船长身边的一个人，提起了在坦噶尼喀湖(非洲第二大淡水湖)附近，卢韦姆巴和玛伦加之间水道上的考玛(Kaoma)河底有一条隧道或者地下通道。他的向导曼努阿向他描述了这条隧道：

"我问曼努阿他有没有去过与它类似的国家。他的回答是：'这个国家使我想起了我和一个来自翁詹邪姆堡的阿拉伯商旅队一起旅行时，在坦噶尼喀湖南岸看到的那个国家。那儿有一条被称为考玛的河流，一直流入湖中，河边的岩石非常陡峭，就像我们面前的岩石一样。'然后我又问：'人们怎么穿过这条河，是坐船吗？''不是，他们没有船。因为河边的地形非常险峻，即使有船，也无法登陆。他们是通过一条天然的隧道或者地下通道过河的。'从卢韦姆巴去奥鲁恩果以及返回的时候，曼努阿和他所有的同行人员都要从这里通过。他在描述通道的长度时说，他们从太阳升起一直走到月亮爬上天空才走出来，而且它非常高，就算是骑着骆驼，也根本够不到它的顶部。里面的芦苇长得有手杖那么粗，路上全是白色的鹅卵石，通道足足有400码，非常宽阔，所以他们在通过的时候能够非常清楚地看到脚下的路。岩石看起来好像被用人工的方法刨过。水从来不会从上面的河中流下来；这是挖井的结果。曼努阿还说，在这条隧道里有万伯韦人的避难所，在受到瓦土塔侵扰的时候，他们就同家人和牛一起住在那儿，瓦土塔是祖鲁·卡菲尔人的后代，那是一个骁勇好战的民族。"

我们发现在沃坦的这本书中，即使不依据它的日期和描述的情景，仍然有证据证明在遥远的古代旧世界和新世界就已经有来往了。

洪保德评论道：

"现在，这个沃坦或者沃丹(Wodan)已经把读者的注意力都吸引过来了，他是一个美洲人，而且看起来他跟高哥特人中的沃兹（Wods）或者奥丁斯(Odins)以及塞尔特人的后代都是同一个家族的后裔。由于根据威廉·琼斯先生的学术研究，奥丁和佛陀可能是同一个人，还有一个非常奇妙的巧合，那就是我们看到帮德瓦尔，沃母斯坦和沃坦在印度、斯堪的纳维亚和墨西哥是在同一个时期的同一天命名的。”②

有很多东西都把哥特民族的神话指向亚特兰蒂斯。正如我们看到的，他们有大洪水的传说；他们的克罗多神和沙塔尔神就是亚特兰蒂斯的克洛诺斯和萨杜；他们的巴尔神就是腓尼基人的太阳神，他与波赛冬和亚特拉斯有非常密切的联系；并且就如我们下面就要看到的一样，他们的语言与阿拉伯语、库施特语、迦勒底语和腓尼基语有紧密相连的关系。

第五章 十字架、伊甸园与金字塔

基督教产生之前，人们对十字架崇拜至极。对于这个问题，我们可以引用 1870 年 7 月《爱丁堡回顾》上面的一篇好文来进行阐述。

“从东方世界的信奉多神教的宗教组织成立之初到基督教在西方的确立，十字架毫无疑问是象征性纪念物中最常见也是最神圣的一个，而且现在在几乎所有不承认或不知道基督被钉在十字架上的每一块土地上都还是这样。除了社会阶级制度、肤色、国籍或者在任何一个半球的位置的区别以外，它似乎是古代的每一个人都拥有的原始财产——比方说，有弹性的胸带在分布得最广泛的不信奉上帝的团体中都能看到——这是全世界人民的兄弟之情的最重要标志，有了它人类的所有家族都被拉了进来，它明确证明了他们具有共同的血源；作为鉴证人类历史的十字架，人类社会进步的每一个阶梯，社会形态所发生的每一次变迁，以及生活在这个世界上每个物种的喜怒哀乐、兴衰荣辱，全部记录在这个小小的十字架上。如果可靠的历史在这个问题上保持沉默，那么始于那个已经被遗忘的民族的很长的一段历史的重要遗迹足以确定和加强这个看法。形形色色的标志形状或多或少是被从审美的角度描述的，根据那个时期在文明方面获得的进步，它们被描绘在庙宇和宫殿残存的墙上，在自然的岩石和幽暗的画廊上，在最古老的大石碑和最

②《科迪勒拉山系研究》，第 148 页。

粗糙的雕像上,在硬币、纪念章和瓶子上。另外,在很多例子中,我们在被保留在地下的建筑和地上的坟墓以及神殿的结构中还能看到它们的影子。在每个时代,在每种不同的情况下,这个标志的极端神圣都使得在它的制造和装饰上发生的花费成为合理,因此,最长期的劳动,最完美的创造力都体现在它上面了。文化、品位和追求有本质不同的人们——高度文明和半文明人,定居的人和过着游牧生活的人——努力在他们的后代中拓展关于它的独特意义和价值的知识上相互竞争。令人惊叹的印度艾勒茅棕石窟和艾罗拉石窟的粗糙岩洞,和东方马特拉和特普提的庄严的庙宇,可能被引做证明将它表现出来有多么艰难的特有的例证。而西方卡勒尼斯和"新农场"石墓的巨石结构是另外一个这样的例证。中美洲奥朱阿卡的"月亮之城"——米兹拉(Mitzla)的宏伟庙宇则被引做第三个这样的例证,它也是在岩石上雕刻,表现了与在赛耳塞特(Salsette)同样的巨穴中可以观察到的一样的惊人的劳动和创造力——我们再重复一遍,这个巨穴表现了智力不同、地理位置各异的人们的努力,其追随者为了歌颂和使伟大的太古时期的标志永存,开始崇拜那些独立的、没有关联的神……

今天仍在流行的几种十字架,无论是英国还是其他欧洲国家中具有国家特征的或是与教会有关的十字架,无论它们有着什么样的名称——这些名称通常都具有相似性——例如,圣乔治、圣安德鲁等等,无论它们是马耳他的、希腊的还是拉丁语国家的,在这些标志或徽章中,任何一个的存在都能被追溯至最遥远的古代。它们是东方国家的共同财产。没有任何变革或者其他灾祸使得它们的形状产生任何明显的变化。它们被原封不动地从一个半球传到另一个半球。在很多王朝、帝国和民族中生存了下来。在雅利安人向西迁移的进程中,它们被刻在了每个饰章上。而且在又一次被他们的后代奉为神圣后,仍然被确定为军事上的和具有国家特色的荣誉徽章……

在早期已知的十字架类型中,有一种被圆环包围的T字形记号,在埃及这种记号象征着即将到来的生命("cruxansata"),因为被雕刻在或以其他方式被表现在埃及和哥特人的纪念碑上,所以一般情况下,这种十字架都被称为'尼罗河的钥匙'。然而,它有比这更为古老和神圣的象征意义。它是标志中的标志,神秘的Tau——'被邀请的智者',它不仅是古埃及人的,还是迦勒底人、腓尼基人、墨西哥人、秘鲁人以及无论是在哪一个半球的其他人的,而且它的形状非常像在我们的字母T上面直接放上了一个圆形或者椭圆形的环。

饰有圆环的T字形标志被画在了西拉匹斯的翡翠或玻璃的雕像上,这座雕像是应托勒密·索特(Ptolemy Soter)的命令,从黑海南岸运来的,并放在那座围绕着莫瑞斯(Moeris)湖的著名迷宫里,公元389年被狄奥多西斯凯旋的军队破坏了,尽管埃及的神父真心地恳求将它赦免,因为它是他们的神和生命的象征。有时候,我们在伦敦大学的博物馆里,可以看到埃及人的木乃伊的胸上有一个简单的T字形被固定在锥形的平截头体上;有时候它从心里面跳出来。在第一个例子中,它代表美德;在第二个例子中,它代表对奖赏的希望和期待——就像在埃及最古老的寺庙和地下墓穴中一样,所以这种十字架也多出现在墨西哥和中美洲的城市废墟中,它被雕刻在最古老的巨大的多边形墙上也成为更现代、更完美的石工技术的例证;并且它还以同样引人注目的方式被刻在无数青铜小雕像的胸部,这些青铜小雕像是最近在尼加拉瓜的朱伊加帕(未知古代的一个地方)墓地中挖出来的。"

15世纪,当西班牙传教士的脚第一次踏上美洲土地的时候,他们惊讶地发现红色皮肤的印第安人同自己一样虔诚地崇拜十字架,于是他们开始并怀疑是否应把这种现象归因于虔诚的圣托马斯的劳动或者魔鬼的巧妙安排。

每个人手中的几乎每种形状的这种神圣的标志都引起了他们的注意。它出现在被破坏和废弃的浮雕上,也出现在住人的宫殿里,而且它还是犹加敦的大寺庙中最引人注目的装饰品。根据它的特定位置和特定的使用目的,它的制成材料也是不一样的——在城市里露天的地方和路边用的是大理石和石膏;在小神庙或小礼拜堂中,在金字塔的塔尖上以及在地下的神殿中用的是木头;在国王和贵族的宫殿中用的则是翡翠或者碧玉。

十字架标志从远古时代开始就受到新旧世界的民族的崇拜,当我们问及是如何得出这个结论的时候,我们得知它是对伊甸园的回顾,换句话说,也就是对亚特兰蒂斯的回顾。

哈德维克教授说:

"所有这些相似的传说都只是对希伯来故事的愚弄和讽刺——是对同一首诗歌的刺耳的和蹩脚的记录;但是他们用所有的夸张手法暗示了一个神圣的极乐之地是如何出现在人们的视野的——那是一个不受任何种类的亵渎、任何犯罪都不可侵犯的天堂;一个充满令人喜悦、使人欢乐的事物的乐园,一个赋予它的居民们丰富而珍贵的豁免权,并用它川流不息的河水灌溉生命和道德之树的乐园。”

这里还要引用一下《爱丁堡回顾》的作者的话:

“十字架真正在古代出现的事实，证明了它肯定仍然会是非基督教的土地上某些最基本的规则或者神秘事物的象征，而且与它的广泛传播这一事实的证明力相比,它的证明力毫不逊色。读者们应该有所觉察它经常被同水联系起来,它是‘尼罗河的钥匙’,崇拜它的埃及人通常认为,奥斯瑞斯每年都用这种神秘的工具使这条河流中的圣水复活。前面提到过的在黄铜桌子上的神秘瓶中,四个瓶口都向相反的方向喷射出了很多水流。它象征东方的巴比伦人和西方哥特人的水神,就像它还象征美洲的混合人口各自的雨神一样。

那些在西半球广泛分布的民族已经向我们展示了他们各自对十字架的标志表示尊敬的特别仪式。接下来我们将看到保存在伦敦和巴黎的博物馆中的尼尼微纪念碑记载的东方迦勒底人的后代是如何用同样的方式对十字架标志表示尊敬的……”

在埃及、亚速尔和不列颠,它是创造力和来世的象征;在印度、中国和斯堪的纳维亚,它是天堂和道德的象征;在两个美洲,它是返老还童和解脱病痛的象征;在两个半球上,它一般都是复活的标志,或者代表‘即将诞生的生命’;而在那些不信仰上帝的人眼中,它就是神的联合的重要标志和唯一永恒的证明。仅这种情况就决定了它是相当古老的,它起源于东方的三大宗教体系建立以前的很长时间。最后,我们知道了这样一个规律——它的发现都与一条河或几条河，植物的生长蔓延以及一个狭长形的或多山的区域有联系——一句话,都与一片锦绣、繁荣、快乐、充满神奇的土地有关。在埃及,蛇、公牛与其他爬行动物和走兽一样因帮助了爱色斯和比他更高等的神而被尊为神圣的动物，每天喂养他们的就是一种被埃及人视为神圣的圆形蛋糕,这是一种由最丰富的材料——面粉、蜂蜜和牛奶制成的蛋糕——而且这是一种十字架形的蛋糕。在某些特定的节日里,在特别的仪式上,人们会和他们的牧师一起吃这种蛋糕。迦德纳·韦肯斯先生说,‘十字架形的蛋糕是他们表示文明土地的象形文字’。很明显,这是比他们自己的土地以及其他世俗的土地都更为神圣的,因为它是那个遥远的传说中的国家,在那里人们永远是满足的,他们的生活永远是平和的,他们的欢乐和安详永远是高尚的,在那里，即使人类不劳作，自然都能生产出维持他们生存所需的东西。”

这块土地就是我们民族的伊甸园。是希腊人的奥林匹斯山，在那里

如春的季节使鲜花绽放，

让蓓蕾经得起风霜，也让果实熟透。

在它的中间，有一块神圣而雄伟壮丽的高地——“世界上所有地方所有时代的不信仰上帝的人的每一个虔诚的行为都深深地凝视着这块高地，他们希望它在这个短暂的场景结束的时候能得到承认，或者更准确地说，得到重建。”

在这块“雄壮的高地”中我们难道看不到柏拉图所描述的亚特兰蒂斯中央山脉的影子吗？他是这样描述的：

“距离平原不远的地方，在那座岛屿的中央有一座不是很高的山。在这座山中，居住着那个国家土生土长的原始人伊文诺和他的妻子塔奇普，他们有一个女儿，名叫柯雷托。波赛冬娶了这个女儿。他在她居住的山的四周围了一道墙，形成了海洋和陆地的衔接区域，这些区域大小不一，彼此环绕；一共有两块陆地，三片海洋……所以任何一个人都不能够到达这座岛屿……他引地下的水流到这座大山形成的岛屿上，并且使山上长满了各种不同种类的植物。这座岛屿变成了统治整个岛屿的国王——亚特拉斯的座位。他们在上面修建了他们民族的大庙宇，后继者不断对其加以装饰，每个国王都有超越前一个来访者的最高权力，直到他们使这个建筑从体积和审美角度都达到让人惊讶不已的程度……他们拥有巨额财富，这是以前的国王和君主们都从未拥有过的——而且也是以后的君王不会再有的。”

在荷马风格的诗歌中出现的阿尔西诺厄斯和来尔提斯的花园，以及巴比伦的花园，可能就是亚特兰蒂斯的翻版。在每一个古代或现代的神话中几乎都会出现“位于一块‘富庶、和平’的土地中央的神圣的高地。它是早期希腊人的梅森法罗，克里特岛人的奥姆法塔，它统治着天堂，它的顶端沐浴着纯洁的光辉，无与伦比的光芒，神仙们在无比快乐的环境中度过他们美好的时光。”

几乎拥有世界人口 1/2 的佛教和婆罗门教告诉我们，这个形状或简单或复杂的十字形的图案（十字架），象征着滞留在他们原始的祖先中的快乐——那座‘向着东方的伊甸园’，就像希伯来人说的一样。圆圈表示一个完全纯净、永远幸福的地方，十字则表示被分开占着它的四角的四支永恒的水

流。那么,在象征符号组成的复杂字母表中,能不能选择一个比一个圆圈或十字更好或者更重要,但是表达的又是同样目的的图案或记号?”①

在希腊神话中,世界的源头被描述成欧肯诺斯(Okeanos),意思是海洋。整个世界最初是一座被海洋——一股大的水流包围的岛屿:

“它是一个神奇无比的地方,居住着欧肯诺斯和他的妻子蒂锡斯。这是个神圣的岛屿,是众神的花园,是众神赖以生存的醇美饮品和神仙食物的供应地。在这个被水包围的岛屿上,土地像一个盘子一样向外伸展,大山在上面隆起,天堂的拱形圆顶出现在它四周的边缘上。”②

众神住在山上;他们在这些山上都有宫殿,宫殿里面还有宝库和马厩等。

“人们相信能在海洋中的某座岛屿上找到金苹果园和里面看守金苹果的仙女,或者有时人们相信这个金苹果园和仙女们看守的金苹果就在非洲北海岸或西海岸以外的岛屿上。在古代,它是众人皆知的,因为它是神仙们靠其生存的醇美饮品和美味食物的源头,而且那里表现了地球人对神的最珍贵的祝福,它是另外一个伊甸园。”③

荷马是这样描述它的:

在那块富饶的土地上无情的冬天也在微笑,
田野因为永不退色的青春而红润,
荒凉的地极不会把残酷的风暴带来这里。
捧起圆润的冰雹,或者亲吻晶莹的雪花;
神圣的土地从微风掠过的深处吸取了
西方暴风低语的片断。

“斯堪的纳维亚人神圣的仙宫,位于一片丰饶的土地上,四条远古时代的牛奶河的水将这块土地灌溉,这四条河流分别流向四个主要点的方向,它是‘快乐的住处,幸福的高地’。它就是中国人和鞑靼人所说的‘那片由山脉构成的神圣土地,……被施了魔法的花园’,这块土地是用四个泉源浇灌的。它是僧伽罗人和第帆提安人所说的群山围绕的土地,在那里‘永远居住着智慧和公平’。它是佛教徒的圣地(Sineru),在它的最高峰有陶鲁第萨,那是等

①《爱丁堡回顾》,1870年1月。

②莫雷:《神话学》,第144页。

③莫雷:《神话学》,第156页。

级最高神的瑟克拉的居住地，四条神圣的水流从其中心向着相反的方向涌出。它是印度人的“Slávratta”——即‘神圣的土地’，它是金色的麦如(Meru)山的顶端，詹姆巴德维帕中心的梵天之城，从它的四边流出了四条原始的河流，在它们的河道中反射出了它们源头辉煌的颜色，这四条河流分别流向了北方、南方、东方和西方。”

它是希伯来人的伊甸园：“上帝在伊甸园的东边建造了一座美丽的花园，并让他创造的人生活在里面。在这块土地之外，上帝让各样的树从地里生长出来，可以让人赏心悦目，树上的果子可以作为食物。在花园的中央是生命树，另外还有知识树，善良树和邪恶树。一条河从伊甸园流出去浇灌这座花园，从那时开始，它就有了分支，并且最终变成了四条河流。第一条河流叫作比逊河，它是环绕整个哈腓拉的河流，在它流经的土地上有很多金子，还有数不清的珍珠和彩纹玛瑙石。第二条河流是基训河，它环绕着埃塞俄比亚的整片土地。第三条河流叫作希底结，它流向亚速尔的东边。第四条河流名为幼发拉底河。上帝把那个人带到伊甸园，让他负责看守和照料。”

《创世纪》的作者企图将与另外一个国家有关的古代传说适用于他所居住的地区已知的特色，因此在书中被命名的四条河流不是任何一条河流的分支，也不发源于相同的地区。

约瑟告诉我们：“现在的（伊甸）园是由一条环绕整个地球的河流灌溉的，并被分为四个部分。”在这里的四个部分中，我们看到了十字架最初的起源，在一条环绕整个地球的河流中，我们看到了柏拉图所描述的神奇的亚特兰蒂斯运河，这条运河“流经整个平原”，并且汇集了从山上留下的水流。约瑟所命名的这些水流似乎代表着人们从亚特兰蒂斯向殖民地的迁移。他告诉我们：“Phison 表示人数较多的一群，它流入印度，幼发拉底河和底格里斯河流入红海，而基昂河则流过埃及。”

我们进一步被告知，该隐在杀死亚伯之后，离开了亚当的土地，“他在很多国家旅行”，后来到亚当家乡的西面的达诺的(Nod)这块土地。也就是说，人类的原始位置是在西边——在亚特兰蒂斯的方向。维尔森告诉我们，印度的雅利安人相信他们最初“从西方来”。因此大西洋西边的民族到东边去找寻他们的起源之地；而在大西洋东边的民族则去西边寻找他们的发祥地；因此，所有传说的线条都汇集到了亚特兰蒂斯这一点上来。

这里还有一个同样的证据，那就是，在伊甸园里有出自同一水源的四条河流。而且，正如我们所知，我们在斯堪的纳维亚的传说中，在中国人、鞑靼人、僧伽罗人、佛教徒、希伯来人和婆罗门的传奇故事中都发现了这四条河流。

有关伊甸园的传说不仅出现在旧世界里，而且在美洲的文明民族中也出现了。年长的蒙泰祖玛(Motlteztjma)对考特兹(Cortez)说“我们的祖先居住在那个富饶和快乐的地方，他们叫它阿兹特兰，意为纯洁……在这个地方的水中央，有一座巍峨挺拔的高山，被称为‘Culhuacan’，意为‘弯曲的山’。这是因它的某个地方稍微向底部翻过来而得名的。”他又接着补充道，这块充满魅力的土地里面有很多飞鸟、鱼类、树木，“它被包围在赤杨和杜松之中，而且那些赤杨高大挺秀”。人们成片地种植着“玉米，红辣椒，番茄，豆类和各种各样的植物”。

我们在这里看到的对水中央的大山的描述和柏拉图的描述一样——也与欧洲多数古代民族的传奇故事中的描述一样。

阿兹特兰的居民们是船夫。[④]E·G·斯奎尔在他的《中美洲记录》第349页上说：“一个重要的事实是，在格梅利所展示的他们迁移的地图上，是用水的标志来标明阿兹特兰起源地的，“Atl”代表阿兹特兰，也就是在这些棕榈树附近的有台阶的金字塔形庙宇。”这些情况没有逃过洪保德的眼睛，他说：“我很惊讶地发现在这座神庙附近竟然有棕榈树。这棵树当然并不表示一个北方的起源……可能一个拙劣的画家无意识地画出了这么一棵连他自己也不知道会有这么高大的树，因此，所有以此为基础的论据就不足以相信了。”[⑤]

定居在墨西哥郊外的部落中流传着这样一个传说，“在蒙昧、黑暗的混沌年代”，建起了“一座豪华的宫殿，堪称完美艺术的杰作，在里面，他们把神的住处放在了一座高山上。也就是被称为‘天堂的地方’。在那里，神最初在土地上居住，虽然那时世界还处于蒙昧和黑暗之中，但是他们很多年都处于休息和满足的状态，就像在一块平和的、令人愉悦的土地上一样。这些神的孩子们给自己建造了一座花园，他们在里面种上了很多不同品种的树，各种娇艳的花和有香味的草。后来发生了一场大洪水，神的很多儿女都被洪水冲

④班克罗富特：《本土民族》，第五卷，第325页。

⑤舒特：《古代北美洲》，第266页。

走了。”[⑥]在这里，我们清楚地看到了奥林匹斯山、柏拉图描述的花园和亚特兰蒂斯的毁灭。

我们在柏拉图对亚特兰蒂斯的描述中，看到了另一个对伊甸园和世界的黄金时代的描述。

“而且，所有地球上使人欢愉的东西，不管是根茎，花朵，牧草，森林，还是果实，都在那块土地上茂盛地生长。地球上被培养出来的果实，能吃的水果和被我们称为豆类植物的其他种类的食物，以及有硬壳并且能够加工出饮料、果肉和膏药的水果……太阳底下的那座岛屿上生长所有的这些植物，而且产量颇丰……在很多代人中，只要他们之中还存在着这种非凡的品质，他们就服从法律，对他们的亲属——神怀有深切的感情，因为他们拥有诚实的，在任何方面都伟大的灵魂，所以在生活各种各样的偶然中，在彼此的交往中，他们表现得宽厚而有智慧。他们藐视高尚道德以外的一切，不关心他们的生活现状，并且非常看重对金子和其他财产的占有，而这些东西对他们来说其实只是负担。他们没有在娇奢的生活沉沦，财富也没有使他们丧失对自我的控制，他们是冷静而客观的，并且清楚地看到所有这些美好的东西都是因彼此之间贞洁的友谊而增加的，如果对它们过分追求，过分推崇，它们的好处就没有了，友谊也会随之消失。”

所有这些都不可能只用偶然的巧合来解释，它们都指向有关一片真正的土地的传说，在那里，四条河流从一个山顶的中心涌出，并流向很多相反的方向。而且，这四条流向北、南、东、西的河流构成了十字架标志的最初起源，而且在亚特兰蒂斯的后裔民族或者通过贸易和殖民化，接受了他们的观点和文明的民族中都出现过这个标志。

我们可以从另外一个角度来阐述伊甸园与亚特兰蒂斯是同一个地方的问题。

有一点我们已经非常清楚，就是腓尼基语的字母表与玛雅语的字母表是类似的，那么腓尼基人与玛雅人就是同一个民族或者是一个与玛雅人有关系的民族。也就是说，他们都起源于亚特兰蒂斯。

现在，我们知道了腓尼基人和希伯来人有共同的祖先，他们使用同样的字母表，而且语言几乎是一模一样的。

---

⑥班克罗富特：《本土民族》，第三卷，第71页。

腓尼基人保留了桑收尼亚通记载的所有构成文明基础的伟大而重要的发明和发现的传说,并留下了文字记载。他们告诉我们,从大洪水中逃脱的那对夫妻是 Protogonos 和 Aion(亚当和夏娃),他们生了该诺斯(Genos)和该尼 (Genea)(Q ê n 和 Q ê nath),该诺斯和该尼又生了被称为 Phos,Phur 和 Phlox(光、火和火焰)的三兄弟,他们"发现了如何钻木取火,并且教会人们对其加以运用",我们在另外一部人类民族祖先的未完成作品中发现,奥托桑松(Auto chthon)和泰克尼提斯《Technites)(亚当和昆恩该隐)这对兄弟发明了砖。阿格若斯(Agros)和阿格若特斯(Agrotes)(Sade 和 C ê d),是农业家和猎人的祖先;然后是阿姆诺斯(Amunos)和麦膏斯(Magos),他们教会了人们以及他们的后代在村庄里过群体生活。

有关亚特兰蒂斯的传说和《圣经》记录的联系表现在诸多方面。例如,"在希腊文本中,使用了 κ-μ α-κ α-π α-μ ν α 这些词来表示阿米诺斯(Amynos) 的发明,这与《圣经》中表示贾巴尔后裔的居住地的词汇——helumiqneh 是相同的。同样,拉麦无论从他名字的意义上,还是有关他的传奇故事赋予他的野蛮人特征上,都显示他与格若特斯是同一人。"

"阿格若斯(Agros)和阿格若特斯(Agrotes)在希腊人和腓尼基人的历史上被给予的称号是-λ-τ-α,无论我们把它看作希腊化的闪米特语中的 Elim,即'强壮的,健硕的'意思,还是把它看做希腊人接受的意思,即'漫游者',它都与《圣经》故事中对该隐后代面貌的描述惊人的相符;因为根据他犯罪后人们对他加以责难所使用的词句,这就是该隐和他的民族的命运,并且这也是他孙子的名字伊瑞德(Yirad)所表示的意思。《圣经》中该隐的后代到拉麦的三个儿子就终止了,只有在桑收尼亚通的作品中,该隐的后代才不终止于阿姆诺斯和麦膏斯。这两个人物的继任者是麦瑟和茜戴克,桑收尼亚通的作品把他们称为'被释放的人和公正的人',但是更精确的应该是'正直的人和公正的人'(Mishôr 和 Qüdüq),'他们发明了对盐的使用'。麦瑟的后代是字母的发明者透特 (Tat);茜戴克的后代是航海的创始人卡比里或者科里班提斯。"⑦

我们还看到,事实上被希腊人称为奈玛的腓尼基人的女神阿斯蒂诺姆(Ashtar Noma)的名字与《创世纪》中拉麦的女儿——Namah 或者 Na mah 的

⑦勒诺尔芒:《亚当和大洪水之间的宗谱》,1880 年 4 月《当代回顾》。

名字是一致的。

我们不妨这样假定，希伯来人和腓尼基人最早生活在西欧的伊甸园，通过字母表证明腓尼基人与中美洲人有联系，而中美洲人又注意到了东方大海中的一座岛屿就是他们的出发点，那么结论就变成伊甸园就是亚特兰蒂斯。

不仅十字架和伊甸园与亚特兰蒂斯有关，而且在亚特兰蒂斯的神的居住地，我们发现了从印度延至秘鲁的所有金字塔的雏形。

这种单一的建筑结构起源于历史开始的很长一段时期之前。在印度的《往世书》中，我们看到金字塔的历史比今世任何东西存续的历史都要长。基奥普斯之前有大量类似的建筑，后来因为种种原因都变得残缺直至成为废墟。

在阿兹特兰图的中央，我们可以看到阿兹特克人的出发点，根据布图里尼的图形文字的描述，那是一座金字塔，它的崇拜者们跪在它前面。

50年前，斐博先生在他的《异教徒偶像崇拜的起源》中说，把人们建造的坟墓、金字塔和宝塔归入同一个种类，设想它们都是那座被认为坐落在伊甸园中央的大山的翻版；或者设想伊甸园本身就是在一块高地上，就像各地的赞美诗作者暗示的那样。

金字塔是这个我们到处都遇到的而且没有亚特兰蒂斯就不可能解决的问题的一个不可思议的特征。

阿拉伯传说里金字塔与洪水是有联系的。在牛津大学图书馆中有一份手稿，它是斯布蓝哲博士翻译的，阿布·巴尔克希说：

“在大洪水到来之前，这些聪明的人就通过潜水或者燃烧预料到了上天对他们的惩罚，而且这个惩罚很严厉，将会毁灭天堂以下的每一件东西，于是他们需要在即将到来的大灾难中有个避难的地方，所以建造了很多石头金字塔，就在后来的埃及这个地方的山顶上。这些金字塔中有两座比其他金字塔都高，它们的长宽高都达到了400肘尺(肘尺是古代的一种测量长度的单位，等于从中指指尖到肘的前臂长度，长约等于18至22英寸)。它们是用巨大的大理石块堆积而成的，这些大理石衔接紧密，就像用胶水粘合一样，以致几乎看不到它们的连接处。在这个巨大建筑的外层，刻着每一种符咒和医学奇迹。”

这个传说把这些作为避难所的金字塔都建在了现在的埃及那个地方的山顶上，但是我们并没有在埃及的哪个地方发现类似大小的建筑。有没有这种可能：现在这里看到的金字塔是这片土地上发生过大洪水后所保留下来的呢？在两个大陆都存在此种巨大组织的建筑，那么是不是可以认为两个大陆都存在有关塔或者通天塔呢？

人类的大脑是如何想到金字塔这种结构的呢？又是经历了怎样的发展阶段才到达这个程度的呢？为什么会在尼罗河岸边以及美洲的森林和平原中央出现这些惊人的建筑呢？为什么在两个国家，金字塔底部的正方形边都处于罗盘针的东、南、西、北四个基本方位上呢？难道它也是对十字架和亚特兰蒂斯流向东南西北的四条河流的回顾吗？

“还有第三个需要特别注意的结合。这个十字形的标志被放在被基督教的考古学家命名为‘耶稣受难地’的地方，即在一个托架或者锥体上也是普遍的现象。因此在两个半球都存在这种十字架形的标志。在前面提到过的路易斯岛上的卡勒尼斯巨石结构是欧洲现存的人类实践的最完美例证。”

简单地说，它被看做表达一个特定的从迦勒底人的时期到神哲派(有知识的人)的时期，或者从文明世界的一个极点到另一个极点的原始事实或神话的常见的形式。在斯堪的纳维亚人对待宇宙树灰烬的仪式和佛教徒对待菩提树的仪式中都能够看到这个标志。它的原型并不在埃及，而是巴比伦的安萨塔权杖，其中较低的安萨塔权杖构成了上面的椭圆形，或球状体的一个圆锥形支撑物。神哲派占领了原始的基督教和哲学异教徒之间的未定领域，并把它刻在他们的坟墓上，对于他们来说，圆锥形代表的是死亡和生命。在每个异教徒的神话中，它一般都是女神，或者天堂之母的象征，而无论她以什么名字出现——米力塔、阿斯德尔特神、阿芙罗狄蒂、爱色斯、马塔还是维纳斯，几块出于对她的崇拜而被奉为神圣的高地，像基于对宙斯的崇拜而被奉为神圣的几块高地一样，都呈现出了圆锥或金字塔的形状。祭拜亚速尔人的多产之神所用的祭坛一般也是这个形状。也有偶尔的例外，比如锥体会被插入一边或另一边，或者隐约在一直随附的神秘树中看到。

在对中美洲民族原始的家乡岛——阿兹特兰的阿兹特克语描述中，在金字塔或者大山的顶端都会有树出现。

斐博先生认为金字塔是矗立在伊甸园中央地带的神圣的高山的翻版，是亚特兰蒂斯的奥林匹斯山的副本。被引证的作者相信这一说法是正确的，他补充道：

“托马斯·莫瑞斯虽然算不上这方面的权威，但他个人也有同样的看法，并在他的《印第安古人》第三卷中明确了这个观点。他认为古代金字塔有三种特殊的用途，即作为天文台、庙宇和坟墓。现在不管它们是在什么日期被建造的，也不管它们是什么人建造的，不管它们是在非洲还是在亚洲，在尼罗河的低谷还是在迦勒底的平原，埃及的金字塔无疑是被用于恰恰相反的用途的。根据希罗多德的说法，它们是被希克撒斯王朝引入的。柏拉图学派的哲学家蒲洛克勒斯则把它们同天文学联系了起来——他补充说，这种科学是埃及人从迦勒底人那里学来的。因此，我们可以合理地推断它们既被用于庙宇来崇拜星星也被用于天文台以观测天象。后来到了祭司们的后代的时代，王族出于骄傲和迷信的动机霸占了它们的神圣领域，并把每个金字塔内的房间用作了坟墓。"

在神们居住的大山的开拓者心中，仿照金字塔形状制成的物品是非常宝贵的，它被赋予——可能大山本身也被赋予了——对太阳和火的崇拜。同一个作者说：

"萨比教徒的崇拜曾经盛行于新世界是一个真实存在的现象；在某种程度上，北部大洲的游牧部落仍然保留着这种崇拜，而且在大征服时期它是秘鲁的国教。在赤道以南的乌玛禹湖和的的喀喀湖岸边，发现了一些圆形或方形的祭坛残留物，与里海上凸起的拜火教(Gueber)相似，这就证明了该宗教也是他们的更文明的前辈的宗教。因此，我们发现，在这些以及其他把新世界已经灭种很久的人和旧世界的民族联系起来的古代遗迹中，发现了轮廓清晰的马耳他人的十字架标志。前面提到的墨西哥腓罗荷，被用最精湛的雕刻技术刻在一块巨大的多边形花岗岩上的浅浮雕上，并构成一座巨石墙的一部分，它上面的十字架被围在圆环里，还伴有雕刻得很工整的流苏状装饰物。虽然那些装饰物没有按照什么特殊的顺序排列，但是十字架的四个部分还是各自准确地指向四个主要的方向。在一个古代秘鲁人的地下墓穴中发现了一个体积较小但是细腻程度一点也不逊色的纪念碑，在上面同样发现了这一规律——是一根笛子或者鸣管，它用质地坚硬的宝石打造，边上有很多装饰物，其中不仅有马耳他人的十字架，还有一些其他标志，风格与埃及方尖石塔和这个国家的大理石碑上的雕刻相类似。同样的图案也出现在同样古老的奥斯鲁斯科黑色陶器上。但是新世界中最引人注意的这种十字架形状，还是在另一种墨西哥腓罗荷上出现的十字架，它被刻在一块石膏做的匾上，它的发现者派克斯船长和他的朋友M·巴拉德利对它进行了描述。这个十字架形状的其他标志——一个盾牌，一对念珠或者珠链，与一座象征神的亚速尔纪念碑即使在最细微的地方都是一样的，这是一个特别的例外……”

如果要向世人展示金字塔形状的十字架的话，世界上没有哪一个国家能和印度相比。它可以与埃及人伟大的劳动成果相媲美，有时候甚至能超过它。实际上，如果不是亲眼看到这种勤勉劳动和举世无双的技术的纪念碑的话，单凭对另外一些已经消失很久的，被时间和冥顽的回教徒的愤怒摧毁了的纪念碑的描述，我们会感到难以置信，就像听到对‘坐落在皮立翁山的山顶’，‘使奥赛山看起来像个肿瘤’的博塞纳(Porsenna)的坟墓的描述那样。在恒河岸边的古代比拿勒斯城的粗雕也是一些与它有相同特征的东西。我们间接提到了班德·马德乌的大庙宇，这座大庙宇在17世纪就被奥隆皇帝拆除了。但是法国男爵泰伏尼尔保留了对它的详细描述，因为他曾在1680年到那里去旅行。这座庙宇的主体是由一个巨大的十字架图案构成的（就是圣·安德鲁的十字架），中间有一个圆顶，位置极高，圆顶的上部是一个巨大的金字塔形的塔。在十字架的四个末端，还有四座大小比例匀称的金字塔，这些金字塔通向外面的石阶逐渐上升，中间隔一段距离就有一个用于休息的平台，这让我们想起了希罗多德的书中所描述的贝利斯的庙宇。在赞木纳河岸边发现了类似建筑的遗迹。后来，在摩里斯作品中，他描述了这座建筑和其他许多类似的建筑，包括印度的艾勒芳达的地下庙宇以及艾罗拉和萨勒塞特的石窟；他还补充说，除了这些建筑以外，还有另外一座建筑，它就在纵横交错的金字塔形结构的旁边。在这座建筑里，陈列着印度人各种各样的标志。在科罗曼德岸边，赤拉姆布拉姆著名的庙宇中，有7面极高的墙，一面与另一面相互连接，围绕在中央的四边形周围，每一面墙的中央都有很多金字塔模样的入口，形成了一个巨大十字架的四肢。”

在墨西哥，金字塔四处可见。考特兹在给查尔斯·V的一封信中，提到了他在恰路拉看到了400座金字塔。它们的庙宇就建在这些“高地”上。墨西哥最古老的金字塔在迪奥狄华肯，离墨西哥城有8里格(里格是陆地及海洋的古老的测量单位，1里格=4.8公里——译者)的距离。两座最大的金字塔都是用切割过的石头堆砌而成，其最高处有一块平坦的地面，要经过四层才能到达那里。这两座金字塔是为了表示对太阳和月亮的崇拜而建立的。较大的一座金字塔大约有200英尺高，底部的面积为680平方英尺，占地11英亩。根据洪保德的测量,恰路拉的金字塔底部面积为 1400 平方英尺,有 160 英尺高,占地 45 英亩! 埃及的基奥普斯大金字塔,底部面积为 746 平方英尺,高 450 英尺,占地 12 英亩~13 英亩。显然,迪奥狄华肯金字塔的底部面积和基奥普斯金字塔的底部面积是差不多大的，而恰路拉金塔则几乎是他们的四倍。但是在高度上,基奥普斯金字塔远远高于美洲的两座金字塔。

赛纳·加西亚·库巴斯认为墨西哥迪奥狄华肯金字塔的建造目的与埃及金字塔的建造目的是相同的。他认为一共有 10 个特别的共同点:1.这些金字塔所选择的建造位置都是相同的;2.所有的金字塔都是朝向东方的;3.天文子午线都穿过这些金字塔中央的线;4.这些金字塔上的层和台阶的构造是完全相同的;5.较大的金字塔都是为了表示对太阳的崇拜而建造的;6.尼罗河有一条"亡灵的山谷",而迪奥狄华肯有一条"死人的街道";7.小一些的坟墩具有相同的性质,而且它们的建造目的相同的;8.两种金字塔都有一面是与小坟墩相连的;9.在为了表示对月亮的崇拜而建造的金字塔中都发现了同样的洞穴;10.这些金字塔的内部结构都是一样的。

反对意见是美洲大金字塔的形状与埃及金字塔不同，美洲金字塔的顶端被削去了,或者说它们是平顶的,但是这并不是一个普遍的规律。

"在犹加敦的许多城市废墟中，已经发现了一座或者更多座金字塔,它们的顶部没有发现任何建筑的遗迹，虽然在他们附近的金字塔上发现了类似的建筑。还有一些理由让我们相信在美洲已经发现了最完美的金字塔。沃戴苛在帕伦克附近发现了两座保留完美的金字塔,它们有 31 英尺高,底部是正方形的,顶部是尖的,侧面为等边三角形。"⑧

布拉福特认为有一些埃及金字塔，以及那些因为某些原因被认为是最古老的金字塔与墨西哥的神庙是一样的。⑨

在埃及有一种被称为斜纹坟墓的金字塔,它与墨西哥的金字塔类似,都是平顶的；在亚速尔也发现了这种顶部是平的金字塔。一位作家说:"实际上,从美索不达米亚到太平洋都能发现这种形状的平顶的庙宇。"腓尼基人也建造金字塔。在 13 世纪,旦米尼克的布罗卡参观了腓尼基的玛瑞斯或者玛拉索斯的城市废墟,并且用最赞叹的措词谈到了这些恢弘伟岸的金字塔,这些金字塔是用长达 26 英尺~28 英尺的大块石头堆砌而成，石头的厚度甚

⑧班克罗富特:《本土民族》,第四卷,第 58 页。

⑨舒特:《古代北美洲》,第 423 页。

至比一个长得很高的人还要高。[10]

佛古森说:“苏库和奥扎卡的金字塔建造者之间，或者艾克瑟奇亚科和包罗·巴杜的庙宇建造者之间存在某种联系,如果我们对肯定这个结论仍然犹豫不决,至少我们得承认这种惊人的相似性仅仅用纯属巧合是解释不过去的。”

同埃及的金字塔一样，墨西哥金字塔的侧面最后都是交汇于一个最高的顶点。

同样,可以通过小走廊进入墨西哥金字塔。根据阿尔玛瑞兹的说法,迪奥狄华肯的金字塔,在离底部 69 英尺的地方有一个走廊,它是在一个斜坡上,长达 20 英尺,足够一个人爬过去。在走廊的尽头有两个正方形的房间或者容器,每个房间有 5 平方英尺,其中有一个深达 15 英尺。

根据班克罗富特先生的记载,略温斯特恩先生声称:“这条走廊有 157 英尺长,它通入金字塔内部的部分的高度增至 6.5 英尺多;那个房间的面积多于 6 平方英尺,(外观上)从底部一直延伸到顶部;其他交叉的走廊都被瓦砾堆堵住了。”在基奥普斯金字塔中,底部以上 49 英尺处有一个相似的洞穴或者走廊,它有 3 英尺 11 英寸高,3 英尺 5 英寸半宽。它顺着一个斜坡向下,尽头处有一个幽暗的容器或者房间,它还与通向金字塔主体部分的其他走廊相连。

埃及金字塔和美洲的金字塔外部都覆盖着一个厚厚的外层，它是用光滑而闪亮的水泥做的金字塔的外衣。

洪保德认为恰路拉金字塔与朱庇斯·贝利斯的庙宇、梅多·达荷奥俄的金字塔和埃及的萨卡拉金字塔群在样式上都是一样的。

在美洲和埃及,金字塔都是被用作埋葬死者。一个引人注意的事实是,甚至在英格兰发现的土木工事系统和坟墩都与金字塔非常相似。拉布克的希尔斯布里山是一座人造坟墩,高达 170 英尺。它与堡垒、街道(长达 1480 码)、圆形的壕沟相连,几乎与那些在密西西比山谷中发现的建筑完全相同。在爱尔兰,死者被埋在石制的墓穴中,上面凸起的金字塔形土堆是平顶的。人们称它们为“壕沟”(moats)。我们在俄亥俄州相似的平顶金字塔底部已经发现了石制墓穴。金字塔是发达的、完美的坟墩,并且这些结构奇妙的建筑可以追溯至希尔斯布里山以及中美洲和密西西比山谷中的土制坟墩。

我们发现在大西洋两岸，人们普遍崇拜作为神圣标志的前基督教的十字架徽章,而且它还被解释为民族文明起源地的岛屿上的四条河流。

---

⑩福斯特:《史前民族》,第 144 页。

在欧洲和美洲国家的每一个地方,我们都发现了对亚特兰蒂斯民族伊甸园的回顾,在那里,第一批人生活在原始的快乐与和平中,但是后来它被洪水淹没了。

在大西洋的两岸,我们都发现了金字塔,它的底座的四个边就像十字架的四肢一样,指向四个基本方位——这是对奥林匹斯山的回顾。我们还发现在对奥林匹斯山(阿兹特兰)阿兹特克语的描述中,金字塔是最主要、最典型的图案。

能用偶然的结果来假定所有这些奇妙的巧合吗？与其说美国和英国政府形式的相似之处是它们之间彼此继承或者相互联系的结果，倒不如说是因为人们同处于相似的环境中,自然地也是必然地达到了相同的结果。

第六章　亚特兰蒂斯时期的货币

解除人类物物交换限制的媒介就是货币。它被拜伦·斯托苛(Baronstoch)称为“使我们获得财富和文明的难以置信的工具”。

将不同国家长久以来被当作货币的不同物品盘点是件非常有趣的事情。在以下表格中,列举了其中的一些。

实用物品

印度	茶叶饼
中国	整片的丝绸
阿比西尼亚	盐
冰岛和纽芬兰	鳕
伊利诺(早期)	浣熊皮
Bornoo(非洲)	棉布衬衫
古俄罗斯	野生动物的皮
西印度群岛(1500年)	可可壳
马萨诸塞州的印第安人	贝壳串珠和毛瑟枪的子弹
弗吉尼亚(1700年)	烟叶
英属西印度群岛	别针、鼻烟和威士忌
南美洲中部	肥皂、巧克力和鸡蛋
古罗马人	牛
古希腊人	铜钉和铁钉
斯巴达人	铁
缅甸商国	铅
俄罗斯(1828-1845)年	白金
罗马(努马·庞皮利乌斯统治时期)	木头和皮革

续表:

罗马(恺撒统治时期)	土地
迦太基人	皮革
英格兰(詹姆斯二世统治时期)	锡、炮铜、锡蜡
南海岛屿	斧子和锤子
装饰物品	
古犹太人	宝石
印度群岛和非洲	贝壳
普通标志	
荷兰(1574年)	整片的硬纸板
中国(1200年)	桑树皮

从表格中可以明显看出,不同时期、不同地域的原始人都用他们认为具有最高价值的物品当作货币——比如牛、珠宝、奴隶、盐、毛瑟枪的子弹、别针、鼻烟、威士忌、棉布衬衫、皮革、斧子和锤子;或者那些异国人需要的,可以作为必需品与商人进行交易的物品——比如茶叶、丝绸、鳕、浣熊皮、可可壳和烟叶。后来,在较晚的时期,纸上、木头上、硬纸板上或者树皮上出现了政府的标志,这些东西就被赋予了在法律上可用于交换的合法性。

当文明民族与野蛮民族之间建立起联系的时候,他们就寻求他们需要的那些物品与其进行交易。像从事金属物品的制造,比如从事铁制或铜制武器生产的人就会寻求有用的金属与他们进行交易,因此我们发现,铁、铜、锡和铅开始被使用并且被作为价值衡量的标准——也就是被作为货币使用,是因为它们总能被制造成有用的物品或者是战争使用的武器。但是如果我们想知道金银是如何被当作货币使用,金子的价值为什么比银子高得多,这从它们本身并不能找出答案。金子或银子不可能被我们用来做罐子或盘子,剑或者矛;它们所做的物品并不一定比玻璃或锡铜的合金更漂亮。让美洲民族无比惊讶的是西班牙人赋予金子和银子的惊人价值,他们无法理解。当哥伦布的船行驶到西印度的时候,一个当地的野蛮人用金粉和一个随行的海员交换了一些工具,然后他拼命地跑回森林,因为害怕那个海员后悔这次交易并把他叫回去。墨西哥人有一种形状像字母T的锡制硬币。这个我们可以理解,因为锡是使他们的青铜工具变得更为坚硬的必需品,所以在他们眼中锡可能是具有最高价值的金属。在帕伦卡发现了一枚上面印有一条蛇的圆形铜币,在中美洲的废墟中还有大量的T形铜币。这个我们也能理解,因为铜在任何艺术性工作或实用性工作中都是必须的。

对于所有这些民族来说,金子和银子并不陌生,还可以说相当熟悉,但是他们把金子和银子作为神圣的金属,用于装饰为表示对太阳和月亮的崇拜而建造的神庙。金子的颜色与太阳光的金色一样,银子的颜色像月亮苍白的颜色,因此它们分别因代表伟大的太阳神和月亮神而受到崇奉。这可能就是这些金属相对价值的起源:它们成为宝贵的金属是因为它们的神圣性,金子比银子更贵重——就像太阳神是这些民族的最伟大的神,而次一等级的月亮只是太阳的随员一样。

秘鲁人把金子称为"太阳滴下的眼泪"。人们并没有用金子做装饰品或者货币。库斯科的大太阳神庙被称为"黄金地带"。神庙里的墙壁、飞檐、雕像、盘子、装饰品,全都是用金子做成的;大口水罐、输送管和水道——甚至花园中使用的农用工具都是用金子或银子做的。装饰这座庙宇的珠宝的价值高达$1.8 亿!就像我说过的那样,它实际上就是一个金矿。1577 年,一个名叫托莱多(Toledo)的西班牙探险家在奇穆王国的金字塔中拿走了价值$4450284 的黄金和白银,如果我们还记得此事,就完全可以想象那个王国有多富有了。[①]秘鲁的金子和银子极大地促进了金属货币的形成,在最近的 300 年中,欧洲的贸易就是借助这种金属货币才得以坚持下来的。

在秘鲁,金子和银子被看得非常神圣,而它们本身并不具有什么实在的用途,究其原因是因为它们代表这个民族的两位伟大的神。在有历史记载的最早期,在大西洋两岸都有金矿和银矿的开采以及金银制品的制造,针对这一发现,我们可以确定地得出所有的亚特兰蒂斯人都知道金银这一结论。我们从柏拉图的描述中也可以得到证明,他所描述的亚特兰蒂斯物品的状况和皮沙洛在秘鲁发现的是完全吻合的。毋庸置疑,在这两个国家黄金和白银大量堆积是由于这些金属是不允许普通民众使用的。在秘鲁,每年人们都要因为从金矿和银矿中挖出的金子和银子向印加国王纳税,这些神圣的金属全部被用做庙宇的装饰;因此堆积金子银子的工作就时代流传下来。相同的过程也应该发生在亚特兰蒂斯,这无疑会使庙宇中堆满了金子和银子,像柏拉图描述的一样。

由于与欧洲和西亚的所有国家进行了大量的贸易活动,他们一定会询问并换取金子和银子以装饰他们的庙宇,因此他们就产生了对这种在其他

①《新美国大百科全书》,人文卷,美洲古代史。

方面对人类都相对毫无用处的金属的需求并且赋予其价值——一种高于人们能够提供给他们的文明的顾客的所有其他货物的价值。太阳是所有自然现象的主人,而月亮相对较小、较弱,对太阳崇敬远远高于对月亮的崇敬,所以象征神圣太阳的金子的价值就远远高于象征神圣月亮的银子。在塞尔特语、希腊语和罗马语中金子一词的词根为梵文卡刺特,即“太阳的颜色”,这就更加确定了上述观点。与秘鲁一样,压速尔人也崇拜太阳和月亮,因此金子和银子也被奉为神圣金属。尼尼微宫殿里的金字塔反复出现在碑铭中。塔高7层,每层的高度一样,但是每一层的地面面积都比下一层小。而且每一层都被粉刷成不同的颜色。“每种颜色都代表天堂里的一位神,最下面颜色代表的神就是等级最低的,依此类推:白色(维纳斯),黑色(萨杜恩),紫色(宙斯),蓝色(莫丘里),朱红色(战神),银色(月亮之神),金色(太阳之神)。”②“直到今天,英格兰的人们还向新月鞠躬行礼,还有‘翻翻某人的银子’的奇怪做法,似乎是古代向月亮奉献合适的金属这种做法的遗迹。”③第一次看见新月就许愿的风俗可能是对月亮的崇拜的延续;在这里许愿代替了祈祷。

50年前的欧洲,生病的人会被医生放血,是因为几千年来,他们的未开化的祖先曾经用这种方法赶出人身体里的恶魔的灵魂,所以我们的现代文明与古代文明民族的迷信是有关系的。今天,世界上的银行家还在继续追逐“太阳留下的泪水”,而这种做法可以追溯到亚特兰蒂斯时代。

一个重大的问题是——当我们记起人口的增长引起了全球商业的迅速发展,为受自然法规所限的货币标准所衡量的阔步前进的文明的产量年年减少,甚至没有能力与世界的发展成比例发展的时候——这种起源于亚特兰蒂斯的做法是否仍然不会使人类遭受比实施放血术所导致的伤害更多的无法预见的伤害呢?

②勒诺尔芒:《东方的古代历史》第一册,第463页。

③圣泰勒:《人类学》,第361页。

第二部分　亚特兰蒂斯统治下的殖民地

第一章　中美洲及墨西哥殖民地

亚特兰蒂斯的西海岸与西印度群岛距离并不遥远。只要有船便可随时越过重岛登陆美洲。哥伦布航行到此的时候发现当地的土著人就是乘坐这种敞篷的独木舟航行的。如果这样,我们便可以假设大陆居民与亚特兰蒂斯居民之间没有原始联系。亚特兰蒂斯人便仅在墨西哥湾沿岸从事商业贸易活动。他们的商业活动包括殖民地的种植园经营。贸易场所通常是殖民地的中心场所。英国的东印度公司及哈德逊湾公司便是典型代表。因此,我们可以这样说，亚特兰蒂斯与犹加敦州以及洪都拉斯与墨西哥的贸易往来在墨西哥沿岸开辟了殖民地,后又逐渐延伸至内陆直至墨西哥。正如我前面所说到的,我们发现,中美及墨西哥的所有传统类似于大洋彼岸的东方的某一国家的传统。这里也被认为是最早的文明人的发祥地。当地人称这一地区为“阿兹特兰”。人类在这片美丽的土地上繁衍生息,快乐宁静地生活了数代。

勒·普隆基恩博士在犹加敦考察了4年。他说:“1/3的玛雅语是纯粹的希腊语。那么是谁将荷马的方言带到美国去的呢?又是谁将玛雅方言传入希腊呢?希腊语是从梵语中得出来的,那玛雅语是不是从梵语中得出来的呢?或者它们是同一历史时期的语言?玛雅语中有许多陈述语的词汇。”

毫无疑问,中美(我将墨西哥也包括在内)曾经人口众多,且拥有高度文明,甚至超出哥伦布时代的欧洲文明。就像我在前面所阐述的那样,在最早的时候他们很有可能属于白种人。

正在考察中美废墟的德西雷·查尔尼说:“塔尔迪克人(以前统治墨西哥的印第安的一部族)皮肤白皙、身体健壮,长着胡须。我经常看到蓝眼睛的纯种印第安人。”“脑袋硕大、胡须浓密”是羽蛇神(古代墨西哥阿兹特克人与托尔特克人崇奉的重要神祇,一般被描绘为长羽毛的蛇形象)的特征。另外,他还提到:“该大洋的废墟面积加起来和埃及差不多大小”。[1]在另一处遗址,他测出有一个建筑物每边宽 24 英尺,还发现 15 了个圆锥形的建筑物,第一个建筑物的底部面积几乎与基奥普斯金字塔底部面积相同。“该城地域辽阔……整个地表直径超过五六英里,且由废墟堆覆盖。起初无法辨认废墟,因为整个地上建筑已全部被摧毁。他发现这座古城的公路都是由破碎的砖及碎陶铺成的,而且这些瓦砾都是早期居民留下的,因此他断定这些废墟年代久远。他说:“这是一片充满传奇色彩的土地。我们对它知之甚少,还有许多谜团等待我们为其揭开神秘的面纱……我不久就要停止对该地的勘察了。从这些建筑物及宫殿和废墟中可以推断出那时古城的林荫大道的长度。可以想象这些建筑物及宫殿层峦叠嶂排列在大道两侧,俨然一幅现代都市繁华大街的气势。而且,这些建筑物及宫殿的根基十分牢固。”[2]

我们发现他们的建筑材料及建筑风格与古代欧洲人的建筑材料及建筑风格极为相似。比如他们都使用泥瓦材料,都用水泥固定建筑;雕刻花纹也相似,都喜欢拱形建筑。而且,我们在这两块大陆上都发现了砖、玻璃,甚至还有“白底蓝花的瓷器”。[3]除此之外,还有由铜和锡以相同比例制成的青铜,圆形或 T 形的铜币,甚至还有金属做的烛台。

德西雷·查尔尼声称他在杜拉城的废墟中已发现猪、羊、牛、马的尸骨化石。这些化石是证明杜拉城年代久远的最好证据。正像柏拉图所描述的亚特兰蒂斯人用水果及鲜花作为祭品贡奉神灵一样,杜拉城的人也信奉这种简单、单纯的宗教。杜拉城人都是农民,他们自耕自种,自给自足,自己饲养牲畜,栽培棉花,纺织纱物;他们广泛使用十字架的标志;他们还精雕细刻珍奇宝石,石刻的大象及狮子是其典型代表,而在当时的美洲这两种动物还不为人所知。杜拉城人埋葬死者的形式与旧世界的一些古老种族的传统相同。他们焚烧死者的尸体然后将其骨灰装在盒内。他们将有些死者处于坐姿埋葬,而其他死者则四肢伸展入土,有许多尸体还浑身缠裹着白色布条就像埃及

①《北美民族研究》,1881 年 1 月,第 48 页。

②《北美民族研究》,1881 年 1 月,第 48 页。

③《北美民族研究》,1880 年 12 月,第 524,525 页。

的木乃伊一般。

墨西哥也与此相似。政府实行君主制，但却是通过选举产生。这一点与波兰相似。国王由该王国的所有贵族投票，从皇室家族中选出。该王国由皇室、贵族、拥有特权的牧师、司法官以及普通民众组成。知道了该国的组成，我们便可知欧洲社会的地位及财产的划分情况。该五国有30个大贵族，每个大贵族可能拥有10万个奴仆，这些都是他们的私有财产。这样30个大贵族拥有300万的奴仆。由此，我们可以看出该国又多么辽阔的疆域。

于是，我们可以说历史上将大批大批的牧群带到远离亚特兰蒂斯大陆的地区并非夸张。他们甚至拥有欧洲社会发展的最光辉的特征——封建制度。

贵族们在他们任军职期间拥有土地。

司法部的组织形式是其最显著的特征。法官是独立的，甚至不受国王的限制，法官任期实行终身制，最高法官的权力范围较大，地区法官掌管其所在的省的法律事务，而下一级法官是县级法官，由当地民众选举产生。

该王国也存在被称作立法集会、立法会议或立法议会。会议由国王亲自主持，每80天举行一次，全部法官都要参加。

普雷斯科特说："婚礼仪式要遵循基督教国家的传统；为了解决与此相关的问题，还专门设立了一个类似法庭的部门；想要离婚的话必须听从这个法庭的'判决'。"

奴隶制度是不被废止的。但奴隶没有沉重的劳动负担，权力也受到保护，而且他们的孩子是自由的。奴隶还可以拥有私有财产，甚至可以拥有其他奴隶。

他们的宗教具有许多与旧世界的宗教相似的特征。比如，西班牙牧师宣称恶魔将假的基督教传授给他们以玷污他们纯洁的灵魂。那些牧师们说"恶魔将一切能偷的都偷走了。"他们洗礼、忏悔、赎罪。他们给孩子取名时，会将水洒在孩子的嘴巴和胸口上，并且"恳求上帝允许他们用圣水洗去孩子的原罪，即在世界建立之前人类犯下的罪"。

该国拥有众多的牧师，且他们有相当的权力。他们节食、守夜以及鞭挞教徒。许多牧师过着隐居贪欲的生活。

同埃及人一样，阿兹特克人的文字发展也经历了三种模式，即图画文字、符号文字以及语音文字。他们记录下所有法律、贡品的名单(其中包括对各种税的说明）、神话、天文历法、典礼仪式、政治事件以及年代记。他们将这些内容记录在棉布、羊皮纸或其他兽皮上，或者将这些写在利用丝绸与橡胶混合制成的材料上面。他们还有一种质地柔软，外观漂亮的纸，是用芦荟制成的，上面记载了许多有价值的文字。他们的书页都折成长条状叠在一起，但书的尺寸及形状与我们的大致相同。

他们写诗以及一些词汇精妙的小短文，在修辞地运用上颇为讲究。他们也创造了一种戏剧式的节目。

普雷斯科特说："他们应该能够根据天体的运行情况准确地划分节日，应该能精确地推测出回归年的真实长度，这一点连古代伟大的哲学家都不曾做到。这些成就无疑证明了人类文明的又一次巨大进步，而这可能仅仅是他们长期细致耐心地观察研究的结果。"从这段话中我们可以获悉他们在天文学领域的精通程度。

普雷斯科特又说："西班牙人是这样来描述阿兹特克妇女的：她们面容有些严肃，且颇有些忧郁，即便如此也无法掩饰她们的端庄和美丽。她们乌黑的秀发又长又亮，且大多数妇女头顶都戴有花环。如果是富人，她们还会佩戴上一串串产自加利福尼亚湾的宝石珍珠链。显然，她们的丈夫对她们百般呵护、宠爱有加。她们过着安详而宁静的生活，空闲的时间会做些纺织、刺绣这样的工作。而女仆们则讲述着古代传说，以此来打发时间。

举行宴会的时候，众多男女侍者伺候两旁。宴会场地洒满香水。宾客到来的时候，侍者们便将香草及鲜花朝他们身上抛去，覆盖整个场地，香气四溢。在客人们就座之前，棉质餐巾以及水壶早已摆在桌上，准备就绪。

客人落座后，将会送上装有烟草及一些香料的烟斗，或者是将烟草制成雪茄插在龟甲或银制的管子中。很有意思的是，阿兹特克人也将烟叶晒干后磨成粉末状，然后用鼻子吸。

宴会上提供各种各样的肉食，尤其是野味，最吸引人的应当是火鸡。当然，也有各种时令蔬菜以及本地特产的各种水果。宴会上，客人们还能品尝到各种糖果和糕饼点心，因为玉米和蔗糖是他们制作食物的主要原料。

摩擦餐盘可使肉食品保温。银制花瓶通常都用来装饰餐桌，有时也会有做工精美的金器制品。最受欢迎的饮料当属由香草及各种不同的香料调制而成的巧克力茶。将龙舌兰榨成汁，发酵后再加入些甜的和酸的调味品，这样可以酿成强度不等的饮料。”

漂浮的花园、沟渠、架桥、炮台、庙宇、宫殿，以及巨大的锥形建筑，所有的建筑上都刻有精美花纹。在这里我们就一一具体地描述阿兹特克人的宏伟的工程了。

我们发现中美洲的拱形建筑与希腊的古建筑物的拱形极为相似。帕伦卡拱形是一种层层相叠且递进的建筑。古代建筑师习惯用泥瓦将拱形填满抹平。

现在如果我们将“迈锡易尼的财宝库”——希腊最古老的建筑之一，作为代表性建筑，我们将会发现它的建筑形式、风格与阿兹特克的拱形建筑相同。

罗林森说：“这些财宝库的地基和顶部都是圆形的；但它不是直接建成拱形的，而是将每块石头都水平放置，每块石头都是与另一块石头的一部分重叠，这样，一块块叠起来呈阶梯状，直到最顶端的一阶窄到只用一块石头盖住。迈锡尼地的财宝库是保留至今的所有拱形建筑中最有纪念价值的。”④

我们在伊特鲁里亚这一奇特的民族的遗迹中也可以找到相同的拱形建筑。

“伊特鲁里亚的拱形圆顶有两种。最奇特的或许也是最古老的一种就是人造拱顶。这种拱顶由水平叠放在一起的石头组成，一块压在另一块上，而且下一块石头比上一块石头多出一部分，这样一块块叠起来，直至最高处的缝隙用一块厚板就能盖住。”总之，一句话：受治于欧洲或本国统治者的墨西哥，再也无法重现往日的高雅、富饶、繁荣以及文明了。

第二章　埃及殖民地

亚特兰蒂斯曾经统治埃及人的证据是什么呢？

1.“12 个伟大的神”被埃及人尊奉为他们的祖先，这 12 个神指的一定是亚特兰蒂斯的 12 个神，即海神波赛冬和克里特以及他们的 10 个儿子。

2.根据腓尼基人的传说我们知道是腓尼基人将文明带给了埃及人。这就意味着埃及的文明与腓尼基人的文明源于同一国家。在腓尼基神话中，神阿

④罗林森：《民族的起源》，第 117 页。

米努斯和马古斯的孩子是埃及人的祖先米瑟。米瑟生于透特，而透特在埃及神话中是发明字母的文字之神。圣克鲁尼森告诉我们："克洛诺斯(亚特兰蒂斯之国王)游至南方，将整个埃及交给神透特管理，从此，埃及成了透特的王国。""米瑟"也可能是柏拉图所说的国王"梅斯托"。

3.《圣经》中说，埃及人是哈姆的后代。而哈姆是从毁灭亚特兰蒂斯的那场大洪水中幸免于难的诺亚的三个儿子之一。

4.埃及文明与美洲各民族的文明之间存在许多相似的地方。

5.埃及人被称为红种人。

6.埃及宗教极为崇拜太阳，他们的太阳神是 Ra；拉玛是印度人的太阳神；拉娜是塔尔迪克族人(以前统治墨西哥和印第安的一部族)信奉的神；雷米是秘鲁的最伟大的太阳节；雷亚姆是也门人之神。

7.在埃及和美洲都发现了金字塔。

8.埃及是仅有的一个记录亚特兰蒂斯文明历程的古老民族。最早的埃及人并不懂得航海的技术，而他们是不可能乘船去亚特兰蒂斯的，所以一定是亚特兰蒂斯人将知识传授给他们。

9.埃及人都信仰"地下世界"，这是我们找到的另一个证明埃及人的祖先来自亚特兰蒂斯的证据。他们认为人死后是要到西方去生活的。因此，只要有可能，人们尽量将坟墓选在尼罗河的西岸。哀悼者跟随送葬队伍前行，他们边走边哭，嘴里喊着"到西天去吧，到西天去吧。"这个"地下世界"位于水上，因此，送葬的队伍总是要从水上横穿过去。"由于坟墓通常位于尼罗河的西岸，送葬的队伍通常是横穿尼罗河东岸到达西岸。"①送葬队乘着称为"太阳之圣舟"的船达到西岸。。

很明显，埃及人所信奉的西方的"地下世界"即亡灵的最终去处指的就是亚特兰蒂斯这个被洪水淹没的世界。这个世界在海下，在地平面以下。据说布列塔尼的居民可以从伸向大西洋最西端的雷斯海岬望见这个地平面以下的海底世界。而从埃及只能穿洋涉水才能到达亚特兰蒂斯。这样人们便自然地联想起亚特兰蒂斯的象征——方舟。埃及人认为亡者的灵魂是"在水上航行"而到达西方的"地下世界"的，它的目的地是极乐园。极乐园中生长着奇花异草，即使在那里亡灵也需要耕作。"这是一项非常重要的任务。"极乐

①R·S·普尔：《当代研究》，1881 年 8 月，第 17 页。

园即希腊人所说的“天国”,是偏远西方的一座小岛,那里永远都充满幸福和和平。埃及人所信仰的是一个真实存在的国家。埃及人描绘出该国的山川、河流以及城池。其中有一条名为乌拉内斯的河,这让人想起亚特兰蒂斯传说中的神“乌拉诺斯”。柏拉图曾说亚特兰蒂斯是“太阳底下最神圣的岛屿。”如果我们将所有这些联系起来,就不会忽略这一精准的概括。我们不仅发现在古代世界的任何地方人们都将西方看做是亡灵的归宿。普尔说“对于人们脑海中这种坚定的信念我们该怎样作出合理的解释呢？当然,这一定是一种古老信仰的延续，而这种古老的信仰已如血液一般在这一种族的体内流淌多年。”这种信仰是基于一个普遍存在的传统而发展起来的。在遥远的西方、广阔的大海之下有一个“地下世界”,这里生活着几百万个亡灵。这个伟大的种族被最大的一场突如其来的灾难毁于一旦。这场灾难便是世人皆知的大洪水。[②]

10. 我们找不到任何的证据来证明埃及的文明是在埃及独立发展起来的,它一定是从其他国家学来的。接下来我将引用一位近代作家在《黑森林》(Blackwood)一书中的一段话。

“早在亚历山大时代,书写用的沙草纸就出现了,但是直至最近人们才相信这一结论;之后,莱普休斯发现第 12 个朝代遗迹中的沙草纸上有模糊的图案;接着,他又在第 14 个朝代的遗迹中发现了一模一样的图案,这个图案与埃及第一个王朝的始祖米尼兹颇为相似。实际上,早在米尼兹的时代的人们就已经掌握了在沙草纸上书写的艺术,这一点没有什么值得怀疑的。与许多其他领域的调查结果一样,对于这一领域的调查结果,人们感到颇为惊讶。他们想证明的不是各种领域知识的兴起和发展过程,而是企图证明任何事物都没有兴起、发展,但每一事物都能够追溯出源头。埃及的考古学家根据亲身经验明白了要将观察到的结果翻转过来,‘要假定任何事物都没有发展’。但是,人们一在尼罗河两岸繁衍生息,他们就读成为最聪明的人,比几个世纪前的祖先相比,他们拥有的知识更多,权力更大。他们的文字体系也较最初更为完善了……”

但是,这位考古学家找出 5000 多年前的尘土和淤泥以寻求玛各族和米兹雷姆族(预言受撒旦迷惑必将作乱的两个民族,源出《圣经·启示录》)时代的早期的人类——一些野蛮怪人的踪迹。我们赞美这些神话的起源,因为它

②RoSo 普尔:《当代研究》,1881 年 8 月,第 19 页。

们已经发展成为不朽的艺术——如果不是它已超越了当代人类的能力范畴,又怎会受到如此的顶礼膜拜呢?当人们提及诺亚的身体在坟墓中变冷之前,他的子孙后代便精于建筑及各门艺术;而且他们做出的成就很火。如果我们拥有这样的技术,我们也不会试图去赶上古人。对于这一文化我们应该做出怎样的解释呢?"

我们没有发现埃及曾经历粗鲁、野蛮时代的迹象,但却看到这一民族在其最早期文明中便显露出灵巧、博学、强壮。我们也不可能测知这个民族的所有发明的先后顺序。这个民族的兴起与进步可能应归功于他们取得并利用了'光明'。但迄今为止最深入的研究表明,是光明造就了一个智慧的民族。他们是个善于思考的民族,而知识也正是来源于思索,这是确定的事实。我们从未看到他们在分配劳动力方面缺乏能力;我们也不曾发现他们在艰巨的任务面前畏惧不前。他们挖渠灌溉,劈山开石,雕刻建筑,无所不能。"

他们之所以成为一个强大、勇敢的民族,其实原因很简单:大西洋的海水不断上涌,冲蚀着这个国家,他们便想方设法让自己生存下来,所以这个民族才会由野蛮不开化一步步发展成为一个充满文明和智慧的民族。"

埃及如此文明、智慧,那么,曾经统治过埃及的那个民族该是多么强大啊!埃及拥有上万年的历史,曾经盛极一时。埃及因其庙宇及金字塔而闻名于世,也因其保留下最完整最绵长的人类历史的记录而名声显赫。它曾记录下亚特兰蒂斯的历史进程,记录中有国王、祭司、哲学家、天文学家、艺术家、匠师以及他们的成就。

正是亚特兰蒂斯的文明后来被传入希腊、罗马、欧洲以及美洲。回望我们所知道的最古老的年代,甚至回溯到我们对其只了解点滴的年代,我们仍可以看到大批大批移动迁徙的人群,他们拥有高度文明,掌握各种技术。他们从另一些更伟大的帝国中迁出。而这块创造出奇迹的土地——尼罗河流域也只不过是这些伟大帝国的一个复制品而已。

埃及人将他们创造出的伟大成就记载于书中:金字塔,虽然大部分已成为废墟,但仍是人类创造出的伟大奇迹。为了修建孟斐斯城,埃及人筑塔使尼罗河水改变流向。他们还修建了一个人工湖来储存尼罗河水,这个水库周长 450 英里,深 50 英尺,还修建了地下渠道,设有防洪闸门、水闸及水坝。这个水库使得原来寸草不生的荒地变成肥沃的土壤。我们后人实在对古人高超精湛的泥瓦技术佩服得五体投地！

肯里克先生在谈及胡夫金字塔的外层时说“堆砌起来的巨石粘接得可谓天衣无缝，接缝厚度甚至比锡纸还要薄，水泥也是相当坚固，在经历了数个世纪的磨难与摧残后，外层的石块没有丝毫动摇，依旧如初。我们再来看一看曾让希腊历史学家希罗多德惊叹不已的迷宫的遗迹：这里面一共有3000个房间，其中一半是地上建筑，另一半是地下建筑。里面有宫殿、会客厅、柱廊、雕像还有金字塔。埃及中东部的卡拉克寺庙的底面是一个每边长为1800英尺的正方形，。一位近代作家曾经说过：在宏伟的历史遗迹面前，游客们简直无法用语言来表达他们的感受。他们被这精湛技艺以及雄壮气势所震慑、所折服。庭院、大堂、通道、石柱、方尖石塔、石像、雕塑以及一排排狮身人面像在工艺与气势上都流露出现代气息。”迪农说：“看过这些之后，人们简直不敢相信这些都是实实在在存在的建筑物。建成这些不仅耗资巨大，还需要劳动人民多么坚定的信念及毅力啊！”“当读者亲眼目睹这些建筑物时也会怀疑他们是不是在做梦，所以读者把他眼前所见的这一切想象成一场奇妙的梦境是很有必要的。”神殿被山湖环绕。“卡纳克寺庙完全可以装下整个巴黎圣母院大教堂，其空间甚至还会有所剩余！整个尼罗河及尼罗河三角洲，从地下陵墓到地中海，沿途随处可见寺庙、宫殿、坟墓、金字塔以及石柱。”每块石头上都刻有文字或图案。早期埃及的社会发展就几乎接近于我们的现代文明。埃及的宗教始终信奉一神崇拜，宣传高尚德行，并有42条清规戒律限制，规定人们对自己、对邻居、对国家、对造物主应该履行的责任。天堂接纳善美主义，而地狱汇集邪恶，有一个上帝的审判日来判定人心的善恶：

“上帝在审判席前详细探察人心。”

埃及实行严格的一夫一妻制。早期的时候，就连国王都不被允许娶两个妻子。妻子有独立拥有财产的权力。妻子所拥有的丈夫的遗产也受到法律的保护。妻子“掌管一切家务”，她能够“自由地进行买卖交易”。如果夫妻离婚，那么妻子的嫁妆应重新归妻子自己所有，而且还要连带高额利息一并归还妻子。结婚仪式只需宣誓即可，夫妻双方不必签署任何其他的婚姻盟约。与现代大多数欧洲、美洲的文明发达国家中妻子的地位相同，在古代埃及，妻子的地位是很高的。

虽然奴隶制不被废止,但奴隶受到的待遇是非常人性化的。死者被埋葬时,亡灵要在忏悔中宣布:“我没有背负杀害圣主的罪名。”戒律中还有一款规定“保护从事体力劳动的人,在他一天的劳动量之外不允许增加额外负担”。埃及人对待战俘也很仁慈,我们找不到任何战俘饱受折磨和痛苦的证据,相反却可以看到一幅画中描绘的埃及人将在一场海战中溺水的敌军救起的场景。雷金纳德·斯图亚特·普尔说:“在说到埃及人的最高理想时,我们必须承认在所有古老的民族中,埃及人拥有相当高尚的精神境界。这一点可以从埃及人所描绘的他们的理想生活,从基本的道德原则,妇女较高的地位以及他们在战争中的人道主义表现中得以证实。”

“将埃及人的生活与现代民族的生活进行对比,难度系数确实很高。但之前提到的一切可以表明在许多方面埃及人并没有输给现代人。”③

现在我们来看一看这一古老民族在文化方面的精炼程度。

埃及人是东方世界中的最早的数学家。那些被我们称为数学之父的希腊人也只不过是埃及人幼稚园里的小朋友而已。他们是最早的土地测量者:是最早的天文学家,他们能测出日食、月食的日期并观察推测出天体运行的周期。他们早已测知地球是圆的,而人们一直以为是哥伦布发现了这一点。

“早在公元前1722年,埃及人就广泛利用黄道12宫图案,以及天体的位置及公元前1722年秋分的日期。当米契尔教授得知这一消息后,立即组织助手让他们查明那一年秋分日月亮及其他天体的具体位置。他的助手们并不知道米契尔教授的意图。助手们提供的调查结果表明在公元前1722年10月7日那一天,太阳系内天体的具体位置与刻在英国博物馆中的那个棺盖上的图案完全的吻合。”

埃及人用钟和表盘来估测时间。他们使用金币、银币。他们是东方世界最早的农业家,他们种植各种谷物,还饲养牛、马、羊等家畜。他们生产出的亚麻布质量上乘。在国王阿马希斯那个年代(公元前600年),缝制一件外衣所用的一根线是由365根极细的线搓成的。他们制造金银器、铜器、錶铜器及铁器;他们还把铁炼成坚硬的钢。他们还是最早的化学家。“化学”(Chemistry)一词来源于chemi,而chemi就是埃及的意思。他们制造玻璃及各种陶器,他们还用陶土造船。就像我们今天可以用纸浆来制造轱辘一样,

③R·S·普尔:《当代研究》,1881年8月,第43页。

他们能够制造出纸做的容器。牙医们会给病人镶上金牙,农夫们还会用各种人工方法孵出家禽。埃及人也是最早的音乐家,他们的乐器有吉他、单簧管和双簧管、钹、鼓、笛子、竖琴、弦琴等等。他们还使用响板来演奏,目前这种乐器西班牙广泛使用。在内科及外科领域,埃及人已达到极高水平:白内障手术是技术性最强、难度最大的外科手术之一,而这种手术只有在近代人们才敢于尝试。而在公元前几百年,埃及人就能够成功地完成白内障手术。《柏林古文献》一书中提到,该文献是在塞克汉姆城中的导引之灵阿努比斯的雕像脚下发现的。这是一本有关医学的论著,里面没有提到任何符咒,而是列举了一些治病的药方,有口服药、外敷药膏和注射剂以及各种药物的功能及使用方法。而后世的许多医学文献中包括大量的魔幻法术及符咒。公元前4751年,埃及的第二个朝代繁荣昌盛,其国王森特将从透特那里得来的这本文献又放回了发现它的地方。而这一文献到森特时代早已存在好多年了。

我们所知的埃及是伟大而辉煌的。我们目前所知的远少于她所创造出来的奇迹。她带给我们的决不是显而易见的道理,正相反,要想完全理解和领悟她的思想精髓是十分困难的。在这片现代文明的国度里,埋藏着成千上万的古迹遗风,这会使世人惊愕数载,也会使人们渐渐改变埃及在人们心中的形象。探索研究的结果证明埃及许多遗物年代久远,远超出我们的想象。而其他的我们认为是古埃及生产出的先进的东西只不过是发展的开端。古埃及动摇了人们心中的对于世界历史这一领域的根深蒂固的理解。她永远是一个令人费解的谜团:她依然被赋予着一种魔力,令人为之着迷,为之痴狂。法国历史学家勒南说"埃及没有经历过古代时期。"奥斯本说:"她就像一枝最绚丽的花朵在我们面前急速开放。" 塞斯说:"她突然来临到这个世界上,她的伟大无与伦比。她没有父母,像是从天国的哪一处降落下来,没有任何进化过程。埃及究竟是从哪儿降落下来的呢?"[④]答案是从亚特兰蒂斯。英国的东方问题专家及历史学家罗林森说:"众所周知, 目前在埃及没有任何迹象表明埃及早期曾经历过野蛮时期。所有权威人士一致认为,埃及文明如此发达,无论我们追溯到哪一个历史时期,都找不到埃及有任何野蛮或不开化的时代。埃及第一个王朝的始祖米尼兹使尼罗河改渠换道。修筑了一个巨型水库并在孟斐斯建造了伏萨寺庙……我们在埃及没有发现任何野蛮的风

④《石器时代的奇迹》,第40页

格,甚至连不服兵役期间仍穿盔戴甲的习惯也渐渐为人们所摒弃。”[5]

圣泰勒说:“在古代的文明国度中,埃及和亚速尔的手工业发展达到了相当高的水平,这与几千年文明的不断进步是离不开的。仔细检查、研究博物馆中陈列的各种手工艺品,我们可以这样说,古代埃及的木匠、石匠、铁匠精巧、细致的手工以及高超的技术足以让现代工匠为之震撼……如果学者想看上等的金银珠宝,他应该去观察研究古国的珠宝,比如埃及、希腊、伊特鲁里亚。”[6]

古埃及的木匠、石匠所用的工具与我们今天所使用的工具完全相同。德拉费尔德所著的《古代美洲》一书中有一页插图,图上画有一位戴头饰的埃及人和一位阿兹特克女牧师。在帕伦卡著名的《十字架的笠石》上,我们看到有一只鸟栖息在一个十字架上,两个牧师正向这只鸟(或十字架)献祭。史蒂芬斯先生在他的一部著作中有相同的描述,不同之处在于十字架上方不是一只鸟而是有两只,而且这两只鸟稍离开十字架一些;十字架不是带有装饰的希腊式十字架而是耻辱架。在这两种情况中,刻在两个石碑上的符号文字尽管字体大小不同,但却是以相同的方式刻于碑上的。[7]这种相同情况并非只这一种。埃及的方尖石塔在美洲也可找到“副本”。

莫库劳引用了莫利纳在其作品中的一段话:“在门多萨与拉庞塔的高山之间有一根高为 150 英尺,直径为 12 英尺的石柱。”洪都拉斯西部的科潘镇的柱塔孤零零地耸立着,埃及的方尖石塔也是如此;两个建筑物都为四棱形,并且塔身刻有各种花纹。[8]

德拉费尔德引用了出自乔马尔德的一封信中的话:“你做的关于墨西哥民族的时代划分以及与亚洲各民族之比较的传记,我是在读过之后才意识到塔尔迪特克民族的特征与尼罗河畔的风俗习惯有着巨大的相似性。这里,有一点相似之处值得一提,那就是,在埃及的古都底比斯和墨西哥,一年的长度被人们粗略地规定为 365 天,且一年都有多余的 5 天;一年中包含的月份数相同。事实上,墨西哥历中每 52 年为一轮,每一轮多出 13 天。这与朱利安历正好相符。朱利安历中每 4 年就多出一天,那么整个一年的长度就是 365 天零 6 小时。这与埃及人计算一年的长度是一致的——埃及人推算出每

⑤罗林森:《民族的起源》,第 13 页。

⑥圣泰勒:《人类学》,第 192 页。

⑦班克罗富特:《本土民族》,第五卷,第 61 页。

⑧班克罗富特:《本土民族》,第五卷,第 60 页。

1460年有一年的长度为375天……墨西哥人年历计算法中规定：每一轮即52年就多出13天，且他们计算出一年的时间为365天零15分钟。墨西哥人对一年长度的这种计算方法及设置是借鉴于埃及的，或者他们与埃及的年历计算法源于一处。”墨西哥每个世纪的起始是从2月26日开始计算的。从讷波那瑟时代，公元前747年2月26日，埃及的神职人员在进行了一番天文观察研究后，在该天的中午将透特月以及一年的起始时间确定下来。因而2月26日成为一个标志性的日子。墨西哥人将一年中多余的5天称作“无功日”。在“无功日”，他们不交易，不买卖，而埃及人却在那些天庆祝他们的神的生日。这一点已得到希腊历史学家普卢塔克的证实。

我们不得不承认，只有知识达到相当先进水平的天文学家才能够测算出一年的准确长度为365天零6个小时（现代科学已证实一年的精确长度为365天零5个小时再加上不到10秒的时间）；拥有高度文明的民族确信时间会一年年地延续，每隔一段时间便会多出12天，一年分为不同的季节。这两个国家的古老文明都高速发展且高度发达。他们通过本国牧师的传教活动将本国文明传到其殖民地。

在这些铁定的事实面前，难道我们不会怀疑埃及的牧师对梭伦所作出的关于亚特兰蒂斯的辉煌与伟大，关于它的纪念碑、雕刻、法律、宗教以及文明的记述吗？

埃及是亚特兰蒂斯在东方世界的长子。埃及的光辉被证明是来源于亚特兰蒂斯的发展。他的国王是埃及人的神灵，亚特兰蒂斯便是世界的尽头。

埃及历史学家马奈索将13900年这段时间称作“神治”时期，而且确定这段时间就是埃及历史的开端。这漫长的13900年可谓是对亚特兰蒂斯的全部兴衰过程的一次重演，但与全部地质年代相比，只能算是稍纵即逝的瞬间。

第三章　密西西比河流域殖民地

我们假定从远古时代开始一个文明的海上民族便在墨西哥湾沿岸建立了殖民地，而且从那时起其殖民地不断扩大到墨西哥高原地带，一直蔓延到新墨西哥州及科罗拉多州的平原及山地。如果这个假定成立,那么这些敢于冒险的航海家勇敢地沿墨西哥沿岸穿行,他们迟早都会发现密西西比河的入口。很自然,他们会行进到密西西比河,沿着河流探索,开发并建立殖民地,因为他们发现密西西比河流域气候适宜、土肥壤沃。边远省区气候恶劣,此种环境往往会减少人口密度并阻碍文明的发展,因此居住在那里的居民会迁往其他地区。

我们这些假设所得出的结论恰是在密西西比河流域曾经发生过的一段历史。

美国的筑堤人(指史前在密西西比河盆地及邻近地区筑堤的北美印第安人)曾为闻名一时的河岸上的民族。他们大多集中在密西西比河及其支流附近,在那里安居乐业,繁衍后代。

福斯特说:"筑堤人的主要通道就是供船行驶的河流。"①

方泰恩先生说古人们为了方便灌溉及经商,就建筑冲积堤来加以对密西西比河支流的控制和利用。耶朱河(密西西比河的一条支流)被称为"yazoo—okhinnah",即古迹河。"我们没有找到任何证据来证明他们是否曾行进至大西洋海岸。在新英格兰州没有发现筑堤人留下的任何痕迹,甚至在纽约州也没有发现。"②我们由此得知筑提人的文明是沿密西西比河向北发展并延伸至其支流,但并没有越过阿勒格尼山脉。然而筑堤人却北上远航至密苏里河及黄石河,后又至俄勒冈州。筑堤人的主要生存地是密西西比河及俄亥俄河沿岸,密苏里河上游只是筑堤人的聚居地之一。在威斯康星州,筑堤人在南部以及密西根湖的西岸开辟天地,而在北部很少看到他们留下的痕迹。在明尼苏达州和衣阿华州都发现了一些圆形的墓,在达科他州有一些还非常大。伊利诺伊及印第安纳州也居住着很多筑堤人。因此,可以确定筑堤人殖民地的中心在俄亥俄河与密西西比河的交汇处。

我们从筑堤人的名称来源上便可知晓这一民族的主要特点——善于用土或石来建筑,而他们所用的土石正是墨西哥和埃及的金字塔的主要材料。筑堤人建筑的典型代表是奥尔顿与东圣路易之间的一座圣路易斯卡霍基冢。这座坟墓高97英尺,长方形底边分别为700英尺和500英尺,坟墓南侧

①福斯特:《史前民族》,第110页。

②舒特:《古代北美洲》,第28页。

面边长分别为160英尺和300英尺，且上窄下宽；堤顶为平面，宽200英尺，长450英尺。由此可见圣路易斯卡霍基冢占地面积与埃及最大的金字塔——基奥普斯金字塔的占地面积相同，只是高度上有所逊色。

筑堤人留下了相当数量的碑塔。仅在俄亥俄一州，就有10000多座坟墓，1000到1500个围场。他们所筑的堤坝是四边形的金字塔，而不是锥体；各边与埃及金字塔的各边相似。③筑堤人也曾创造出相当发达的文明。他们在建筑过程中能够造出颇为精确、完美的方形和圆形，使得他们的生活场所各种建筑形状各异，十分精彩。一个巨形围场面积只有40英亩。在俄亥俄州的希望城，有两个带围墙的建筑物，虽然一个是方形，一个是圆形，但每一个的面积都是精准的20英亩。这些建筑物的占地面积如此精确，可见他们一定有某种常规的测量尺度及标准，还有画角工具以及测量方形或圆形建筑物面积的工具。

斯夸尔先生说"如果没有辅助工具，要想建成一个周长为0.8英里的正方体，而且还是边量边建，就是现代技术最精湛的工程师来完成这一任务都是很有难度的……但我们发现，筑堤人所建的不止是精准的圆形以及正方形，还有八角立方体。

在一架尸骨的手臂上戴着两只铜手镯。这两只手镯大小相同，厚度均为2.9英寸，而且两个手镯的重量都是4盎司。这说明筑堤人拥有一套精密测量重量的体系。

他们修建了围墙和战壕以备军用，军用围场中心还修有人工湖，以保证战时充足的水源供应。在俄亥俄州的小迈阿密河畔有一个古代的炮台战场。战场中间有一个四五英里长的圆形场地，周围的堤墙有24英尺高，这个炮台可以容纳60000人以及他们的家眷，还有生存必需品。

我们不仅发现密西西比河流域的金字塔式建筑与埃及、墨西哥以及秘鲁的金字塔有许多相似之处，而且还发现在俄亥俄州和秘鲁都存在一种非常奇特的建筑：我不知道应该怎样对其进行描述，暂且就把它称为"双重墙或延长的金字塔"吧。

筑堤人从纽约的南部边界斜穿过纽约，俄亥俄州的中北部直到俄亥俄州西部及印第安纳州境内的弋伯许河修建了许许多多的堡垒。因此，筑堤人

③福斯特：《史前民族》，第112页。

之所以从南方向前进行，很有可能是受到从东北部迁移来的敌对种族对他们的威胁和驱赶。

我们在俄亥俄州的玛丽爱特,发现了一个金字塔与十字架混为一体的建筑物。在俄亥俄州的纽瓦克市,有许多面积大且复杂的建筑物,它们占地达2平方英亩,且周围堤墙为2英里长。有一个堤坝是三重建筑,与鸟儿的爪子颇为相像;中间的那个堤长155英尺,其余两个长度均为110英尺。这种奇特的设计是否会让人想起亚特兰蒂斯曾有的一种建筑风格以及海神波赛冬的三叉戟呢?筑堤人在造砖的时候掺杂些灯芯草并将其晒干,就像埃及人在砖内掺杂点稻草。筑堤人会造铜、制银、炼铅,而且有证据证明他们还会冶铁。

筑堤人的坟墓内有许多铜制品。铜制矛尖、铜斧、铜手镯、装饰品上的铜扣、空心铜纽、铜环等等都与欧洲青铜器时代的这些物品颇为相似。在俄亥俄州的巴尔特勒镇,人们发现一副尸骨的头上竟然有一个铜制发夹,其上还有一些稀奇古怪的装饰物。

我们还发现了一些为数不多的银制装饰物。筑堤人似乎很重视银的价值。他们把银制成薄片,甚比纸还要薄。然后把银均匀细腻地涂在铜或石制饰物上以掩盖其为镀银饰物的事实。筑堤人很可能视金属与银一样有很大价值。如果这种猜测成立的话,这将会成为另一个筑堤人的迷信与欧洲各民族的迷信有相同起源的有力证据。

许多石管看起来有金属光泽,这是裹在上面的一层铜的效果。里面的石边与铜边重叠处也被剥光,看不出重叠的痕迹。有些东西还镀有铜和银两层金属,比如贝壳做的小珠子和星状物。

筑堤人已掌握了铸造金属的艺术，并与同样懂得该技术的种族交流经验。在纽约州发现了筑堤人铸造的铜斧。福斯特教授也证实了居住在密西西比河流域的古代居民掌握了这门艺术。他还列举了许多代表作品。比如坟墓上的标志物——各种形状的小物件。

在索克维耳的古代战壕上的枯井中发现了一个未经加工的斧状物,纯铜制成,大约重半镑。可以确定,这是筑堤人所造,因为在他们所建的坟墓的祭坛上方常有铜矿。

经过长期观察和研究,斯夸尔先生与其他权威得出这样的结论:筑堤人还没有掌握铸铁技术,他们也不经常使用铁;他们还总是在金属或交换来的物品上镀上几层其他金属。然而,自从俄亥俄州玛丽爱特坟墓被发掘后,斯夸尔先生的观点在这些年颇受人们争议。黑尔德斯博士在给美国古物研究协会的一封信中写道:

“尸体的额头上放着三颗大圆珠,或者是剑上的装饰物。这三个圆珠都是用铜制成的,外面镀有一层厚厚的银,其正面微微凸起,中间凹陷,有点像杯子。测量其表面每一个直径均为 2.15 英寸。其背面正好与凹进去部分相反,是一枚铜制铆钉,且表面镀有两层金属,

他们将兽皮利用这两层镀金固定在这三个圆珠之上,其中一个圆珠的两层镀金中间夹有两小块兽皮,有点儿像木乃伊的外皮,而且似乎是利用铜中的盐分来保存的。尸体旁边还有一个银片,好像是剑鞘的靠上部分。这个银片长 6 英寸,宽 2 英寸,重达 1 盎司。它好像是用三四个铆钉固定在剑鞘上的,因为银片上还留有几个小孔。”

还有两三个锈迹斑斑的小铜管。这几段铜管在剑尖附近,表面上看起来似乎是剑鞘的底部。在坟墓中,除了上面提到的铜管,没有找到任何与剑本身有关的痕迹。”

从表面看上去,这座坟墓的修建年代与周围其他坟墓相同,被建在筑堤人的第一个殖民地玛爱丽特,周围长着茂密的树木。这座坟墓似乎是为某一个大人物专门建造的,因为坟墓里只发现了一具尸骨。骨头暴露在外面,腐烂得几近成灰。”

斯夸尔先生说:“一些权威人士十分仔细地检查过这些小物件,大家一致认为,这些铜制圆形物上面不是简单地涂抹了一层银,而确确实实是镀了一层银。而且银和铜之间是靠某种物质粘在一起的。根据我的推测,这种连接物像是某种东西经过加热后起到粘贴作用,这样才使铜与银连接在一起。这些都是筑堤人的杰作。这些都说明那个时代的筑堤人已掌握了难度很大的镀金技术。但还有一种说法,那就是筑堤人与掌握这门艺术的某一民族有联系。这些物品有可能是从贸易往来中得到的。此外,如果黑尔德斯教授的研究判断准确无误的话,这座坟墓中还发现了被氧化的铁或钢,这一发现使人们得出了一个重大结论:筑堤人很熟悉如何使用铁。所以这一结论与刚才提到的另一种说法是相符的。”

针对这个话题,我们可以列举一些有趣的证据来证明早在距今极遥远

的时代筑堤人就已在苏必利尔湖畔开采铜矿了。矿井已挖到地下很深的地方，还有井梯，巨型岩石已被凿成碎块，还有各种石器工具。由此我们可以判断筑堤人为开采这些铜矿长期从事繁重的体力劳动。据说现在华盛顿州的巨型昂托纳根纯铜块就是筑堤人开采出来的，因为人们刚一发现这个巨型铜块，就在上面看到了明显的他们所使用的工具的痕迹。所以，我们基本上可以确定，筑堤人对如何使用铜、银、铅已很熟悉，也很可能掌握了铸铁技术。筑堤人还拥有各种机械设备。他们极有可能会使用车床。因为我们发现有许多看上去像象牙的珠状物，上面有细细的纹路，这与车床加工出来的效果相同。

在塞奥托河畔的一座坟墓中，我们发现一副尸骨的脖子上戴着一串用贝壳和动物的牙制成的项链。斯夸尔先生说："好多珠子看起来依然光滑亮泽、圆润细腻，很显然这些珠子非手工雕刻制成，而是经过机器加工成形的。"

斯夸尔先生说："在墓穴中不仅发现了这些有趣的遗留物，还有大量的石管。所有的石管都是经过精心炮制的，使其具有装饰作用。在奇里科思附近的一座墓穴中，发现了一个工艺之精致远超其他的石管，是其中最典型的一个样品。它由一种密实坚固的石板组成，且被切割得十分整齐、精细，虽然没有经过打磨加工，但是看上去还是很光滑、精巧。这个石管长 13 英寸，直径为 11 英寸，它的一端微微隆起，而另一端则呈宽扁形状的三角形，整个比例设计得相当精确，这是按照数学方法得出的结果。石管内壁也非常平滑，有明显的钻孔的痕迹。"

墓穴中还发现了一些牙齿的化石，上面可以明显地看到用锯锯过的条纹痕迹，可见当时锯这种工具以为筑堤人所有并且使用。如果我们想到筑堤人的一些斑岩都可以被锻造成最锐利的刀锋，我们就必须承认筑堤人同墨西哥人与秘鲁人一样掌握着将铜铸成钢一般坚硬的奇特的铸炼工序。

我们发现了扁斧，与我们现在所用扁斧形状一样，其斧刃内侧也是斜面的。

我们还在墓穴中发现了铜雕刻刀以及凿形刃尖的钻机。

斯夸尔先生说："这一切都是可能的。仔细观察研究墓穴中的陶器后发现，古代筑堤人制陶时很可能使用某种简单的类似于机轮的工具。这就证明了一些质量上乘的陶器之所以表面光滑亮泽不是玻璃化作用的结果。"

筑堤人拥有非常先进的雕塑技术。他们能在小的圆筒、玩具以及圆环上雕刻出飞禽、走兽、爬行动物及人的脸部等形象，而且非常逼真、栩栩如生。他们所采用的石头也是形式各异。

下面是观察研究这些出土物的专家的观点。

斯夸尔先生提到："虽然可以充分展示筑堤人雕刻技术的样品数量较少，但种类很多。这些手工艺品美观大方、精巧细致且取材质地优良，完全可以与秘鲁人制作的一些最好的样品相匹敌，有些样品在许多方面与秘鲁人制作的极为相似。他们在大多数石管的管口处刻上许多小型的飞禽走兽以及爬行动物等的图案。这些形象栩栩如生，充分显示出筑堤人的本领。筑堤人在雕刻这些图案时，不仅真实地再现了这些动物的外部特征，而且还在某种程度上展现出它们独特的习性。在雕刻图案中他们用两颗头来代表老鹰。无论在古代还是在现代，这种表现方法对于任何微型雕刻来说都是超乎真实与想象的。作为飞禽之王的鹰，那目空一切、傲视群雄的表情也完美地再现出来。仅从这一点我们是可以看出艺术家精湛的技术了。"

我们在墓穴中还发现了一些布料，纤维细密地结在一起。还有一些用草和麻编织的物品，以及编织用的梭形物。另外，还发现了数量较大的管乐器，管上都有吹口和音栓。情人笛上面雕刻有精美细致的花纹，这不禁让我们联想到布莱恩特的诗句——

夜幕将至，一对恋人在田野中漫步，

他们喃喃细语，用古老的曲调吹奏出浓浓爱意。

不知是何处乐器，悠悠地将诚挚的祝福吹进他们心里。

筑堤人与亚特兰蒂斯方向的某一个热带地区的民族有接触，我们能够提供证据来说明这点。在俄亥俄州，我们在筑堤人的雕刻中发现一些生活在佛罗里达海岸，巴西以及中美洲的海牛的代表性图案。还有一些热带鸟的图案，它们只生活在南美洲。墨西哥湾中的贝壳、大西洋的珍珠以及墨西哥的墨曜石也一排排地陈列在墓穴中。

筑堤人掌握这些技术的年代久远现在已得到普遍认同。格里登先生说"从尼尼微和巴比伦的遗迹中，我们挖掘出至少是 2500 年前的尸骨；从埃及的金字塔和地下墓穴中发现了一些头盖骨，有的被包裹起来，有的未被包裹，这些虽然都已年代久远，但依然保存完好。然而，我们在从五大湖区到墨西哥湾沿途的印第安人的基穴中找到的尸骨经过岁月侵蚀已几近成灰。"

所有的证据证明:在非常遥远的古代,西方世界上就已有文明或半文明的人居住了。他们已经开始种植玉米、烟草以及昆诺阿藜(产于安第斯山脉地区,印第安人种之以食其粟)等,以至这些植物最原始的特征已完全消失。

被称作美人树的南美印第安人栽种的唯一的一种棕榈树最后的坚果式的树种已经消失,现在要栽种者亲手栽培才得以生长。布林顿博士就上面所提到的植物种类说:“其中几种植物如果没有人类的精心培育,早就会灭绝了,需要多长时间它们才得以生存下来呢?人们想到种植印第安玉米经历了多少个世纪呢?又是经历了多少年这种玉米才发展至与其原始种类完全迥异的程度呢?很多年以前就有许多动物被当地土著人家驯养了。这些动物在西班牙人到来时已经没有野生特征了,都已被驯服,比如说秘鲁的骆马。”④我们在欧洲人类最古老的遗迹中发现了扁牛的胫骨。而在美洲的墓穴中发现了特征更为明显的胫骨,这也证明美洲有人类居住的历史在很早以前就开始了。

“所有这些建筑物、坟墓以及围墙都没有建在水流冲刷形成的梯状土地的最低处。对于为什么建筑者把它们混乱地建在别处而不是建在梯状土地上,我们也找不出什么充分的理由来加以解释。有一种推断就是这个梯田形成于他们建造之前。”⑤

我们已经列举了一些例子来证明筑堤人与欧洲石器和青铜器时代的建筑物或雕刻物的相似之处。

筑堤人向南部的墨西哥方向移民,大概在公元 29 年至 231 年间的某一天到达墨西哥,被称为纳华人(中美及墨西哥的印第安人的某部落的通称)。他们称所离开的密西西比河流域的那一地区为“Hue Hue Tlapalan”,意为“最最古老的红土地”,很可能是为了纪念那一国度中某一部分的红色土壤。

我们在墓穴中发现的不是青铜器,而是各种铜器。这可能意味着定居在密西西比河流域的筑堤人在离开亚特兰蒂斯的时候还没有发现用 9:1 的铜锡混合而制青铜的技术,或者更有可能的是他们就是在当地单独使用铜进行生产制造,因为在他们的居住境内没有找到锡。但是,那些用来切割石头的铜制工具很可能用锡来加固。尽人皆知,墨西哥人懂得如何制造真正的青铜;密西

④布林顿:《神奇的大陆》,第 37 页。

⑤鲍德温:《古代的美洲》,第 47 页。

西比河流域与墨西哥之间有接触。这一点可以用俄亥俄州的坟墓中发现的墨曜石的工具器物加以证明。人们在贸易往来中带入了一小部分墨曜石或者是带进了制造雕刻工具所必需的用锡加固过的铜,极有可能是这样。

我将筑堤人与亚特兰蒂斯之间的关系的证据列举在下面。

1.筑堤人与中美各民族都有关于“洪水”的传说,他们的传统都来自于海的另一端的东方。他们与古代秘鲁人有许多相似的地方,这说明他们是人类的一次大迁徙的一部分。即从南美洲西部的安第斯山脉到苏必利尔湖,而我认为是从亚特兰蒂斯到印度。

2.他们的文明以及石器、青铜器的生产制造与欧洲青铜器时代的文明有相似之处。

3.筑堤人所建的墓穴外部类似于中美、墨西哥、埃及和印度的金字塔,可以称其为金字塔的缩小版。

4.筑堤人与墨西哥湾一带居民之间有来往,热带动物就可以证明这点。而亚特兰蒂斯人又是在墨西哥湾周围的一些地区受治于外族的。

5.筑堤人的居住范围也仅限于密西西比河流域。移民队伍在行进的过程中,首先到达的是地势较高,且土壤肥沃的地方。所以很明显这些地点的人口密度最大。

6.从北方迁徙回来的野蛮民族对他们产生威胁。而筑堤人家园不保或亚特兰蒂斯沉入海底时,他们又退回到他们所来之地。由于罗马帝国崩溃而从高卢和不列颠撤军南移时,筑堤人转而依靠其中美的同宗种族。

7.人们认为纳奇兹人是筑堤人的后裔。纳奇兹人在祭坛前将圣火点燃,并使其永远不灭。而这一坛圣火由一些貌似牧师的老人看守。这种文化与欧洲相同。

8.据说在美国衣阿华州东部城市达文波特的一座墓穴中发现了一块碑,如果这块碑不是赝品的话,那就说明筑堤人也一定使用过字母表或者与使用字母的民族有一点来往。这块石碑让人们知道当时的上面有火坛的献祭用的坟墓是做什么用的。碑上的墓穴上方有太阳、月亮和星星,上面还有一些模糊的字迹,像是欧洲字母,尤其像刻在青铜石斧上的字母。这把石斧是在罗马附近发现的,其上的字母也无人能辨认源自何处。⑥例如,刻在石斧上

⑥舒特:《古代北美洲》,第258页。

的其中一个字母为，在达文被特市发现的石碑上刻有这样的符号；石斧上有，而石碑上有；另外，石斧上还有，而石碑上的是。

第四章　伊比利亚半岛殖民地

鉴于古代人类掌握的知识范畴，人们认为距离大陆本土最远的人种是一支被称作伊比利亚人的民族。他们的居住区域很广，从地中海到比利牛斯山、穿越整个西班牙半岛，甚至越过高卢最南端直抵法国中东部的罗讷。考古学家温歇尔说到："在我看来，伊比利亚人很可能是亚特兰蒂斯人和西北非人的后代，""历史上曾经有一段时期人类在西南欧定居，这个时期比在东北非创建的埃及文明还要向前追溯一段时间。早在公元前四五千年时伊比利亚人就大批迁徙，他们的活动范围遍及西班牙、高卢及英伦三岛等地……据古埃及第四王朝史书记载，这段历史至少可以追溯到公元前3500年左右，当时的伊比利亚人已经相当强大，他们甚至已经开始征服整个世界的谋划。"

"迪奥多鲁斯的利比亚——亚马逊人，即伊比利亚族裔的利比亚人，都存在褐色和灰色皮肤这种显著的特征，这一点埃及第四王朝的纪念碑可以证明。"①

尽人皆知，伊比利亚人历史上曾经在西西里岛开拓其殖民地。同时他们也最早在意大利和撒丁岛定居。此外，他们还很可能是黑头发的挪威人和瑞典人的祖先。

毫无疑问，伊比利亚人就是今天的巴斯克人（西班牙比利牛斯山西部居民）。巴斯克人身材中等，体格健壮，身手敏捷，韧性十足，与西班牙人相比，他们肤色略黑，眼珠呈灰色、头发乌黑。他们性格质朴，豪放不羁，热情奔放，生性好客。特别是巴斯克的女人们，她们不但容貌美丽，优雅活泼，而且男人们做的各种工作她们同样能熟练地操作。巴斯克人多才多艺，能歌善舞，风笛是这个民族非常喜好的乐器。②

①温切尔：《前亚当史》，第443页。

②《新美国大百科全书》，人文卷，巴斯克人。

语言学家保罗·布洛克说:"巴斯克语(欧洲大陆)是一种非常独立的语言,相对而言,它似乎更相近于美洲语言的类型。目前我们只能这样认为,在所有欧洲民族中,巴斯克民族是这块占世界总面积 1/4 的领土上最古老的民族。[③]巴斯克语"与马扎尔语(匈牙利人)、奥斯曼语(西支土耳其人)及其他阿尔泰语系的语言之间都存在一些相似之处,同时,它还与旧大陆的芬兰语以及美洲大陆的许多语言,例如北美阿尔贡金族印第安语等有些联系"。[④]

另一位语言学家杜庞奇奥则称:"登山家们从广阔的欧洲大陆的一个角落中将这一语言(巴斯克语)'挖掘'出,它或许是这片大陆上残存的远古时期遗留下来的为数不多的 100 多种方言中唯一的一种了。如同长毛象一样,它也在历史的长河中不断留下一些纪录。它绝对是本民族原创的语言,在这种语言中涉及的所有俗语、谚语和成语在世界上都是举世无双的。"

在人类历史的早期巴斯克人曾经移居爱尔兰,所以他们应该也是英格兰和苏格兰的黑发人种的祖先。另外,他们似乎也与居住在非洲地中海沿岸的伯伯尔人存在某种亲缘关系。

博蒂斯昂,一个外科医生,已经在阿尔及尔工作了 15 年,曾经说过"凡是在布列塔尼(法国西北部的一个地区)生活过的人,一旦他们来到阿尔及利亚,就会对这样一种现象有非常深刻的感触,那就是在古阿莫里凯人(布列塔尼人)与阿尔及尔(阿尔及利亚首都)人之间存在惊人的相似之处。事实上也的确如此,二者无论从形体还是性格上比较都几乎挑不出任何差异。拥有纯粹布列塔尼血统的人一般身材较为矮小,头部稍长,长有黑色头发,皮肤为淡黄褐色,眼珠是黑色或褐色,与阿尔及尔人一样,他们对陌生人都持有谨慎、戒备甚至排斥的态度。在性格上,两者同样都是那么倔强执拗、固执己见,同样具有很好的抗疲劳性,同样地喜好自立,表达感情的方式几乎一模一样,语言上的变音也如出一辙。当你听阿尔及尔人谈论本国其他人的情形时,就会联想到布列塔尼人谈论凯尔特人。"

布列塔尼人告诉我们,他们与周围的(凯尔特)人有明显的不同,他们(凯尔特人)"身材高大,皮肤白皙,长着蓝眼睛和黄头发。他们都很善交际,好冲动,而且多才多艺;但是他们的情绪不稳定,太容易变化,可能刚刚还是

---

③佩舍尔:《人类种族》,第 501 页。

④《新美国大百科全书》,人文卷,巴斯克人。

精神百倍的,突然就变得垂头丧气起来。而布列塔尼人则完全不同:他们平时寡言少语,对于自己的信念绝不轻易放弃,他们看起来似乎总是闷闷不乐的样子,但在内心却拥有坚忍不拔的顽强意志;总的来说,无论在性格上还是体征上,他们都是典型的亚特兰蒂斯大陆的南方人”。

谈起亚特兰蒂斯,博蒂斯昂教授提到了巴巴里诸国(16 至 19 世纪间埃及以西的北非伊斯兰教各国)——它们是古希腊和罗马人最熟悉的名字之一。他接着说:“在远古时期, 亚特兰蒂斯曾受治于海神尼普顿最喜欢的儿子;因此,亚特兰蒂斯人也素以崇拜海神闻名,这一点埃及人可以为证。世人坚信亚特兰蒂斯人是人类史上最早的航海者。同所有的航海者一样,他们也曾经占领了许多殖民地。根据我们的判断,布列塔尼就是其殖民地之一。”

最早对亚特兰蒂斯进行记录的——柏拉图认为,尼普顿就是海神波塞冬。

我有足够的证据能够证明, 在欧洲铜器时代的古人类与北非的古代居民之间有非常紧密的联系。这一点我们在本书的前面章节已经提到过,通过深海中的水下山脊,非洲与亚特兰蒂斯被连接在一起。

第五章　秘鲁殖民地

如果你看到深海之下的亚特兰蒂斯地图, 就会发现亚特兰蒂斯与位于亚马逊河口以上的南美海岸是通过水下山脊紧密相连的, 而水下山脊也许就是两块大陆交汇点。

如果亚特兰蒂斯人曾经向西扩张的话,那么很自然地,他们会在途中发现位于亚马逊河及其支流沿岸雄奇伟观的山谷;然后他们会穿越气候炎热、地势平坦的巴西平原,随着地势逐渐增高,风景变得越来越美丽,土壤也变得越来越肥沃,一直到达玻利维亚,在那里他们穿越最后一道山脉,来到秘鲁境内。

由于再向西就是太平洋,亚特兰蒂斯人便在这里停下了西拓的脚步,于是秘鲁就成为他们最西端的一块殖民地。在这里,就像之前他们在密西西比河的山谷开辟天地,在大湖区的河畔开采金矿一样;也与他们东进地中海沿岸,跨越达达尼尔海峡,创立雅利安文明、闪米特文明一样,又在黑海远滨及里海沿岸创建了都兰语族(古代土耳其斯坦的居民及其后裔)殖民地。据印度史书记载,这是当时世界最大的帝国,在德瓦·纳胡沙的统治之下;这也就是柏拉图在对亚特兰蒂斯的描述中提到的那个“一度辉煌、喜好征战的帝国”,这是一个伟大的王国,它统治着当时的整个世界,正是从他们那里古希腊人才有了众神之王宙斯的概念。也正是因为有了这个帝国,历史学家洛佩兹才解开了南美洲太平洋沿岸地区的语言同欧洲大陆的高卢人、爱尔兰人、英格兰人、意大利人、希腊人、大夏人(即巴克特里亚王国,亚洲西部阿姆河与兴都库什山之间的一个古国)和印度斯坦人的语言有惊人相似之处的谜团。

考古学家蒙特赛努宣称,在人类历史上的大洪水时期左右,也就是说在远古时代,美洲曾遭到一支由四个人领导的民族的入侵。四个领导人的名字分别为:阿亚·曼科·托巴、阿亚·查基、阿亚·奥卡和阿亚·乌伊苏。洛佩兹告诉我们:“阿亚代表原始部落首领;而曼科、查基、奥卡和乌伊苏则分别是信徒、漫游者、勇者和农民的意思。这就好像与在雅典世袭下来的四个传统部落的名字一样。”当一个劳动阶层(通常是指在一块新的殖民地中)获得最高权力后,那么这个阶层的首领就会被授予“皮尔华·曼科”(Pirhua—manco)的名字,这个名字中的Pir与意大利中部翁布里亚语中的Pir发音规则相同,均发清音。这种靠两唇清吐改变发音的方法,实际正是来自于亚特兰蒂斯语言的发音规则,它们也是被亚特兰蒂斯人一同带到南美洲殖民地的,这块殖民地是否就是今天的秘鲁呢?当印度传教士在秘鲁看到那种奇特的符号——5颗向外凸出的点时,立即兴奋地断言他们代表“秘鲁和这个世界的四方”时,他真正的意思是否就是指古代的亚特兰蒂斯帝国呢?

在秘鲁殖民地中,人们非常崇敬曼科这个名字,与之相似的还有曼努斯、曼努以及曼尼科。看到这些名字我们很自然地联想起美尼斯(埃及统一后第一代国王)、迈诺斯(克里特岛之王,宙斯与腓尼基公主欧罗巴所生之子,他死后,成为冥界的判官,专门负责审理灵魂的思想。)等赫赫有名的人物,而且这些鼎鼎有名的大人物也都是在旧大陆之初就出现在历史中的。

盖丘亚人(指南美安第斯高原各国的印第安人,也指印加帝国时代居于统治地位的部落集团)——这个入侵的民族——是一个长有白皮肤、蓝眼睛和红褐色头发的民族;他们的体貌特征十分明显——高大的身体和硕大的脑袋。但今天他们的后裔已经发生了一些变化——皮肤呈橄榄色,甚至比他们曾经征服过的印第安人的肤色还要浅一些。

秘鲁人,是一个强大的民族。西班牙人都知晓,秘鲁人同古盖丘亚文明之间存在不一般的联系,就像16世纪的英格兰之于罗马帝国文明一样。印加人(南美印第安人的一个部落)只是高山文明流传下来的一个分支,他们又征服了海边未开化的民族,而且将其古老的文明根植于他们身上。

曾经在某一段时期,盖丘亚民族将其统治的区域延伸到了超过2000英里的地方。当西班牙人到达这片土地的时候,"它已经是一个人口密度大、国力强盛的帝国,这个国家具有非常健全的管理体系,有相当有效的工业部门,并且在一些重要的人文艺术学科方面的发展成果也十分显著"。[①]

皮萨罗的朋友们找到许多能够证明远古文明存在于秘鲁的证据。塞卡·德利昂提出存在于"蒂亚瓦纳卡废墟"上的一个相当庞大的文明体系,"一座人工建造的小山从一块巨石的基座上拔地而起,两座高10—12英尺的石像,身着长袍,它们显然是由手艺高超的工匠雕刻而成"。德利昂言补充道:"那些巨石是如此庞大,其做工的规模简直令人瞠目结舌,足以谓为奇观,即便是现在,我仍然感到不可思议,这项工程究竟要耗费多少人力、物力才得以将如此庞大的石像立于其上。这些石像造型各异,千姿百态,其中一些呈现人形,一定是人像。在靠近墙边的地方有许多岩洞和人工挖掘的坑道;但是由此向西较远的地方,则是另一番景致,那里有更加雄壮的令人叹为观止的遗迹,例如巨大的带有折页的石门、宽敞空旷的平台,以及绵延曲折的游廊,所有的一切都是由石头砌成的。面对这些由无数石块砌成的巨大的石门,我发出由衷地赞叹,这些石块中有的甚至长30英尺,高15英尺,厚6英尺。"

格兰·奇姆时期,在与印加人经过长期而异常惨烈的斗争后,秘鲁北部地区奇姆的都城最终还是沦陷,并且遭到野蛮的掠夺和毁坏。"但是它的遗迹被保留至今,这块南美大陆的奇异之地,覆盖着20多平方英里的土地。陵墓、庙宇和宫殿林立,尽管大多已被毁坏,但其遗迹依稀可循。巨大的金字塔群异常夺目,它们中有些占据方圆半英里左右的面积。大片区域被高耸的墙壁隔开,每一片土地都有自己的蓄水池,都城内店铺林立,人口众多,每一个地区都是整个王国的一个组成部分。监狱、铁匠铺以及一个文明所能包含的

①鲍德温:《古代的美洲》,第222页。

几乎每一项要素，都在古奇姆城中存在。最大的一座金字塔，被称作‘太阳之殿’，有 812 英尺长，470 英尺宽，150 英尺高。虽然在数个世纪以前这些巨大的建筑就遭到破坏，但我们隐约可以看到其昔日施工留下的痕迹。”

古盖丘亚文明的中心之一位于的的喀喀湖周围。这里的建筑都是在秘鲁国内非常普通、常见的建筑，它们都是由打磨过的石料盖成的，即便是门窗的立柱、窗台和门槛也是石头的。

在秘鲁北部的库拉普，也发现了非常奇特的古遗址。“其中包括一堵 3600 英尺长、560 英尺宽、150 英尺高的石墙，这么多石块拼为一体的浩大工程，只有掌握相当高超的技术才能实现。而且，在这堵石墙之上还有另一堵长 600 英尺、宽 500 英尺、高 150 英尺的石墙，使得它的总高度达到惊人的 300 英尺！在石墙的内部是大大小小的房间，它们被用来作为墓穴。”

此外，塞卡·德利昂还描述了在瓦曼加附近发现的另一处非常古老的遗址群，这些遗迹同样具有非常庞大而显著的城市系统。了解祖先历史的秘鲁人称：“这座古城是由白皮肤的，蓄着胡子的建造的，远在印加人入侵之前，他们就来到这里，并在此定居。”

“秘鲁人大量使用了技术含量相当高的渡槽，而且为了保证其坚固性，需要使用打磨光滑的石块和混凝土粘合。”其中有一条渡槽更是绵延了 450 英里，沿途还要穿越一些山脉和河流。如果你对此还缺乏更加直观的感觉的话，不妨这样想象一下，一条用石头修筑的运河，从纽约城出发，其间翻山越岭、百转千回，一直到达北卡罗来纳州，这是一种多么雄伟壮丽的景致啊！

秘鲁的城市街道也是别具一格的，这些街道也完全是由石料铺设而成。其中一条是从秘鲁南部印加帝国的中心城市库斯科出发直抵海岸线，向北延伸到达赤道附近的大路；另外，还有一条北起厄瓜多尔首都基多，南至智利，穿越崇山峻岭，纵贯整个秘鲁的跨国大道。这些街道的宽度约为 20—25 英尺不等，全部由碎石与石灰、沥青混合粘结而成，并在一块厚度超过一英寻(测量水深用长度单位，合 6 英尺，或 1.829 米)的模具内被凝固成型。在许多路段，道路完全是从数里格(长度单位，在英美约为 3 英里或 3 海里)长度的巨石中穿过；当穿越一些峡谷时，则不惜代价地全部用石料将其填满；而在河流上面，则是选择用悬桥造路，这项技术直到许多年以后才被传入欧洲。工程专家鲍德温对此颇有感叹：“修筑跨越太平洋的铁路大桥的设计者们,拥有远比他们(秘鲁人)更加先进的工程技术和机械设备,但其成本造价和施工难度却也没能因此而降低多少。像这样一条跨国公路,从基多到库斯科,再从库斯科到智利,这样的长度足以抵得上两架跨太平洋大桥,而且它沿途经过的高山险滩给施工带来的难度还要远远超过跨海大桥。"历史学家萨尔门多在评价这段历史时讲到:"在我看来,即使是在查理五世时代,也很难修建出这样一条从基多到库斯科,或者从库斯科到智利的大路,我几乎敢断定即使动用帝国的最高权力,这也绝对是不可能做到的。"德国博物学家、旅行家及政治家亚历山大·亨伯特对此这样评述:"这条道路本身就是一个奇迹;在我见过的所有道路中,包括意大利的古罗马大街,在法国南部以及西班牙的街道,没有哪一条大路比古秘鲁人修筑的这条大路更加雄奇壮观的。"

正是由于这条大路带来的交通便利,才有了以后络绎不绝的商旅游人来到这里贸易经商,繁荣一方。这些道路建于印加时代。而早在印加文明数千年前,白皮肤、红头发、留着胡子的亚特兰蒂斯人便掌握了这些巧夺天工的技艺。当年怀纳·卡帕克大帝(?—1525,印加帝国极盛期[1493—1525]的皇帝)正是指挥他的大军经由这条"通天大道",最终入侵到基多。当浩浩荡荡的大军行进到这条大路的时候,由于年久失修,路面坑坑洼洼,残破不全,以至于"很难通行",卡帕克立即下令对其进行修整。

其实,即使是这种高难度的工程,对于拥有辉煌灿烂的艺术和文明的秘鲁人来说,根本算不上什么。他们的历史满是奇迹。在那个年代,他们的棉花和羊毛加工业已经精美绝伦,甚至闻名于整个欧洲大陆。他们的农业种植、水利灌溉和珠宝切割加工技术也丝毫不输给欧洲大陆。但在世界上,最令秘鲁人声名远扬的还是那些异常珍贵的稀有金属。这一点有史为证,在西班牙人占领秘鲁后的 25 年中,作为"战利品",他们源源不断地从秘鲁运回了价值超过 8 亿美元的黄金,几乎所有这些都是从秘鲁人手中强行掠夺的。1534 年皮萨罗将大量黄金艺术品运回西班牙时有一段记录:在他们的一座宫殿中,"有一个人造花园,花园中的泥土都是用上等黄金的碎屑装饰而成的,还有许多用黄金打造的农作物,包括不同品种的玉米,无论是茎、叶还是穗,整棵作物都是由黄金制成的。此外,花园里还有牧羊人,他驱赶着 20 多只带着羔羊的绵羊,所有的这一切都是黄金制成的艺术品"。他还提到"有 4 只无峰驼、10 樽高度相等的女人雕像和一个巨大的水池都是用黄金制成,所有的这些多么令人眼花缭乱，叹为观止”。

如果之前你根本不相信人类拥有的黄金和白银的数量如此之多的话，那么到此，难道还有谁会对柏拉图关于亚特兰蒂斯的描述不屑一顾，把它看作童话和杜撰吗？与秘鲁相比，亚特兰蒂斯只不过是它的“母国”，比它更加古老，文明程度更高而已；与秘鲁人一样，亚特兰蒂斯人也把稀有金属视作天神所赐，对其顶礼膜拜；他们世世代代都在世界各地收集这些“神物”。如果柏拉图对亚特兰蒂斯的描述是真实的，那么毫无疑问，今天在被大西洋覆盖的海水下，在数百英尺厚的火山灰下，一定有大量的金银静静地等待着重见天日，它们是亚特兰蒂斯人从秘鲁、墨西哥、中美洲乃至全世界带回欧洲的。如果一旦这些财富被人们发现，那么势必会引起整个世界的价值体系和金融秩序的重大变革。

我在本书的前面章节中已经叙述过，在新旧世界文明之间存在着众多的相似性。因此，在秘鲁人和古代欧洲人之间也同样有一些非凡的“巧合”。接下来，我再次将对其进行简要的概括。

1.崇拜太阳、月亮和星辰。

2.相信灵魂不朽和永恒。

3.相信灵魂转世，因此用防腐材料保存死者的尸体。

4.牧师通常使用动物的内脏作为祭祀品，他们能够通过一个人的外表预测未来，就像古罗马的占卜师一样。

5.让一些女子发誓成为修女，终身禁欲；一旦违背誓言，就将被处以活埋的严厉惩罚——在新旧大陆上都存在这样的律令。

6.他们都将一年划分为12个月份。

7.同盎格鲁撒克逊人(5世纪左右移居英国的日耳曼民族)一样，他们实行十进制。人口是按十和百来计数；而整个国家的政府统计人数则是使用500、1000和10000。

8.实行世袭制度。同印度人一样，父亲死后，儿子继承其父的财产。

9.乐师多才多艺，在一些重要节日上他们都要进行表演。

10.他们使用的武器与欧洲大陆上的武器非常相似，样式几乎一模一样。

11.他们也有“把酒言欢”的传统，也同样用这种方式敬神祈福。

12.他们在欢迎英雄回来的路上撒满鲜花和绿叶，并为胜利归来的英雄竖起“凯旋门”。

13.他们也有使用轿子的传统。

14.农业是这个国家的重要行业，他们定期举行大规模的集市和节庆活动，以方便农民们进行产品交易。

15.每年农耕季节都要举行一次盛大的仪式，同埃及的国王一样，秘鲁国王也会象征性地亲手扶犁，在田间犁出第一道垄沟。

16.他们有非常正式的骑士制度，每个候选人都要在国王面前行“跪礼”；如同欧洲骑士脚上的靴刺一样，他的骑士靴要由贵族为他穿上；与古罗马的骑士礼十分相似的是，只有经过这道程序，骑士才能在腰间束起腰带；此后的骑士再被戴上花冠。据史学家费尔南德兹研究，通常是穿着白衬衫、戴着花冠的骑士走在队伍的最前面，这与中世纪时的欧洲十分相似。

17.最让人为之震惊的是，秘鲁与古代欧洲大陆的一些国家在建筑风格上也如此相似。这不禁让我想起弗格森先生曾经说过的话——印加人的建筑同意大利和希腊的古佩拉斯吉人(史前居住在希腊、小亚细亚和爱琴海诸岛屿的一个民族)的巨石遗址是如此的相似，“这堪称世界建筑史上的奇迹”。弗格森先生对此毫不吝惜任何溢美之词。“门的侧柱、窗的飞檐、形状周整的石工技术，以及其他所有建筑格调，都与希腊和意大利的佩拉斯吉城的建筑风格非常相像，让人不得不承认在二者之间很可能存在某种微妙的关系。”

即使是宫殿和庙宇的装饰式样也能从欧洲大陆找到相似处。最近一位研究人员提出：“皮萨罗关于印加宫殿内部装饰的那段记录，或许应该再一次引起我们的重视——所有的墙壁上都贴着金饰，正如西班牙人描述的那样，宫殿内的确有许多金制花朵和猛兽，简直就跟希腊神话中的梅内莱厄斯(斯巴达国王)的金殿如出一辙——镶着金框的门窗，铜地板上面铺着玻璃面的银壁柱，即使壁炉的横梁上也被镀上银框；门铃是用打磨一新的黄金制成的，门两侧一左一右立着两只分别用黄金和白银制成的护院犬。”

“我个人已经验证，”温切尔博士②说，“在对秘鲁古代陶瓷的研究过程中，我的头脑中不断闪现出这样一个想法，那就是它们让我想起了古埃及文化。”

在对特洛伊遗址进行挖掘的过程中，谢里曼博士发现了大量的花瓶，他将它们称之为“猫头鹰头像”花瓶。我们在秘鲁也发现了许多与特洛伊遗址

②温切尔：《前亚当史》，第387页。

中一模一样的猫头鹰头像花瓶。当然,我们还可以找出许多类似的发现;但是据我判断,这些非同寻常的巧合一定与人类长期以来研究的古代文化交流的起源有关。大量的证据让我们越来越相信,曾经有一个白色皮肤、留着头发、蓄有胡须的民族,在非常遥远的年代,带着在亚特兰蒂斯十分盛行的某种宗教,以及亚特兰蒂斯文明,翻山越岭穿越亚马逊山谷,来到玻利维亚和秘鲁高原,正如雅利安人当年西迁,到达地中海和里海海滨一样。很有可能这些来自不同地区的移民说着同一种语言。

塞纳尔·文森特·洛佩兹,来自乌拉圭首都蒙得维的亚的西班牙裔绅士,1872年出版了一本名为《秘鲁的雅利安人种》的著作,他在书中一直试图证明印加帝国强加给其占领地区的、目前仍在秘鲁和玻利维亚使用的盖丘亚语,实际上也是雅利安语或印欧语系的一个分支。这里我引用一下安德鲁·朗对于这个证据的概括"洛佩兹认为,秘鲁人是雅利安人的后裔,我们可以用民族语言、宗教信仰、古代传说以及工艺陈迹来加以印证。"其中语言的证据是最为科学的,说明这绝对不是信口拈来或是精心编织的构想。有种观点认为目前尚存的秘鲁人的方言纯粹是遗留下来的野蛮人语言,洛佩兹最先站出来驳斥了这一说法。盖丘亚语绝不是一种由某个游牧民族偶尔遗留下来的语言。因为这是一种已经发展到一定阶段的语言,它已经相当成熟,语言中的各项要素非常紧凑,词根与词根之间紧密相连,一个生词的结构更加趋于独立并富有变化,有时辅音词根甚至被完全省略掉,这种语言只有语言学家才能识别。大家都知道,雅利安语言就非常富有变化,也许你会认为洛佩兹的话自相矛盾,因为他也说过盖丘亚语也是雅利安语言的一种演变体。但他引用了马克思·穆勒先生的观点:"就像都兰语中也保留有雅利安语的词根一样,一定是在历史上的某个时期,当雅利安语还没有发展到有那么多变音的阶段的时候,盖丘亚人就将其吸收并发展成盖丘亚语。"如果这种假设成立的话,那么盖丘亚语就真的可能是一种与历史失去联系的语汇了。

盖丘亚语最初呈现在我们面前的是大量以"hu"开头的单词,甚至超过"q"的出现频率,这似乎同印第安语系中的阿茨蒂克语一样奇怪。但是在字母表中却无法找到类似的形式,因此只能发出近似的读音;还有许多单词像西班牙语一样,发音毫无规律可循。下面我们就来比较一下被认为是加入盖丘亚语的雅利安语中的一些形式。首先,盖丘亚人对使用两个字母的谐音非常厌恶。像希腊语中 π λ λ ω 这个单词，如果秘鲁人听了就会感到很不舒服。说 pillui 就是"我航行"的意思，plu 就是"再次"，pluma 是"羽毛"，据说这个单词来自于 pillu(飞)。盖丘亚语同希腊语一样，没有 V 这个字母，因此在使用罗马单词 V 时，秘鲁人也像希腊人一样，通常用 ou 来代替，例如 Valerius-Ou α λ ε ρ ι ο ε。因此，在梵语单词中使用 V 时，在盖丘亚语中常用 hu 来代替。下面是一张使用 hu 起首的单词列表。

盖丘亚语	梵语
Huakia，招呼	Vacc，讲话
Huasi，房子	Vas，居住
Huayra，空气	Va，呼吸
Huasa，后背	Vas，能够

"在梵语中有一个词根是'kr'，意为行动、从事，在南美的人名和地名中这个词根被使用多达 300 次。例如，有一个与我们的旧相识卡利安的名字十分相像的加勒比人的名字，他的名字是'勇士'的意思，代表他是他的土地和家园的勇士，就像芬兰语中的'Kaleva-la'。有时，盖丘亚语与希腊语词根意思正好相反——比如，'stani'意思是'我改变了一个物体的位置'；这里，'ni'或者'mi'表示第一人称单数，再增加一个动词词根，就表示一般陈述句中的第一人称。再比如，'can，表示存在，那么'Can-mi'或者'Cani'就是'我是'的意思。同样，'Munanmi，或者'Munani'代表'我爱'；'Apanmi'，或者'Apani'则代表'我带'。即使在古代欧洲的语法结构逐渐淡出历史的时候，秘鲁语言仍然保留着非常清晰、完整的语法体系。因此要想从今天的词汇表中区别出哪些是猜想中的雅利安语词根几乎是不可能的。但是盖丘亚语中含有 s 的动词将来时却是十分容易辨认的，例如，'Munani'是'我爱'的意思，而'Munasa'则是'我将要爱'的意思——不过名词词缀指示格的用法却像希腊语中的介词一般复杂。"

盖丘亚语同曼丹人(居于美国北达科他州平原的印第安人)的语言也十分相似，例如单词"我"的主格"I"或宾格"me"都是"mi"。

最近鲁道夫·法尔伯博士声称，他已经发现盖丘亚语与雅利安语及闪语(希伯来语、阿拉伯语等)之间有极为相近之处。实际上，它们"与闪语特别是阿拉伯语之间存在着令人难以置信的密切关系"，法尔伯博士从少年时起就已十分精通这门语言。我们将法尔伯博士的发现列举在下面；

1.秘鲁语与雅利安语词根之间有一定的关联；2.最终找到了这种关系的源头，即“闪语词根就是泛化的雅利安语”。我们可以在盖丘亚和艾玛腊语(雅利安语)找到不同单词的变体中共有的词干的基本形式，于是法尔伯博士从这个现实中得出秘鲁和玻利维亚的平原很可能是现代人类的一个发源地的结论。

但是如果在这两块大陆与亚特兰蒂斯之间没有沟通的桥梁（像那些水下山脊)的话，盖丘亚语和艾玛拉语也根本不可能跨越波澜壮阔的大西洋来到欧洲。

那么，到底是盖丘亚人和艾玛拉人是来自于亚特兰蒂斯岛的移民，还是亚特兰蒂斯岛的居民是来自南美的移民呢？相比较而言，显然前者的可能性更大一些。史书对古代秘鲁人是这样记载的，这个民族肤白，蓄须，拥有高度的文明，他们是从外进入或者侵入这个国家，这表明这种文明是从外地植入的，并非起源于秘鲁，同时我们发现白皮肤、蓄胡须的民族只有在亚特兰蒂斯这个方向才能够找到。

实际上，生活在远古时代的这个拥有同样艺术、操持同样语言的民族有许多宗族，其中一支移民从亚特兰蒂斯出发，分别向东和向西进发，不断在新的国家和地区续写他们母国的文明。这些国家主要分布在地中海沿岸、红海沿岸和波斯湾；而另一部分则远赴亚马逊平原，并在亚马逊河上游、安第斯山山谷和太平洋沿岸创建了许多强盛的国家。

第六章　非洲殖民地

同欧洲和美洲一样，非洲也见证了多民族的大融合：黑人不再是皮肤黝黑，头发卷曲的模样；非洲的原始居民先后与西班牙人肤色近似的稍白一些的柏尔人和塞内加尔人，甘比亚的黑皮肤的罗罗夫人互相融合。

红色或古铜色皮肤的民族在非洲大陆的许多地区都可以发现。普瑞查德把真正的黑人分为四类。他对第二类的描述是这样的：“其他部落的人在体态和显著特点上都很像欧洲人。他们有黑色，棕褐色，或是接近黑色的古铜色皮肤，略带卷曲的头发。他们包括比沙利人、丹尼尔人、哈萨塔人和埃塞俄比亚肤色最黑的部族。”“埃塞俄比亚各部族的肤色和头发有很大差异，肤色有白色、棕色或黑色的，头发有直的、略微卷曲的，也有完全卷曲的。”

“有些努比亚人的皮肤是铜色或黑色的。”[①]

这些作者在介绍巴巴里共和国时说：“地中海和大沙漠之间的非洲北部海岸的国家(像阿尔及尔、摩洛哥、本拉瑞、纳黎波里和突尼斯)都位于一片被称为亚特拉斯的绵延的高地上，它包括古老的亚特兰坦斯、现在的巴巴里共和国……在巴巴里我们发现一个奇特的种族，它包括许多散居在各地的部族，也许他们最初曾经共同生活在亚特拉斯的某个山坡上……柏柏尔的真正名字是‘mazirgh’，如果加上前缀‘T-amazirgh’，或后缀‘Amazirgh-T’，它就表示自由的、支配的，或者‘高贵的民族’。……我们认为柏柏尔人在远古时代就有其独特的信仰和身体特征……他们在美尼斯的时候也生活在这片土地上，文明状况与建立迦太基前，尼基航海家发现他们的时候近似。他们是一个性格坚韧的游牧民族，在有了骆驼之后曾大举向大沙漠迁徙，甚至远达民格瑞……他们的部族中有的皮肤白，有的皮肤黑，但头发都是羊毛那样完全卷曲的。”[②]

普瑞查德这样描述巴巴里的摩尔人：“他们的身材与东欧人相似，如果肤色略黑的话，也许是这个国家气温稍高的缘故。他们的个体之间存在很大的差异。”

杰克逊说：“泰姆塞纳和绍维亚的人健硕高大，有古铜色的皮肤，其中的女子各个貌美。斐松的女子与欧洲妇女一样漂亮，只是她们的头发和眼睛都是黑色的。曼奎纳斯的妇女也十分漂亮，她们的皮肤白里透红像英国的妇女。”

德国旅行家斯皮克斯和马丁这样描述摩尔人：

“身材高挑，皮肤棕褐色，黑发柔顺，圆形脸，高额头，眉毛弯又细，眼睛黑且大，鼻子细长但不尖，嘴唇较厚。”

霍奇森宣称：“土专瑞目人是柏柏尔人中白皮肤的一个分支；也许是与阿拉伯的贝都同人融合的缘故，莫桑比克人也是白种人。瓦德里甘人和武格

①诺特和格利登：《人种志》，第194，198页。

②诺特和格利登：《人种志》，第204页。

兰人都是黑褐色的皮肤,羊毛卷样弯曲的头发。”

夫拉人、费拉尼人和威夷拉塔人都是西非和中非的民族。夫拉人的语言、体征和历史都迥然于其他的民族,智商也高于其他民族,只是(根据加黑的说法)在体质上略逊一筹。现代旅行家认为夫拉人必然会成为黑人土地上的统治者。戈伯利把他们描述成“强壮,勇敢,皮肤红褐色,五官端正,头发长而略带弯曲,智商很高的人”。巴斯博士发现这一部落里的人的身体特征差异很大,他们有的皮肤黑,有的皮肤白,还有一些介于黑白之间,从黝黑到白皙都有。在欧洲的古陶文物上刻有他们的面容和头骨。他们自己的传说中也通称是白人的后裔,有些部落也自称为白人。他们是从位于现在居住地北部的延力克图迁移来的。努比亚人和夫拉人被归为地中海人。他们的皮肤是棕黄色或棕红色的,而不是黑色。他们的头发稍微有些弯曲,还有的是顺直的;颜色是深棕或黑色,胡子比其他部族的黑人浓密。椭圆形的脸是地中海人的典型特征。他们鼻梁很高,嘴唇较薄,语言与黑人语言完全不同。[3]

在布鲁塞尔国际会议上,雷德赫比将军发表了一篇题为《阿尔及利亚的巨石纪念物——(石)棚》的演讲。他认为这些(石)棚就是为了纪念死者而修的坟墓,在对五六千个纪念物进行考察之后,他声称非洲和欧洲的(石)棚是由同一个民族在从波罗的海海岸向地中海南岸迁移的过程中建造的。然而他没有解释其他地区(像印度斯坦、美洲)的(石)棚。“在非洲,”他说,“这些巨石柱群被称作崇神者的坟墓”——这些神的崇拜者既不是罗马人,也不是基督徒,也不是腓尼基人,而是某个古老的民族。他认为石棚的最初建造者是柏柏尔人的祖先。我们在一些埃及的巨石上发现了对公元前1500年的一个从西方来的金发民族入侵下埃及的描述。在石棚中出土的骨头证明这个民族的人的头又大又长。费德赤比将军说没有一个头骨是短的,普遍的身高(包括妇女)在1.65米到1.74米之间,而法国的卡家人的平均身高是1.65米。这种长头骨证明这个民族有着极高的智商。根据埃及的文献记载这种人被为塔栎,这个词不是埃及语,可能是来自那个民族的语言。人们认为今天的柏柏尔人典型代表了塔木平民族。他们身材魁梧,长着蓝色的眼睛,通常双手上会握一把长剑。在尼日尔河畔的苏丹,生活着一个由王室(马萨斯)统治着的黑人部落,他们有白皙的皮肤,自称是白人的后裔。马萨斯很可能就

③《新美国大百科全书》,人文卷,巴斯克人。

是埃及文献中指代塔木平的马沙诗。因为马萨斯人的发型与塔木平人的一模一样，费德赫比将军认为石棚建造者也是他们的祖先。

而我认为这些人也是亚特兰蒂斯的移民，他们分属于白种人、黄种人和晒黑的或红种人三个民族。

第七章　爱尔兰殖民地

正如我在前面所示，大部分西班牙人和法国人来自亚特兰蒂斯。现在我们来看一下爱尔兰与亚特兰蒂斯有什么渊源。

鉴于爱尔兰的地理位置，我们猜测亚特兰蒂斯移民可能只是把它当作临时修整的地点。然而，据编年史记载，爱尔兰在大洪水之前已有人类定居。在他们最古老的传说中流传着这样一个故事：在大洪水以前，一股逆风将三个西班牙的渔夫吹到了爱尔兰。之后（也在大洪水之前）由班哈夫人凯撒尔统领的福摩瑞人来到这里。班哈夫人的女仆名叫爱尼成柏巴，她带着三个男人——比斯、莱德罗和费坦——和50名女仆。莱德罗是他们的统领，他后来被葬在爱尔兰。《巴雷莫特书》中就有这段传说的记载。爱尔兰史书上说福摩瑞人是一个热衷于战争的民族，《克朗迈克诺斯编年史》上说“他们是诺亚的孩子，塞姆的后代，经常扰乱侵犯其他民族，破坏了世界的和平和安宁”。

难道这些人不就是来自亚特兰蒂斯的居民吗？根据柏拉图的描述，他们带着武器来到埃及和雅典，后来由于他们的高傲自大和欺凌压迫，最后遭到神的惩罚，在大洪水中沉入海底。

福摩瑞人来自亚特兰蒂斯。他们被称为“Fomboraic”，“Fomoraig Afraic”和“Formoragh”，翻译成英语就是福摩瑞。他们拥有船只，正如“Fomoraig Afraic”表示的，这些名字证明他们来自非洲。但那时的非洲并不是我们现在意义上的非洲。威尔福德上校在《亚洲调查》的第八卷中指出，“‘非洲’一词是从‘Aper’，‘Aphar’，‘Apara’或‘Aparica’而来”，这些词代表的是“西方”，正如我们把亚洲称为“东方”一样。所以当福摩瑞人说他们来自非洲，其实就是来自西方——即亚特兰蒂斯——因为除了美洲再没有其他国家在他们的西方。因为他们很早就来到了爱尔兰,所以被当作那里的原始居民。

爱尔兰在福摩瑞人之后,又遭到了一次由帕索兰率领的民族的入侵,爱尔兰史书上将其称之为“帕索兰人”。他们很可能是来自西班牙的亚特兰蒂斯人。不列颠王子古尔贡涅斯(或古尔蒙德)在赫布里麻群岛遇见了一个帕索兰率领的30只船组成的舰队,其中有男人,也有妇女。他说他们来自西班牙,想开拓殖民地。不列颠王子就把他们带到了爱尔兰。

那时西班牙在伊比利亚和巴斯克人的统治之下。福摩瑞人打败了入侵者的部队,杀死了帕索兰,把他们赶出了爱尔兰。

福摩瑞人是一个强盛的民族,他们拥有“一个60只船的舰队和力量强大的军队”。赶走帕索兰人之后,尼米赫德又来侵犯,他曾占领了福摩瑞人的一个防御工事,但又被“莫克”率领的福摩瑞人夺了回去。亚特兰蒂斯人将尼米赫德赶出了爱尔兰,又在岛上度过了400多年的和平生活。然后夫博格人来到了爱尔兰。他们征服了这座海岛,将其分为5个省。但他们只统治了短短的37年,就被沃萨德达南人推翻了。沃萨德达南人的国王努德华在战争中失去了一只手,技师给他装了一只银手,据说手指还可以动。这个小细节足以证明沃萨德达南人文明程度极高。这个伟大民族的统治持续了197年,之后被西班牙移民,很可能是巴斯克人、伊比利亚人或亚特兰蒂斯人打败。这个民族是“米利德的子孙”或是“米利苏的子孙”,他们拥有强大的舰队和军队。沃萨德达南人的入侵发生在公元前1700年; 尼米赫德的入侵大约是在公元前2334年;帕索兰人的入侵比这还要早,福摩瑞人从西方来到爱尔兰的时间则更早。

博学的奥卡里讲过一个爱尔兰的历史故事, 其中有一段描述了沃萨德达南人与夫勃格人之间的一场战争, 在战争中他们发现双方使用的是同一种语言,并且都与福摩瑞人存在密切的关系。当双方大军靠近时,夫博格派他们伟大的将领之一——布里斯出使敌营; 而沃萨德达南人也安排了一位名叫斯兰的英雄来接待敌军的使者; 两位勇士碰面后很惊奇地发现他们说的是相同的语言。后来夫博格人的国王努德在战争中被杀死;布里斯继承了王位,但却在充满敌意的诗人们的逼迫下不得不退位。接着他去投奔他的岳父——海盗王艾雷斯,但并没有受到热情接待,他便去了福摩瑞的首领——独眼巴勒的营地。福摩瑞人的大本营似乎是在赫布里底群岛。布里斯利巴洛和夫勃格纠集了众多的陆军和海军进犯爱尔兰,但被沃萨德达南人击败。

这些史实说明了夫博格、沃萨德达南人的身份，以及他们之间的密切关系，如果与福摩瑞人不同的话。

沃萨德达南人似乎是一个文明程度很高的民族：他们拥有船只、军队、金属工具，还有一批有组织的外科医生，他们的职责是救治在战争中受伤的士兵；他们还有诗人或祭司阶层，他们主要负责记录国家的历史、国王和英雄们的事迹。

据爱尔兰古书记载，“帕索兰的人”、尼米亚人、夫博格人、沃萨德达南人和米利都人都是两兄弟的后裔，这两兄弟是马高的儿子，雅弗的孙子，而雅弗是从大洪水中幸存的族长的儿子之一。这样看来所有的民族都是亚特兰蒂斯人。他们与亚特兰蒂斯的非洲移民、柏柏尔人和埃及人都有联系。米利都人生活在埃及，后来被赶出埃及；后来他们在克里特岛和锡西厄分别居住过一段时间，并最终定居在了非洲的盖苏里或盖图里。他们在那里住了250多年，繁衍生息了八代；“然后他们来到了西班牙，在那里建立了殖民地，并用他们国王布瑞干的名字给殖民地命名为布瑞干或布瑞干泽；他们在西班牙生活了很长时间。米利苏——布瑞干的后代，来到了埃及，在那里加入了与埃塞俄比亚人的战争，并娶了埃及公主斯格塔为妻；他在西班牙去世，但他的人民很快占领了爱尔兰。一登上这块海岸，他们就开始祭拜海神尼普顿或波塞冬，即亚特兰蒂斯人的神祇。”①

《创世纪》中告诉我们塞姆、哈姆和雅弗是诺亚的三个儿子。雅弗的儿子是戈默、马高、雅万、图巴、默什和蒂拉斯。《创世纪》还告诉了我们戈默和雅万的后代的名字，但没有提到马高的后代。约瑟夫斯认为马高的后代是锡西厄人。爱尔兰史书恰好填补了《圣经》中关于这一段记载的空白。《巴雷莫私书》中说这些锡西厄人是腓尼基人；而我们已经知道他们中的一支在摩西时代被赶出了埃及；“他在非洲流浪了42年，然后穿过萨里乌湖来到了位于卢西卡达和艾热山之间腓力斯人的营地，然后他经过默龙河和大海来到了‘海克力之柱’，又渡过了托斯卡纳海来到了西班牙，在那生活了许多年，他在那里成长了起来，他的部族也逐渐壮大。”这些记载表明爱尔兰人并非来自亚洲，而是来自西方——它是从亚特兰蒂斯迁移出来的众多民族中的一支，由此我们就可以解释那个一直困扰雅利安学者们的问题。与波斯、希腊、罗马

①麦克盖根：《爱尔兰史》，第57页。

和斯堪的纳维亚相比，爱尔兰距离旁遮普相对更远，所以凯尔特人很可能是最早从印度中心分离出来的民族；但施勒尔教授和其他一些学者宣称凯尔特语是在其他语言之后从梵语中分离出来的，与其他雅利安语言相比，它与拉丁语的联系更为紧密。这种现象印欧诸东方发源论无法解释，如果假设雅利安人和凯尔特人在同一时期离开亚特兰蒂斯，这种现象就很容易解释了。

还有许多证据支持这种假设。首先爱尔兰有着悠久的历史，他们史书上有亚特兰蒂斯移民在大洪水之前来到了这里的记录，却没有记载之后爱尔兰人被大洪水毁灭。这个海岛从大洪水之前到来的福摩瑞人时代到有史时代之后从西班牙迁入的米利都人时代，一直有人居住。这表明：1.这些传说不是基督教徒写的，因为《圣经》中记载了一次毁灭了所有民族的大洪水，只有诺亚和他的家族得以逃生；2.这也证实了我们的假设——大洪水只发生在个别区域，并没有将地球上所有人类灭亡；3.福摩瑞人是在大洪水之前来到了爱尔兰，也就是说大洪水是在其定居在爱尔兰之后爆发的；4.大洪水是一场区域性的灾难，它发生的地方应该距离爱尔兰不太远，否则他们是不会知道这场大灾难的。因为在那个年代，发生在亚洲中部的大灾难，是不太可能为一个未开化的民族得知的。旧大陆的人认为爱尔兰人的文明历史久远。在梵文书籍中爱尔兰被称为希兰雅，代表“太阳之岛”，也就是认为它是欧洲、亚洲、非洲和美洲崇拜太阳的宗教中心。西方神话认为爱尔兰是“太阳神阿波罗的花园”。希腊人把爱尔兰称作“圣岛”或者“奥杰吉厄岛”（荷马史诗《奥德赛》中女海神卡利波索居住的海岛）。

卡姆登说：“爱尔兰为什么被称为奥杰吉厄岛，没人能够解释，可能这个名称是从古代传下来的，希腊人把那些历史极为久远的东西称作奥杰吉厄。”在希腊神话中奥杰吉厄与一场洪水有关，他是“一个神话中的人物，很久以前就已消失”。也许这又一次证明了这些殖民者是亚特兰蒂斯人，因为最初的时候他们崇拜太阳；其他国家也是这样，后来偶像崇拜取代了太阳崇拜。偶像崇拜始于泰伊摩丝统治的时期。祭司们立了都伊德教。很明显，都伊德教和其他源自亚特兰蒂斯的宗教之间存在许多相似之处。我们在前面已介绍过在亚特兰蒂斯以及欧洲和美洲普遍盛行这种太阳崇拜，都伊德教很可能是从爱尔兰传到了英国和法国。相信身体再次复活是他们在毕达哥拉斯时代以前的信仰之一；它很可能起源于亚特兰蒂斯，之后传到了都伊德教徒、希腊人和印度人。都伊德教徒都服从大祭司的旨意。传统又传到了腓尼基人、埃及人、印度人、秘鲁人和墨西哥人那里。高卢和不列颠的都伊德教还出现了人祭，这在爱尔兰是不存在的。这种对亚特兰蒂斯纯粹而简单的献祭习俗的残忍发展，与他们民族的野蛮和残忍有关。后来在大西洋两岸也都出现了人祭的习俗。

爱尔兰都伊德教的仪式主要表现为太阳崇拜。与腓尼基人信仰的神相同，他们的主神是太阳神(Bel 或 Baal)。据维吉尔所言，爱尔兰人称太阳为格瑞恩，格瑞尼斯，这些都是对太阳神阿波罗的称呼。直到圣帕特里克时代，爱尔兰人依然存在对太阳的崇拜，甚至在今天的农民中也有这种信仰。我们知道，在秘鲁、罗马和其他一些国家中，在一年中某一天，全国的火种都要被熄灭，然后在神庙里通过太阳光重新燃起火把，人们从这里获得新的一年的火种。爱尔兰也有同样的风俗。在今天的米斯都有一块四省交界的土地，圣火就在那块土地上的特拉查塔神殿上燃起。在今天的万圣节(11 月 1 日)的夜晚，都伊德教徒会在这里集会举行祭祀，全国各地的人们都不能点火，否则会受到严厉的惩罚。5 月的第一次集会，都伊德教徒在原诺特国王的王宫中举行，人们在那里点燃两个火堆，为了防止牛疫和其他疾病，他们会把牛群从火堆中赶过。这一天叫做贝蒂尼或太阳神火日。直到今天爱尔兰人仍把 5 月的第一天称作“拉贝尔幕尼”，意思是“太阳神火日”。爱尔兰人在圣约翰节前夜观火的风俗就是对亚特兰蒂斯的太阳崇拜的远古风俗的延续。赶牛穿过火堆的风俗持续了很长时间，凯利在他的《民俗研究》中写道，在本世纪英格兰的北安普顿，这一天还有在火堆中烧死一头牛来献祭的习俗，目的是为了“防止疾病”。在英格兰、苏格兰以及爱尔兰仍有这种燃起火堆的迷信活动；所以在某种意义上说大不列颠人还处于亚特兰蒂斯的太阳崇拜信仰之中。

今天的爱尔兰仍保留着许多东方的习俗。罗马有一种叫“杰克斯”的游戏，就是扔起五颗石子，然后用手背把它们接住。“在阿尔及利亚和上埃及，甚至(据希罗多德所言)在利比亚的妇女中都能听到爱尔兰悼歌。”埃及、伊比里亚和罗马也有唱悼歌的习俗。爱尔兰人有守灵的习俗，这与罗马人、希腊人和伊比里亚人的葬礼有非常大的相似性。[②]爱尔兰人和罗马人在打喷嚏的时候都有说“上帝保佑”的古老习俗；据说在过去曾流行过一种瘟疫，它的

②丘萨克:《爱尔兰史》，第 119 页。

最初症状就是打喷嚏。爱尔兰和印度的习俗也有许多相似之处，在两国都有债主坐在欠债人家的门口绝食直到债主还钱为止的习俗；爱尔兰人说“上帝保佑你”与东方人说的“上帝会保护你的，我的孩子”是一样的。爱尔兰和苏格兰对鹪鹩的崇敬让人不禁想到东方人和希腊人对那种鸟的崇敬。

这些事实都表明了人们有共同的起源，可是爱尔兰人却被认为是起源于东方，是印度移民。但是并没有证据支持这一结论。没有关于印度人曾经进行殖民活动或派出舰队探险的记载，但却有记载表明亚特兰蒂斯人曾经东迁。那么，为什么在梵语文献只是保留了爱尔兰、英格兰和西班牙的地图，海岸线的形状和轮廓甚至还有名称，而并没有记载他们是如何了解这些探险活动的呢？

爱尔兰的“圆塔”也为我们的假设提供了支持。皮特里和其他一些学者竭力要证明这些不同寻常的建筑物是由现代的基督教徒建造的，以便用来存放奉献盘。但《马尔斯特编年史》上记载公元448年发生了一次地震，在这次地震中共有57个人死亡；吉雷多斯·坎伯西斯宣称尼夫湖形成于公元65年的一场洪水之后。而目在他那个年代渔夫们能：

看那古代的圆塔，

海浪在它四面起伏。

而且在一部很著名的文献中，“Diodorus Siculus”指的就是爱尔兰，该文献还把它描述成：“大洋中的一座海岛，大洋那边是高卢，这座海岛就在西西里的北方，面积与西西里差不多，那里土壤肥沃，一年只需铲除杂草两次。”他还描述了他们技艺精湛的竖琴师、神圣的花园，还有奇特的圆塔。

在美洲、撒丁尼亚和印度也有这种圆塔的遗址。在奥克兰群岛和设德兰群岛也有许多类似的建筑物。约翰·拉伯克先生说：“有人认为它们很可能是斯堪的纳维亚人修建的，但是在丹麦、瑞典和挪威却没有发现这种圆塔，所以这种建筑的年代比斯堪的纳维亚人的出现要早。”

设德兰群岛的莫萨镇的圆塔，它呈圆形，高41英尺，内部直径20英尺，塔基壁厚14英尺，顶部壁厚8英尺，且顶部有一个开口。塔内有一个梯子通往入口。在撒丁尼亚岛上也有类似的圆塔的遗址。在新墨西哥和科罗拉多有许多这种建筑物。

我曾经发现了科罗拉多西南部的曼柯斯谷中的圆塔的模型，那还是在华盛顿的一次史密森收藏展上看到的。目前这座塔已经遭到了毁坏，塔高只有 20 英尺了。在形状和塔口的位置上，它与爱尔兰的圆塔颇为相像。

用机缘巧合来解释奇特而又极为相似的史前圆塔同时存在于爱尔兰、撒丁尼亚、印度和科罗拉多等地，似乎是站不住脚的。如果那样的话，我们也可以说印欧语系中各语言间的相似之处无法证明它们有共同的根源，仅仅是一种巧合罢了。我们也可以赞同 150 年前的哲学家的观点，说岩石中发现的化石与现存生物之间的相似之处恰恰是自然创造惊人的巧合的方式，即所谓的"自然的创造力"，而并不表示它们之间有任何关系，或者说这仅仅表明化石是存留在石头中的古生物的遗体或遗迹。

我们在爱尔兰"远西"地区的农民和沃萨德达南人中流传的传说中又找到了爱尔兰人是亚特兰蒂斯移民的证据。(我在前面的篇幅中已经介绍过他们与福摩瑞人的联系。)

艾比·布莱斯·德·布布格在他翻译《波波尔武经》时的注释中写道："关于爱尔兰人是如何来到美洲，以及他们与那个大陆之间的种种交流，有大量流传下来的传说，而且这些传说都远远早于哥伦布那个时代。我们已经知道是腓尼基人(或他们那个民族的人)创建了爱尔兰殖民地。公元 8 世纪萨查利教皇在任时期曾有一位名为弗吉尔的爱尔兰圣人被指控散布异端分子的邪说。"

弗吉尔为自己辩护，后来又亲自去了罗马，并向教皇证明爱尔兰人在很早的时候就与大西洋那边的有接触。

鲍德温认为："这件事似乎曾经记载于梵蒂冈的文献中。"爱尔兰的史料中有关于克隆福特的圣布伦丹的远西航行，以及他在公元 545 年到达西方的事迹的记载。他在圣塔夫人的照看下度过了幼年时期。从他 5 岁起，开始受到艾克斯主教的管教。他的家乡位于大西洋沿岸的克立牛；那里流传着许多关于西方伊甸园的传说，他曾向阿兰岛男修道院首任院长圣安达请教过。很可能是在那时他受到了鼓励，要把真理传到那遥远的国度。"他在梅奥河沿岸向人请教关于西方那片乐土的传说。回到克立牛后他就决定要去探险。如今的圣布伦丹山就是以他的名字命名的；在这座山脚下的海湾他开始远航去'那遥远的西方'。与他同行的是几个要好的伙伴，他们坐在一艘供给充足的小帆船里向西南方漂去。经过一段艰苦又危险的航行后进入了一片平静的海域，在那里漂流了好几个星期。"同哥伦布遇到的一样，他很可能漂进了那股从非洲、欧洲海岸延伸到美洲的洋流。他最终到达了一片陆地,他向陆地的腹地走去,直到看到了一条由东向西流去的大河,这条河可能是俄亥俄河。“7 年后他终于又回到了爱尔兰,他在那里讲述着他旅行中的所见所闻,还在克隆福特创建了一所有 3000 修道士的学院。”在巴黎的法国皇家图书馆里保存着 11 份关于这段传说的拉丁文手稿,日期从 11 世纪到 14 世纪都有,但都早于哥伦布的航行。

毫无疑问,圣布伦丹在亚特兰蒂斯传说的指引下,确实曾经航海去寻找西方的国家。在农民们的心中,这个国度就如同伊甸园。费城的埃利娜·C·唐纳利小姐在《梦里的帆》这首诗中也提到了它,诗中描述的是一个饥饿的小男孩向往那片富饶的乐土的故事。

妈妈,我在那边的山崖,
一直望向海洋的尽头,
太阳在那美丽的地方,
沉入大海。
天空布满美丽的颜色,
粉的、紫的、还有浅绿的,
混合着灰色和琥珀色,
其中有道金色火光耀眼。
鸟儿都朝那里飞去,
白鹭和杓鹬在头上盘旋,
还有一只老鹰,
翅膀上长着红色的羽毛。
我看到了那美丽的地方,
在大海的尽头;
高塔、城堡和教堂闪烁着灯火,
就像我们梦里见到的天堂。
‘它叫什么名字?’
安静点,艾克什拉,
(你的头发沾上了露水,宝贝)
你看到的也许是蒂朗诺格,
那永远是青春和欢乐!

当夕阳西下，
它从海中升起，明亮又美丽；
没有灾难，没有忧愁，
时间停止，青春永在。
永远阳光明媚，鲜花盛开，
没有乌云，没有风霜，
快乐的人儿在漫步，
忘却所有的悲伤。

这是希腊神话中的天国；埃及人心中的极乐世界；赫斯弗里斯的花园；布列塔尼岛民从雷药角海岸上望见的西方；这就是亚特兰蒂斯。

饥饿的男孩划着小船去寻找这片乐土，溺水身亡。
灯塔的看守者，在高高的山崖上，
听到了凄惨的叫声；
孤独的寡妇，在她低矮的茅屋
梦中还在呜咽；
她看见一个水手打扮的幽灵
走进了茅屋，浑身湿漉漉。
头上还挂着海草，
怀抱那溺水的男孩。
走过死海上空的银桥
他来到了父亲的怀抱！
蒂朗诺格比天国还遥远，
他终于来到了光明的国度。

第八章　亚特兰蒂斯帝国的语言分化

马克斯·穆勒博士在他的《有关宗教科学》的演讲中说："如果仅就亚洲大陆及其重要的组成部分欧洲半岛而言，我们发现人类语言那巨大的荒漠，潜移不定。其中有三块而且只有三块绿洲。在这些绿洲上，在人类有史以前，语言变成静止的，因袭传统的，事实上，语言已演变得具有一种新的特征，这种特征与以往人类的多变的游移的语言特征截然不同。这三块语言绿洲分别是乌拉阿尔泰语、雅利安语和闪米特语。在这三种语言中，尤其在雅利安语和闪米特语中，语言已不再自然，它的演变受到阻碍，变成静止、固定、僵化或者也可以称之为历史性语言，我一向坚持这种语言上的集中和传统化的保留只能是宗教和政治影响的结果，现在我打算表明我们确实有确凿的证据表明在三种独立的宗教定形的同时伴随着三种语言的静止化。”

毫无疑问，雅利安人及另一分支，也就是马克斯·穆勒博士称为闪米特人，但也许更准确说是含米特人的分支，都起源于诺亚人；但是至今没有确切的结论认为乌拉阿尔泰人或蒙古人也是诺亚人或亚特兰蒂斯人的后裔。

正如马克斯·穆勒博士所说："只要雅利安各部落的宗教能够被某些关系纽带统一起来（正如那些已经使我们把他们的各类语言看做是同一个语言的多种变体的纽带，闪米特语也是这样），那么它所展示的那个浩翰的领域的初步研究和深入探索工作将耗费几代学者的精力。我相信那种内在联系是可以得到证实的。那些主要神灵的名字和有关宗教基本要领的词语如信仰、精神、祈祷、牺牲、祭坛、戒律等在雅利安和闪米特部落中得到保留，这只有一种解释。在这之后，关于乌拉阿尔泰语的比较性研究将更加有望获得成功，因为在每个原始种族被分裂，在语言、信仰、民族感产生变异之前，不但存在原始的雅利安宗教、闪米特宗教，还有一个原始的乌拉阿尔泰宗教，这一点我相信已不容置疑……曾有一个时期，那时闪米特部族的祖先，无论是在语言还是宗教方面都没有被分裂。但这个时期却早在闪米特部族的每个分支能够追溯到的历史之前，正如印度人、希腊人和罗马人也丝毫不记得曾在一段时期里他们讲着同一种语言，信奉着同一个神明，他的名字不是拉丁文或希腊文也不是梵文。但我很疑惑是否该称这段史前时期为历史时期。但这一时期确实存在，否则我们就无法解释已知的闪米特的语言和宗教在分裂后所展示的现象。正如梵语、拉丁语、希腊语源于同一种语言一样，古叙利亚语、希伯来语和阿拉伯语源于同一种语言；毫无疑问，印度人、希腊人和罗马人以及条顿人是从他们远古的共同的雅利安部族的神殿里得到了他们对于神的共同信仰，因此，我们就必须承认在闪米特各部族中也存在着一个原古的共同信仰,犹太人出现在美索不达米亚或耶路撒冷之前,腓尼基人出现在西顿或泰鲁斯之前,在巴比伦人到达巴比伦之前,他们的闪米特祖先都供奉着同一个天神。闪米特语言中的现象与雅利安语的一样,那么结论也就不会有所不同……

三种宗教不会被弄错,正如乌拉阿尔泰语、闪米特语和雅利安语三种语言不会被弄错一样。他们标志着远古历史上的三件大事,这些事件决定了人类种族的命运,至今我们的语言、思维和宗教仍受其影响。"

我们从这些证据中可以得出一个事实,那就是亚特兰蒂斯是腓尼基——希伯来部族的原始发源地。闪米特人的天神是艾神,从这个名字衍生出《圣经》中神的住所的名称"Bathel";及"Ha-el"(圣父);"El-ohiml"(众神);"El-oah"(圣父);阿拉伯语中圣父的名字 Al-lah 也即源于此。

阿多尼斯的名字是另外一项证明希腊人、腓尼基人、希伯来人和亚特兰蒂斯人之间存在着联系的证据。

希腊人说阿多尼斯是阿芙罗蒂(爱与美的女神)或维纳斯的情人,维纳斯是天神的女儿,"在浪花中出生";天神是克罗纳斯的父亲,海神即亚特兰蒂斯国王的祖父。

而我们发现阿德内尔在《圣经》旧约中仅仅代表耶和华,在腓尼基人心中,阿德内尔是至高无上的天神。二者都含有词根 Ad,也许就是亚特兰蒂斯的遗留影响。

在埃及和乌拉阿尔泰神话中也有类似的联系。埃及神话中的天神是尼斯或楠,萨莫耶德的天神是纳姆,马克斯·穆勒证实了在萨莫耶德的 Num 和芬兰人的天神亚姆达之间还有一个名称变体,同时,有趣的是,在藏文中,Nam 一词也是代表"天"的意思。伊特鲁里亚人,居住在意大利某地的神秘部族,其青铜器制造工具在风格和工艺上都与源于亚特兰蒂斯的极为相似。现在发现他们也是乌拉阿尔泰部族的一个分支。

在最近一次英语文学会的会议上,雷维·以萨·泰勒的一篇关于伊特鲁里亚的数字的论文引起了大家极大的兴趣。他宣称已经发现了长期以来大家一直在寻找的伊特鲁里亚语言的秘密。他说在一个古墓里发现了两枚骰子,它们的六面刻着的不是小圆点而是文字。这些字与乌拉阿尔泰语的阿尔泰分支中的前六个数字完全吻合。顺着这条线索,很容易就可以发现伊特鲁里亚3000多字的铭文的词汇和语法都符合阿尔泰语。而其中表示亲属关系的词汇、代词、词尾变化和词形变化都与西伯利亚的鞑靼部族语相吻合。伊特鲁里亚的神话也基本上与伟大的芬兰史诗kalevala相吻合。

根据勒诺尔芒的描述，伊朗传统中关系不和的兄弟间的斗争就体现了早期雅利安部族与乌拉阿尔泰部族之间的斗争……根据所有的现象，乌格尔——芬兰人名，其部族可以被看做比其他种族更早地从雅弗种族中分离出来的一个分支。①

如果最早从亚特兰蒂斯部族分离出来的确实是乌拉阿尔泰族，而它又包含中国人和日本人的话，我们就从亚特兰蒂斯这一种族中找到了所有拥有建筑和金属的加工技能的文明种族的起源。那么我们也就可以把人类大致分为两支：一支具有文明因素，源于亚特兰蒂斯人，一支总体上无文明因素，与亚特兰蒂斯人毫无关联。

赫姆勃特肯定地说："在古埃塞俄比亚和后升起的中亚平原间有着某种联系。"阿拉伯半岛海岸的部族曾入侵中国。哈马列托·努维里描述说，阿拉伯半岛的君主，被称为强大的统治者和征服者的来升就曾率领他的军队成功地深入过中亚；他占领了萨玛尔汗，入侵了中国。他在萨玛尔汗建立了一座气势恢弘的建筑物，上面用希米亚语或库希特语刻着"以上帝的名义，施纳尔·西卡什建造了这座朝向太阳的神明建筑物"。②这些入侵一定发生在公元前1518年以前。

在加州科学院，查尔斯·沃尔科特·布鲁克曾经发表过一篇论文，其中他提到：根据中国编年史，曾有一位名叫泰科伏基的外族国王统治过中国。在图形中，他的象征形象是两个角，正如那些象征摩西的图形一样。据说是他和他的继承者把处于西班牙统治时期中美洲民族使用的那种图形文字传入中国。他介绍给人们一些天体运行的常识和规律，用年和月来划分时间，他还传授了许多重要的科学和艺术知识。

"现在，我们在中美洲的科潘(copan——玛雅文明的最后领地)发现了一个与中国的古老图腾佛基(Fokee)极为相似的图形，它们上面都有两个小角；而且在中美象征天和地的图形与中国的图形也有相似之处。这些相似的图

①勒诺尔芒：《古代东方史》第一册，第62页，第二册，第23页。

②鲍德温：《史前民族》，第110页。

形也许是从一个民族传到另一个民族,也许是起源于同一处。许多自然地理学的事实表明它们都起源于远古时代的中美,又经中国传入了埃及。许多中国的历史记载说明中华民族的祖先源于海外的某个民族。”

泰科佛基和摩西头上的两个小角也许保留了太阳神图形的特征。我们在欧洲青铜器时代的遗迹中发现了象征太阳神的角状图形。

太阳神有时在他的牛角上戴上一个三重冕;三重冕即是后来波斯国王头戴的王冠,后来又演变成罗马天主教的象征。亚特兰蒂斯本族化了牛的意义,他们发现牛对人类的重大贡献并赋予其宗教意义,这些在雅利安人最古老的颂诗和特洛伊的牛头神像中都得以体现出来。他们在人们心中伟大的太阳神头上冠以公牛角,而这种形象在当今人们看来俨然已经成为邪恶的象征。彭斯写道:“哦,你们这些家伙!无论哪种称呼对你们而言都是再合适不过,长着牛角的怪物、撒旦、尼克、四蹄兽或恶魔。”

莫奎斯神像

“clootie”一词源于母牛的裂开的蹄子;苏格兰称公牛为“Bill”,意为堕落,也许就是 Bel,大约 100 多年前在苏格兰的伊尼斯·马里岛上仍有在 8 月 25 日这天杀牛来祭祀“毛里神”和他的群魔的习俗。

达科他州战神像

波塞冬的三叉戟已经演变成了撒旦的干草叉!如果我们越过大西洋,会发现在美洲太阳神的双角已演变成了独角。第一个图形代表新墨西哥长着牛角形头的莫奎斯神;第二个图形代表达科他州的战神,他手里拿着的东西很像三叉戟;第三个图形引用自扎莱特的《秘鲁》,它代表着一个“魔鬼”。他与欧洲传统印象中的长着邪恶的长角,两只尖身,手持拨头棍的有翼魔鬼十分相像。比较一下这个来自秘鲁的恶魔图形与希腊的海妖图形。(在古希腊神话中,海妖是残酷的恶魔之一,她坐在鲜血和白骨中,用美妙的歌声引诱航海者走向毁灭。)我们会发现他们都有鸟类的腿和爪子。

秘鲁恶魔像

希伦曾证实在古代黑海与“蒙古帝国”间曾有过大规模的陆上贸易;他还提到了“太阳神庙”和戈壁沙漠上的

大旅舍。阿米尼斯·瓦姆伯里在他的《中亚之旅》一书中曾描述了一个位于里海东海岸的重要遗址，这个地方被叫做果姆斯蒂皮；与那遗址相连的还有一堵绵延数十里的城墙。他还发现了一个150里长的排水渠一直延伸到波斯山脉。他记载了那个国家中的众多遗址，甚至包括一些绵延到中国的。中国的早期历史表明他们曾与一个辉煌的文明有过接触。“伏羲，一个神化了的人物，在公元前2852年建立了中国。他让人们知道了牛这种动物，并教人们如何去饲养，他又传授给人们文字。”他也许创造了文字，但他绝不可能创造了牛；牛一定是从那个在漫长的文明进程中将其家畜化了的民族那里得到的；究竟是哪个民族比亚特兰蒂斯族更有可能给了他牛呢？（这个民族的殖民地已到达科他的边界，而且军队已侵入过他的领地！）“他开创了婚姻制度。”这也应该是从另一个文明引入的。“他的继承者神农，在长达140年的统治中，交给人们开垦土地，播种五谷，向人们传授药学知识。据说另一位继承者——黄帝，发明了武器、马车、船、钟、乐器以及钱币和度量衡。”③因为在其他国家中，这些发明都是经过漫长（甚至跨越了几个世纪）的发展才得以实现或者是由其他更先进文明的国家传入的，所以中国统治者不可能在短短的140年的时间内就发明创造了它们。那么这些也应该是从西方传入的。“伏羲的第三代继承者鲧，建立了学校和多配偶制。在公元前2357年禹继承了王位，也正是在他统治期才开始了正式的历史记载。在他统治期间，曾发过一次大洪水，时间恰好与诺亚大洪水吻合，并且禹的最大功绩就是带领人们度过了这场灾难。”毫无疑问在中国人的古代传说中，他们把自己与一个在地球的那场大变迁中被毁灭了的种族紧密地联系在一起。与这一事件相关联的神之一就是女娲（诺亚）了。威廉·琼斯爵士说：“中国人认为地球的确曾一度淹没在（他们描述为）滔天的洪水之中，后来洪水渐渐地退下去，这一事件划分了人类的远古和近古两个时代；而他们的诗歌史也恰恰始于此时，就在伏羲出现在阴山之前。”④

中国人接下来的关于他们的祖先毁灭的历史很自然地让人联想起古巴比伦和美洲传说中描述的那次大动荡：“擎着天空的柱子倒塌了，地面开始晃动；北面的天空下沉；日、月、星辰的运行也受到影响，陨石流星不断坠落；

③《美国百科全书》，人文卷，中国。

④《中国研究》，《亚洲调查》，第二卷，第376页。

地面塌陷,地下的水不断迸发出来,覆盖了大地。因为人类不再听从神的召唤,所以宇宙的秩序被彻底打乱。乌云遮住了太阳,星星脱离了轨道,自然的和谐不复存在。”

M·特里恩·库佩里,法国学者、巴黎亚洲学会的一员,学识广博,他在1880年出版的一本书中展示了汉语与古巴比伦语之间密不可分的联系,以及汉字和楔形文字都是一种原始象形文字的变异这一令人惊讶的事实。在许多文字中含有同一种符号, 还有许多文字具有惊人的相似性。下表出自M·特里恩·库佩里给出的关于二者相似性的列表。

英语	汉语	古巴比伦语
To shine	Mut	Mul
To die	Mut	Mit
Book	King	Kin
Cloth	Sik	Sik
Right hand	Dzek	Zag
Hero	Tan	Dun
Earth	Kien-kai	Kiengi
Cow	Lub Lu	lup
Brick	Ku	Ku

这个不同寻常的发现更加密切了中国文明与其文明发源地地中海文明间的联系,也增加了中华文明起源于亚特兰蒂斯文明的可能性。中华文明的缔造者黄帝或炎帝这一名称或许就来自于苏西亚文献中记载的众神之首纳昆塔,这也让人不禁想起印度部族中的德瓦·纳胡莎,希腊部族中的亚特兰蒂斯之王狄俄尼索斯,据说他的帝国曾“远至印度”,甚至就像柏拉图所说的那样,“环绕了美洲大陆”。

语言学界在从冰岛到斯里兰卡等国家的语言中建立了一条纽带, 使他们认为这些国家的语言都是同一母语——印欧语的不同变体后, 取得了重大成果。但语言学界需要为一种更为具有概括性的理论做好准备。有大量的证据表明存在一个更为古老的母语,它包括诺亚时代的语言,亚特兰蒂斯帝国的语言,柏拉图描述的“侵略成性”的帝国的语言和鞑靼帝国的语言,雅利安语、闪米特语和含米特语都起源于它,。

阿拉伯的“bin”(在……之内)当表示区间时变为“binnon”;德语和荷兰语的“binnen”撒克逊语的“binnon”也表示“在之内”。埃塞俄比亚语中的 aorf

(睡觉了)是"morpheus"的词根,"Morpheus"是睡眠之神的名字。希伯来语中的"chanah"(居住)是盎克鲁·撒克逊语中的"inne"和冰岛语的"Tnni"(罗马)的源语,也是英语中"inn"(旅馆)的源语。希伯来语的"naval"或"nafal"表示"陷入",从那里衍生出了英语的单词"fallandfool"(陷入的人);古巴比伦语中的"nabal"表示"使……成为傻瓜",阿拉伯语中的"nabala"表示死亡,即"陷落"之意;从古巴比伦语"rlasar"(看)的最后一个音节中衍生出拉丁语的"serra",高地德语中的"sagen",丹麦语中的"sauga",和英语的"tosaw";阿拉伯语的"nafida"(消退)与意大利语的"fade",拉丁语的"fatuus"(愚蠢无味的),荷兰语的"vadden",英语的"tofade"意义相同。埃塞俄比亚语中的"gaber"(制造,做),和阿拉伯语中的"jabara"(使……强大)变成了威尔士语中的"goberu"(工作,操作),拉丁语的"operor"和英语中的"operate";阿拉伯语中的"abana"(刺,叮)成为威尔士语"bar"(顶峰),"par"(矛),"per"(吐,刺),英语的spear的词根;古巴比伦语、古叙利亚语和阿拉伯语中的zug表示参加,组成队,从这个词中衍生出了希腊语zugos,罗马语的jugun和英语的yoke,德语衍生出了iok或jog,荷兰语衍生出了juk,瑞士语衍生出了ok,而梵文则是juga;阿拉伯语的sanna(牛老的)在拉丁语中是senex,威尔士语中是hen,英语的是serlile;希伯来语中的banah(建造)在爱尔兰语中英语是bun(根基),拉丁语中是fundo,fundare(建立);阿拉伯语中的baraka(由膝或前仆)也许就是撒克逊语中的brecau,丹麦语中的brakke,瑞典语中的bracka,威尔士语中的bregu,英语的tobreak;阿拉伯语中的baraka,还有"雨下得很大"之意,由此衍生出撒克逊语中的roegn(下雨),荷兰语的regen(下雨),西马布埃语的rookia(雨)和威尔士语的rhey(雨);古巴比伦语中的bralc(肢干)在爱尔兰语中是braic或raigh(胳膊),威尔士语中是braic,拉丁语中是braichium,英语中是brace(可以像手臂那样支撑的东西);古巴比伦语中的frak(摩擦,脱谷)与拉丁语中的frico,frio和英语的"rake"同义,阿拉伯语中表示磨擦的词是"fraka";古巴比伦语中的"rag、ragag"表示渴望,与希腊语中的"oregw",拉丁语中的"porrigere",撒克逊语中的"roeccan",冰岛语中的"cakna",德语中的"reichen"和我们的"toreach","torage"同义;阿拉伯语中的"cauka"(拉紧,净化),比如葡萄酒,就是我们的英语单词"cack","torackwine';希伯来语中的"bara"(制造),即英语的"bear",如"bearchildren",欧洲语言当中的许多单词在各种变形中都含有

"bara"这个词根,希伯来语中的"kafar"(覆盖)就是英语的"tocover","coffer"(可以用来覆盖的东西)和"covert"(秘密场所),从这个词根中又衍生出拉丁语的"cooperio"和法语的"couvrir)(覆盖),阿拉伯语中的"shakala"(捆住下半身)就是英语的"toshakle";从阿拉伯语中的"walada"和埃塞俄比亚语中的"walad"(使存在,使发生)衍生出了威尔士语的 llawd(射击)和英语的 lad:英语的 matter 或 pus 即来源于阿拉伯语的 madda;英语的 ma-ture 最初源于古巴比伦语的 mita,阿拉伯语中的 amida 表示到达尽头,从这个词衍生出名词,极限,终结,拉丁语的 mota 和英语的 meet 和 mete。

还有很多的词汇可以被列举出来,但我想这些足以表明所有的亚特兰蒂斯部族曾拥有共同的语言,而这种原始语言在希纳尔的分散变异则展示了一个民族的语言经历了漫长的时期之后的分离。文字学还处于初步阶段,但诺亚各部族的语言能够像雅利安语那样被认可和接受的日子已指日可待。最近不但有调查确切地表明北京和巴比伦城之间存在某种联系,还有一项中美洲调查证实在中华民族和某个墨西哥种族之间存在一条神秘的联结纽带。二者之间的相似性极为明显,以至于舒特先生说:"毋庸置疑,在奥托米与汉语之间存在极强的相似性。"⑤塞诺·纳米拉中给出了一些词语,现将其列举在下面。⑥

汉语	Othomi 语	(墨西哥)英语	汉语	Othomi 语(墨西哥)	英语
Cho	To	The, that	Pa	Da	To give
Y	N-y	A wound	Tsun	Nsu	Honor
Ten	Gu, mu	Head	Hu	Hmu Sir,	Lord
Siao	Sui	Night	Na	Na	That
Tien	Tsi	Tooth	Hu	He	Cold
Ye	Yo	Shining	Ye	He	And
Ky	Hy(ji)	Happiness	Hoa	Hia	Word
Ku	Du	Death	Nugo	Nga	I
Po	Yo	No	Ni	Nuy	Thou
Na	Ta	Man	Hao	Nho	The good
Nin	Nsu	Female	Ta	Da	The great
Tseu	Tsi, ti	Son	Li	Ti	Gain
Tso	Tsa	To perfect	Ho	To	Who
Kuan	Khuani	True	Pa	Pa	To leave
Siao	Sa	To mock	Mu, mo	Me	Mother

⑤舒特:《古代北美洲》,第 494 页。

⑥赛诺纳米拉:《墨西哥语言论述》,第 87、88 页。

日前，在德国莱比锡福斯海默出版了一个关于奇克索语、乔克托语、西米诺尔语、莫斯科语和乌格尔——阿尔泰语的真正具有科学性的比较研究报告，其中发现了在这些不同民族的语言中存在许多有趣的相似之处。

我们在一般意义上认为美洲的印第安语与汉语和日语存在诸多相似之处是源于一次从亚洲出发，经过白令海峡，最终到达美洲的大迁徙，然而现在我们发现中国人仅仅在有史以后才到达太平洋海岸，并且他们是从地中海和亚特兰蒂斯的方向迁移过去的，另外我们发现在美洲种族中流传着大量关于亚特兰蒂斯被大洪水毁灭的传说，那么两个种族经由亚特兰蒂斯的交流也许应该是奥托米语与汉语的相似之处的更为合理的解释。

我们在上帝称呼诺亚的儿子们的这一记载中找到了一个证据："这些是诺亚的儿子塞姆、哈姆和雅弗，在他们旁边的是洪水之后才出生的孩子们。"

我们怎能不设想一下那三个儿子分别代表着先后出现的三大种族呢？《创世纪》宣称腓尼基人是哈姆的后代，希伯来人是塞姆的后代；而我们发现希伯来人和腓尼基人有共同的语言、风俗传统和民族特征。犹太人是公元后1800年的世界商人，而腓尼基人恰恰是公元前1500年的世界商人。

另外，曾一度被归为闪米特人或塞姆的后代的阿拉伯人在他们的传统中承认他们是"安道，哈姆的儿子"的后代；《创世纪》在第十章中把他们归为哈姆的后代，并把他们称为塞巴、哈维拉和拉玛等。如果闪米特人祖先的所谓的两大远古部族——腓尼基人和阿拉伯人——都是含米特人的话，那么第三大部族也定属于这个种族。

如果我们承认犹太人也是含米特人的一支后裔的话，那么就会有三大原始种族，第一种族是闪米特人，也就是乌拉阿尔泰人，他的后裔包括伊特鞑靼人、中国人、蒙古人、日本人和鲁里亚人；第二种族是含米特部族，称为"被太阳晒黑了的"民族，即红皮肤的种族，包括埃及人、、柏柏尔人、库希特人、希伯来人和腓尼基人等；第三大种族是雅弗人，他们的皮肤比其他科族的人白皙，包括凯尔特人、意大利人、哥特人、希腊人和使用梵文的人或者说整个雅利安种族的人。

如果在这三大种族之外再加上在《创世纪》中被归为诺亚的后代的黑人种族的话，虽然这个种族不属于亚特兰蒂斯人的后裔，就出现了四大种族，埃及人认为这四大种族已包含了他们所知的一切人种，即黄色人种、红色人种、白色人种和黑色人种。

至于闪米特人,在《创世纪》的记载中也略有模糊之处。在《创世纪》中,闪米特人和含米特人被认为是两个不同的种族,比如塞巴和哈维拉;而马什人或麦什人则被分别归为塞姆的后代或雅弗的后代。事实上,含米特人与闪米特人两者之间存在混淆的地方。“这一点表现在对亚洲的含米特人的平静顺畅的承认;亚洲的含米特人与埃及的含米特人的交流设施上;含米特人和闪米特人的一些古代铭文的混合上以及闪米特人对含米特人的宗教信仰体制的采纳上。显然在并不很遥远的某段时期里，两大种族的人居住在一起，讲着相同的语言。”⑦是否在乌拉阿尔泰种族中寻找诺亚后裔的第三大分支比假设《创世纪》所谓的闪米特种族仅仅是含米特种族的一个分支更为合理呢?

弗朗西斯·勒诺尔芒同意乌拉阿尔泰人是雅弗之子，马高的后裔这一观点。他认为乌拉阿尔泰人介于白色人种和黄色人种之间,并渐渐地向任一方转变。“匈牙利人、奥斯曼土耳其人和乌兹别克人和在外表上与最典型的白色人种并无区别;另一方面,赤昂德人与属于黄色人种的通古斯人长得十分相似。”

秘鲁人信奉太阳崇拜,“而太阳是蒙古人从古至今的独有的神”。卡梅克·茜雅是印度一位女神的名字。秘鲁人认为帕夏卡马克是他们至高无上的创造者。许多东亚国家和波哥大高原上的迈斯卡斯人都认为60年是一个循环。乌拉阿尔泰语因与美洲语言同样具有粘着构词的特征而为人所注意。在印加人中海力(Haylli)这个词是赞扬太阳和每一首颂歌的主题。约翰·兰金先生从这个词衍生出了阿拉(Allab)和哈里·路扎(Halle-lujah)。在库斯科城里有一片土地,只有皇室的人才可以在那里耕种。印加人在某些季节的一些欢宴或仪式上掘起一块草皮。中国也有类似的习俗:皇帝亲率诸侯、公卿大夫、农官到田地中象征性地犁地。⑧蒙古人和印度人都长有浓密的胡子。印加皇室的颜色是黄色,中国皇族的颜色也是黄色。在中国和秘鲁人们都通过结绳来算账,被称为结绳文字,而且他们都使用由上至下的象形文字。“我认为有一点十分明显,”赫姆勃特说,“那就是美洲的纪念碑、计时方法、天体系统以及许多神话同东亚有着惊人的相似之处，这些相似之处表明他们曾经在远古时代的交流，并且这些相似之处并不简单地是这些国家都处于文明初

⑦温切尔:《前亚当史》,第36页。

⑧海尔德:《中华帝国》,第一卷,地275页。

期这一类似条件的结果。”

我们在距离缅甸东部较远处的柬埔寨古城遗址中发现了一处古庙遗址，它与在墨西哥找到的阿兹特克人的古庙类似，而且风格、图案与尤卡坦同属于一类。在爪哇的海边我们看到了一座名为苏库的阿兹特克人的古庙，它与在特旺特佩克地峡那里发现的一模一样。弗格森先生说：“沿着幼发拉底河谷向东前行，每迈出一步我们所遇到的艺术品都与中美洲的风格越发相像。”⑨

普鲁斯科特说“这些巧合完全可以证明安那华克的文明在某种程度上受到了东亚文明的影响；然而，两者之间存在的差别又说明这些交流是在远古时代进行的。”

“所有的迹象，”勒诺尔芒接着说道：“表明乌拉阿尔泰种族是第一个从雅弗种族脱离出来的分支；由于这种不成熟的脱离，及其孤立的，对抗性的存在使其呈现或保留了那种与之截然不同的外貌特征……他们成为进化不成熟的白色人种。”⑩

我们可以把这个黄色人种看作是从亚特兰蒂斯种族中最早脱离出来的分支，所以他与其根源的相似性最弱，然后脱离出来的是含米特种族，接下来是雅弗种族。

第九章　令人难以置信的高度文明

如果我们说亚特兰蒂斯人已经懂得如何使用指南针，这似乎有点让人不能相信。但如果假设亚特兰蒂斯是一个拥有高度文明的邻海民族，并且可以与远及秘鲁、叙利亚那些国家的人进行贸易交流的话，我们不得不承认他们已经掌握了在跨越大洋时找到航道的技巧；而且在我们研究这个问题时确实发现他们在很早以前就认识到磁石的价值并加以利用。几个世纪前才刚刚从半愚昧状态发展起来的欧洲人却习惯于宣称他们拥有某些伟大的发

⑨弗格森：《巴别的建设者们》，第 88 页。

⑩勒诺尔芒：《东方的古代历史》第一册，第 64 页。

明，而实际上他们仅仅是从其他更古老的民族那里获得的。指南针的发明也是如此。人们普遍认为公元 1302 年意大利一个叫阿玛菲的人最早发明了指南针。我们在古德里奇的一本名为《哥伦布的一生》的书里，发现了一段关于 1302 年以前的磁石的鲜为人知的历史的记录，摘录如下。

"在公元 868 年，古斯堪的纳维亚人已开始使用它了。"[①]公元 1190 年的一首意大利诗歌也提到了它，说那个年代的水手已广泛使用磁石。在梵文中，磁石被称作是"能吸引铁的珍贵的石头"。犹太教法典也这样提到过它——"有吸引的石头"；在早期希伯来祈祷文中把它称为卡拉米塔，希腊人也这样称呼它，也许是因为指南针飘浮其上的芦苇杆。腓尼基人也知道如何用磁石。在他们的船头上有一个女人(阿斯塔蒂)像，她一手拿着十字架，一手指路；十字架就代表指南针，即那个被放在小木片或芦苇杆上而飘浮在水面上的有磁性的针。十字架后来成为腓尼基人的徽章象征，也许不仅仅是因为它代表了对亚特兰蒂斯四大河流的记忆，更是因为它代表了使他们产生极大的民族自豪感的海上航行的秘密。北方净土之民的魔法师，Abaras，随身携带着毕达哥拉斯送给他的"能引路的箭"，以便他在海上遇到困难时能得到帮助。[②]

磁石被称作"海克力之石。"海克力是腓尼基人的守护神。我们在前面的章节已经说过，他是亚特兰蒂斯诸神之一——也许是它的国王或航海家之一。根据柏拉图的记载，亚特兰蒂斯是一个依海而生、善于经商的民族，他们的贸易范围沿着地中海向上延伸到埃及和叙利亚，又越过了大西洋到达了"大洋对面的大陆"；作为他们后裔的腓尼基人，继承了他们的文明和航海传统以及航海所必需的指南针，在地中海沿岸建立了自己的殖民地。指南针从腓尼基人那里传入了印度，又从印度传入了中国（他们很早就已使用指南针）。在公元前 2700 年黄帝的马车前面就已安装了一个有磁性的人像，他伸出的胳膊永远指向南方，中国人称之为地极。[③]这个人像与腓尼基人的阿斯塔蒂如出一辙。

波罗的海和德国海沿岸的航海家们早在 17 世纪就已开始使用指南针。

---

①The landnamabot，第一卷，第二章。

②《希罗多德》，第四卷，第 36 页。

③古德里奇：《哥伦布》，第 31 页。

古埃及人把天然磁石叫做哈洛里的骨头,把铁叫做堤丰的骨头。哈洛里是奥里西斯之子,瑞亚的孙子。瑞亚是司管大地的女神,也是亚特兰蒂斯的王后,波塞冬的母亲;堤丰是邪恶的风神,也是瑞亚之子。在希腊流传着一个古老的传说,杜卡里恩把地球的骨头抛在了身后,这时地面上立刻涌出了许多人,世界上再一次充满了人。我们是否能从磁石和铁的"地球后裔的骨头"这些怪异的名称中得到对这个传说的合理解释呢?这是否意味着大洪水过后,杜卡里恩在指南针的帮助下到达了亚特兰蒂斯的那个早已有人类居住的欧洲殖民地呢?

还有另一位作家是这样描述磁石的:"传说,海克力因无法忍受太阳烘烤的炙热,拉开他的弓箭想要把太阳射下来;太阳神阿波罗非常钦佩他的勇猛,就把自己航海时带着的金杯送给了他。这个杯子就是古人称为拉皮斯海克力的磁针。皮桑德尔说奥西娜斯把杯子借给了他,卢西恩说它是一只海贝壳。人们普遍认为磁石最初是放在水面上的杯子里,而不是固定在一个轴上的。古文物工作者在这一点上极为理论化,在阿戈斯的金羊毛中看到了指南针,在黑人崇拜的可传神论的圣针以及其他许多事物中都看到了指南针的踪迹。毫无疑问这件事有许多有趣之处。奥桑纽斯说公元1260年伽马和葡萄牙人从好望角的海盗手里得到了磁针。法国文物工作者麦福切特发现在公元1180年的布列塔尼半岛的古诗歌中明显地提到了磁石。13世纪,保罗·维努力图斯把它从中国带了回来,在那里它也被认为是有神谕的。金布兰德说那不勒斯人梅尔菲雅斯在公元1303年把它带到了欧洲。布拉瓦说伽马人从伊斯兰的水手那里得到了它。但所有拥有它的民族都把它与希拉坎神话流传的那个地方联系在一起。最有趣的一个事实是古不列颠人和现在的威尔士人都把领航员叫做"llywydd"(矿石)。劳登玛内奇,在斯金纳的词源学中,被认为是付给领航员的酬劳。但不管这个著名的而后又被神化了的水手(Hercules)是否有指南针,我们都无法把他的名字与如此多的西方神话之间的联系仅仅看作是一种巧合。

正如我们知道的那样,海克力是亚特兰蒂斯诸神之一;而希腊人则把借给他杯子的奥西娜斯的名字用以命名大西洋。也许这就是为什么在许多古代图画和雕像中出现杯子的原因。海克力也经常被表现为手拿杯子的形象;甚至在丹麦发现的青铜上也有杯子的踪影,可参见本书上册第三部分关于青铜时代的那一章。

这个可以自由移动,永远指向北方又能传达神谕的针,无疑在人们的脑海中留下深刻的印象,从而反映在他们的艺术创作中。希腊神话有这样的描述:当海克力准备离开欧洲远航去西方的大西洋上的艾里提岛的时候,他借来了赫利俄斯生夜航时用的“那个杯子”。这里我们又一次得到了在夜航中会使用有磁力的杯子的证据;这也证明亚特兰蒂斯诸神在航海时用到了磁针。

卢西恩指出:海贝壳有时也被雕成杯子状,这样可以作为盛水的容器,并让磁针飘浮其中,而且在蒂尔的古钱币上我们找到了这样的贝壳。

在钱币上雕刻着海克力之柱(它们也许是被放在地中海的海口处的),还有《创世纪》中提到的有蛇盘绕其上的生命树或是知识树;据说美元的符号$,最初就是来源于两根柱子和蛇的圆形结合。

我们可以比较一下这些腓尼基的古币和下面的铜币,这些铜币是一个世纪前德多内兹在危地马拉城发现的,厚3毫米,直径约2英寸。“M·杜派克斯注意到在其中一面的中心区域可以看到磁针的踪迹,这一面上还有一个裹着头巾,长着胡子,在两个凶残的动物头像之间的人,那两个凶残的动物很像鳄鱼,似乎它们在守卫着一个遍布山丘,树木茂密的国家的入口。古币的另一面刻着一棵结满了果实的树,还有一条蛇盘绕其中,树旁的山丘上还有一只鹰。”[④]山丘在树的另一边:它也许就是传说中的卡尔华坎城。

我们在桑收尼亚通的《腓尼基神话,亚特兰蒂斯人的天神》中看到“发现了一种仿佛有生命,自己会动的石头,人们认为它是从天上掉下来的。”这些石头也许就是天然磁石,或者说,亚特兰蒂斯的第一位神祇奥拉努力斯发明了航海中使用的磁针。

我在《关于太平洋铁路路线的美国调查报告》中发现一段关于一个新墨西哥的印第安巫师的描述:他把一块木片放在一碗水中,可以让它根据自己的意思左右转动、上浮或下沉,这样他可以预测出一场还在筹划中的战争的结局。这简直匪夷所思,除非这木片像中国古人的磁针那样,里面隐藏了一块磁铁。这样巫师手里拿着另外一块磁铁,把它放在碗的外面,就可以把那块木片吸近,排开甚至拉下。如果真是这样的话,这套把戏就是航海用的磁针的遗留,它在药师当中代代相传。中美洲发现的查默尔的侧身像也是在胸

④班克罗富特:《本土民族》,第四卷,第118页。

前托着一只碗或碟表示。占卜的单词是arsEtrusca。伊特鲁里亚人利用磁针的极来建造方正的庙宇;采用同样方法的还有埃及人、墨西哥人和美洲的筑堤人。如果不是利用了磁针,他们怎么能够做到这一点?

罗马人和波斯人把地球的经线叫做"cardo",而磁针指的就是经线。"'cardo'是大洪水泛滥时人类避难的那座山的名字……人类起源的那些国家的地理位置"。[⑤]我们的"cardinalpoints"中的"cardinal"即源于这个词。

航行术——航行术在远古时代也决不是处于落后的状态:"在英雄们从特洛伊凯旋的途中,阿里斯塔克斯让梅内莱厄斯绕开了非洲,这比尼夫从加德拉航行到印度早3500多年。"[⑥]有一个关于埃及人与另一个民族,可能是腓尼基人的海的描述,他们的战船是靠帆行进的。今天最快的帆船的船体比例是300英尺长,50英尺宽,30英尺高;这恰恰与诺亚方舟的船体比例——300肘尺长,50肘尺宽,30肘尺高相吻合。

"在阿基米德的指导下,圣锡拉丘药建造了一艘大船,所需材料相当于50艘大帆船所需材料;它有亭廓、花园、马厩、鱼池、磨坊、浴室、维纳斯神庙,还有可以投300磅重的巨石和36英尺长的巨箭的武器装置。这艘大船的甲板上还镶嵌着荷兰的《伊利亚特》里的故事画面。"塞索斯特里的舰队由400艘战船组成;古巴比伦著名女王西美腊美斯在侵略印度时受到了4000艘战船的抵抗。古代的船只很可能外壳包裹着金属。一艘图拉真时期的船只在1300年后从黎克塞欧里湖里被打捞上来。船的外壳是用铜钉钉牢的铅片。我们甚至发现了在早期人们用铁链而不是绳子来系住锚。裘里·恺撒告诉我们韦努蒂的帆船就是这样装备的。[⑦]

火药——甚至火药的发明也可以追溯到亚特兰蒂斯时代。多年来人们一直认为是德国修道士伯尔索德·施瓦茨或古巴比伦著名女王西美腊美斯发明了火药,但其实早在这之前欧洲就已出现了火药。在1257年围攻西班牙的涅布拉(摩尔人的残余小国)时就已使用了火药。13世纪的阿拉伯故事中就有这样的描述。公元811年统治者圣利奥使用了火药武器。"希腊之火"可能就是一种由树脂和石油混合制成的火药,它被放在可被炸碎的外壳里

⑤乌尔夸特:《海克力之柱》,第一卷,第145页。

⑥洪保德:《宇宙》第二册,第144页。

⑦古德里奇:《哥伦布》,第31页。

又装上了导火索。它是在公元668年前从埃及传入的。公元690年,阿拉伯从印度人那里学到了火药的制法,并在与麦加的战争中使用了它。很可能迦太基(腓尼基)将军,汉尼拔,在带领他的军队翻越阿尔卑斯山的时候就使用了火药。对火药一无所知的罗马人说汉尼拔通过在石头上点火,又在灰烬上浇醋和水来开路。毫无疑问,火和醋根本无法捍动阻挡大军去路的阿尔卑斯山。威廉·马金博士推测汉尼拔用火烧林可能是为了获得木炭；而被译为"醋"的那个单词很可能指的是一种类似硝酸和硫磺的物质,也就是说汉尼拔制造了火药来炸开岩石。他还认为:汉尼拔大军被罗马人围困在阿尔卑斯山,处于饥饿的危险之中,他通过把烧着的木头系在2000头公牛的角上,夜里让它们冲入被吓坏了的罗马人中,从而得以脱困的这一故事恰恰指的是火箭兵器的使用。但令马金感到困惑的是如果汉尼拔能够抽出2000头公牛来实施这一计划又怎么会让自己的军队处于饥饿之中呢？久经沙场的罗马军队怎么会被牛角上系着燃烧着的木头的牛群而吓得如此惊慌失措呢？而另一段关于汉尼拔和弗拉西门在弗拉米尼斯湖一役的描述则无法让我们确信汉尼拔确实懂得使用火药。据罗马历史学家所言,在战役当中发生了一场"地震",伴随着巨大的轰隆声,士兵脚面的大地开始摇晃,眼前烟雾弥漫,地面裂开,岩石砸到了罗马士兵的头上。这段描述读起来倒更像是迦太基人把罗马人引入了一个早已埋好了炸药的地方,然后在恰当的时刻引爆了炸药,引起了罗马人的恐慌。地震当然不会把石头迸飞又落在罗马人的头上！但下面这一事实却证明火药的使用并不全是猜想了。亚历山大大帝时期,印度的一座城市在抵抗围攻时就使用了火药;据说是有了神的帮助,因为雷电顺城墙而下来抵抗攻击者的进攻。既然希伯来人是腓尼基种族的一个分支,那么我们在他们的历史中发现类似火药的传说也就在情理之中了。可拉·大丹和亚比兰领导了一场叛变来反对摩西,摩西把忠诚于自己和背叛自己的人分开,然后顷刻之间"他们脚下的地面开裂,大地张开了大嘴,把那些叛乱的人还有他们的房屋,财产全都吞了进去……接着上帝降下一场大火,将勾结他们的250个人全部烧死了……但第二天所有的以色列居民的孩子都在悄悄地谴责摩西和亚论,你杀死了上帝的子民"。看上去摩西似乎是用火药炸死了叛乱者。

自己亲自实验再次发现了火药的罗杰·培根也认为Tudges第七章中描

述的吉迪恩通过无数大水罐玻碎发出的碰撞声、许多灯笼汇成的光和喇叭的喧闹声，占领每人3米的营地的史实再一次证明了火药的使用。喇叭的喧闹声即火药的轰隆声，水罐的破碎声就是爆炸，灯笼的光即爆炸的强光。这样接下来发生的事就能得到合理解释了；这样我们就能理解水罐的破碎，灯笼的闪光和喇叭的喧闹就能引起军队的恐慌，“甚至开始相互残杀，最后溃退到贝斯·西塔”；但这场动乱对以色列人毫无影响，“他们镇定自若、井然有序地站在营地周围；但所有的米甸人都叫喊着四处逃窜”。如果这是神明在帮助以色列人的话，他完全不需要用这些东西来吓唬米甸人；当然如果没有神力相助的话，仅仅是水罐和灯笼也不会令米甸人惊恐万分的。如果在亚特兰蒂斯种族的各分支中追溯火药的历史的话，我们会发现只有用亚特兰蒂斯人已掌握了火药技术来解释，希腊神话里的描述才显得合情合理。

在亚特兰蒂斯曾爆发过一场反对宙斯的叛乱；神话里称之为“泰坦之战”；“战争持续了许多年，奥林匹斯山上的众神都无能为力，直到在大地之神盖亚的建议下，宙斯把凯克洛普斯和希加各查里斯和Hekatoncheices“(即对船只的使用)带来，”[8]这为他带来了极具震撼力的爆炸场面。我们前面已经指出凯克洛普斯和希加冬查里斯和Hekatoncheires可能是两艘装备了类似火药那类爆炸性物质的战舰。亚特兰蒂斯的国王，宙斯，被认为是雷神，在此被描述为配备了霹雳。

一定是远古时代的某个民族发明了火药；是那个“伟大的古老民族”，还是任何一个他的后裔和分支，难道不是把这一伟大发明归功于前者更为理智一些吗？

铁——据希腊神话所载，在亚特兰蒂斯沉入海底之前不但有青铜时代还有铁器时代。这种金属最早被埃及人所知；在最古老的金字塔里发现了铁的碎片。北欧的铁器时代远远早于与希腊或罗马人的交流。我前面已说过，在密西西比河谷的古墓里发现了铁器的碎片。《秘鲁文明》中写道：“古秘鲁的统治者在的的喀喀湖西岸的安科利亚梅斯开采着最好的铁矿。”[9]莫林娜说：“一直认为古代美洲人是不知道铁的，没想到在他们的某些语言中，铁有其独特的名称。”在秘鲁正式语言中它被称为奎雷，在智利是帕尼利克是铁

⑧默里：《神话信》，第30页。

⑨《秘鲁文明》，第一卷，第201页。

的代称，筑堤人用铁陨石来制造铁器。[10]

在远古时代大西洋两岸的民族都已熟悉了铁，基于此，我们有充分的理由假定铁是从亚特兰蒂斯向西或东传入这些民族的。

纸——我们对此有相同的看法。在埃及最古老的纪念碑里曾发现了纸纱纸卷轴画；而在墨西哥，人们已生产出精美的纸张并装订成跟现代类似的书本。在秘鲁人们用车前草叶来造纸，而且在早期的时候书籍已很普遍。赫姆勃特也提过藩瑟斯的象形文字的书籍，这种书籍是捆在一起的纸张，就像我们现在的四开本。

丝绸制造——能从蚕茧中提取出精致的纤维来编制精美织物的只能是一个高度文明的民族。要制造丝绸必须具备这些因素，精巧的编织工具，稠密的人口，富于耐心又技艺高超的艺人，美学知识，以及一个可以购买这种奢侈丝织物的富有阶层。我们追溯了它的最古老的历史。穆哈迈德·卡希姆在他的《印度史》和穆罕穆德王朝的介绍中提到，印度国王在公元前3870年将种类繁多的丝绸制品礼物赠送给了波斯国王。在公元前2600多年中国人已掌握了制造丝绸的工艺，在那个时代是他们最先拥有的文明。腓尼基人很早以前就开始跟丝绸打交道；他们从印度人那里买入丝绸再把它转手卖给地中海沿岸国家的人。埃及人很可能也了解并制造丝绸了。在亚里士多德时期他们就在科斯岛制造丝绸。《印度史》中提到的亚干为之丧命的"巴比伦外衣"很可能就是一件丝绸做的外衣，那时它的价值比金银还高。

根据丝绸制造在公元前3870年已为印度人所知，在中国人和腓尼基人有史之时就已掌握的史实，假定这个如此神秘又如此非凡的工艺也可以追溯到亚特兰蒂斯时代，也并不是一种偏颇的看法。

民众的政府——鲍德温先生指出，库希特人——亚特兰蒂斯人的另一个分支，他们的帝国从西班牙一直延伸到叙利亚，最早建立了独立的地方自治性的共和体，赋予人民管理个人事务的权力。这种体制在古希腊人的"绝对民主"、伟大的腓尼基人共同体、非洲柏柝尔人和印度人的"村公社"、欧洲中世纪时期的"自由城"、"巴斯克人的独立政府"中都得到了延续，并一直沿用到今天。库希特帝国就是地方自治性地区的集合体。每个自治地区都拥有一定的自治权，在规定的权限内服从一个共同的权威机构；也就是美国现在

[10]福斯特：《史前民族》，第333页。

所采用的那种政治体制。实在令人吃惊,现代社会的完善的政治体制竟然是亚特兰蒂斯文明的另一个延续。

农业——希腊神话中的“金苹果”和“金羊毛”与亚特兰蒂斯也有关联。金苹果的传说意味着神话中所说的大西洋上的“极乐世界”是一个像果园一样的地方。而在埃及我们发现很多现代的果蔬和谷物,他们在古老年代就已经开始种植。古以色列人在田野中偷偷地谴责摩西时代时大喊:“谁能让我们有肉吃?我们还记得在埃及时可以随时吃到西瓜、黄瓜、洋葱、韭菜、大蒜还有鱼。”埃及人还种植小麦、大麦、燕麦、亚麻和大麻等作物。事实上要是没有埃及人在古代就已种植的果蔬、谷物以及饲养的家畜,那么文明人类的谷类食物甚至食物也就非常稀少了。

天文学——古人即拥有精确而先进的天文学知识。卡利斯塞尼斯曾经陪伴亚历山大大帝去巴比伦,他送给亚里士多德一套他在那里发现的天文记录册,那套记录可以追溯到公元前 2234 年,记录在许多烘干的粉色土块上。赫姆勃特说过:“古巴比伦人掌握月亮运行的精确知识,正是在这个基础上希腊天文学家推算出了阴历。古巴比伦人对慧星有清楚的认识,他们能预测它再次出现的时间。在巴比伦遗址中曾发现过一个有相当倍数的放大镜片;它的直径是 1.5 英寸,厚度是 0.9 英寸。”[11]尼禄已经使用望远镜来观看角斗士的表演,它可能是从埃及或东方那里得来的。普卢塔克也提到过阿基米德使用的“可以让人看到巨大的太阳”的光学仪器。“事实上,日历是在天文计算的基础上形成的,其正确性已得到了英法著名天文学家的证明。这就把天文学以及星座的知识上溯到了大洪水之后那几年。这甚至比希腊纪年表的历史还要久远。”约瑟夫斯认为人们对星座的认识始于大洪水前的塞斯(亚当的儿子)家庭,而奥利金在《以诺书》中提到在族长制的年代里人们就已区分了星座并给它们命了名。希腊人把天文学的起源与阿行拉斯和海克力联系在一起。埃及人认为透特,或亚特·豪蒂斯是天文学和字母表的创造者,毫无疑问他代表的是他那个统治于埃及的文明民族。Railly 和其他学者认为天文学“一定是在夏至点刚到达室女座的时候确立的,而且阳历和阴历 12 宫图几乎同样古老,它们大约都出现于公元前 4000 年,他们推测最早的创立者可能居住在北纬 40 度线恰好经历亚特兰蒂斯。”柏拉图知道:“地球

⑪雷亚德:《尼尼微和巴比伦》,第 16、17 页。

是宇宙中心体”，一个“球体”，他甚至还知道它绕着一个轴日夜不停地旋转。[12]他还说：“地球绕着一个极（它贯穿了宇宙）旋转，从而有了昼夜之分。[13]希腊人这方面的知识很可能是从埃及人那里学来的。我们发现只有欧洲和美洲的亚特兰蒂斯人才拥有这些使人类脱离蒙昧进入文明阶段的重大发明的知识。我们可以提供一些发明者的名字。根据奇珀瓦的传说以及《圣经》和腓尼基的记载我们列出了下表。

火	亚特兰蒂斯	弗斯、弗尔、弗活克斯
弓箭	奇珀瓦	马纳博舒
火石	奇珀瓦	马纳博舒
铜	奇珀瓦	马纳博舒
砖	亚特兰蒂斯	奥托桑、泰克尼特
农业和狩猎	亚特兰蒂斯	阿古斯、阿古罗特
村式生活和家畜养	亚特兰蒂斯	阿米培斯、马古斯
盐	亚特兰蒂斯	米瑟、西戴克
航行术	亚特兰蒂斯	卡比利或科里班特斯
音乐	希伯来	朱巴尔
冶金术，铁	希伯来	图拔·坎
排箫	希腊	潘
古希腊七弦竖琴	希腊	赫梅斯

我们无法找到那些古老的伟大发明的所有证据，其中文字的起源甚至可以追溯到史前时期，人类的文明正是在这些伟大发明的基础上才得以产生；经过了漫长岁月的洗礼，我们再也无法得知像小麦、燕麦、大麦、黑麦和玉米那些重要农作物的起源；早在人类有文字记载以前像牛、马、驴、绵羊、山羊和猪那些家畜就已被驯化，所以我们也就无法断定是否曾经存在过一个文明度很高的民族，而希腊、巴比伦、埃及和中国不过是其残存的零星部分。

⑫柏拉图：《对话录》，裴多篇。

⑬柏拉图：《对话录》，蒂迈欧篇。

第十章 雅利安移民殖民地

亚特兰蒂斯是雅利安人或雅弗人的发源地吗？如果雅利安人是雅弗的后裔，而雅弗是从大洪水中逃脱的诺亚的儿子，如果《创世纪》中的传说是真的，那么雅利安人就是一个从洪水泛滥的地方来到了文明的亚特兰蒂斯的民族。据《创世纪》所载：小亚细亚的格里希安海湾沿岸的居民，特拉希安人，摩里亚关岛（即伯罗奔尼撒半岛）的居民，马其顿的都多尼安人，塞浦路斯人以及伊比利亚人都是雅弗的后裔。而除了伊比利亚人，这些人都被看做是雅利安人。

"我们在其他的历史记载中，" 温切尔说，"获得了一些关于被称为雅利安人的雅弗人和印欧人的早期散居的信息。所有的记录都证实了《圣经》中所载的他们最初与含米特人和闪米特人居住在一个国家里。劳林索告诉我们在亚速尔的一些古代铭文中说有雅利安人的祖先与闪米特人的祖先居住在一起的记载，但没有指出这三大民族共同居住地的具体位置。[①]在第五章秘鲁的殖民地一节里我已经指出含米特语、闪米特语和雅弗语都是一种原始语言的变化。有一种流行的说法认为在有史记载的时期里，雅利安人迁移的中心是亚美尼亚，即亚腊山，也就是诺亚方舟靠岸的地方，这与大洪水泛滥的地区相吻合，这也证明了亚特兰蒂斯人把他们的传说带到了他们在高山上的新居住地。

如果亚特兰蒂斯人的船队到达了位于地中海东部的叙利亚海岸，那里的人们使用的是中美洲玛雅人的字母表；亚特兰蒂斯人的船队距离亚美尼亚只有 200 英里的航程。但这些船本来是不需要在叙利亚靠岸的，它们可以顺着洋流，经过达达尼尔海峡和黑海，直接到达亚美尼亚。如果我们承认欧洲和印度都发源于亚美尼亚的雅利安人，那么对于亚美尼亚的原始居民为何不是从亚特兰蒂斯迁移过来的问题就无法给出合理的解释了。

据我们所知，在雅利安人迁移到亚美尼亚以前的远古时代，有一个来自伊比利亚半岛的西班牙的民族居住在爱尔兰，他们使用的是雅利安语，这一点现在已得到确认。根据传说，这些伊比利亚人最初从西方来。地中海地区

①温切尔：《前亚当史》，第 43 页。

的雅利安人被认为是来自于公元前2000年的居住在靠近地中海沿岸的欧洲东南部的民族。在很早的时候,他们就使用犁,种植小麦、稞麦、大麦,拥有金、银和青铜。我们在建造于公元前4000年的埃及纪念碑上发现了雅利安人的面部图画。“凯尔特人(雅利安人的一个分支)和伊比利亚人定居在地中海沿岸。[2]我们有理由相信这些凯尔特人原本是亚特兰蒂斯帝国子民的一部分。我们知道“莫丘里,亚特兰蒂斯众神之一,统治着凯尔特,并成为他们的神。”[3]F·佩兹伦在《凯尔特古物》中指出凯尔特人其实就是在亚特兰蒂斯叛乱的巨人民族,泰坦人。“他们的王子就是《圣经》中记载的巨人。”他又补充到:泰坦一词就是“完美的凯尔特人,泰坦由泰(大地)和坦(男人)组成,因此希腊人也称他们为特里基纳,或大地之子”。值得一提的,柏拉图在讲到与波塞冬通婚的那个民族时也用了“那个国家的大地之子”这个词。

希腊人,雅利安人的分支之一,也像其他分支一样,认为他们的血统来自于一个被大洪水毁灭的民族。“希腊、罗马、凯尔特、波斯、印度、日耳曼和斯拉夫,”马克斯·穆勒说,“这些都是印欧语系所包含的民族,他们不但具备大同小异的词汇和语法,还保留了许多他们未分散前的民间传说。”“邦菲格,L·盖格尔和其他印欧语系的学生提出印欧语系的民族发源地应在欧洲,理由是他们的词汇里含有大量的热带地区和亚洲国家那里所没有的动植物和季节的名称。”[4]

通过比较文字学的研究,或找出各雅利安分支在分离前的共有词汇,我们可以描绘出这个古老民族的大致轮廓。马克斯·穆勒在这方面做了大量细致的工作。在他研究的基础上,我们可以推测出雅利安祖先的生活状况:他们是一个文明的民族,建立了婚姻制度;已懂得了父亲、母亲、儿子、女儿、孙子、兄弟、姐妹、岳母、岳父、女婿、儿媳、妯娌关系,并有相应的词汇,而我们却只能通过加“in-law”来表达其中的一些意义。他们还把失去丈夫的女人称为寡妇。他们的社会是一个由国王统治的有组织的社会。他们的房屋已有了墙和门。他们有货车和马车。他们有家庭的姓氏。他们居住在城镇中,其间有大道相连。他们不是游猎或游牧民族。他们热爱和平。他们的语言中没有

②《美国百科全书》,艺术卷,巴斯克人。
③《不列颠百科全书》,人文卷,泰坦人。
④《美国百科全书》,人文卷,民族学。

出现雅利安后裔分支中与战争有关的词汇。他们的国家里鲜有野兽出没;他们接触的猛兽只有熊、狼和蛇。大象的名字在《吠陀经》中只出现过两次,意为“长着一只手的四足兽”;如果雅利安最初发源于亚洲,那这实在是一个奇异的遗漏;如果这个词出现,也是用来表达这个动物对他们来说是个令人恐怖的东西。[⑤]他们拥有公牛、母牛、马、绵羊、山羊、狗、猪、驴和鹅——几乎所有现代的家畜。他们把一年分为12个月。他们是农夫;使用犁;种植各种作物,有小麦、大麦、大麻和亚麻;他们有磨坊和制籽者,他们还碾碎玉米。磨粉者的出现表明他们比私人磨坊的时期又前进了一步。他们使用火烹煮、烧烤食物;他们会将布织成衣服;他们会纺羊毛;他们有各种金属,甚至还有铁;他们还有金子。“水”对他们来说还有“由水制成的盐”的意思,由此我们得知他们所熟悉的水应该是海水。很明显他们通过蒸发海水来制盐。他们拥有小船和海船。他们已经发展到可以完善“十进制计数系统了”,马克斯·穆勒说:“这是基于抽象思维和哲学范畴基础上的人类思维最伟大的成就,而这早在希腊人、罗马人、斯拉夫人和条顿人出现在欧洲大陆之前就已被构想、丰富并且完成了。”

由此我们发现了雅利安人和亚特兰蒂斯之间有关系的另外一项证据。柏拉图在记录中写道:“有10个国王分别统领着10个城邦;整个国家被划分为10个斯塔迪亚(1个斯塔迪亚约合0.1英里)的军事区域;有10000辆双轮战车;有一条100英尺深,1万斯塔迪亚长的大沟渠或运河;有100个海中仙女”等等。虽然他没有明确提到亚特兰蒂斯人已有十进制计数系统,但从他的这些描述中我们可以看出来。在秘鲁殖民地已有了十进制:“军队里每10人、50人,100人、500人,1000人、5000人设专人来管理……居民按组登记,每10人、50人、100人分别有专人管理……”。[⑥]在盎格鲁·撒克逊人那里已能区分十和百了。

我们想要知道的是这个比希腊、凯尔特、印度和哥特都更加古老的民族到底在哪儿呢?人们普遍接受的观点是在亚美尼亚或巴克特里亚或亚洲。但是亚洲怎么会有这样一个如此和平的以至于没有战争或流血一类词语,又没有熊、狼、蛇一类猛兽的国家呢?在亚洲没有一个民族的语言中不存在与

⑤惠特尼:《东方语言学研究》,第26页。
⑥赫伯斯·斯宾塞:《政治体制的发展》,第十章。

其周边的野蛮民族长期斗争的痕迹；而没有与“吃人的”虎、狮、鬣狗竞争中生存下来的民族的语言是没有一丝这样的痕迹的。虎与孟加拉同义，仍出没于亚洲的咸海(位于苏联境内)；有时也出现在叙利亚。“勒拿河地区地处北纬 52.3 度，气候比圣彼得堡和斯德哥尔摩还要寒冷。1828 年人们在那里杀死了最后一只老虎。”

几万年前，雅利安人的先祖一定是居住在一个既远离敌人又远离猛兽的地区，以至于他们彻底丧失了那方面的记忆和词汇；那么除了那个地域广阔、历史悠久、四面环海，远离其他野蛮民族的地方，又可能是哪儿？如果这个历史如此久远的民族曾生活在亚洲、欧洲或非洲，那为什么没有在这些地区发现关于他们的纪念碑呢？那么他们的后裔一定会在那片没有其他野蛮民族也没有猛兽的乐土上继续生活，可他们又在哪儿？拥有这么美好的家园，他们为什么还要离开呢？为什么当他们的文明已散播到四处时，他们却从那片和平安宁的发源地消失了呢？野蛮民族的数字最高到 5。这个民族的数字中出现了 100，而且显然他们还有把数字组合的能力，构成 300、500、1000 等。某个权威人士说道：“如果说需要更多的事实以证明这段早于雅利安民族分散而居的时期确实存在的话，雅利安人的数字无疑是一项无可辩驳的证据，因为它可以表明那段时期的人们的发展水平。”这样的发展水平暗示着他们可能还会有字母表、文字、商业和贸易，甚至小船和海船这样的词汇还暗示着航行术的存在。

在这个古老民族的文明的基础上我们又有什么贡献呢？他们饲养的家畜跟我们现在的一样多，除了一种来自美洲的动物外。在过去的几万年里，我们只比他们多驯化了一种——马类！他们也种植小麦、收割羊毛、纺线织布，我们只不过又发明了一些机器来做同样的事情。他们发现了当今的金属，甚至铁。我们本以为这是现代发展的成就。希腊神话中说这个神一样的民族居住在西方的大西洋中的奥林匹斯岛上，他们拥有铁器；在密西西比河谷的墓堆中我们发现了铁剑和陨铁兵器的残骸，在秘鲁和智利的古语中有这种金属的名称，印加人在的的喀喀湖上制造铁器。

另外一项这个民族灿烂文明的证据是：在雅利安人从原始聚居地迁移之前就已达到了拥有定期组织宗教仪式的文明程度。他们崇拜神，认为有邪恶的精神，坚信神是公正的。这些可以从他们的庙宇、祭司、献祭和井然有序的社会生活中体现出来。

可以看出希腊神话其实就是一部亚特兰蒂斯国王的生活史。在伟大的雅利安民族的其他分支,比如印度中的神也是亚特兰蒂斯的王族。印度的神伐楼那,被认为是希腊的神弗拉诺斯,亚特兰蒂斯王族的缔造者。在《吠陀经》中也有献给"伐楼那王"的赞美诗"无垠的大地,广阔的天空都属于我们的王,伐楼那。那两大洋是他的腰;他化作甘雨降落大地。"还有另外一段"他知道自由飞翔于天空的鸟儿的家;他认识航行海上的船只。他,秩序的维护者,知道12月份和其中的每一天。"

这些颂辞又一次证明了《吠陀经》是一个居住在海岛上的民族所作的;其中关于12个月份的典故使我们想到秘鲁人,他们也把一年分为12个月,每个月又有30天,而后又加入6天来构成一整年。埃及人和墨西哥人为了相同的目的采用了闰日的办法。但是希腊人(雅利安民族的一支)在他们的神话传说中表现出了与亚特兰蒂斯的密切关系。亚特·提喀和亚特·奈斯就是亚德的残留,而且传说中是亚特兰蒂斯的神和缔造者波塞冬建造了雅典。从"艾琉西斯人之谜"中也可看出亚特兰蒂斯帝国的体制;他们对希腊历史和之后的时代影响深远;甚至公元前的那种在建筑动工前请国王奠基的仪式也流传到我们今天的共济会中,而共济会员自己认为他们的传统始于"亚特提喀的狄俄尼索斯的友善"。而意大利的农神节即源于亚特兰蒂斯的丰收节,这些艾琉西斯人之谜都可以追溯到柏拉图纪录的那个神秘的国家。波塞冬是他们的主神;古希腊第一位祭司,埃姆德普斯就是"波塞冬之子",所有的与播种、丰收时节有关的仪式都同得墨忒耳或克瑞斯相联,她是亚特兰蒂斯的一位女神,布克罗诺斯的女儿,而克鲁斯是最初教希腊人怎样用犁和种大麦的神。正如"狂欢节"是"农神节"的延续一样,共济会是艾琉西斯之谜的延续。现代习俗的根源可以追溯到中新世纪。

亚特兰蒂斯的国王宙斯(他的坟墓就在克里特岛)变成了希腊神话中的众神之王;印度神祇Dyaus。希腊人也把他称为"宙斯—庇特",罗马人继承了这一称呼,变为"朱庇特",印度人称他为"帝奥斯·皮堪尔",意为万神之父。印度与亚特兰蒂斯之间的密切关系的最典型表现是印度神德瓦·纳胡莎。在介绍希腊神话时我们知道,在亚特兰蒂斯的传说中狄俄尼索斯是宙斯的儿子,波塞冬的孙子。"当他长大之后,"希腊人说,"出发去所有的国家旅行,甚至到了印度最遥远之处,在行进的过程中,他告诉人们怎样种植葡萄,了解其他艺术,他还让人们知道了公平诚实的交易的价值。人们把他看作最伟大的帮助者,为了纪念他而四处颂扬。”

也就是说他代表了灿烂的亚特兰蒂斯文明，传播到了印度的最遥远的地方,以及世界上的所有国家,从美洲到亚洲。由于这位国王与葡萄有关,他在后来变成了放纵的神 Bacchus。各地关于他的传说都令人联想到亚特兰蒂斯。“埃及、印度、小亚细亚的传说以及古希腊人都把他描述为一个伟大的王,死后被神化……阿拉伯或埃塞俄比亚的国王,亚门与统治意大利、西西里和北非一些国家的克洛诺斯的姐姐或妹妹瑞亚结婚。”在埃及有这样一种说法,狄俄尼索斯是亚门与美丽的亚马尔苔亚所生的儿子。“克洛诺斯与亚门之间发生了一场旷日持久的战争;狄俄尼索斯打败了克洛诺斯,占领了他的城邦,废除了他的王位,并让自己的儿子宙斯统治那里;宙斯把那里治理得井井有条并赢得了人们的称颂。狄俄尼索斯了继承了他父亲亚门的王位,‘成为最伟大的统治者’。他把他的势力范围扩展到了周边各国,他征服了印度……他着重发展了埃及的库希特殖民地,使得那里的经济、文化较为繁荣。”

在印度我们也可以看到关于这位国王的记载。在梵语书籍中有一位名为德瓦·纳胡莎的神祇,学者认为他就是狄俄尼索斯。他与“世界上最古老的历史和神话”联系在一起。据说他与迷卢的一位也被神化的国王因陀罗处于一个时代,因陀罗在《吠陀经》是一类神化的人物的代表。

“人们使用最灿烂的颜色来描绘德瓦·纳胡莎。他一度统治着迷卢;他征服了 37 个异族部落,率领大军穿越世界上的所有国家;由于他的英勇和智慧,他的帝国遍及世界各地。”

由此可见,印度的主神因陀罗,本是迷卢的国王,而德瓦·纳胡莎也是迷卢的国王;我们已经知道据泰奥彭波斯所说梅罗帕人住在亚特兰蒂斯岛,勒诺尔芒推断最古老的民族是“梅罗人”。

当我们追寻同一个从秘鲁和湖区延伸至亚美尼亚和中国边界的文明的足迹时,不妨相信亚特兰蒂斯王国是广大无边的,延伸至“世界上所有的国家”。

“从传说中可以看出,普拉拉瓦斯和纳胡莎与梵文历史毫不相干。他们描述的历史远远早于到印度的迁徙，其中的人物也是原始祖先或达荼罗族传说中的……普拉拉瓦斯是一个赫赫有名的国王，统治着众神居住的海岛；他与纳胡莎一样，生活在因陀罗统治的时代里。他是一个伟大的国王，公平地统治着一个大的帝国，获得了欧洲，非洲和美洲的统治权。""他洋洋自得，傲慢地对待婆罗门人，命令他们为他拉车，甚至踢他们的身体"，"因此他被变成了一条蛇"。⑦

埃及人认为狄俄尼索斯（奥里西斯）是在神祇的时代末期，即亚特兰蒂斯帝国的末期出现的。

既然我们知道《梨俱吠陀》具有悠久的历史，用一种已消亡了几千年的语言写成，那我们就可以假设其中的一些诗歌保留了古人对亚特兰蒂斯岛的赞美。其中的一些描写的是对太阳的崇拜，大概是秘鲁高地上的人们在某种仪式中所唱：最初，金色的孩子出现了。他是天神的孩子之一。他创造了大地和天空。我们应该把祭品献给哪位神？"他创造了生命，他给人力量，他可以支配其他所有明亮的神"。"我们敬仰他，他的光是永生，阴影是死亡……他是唤醒大地的神。他统治一切，人类和兽类。他的力量在雪山上，在遥远的江流中。因为他天空才会明亮，大地才会坚实……是他在播洒光芒……哪里雨云过后，哪里就有他们播洒种子，燃起大火，从而出现他，诸多明亮的神祇唯一的灵魂……天空和大地随他的心愿而坚实、颤抖……求他不要毁灭我们；他，地球的创造者；他，公正的神，创造了天空。他创造了明亮有力的江河。

很明显，这一颂辞是献给太阳或是一位代表太阳的神祇的，写这首颂辞的民族一定生活在海洋附近，而绝不是亚洲中陆。这个民族应该住在一个火山活动较为频繁的地方，因为他们请求神让大地"坚实"，不要毁灭他们。这首辞应是破晓之时所唱，那时太阳才升起在"苏醒"的大地之上。

祭坛上的火被认为是从地球去往太阳的使者："最年轻的神，他们的使者，他们的召引者……为了你，哦，神啊，来往于天空和大地，神和人如同村中的信使。"

黎明（Vshas），太阳崇拜的一部分，也成了一位神：

"她像一位年轻而美丽的妻子照耀着我们，唤醒人们去开始一天的工

---

⑦鲍德温：《史前民族》，第 291 页。

作。当人们燃起篝火，是她将黑暗驱走，为我们送来光明。”

正像埃及人和希腊人坚信的那样，在西方，海洋的对面，有极乐世界（亡灵的世界），雅利安人的天堂也在水的另一面。在《吠陀经》里记载着献给主宰暴风雨的神——摩茹特的颂辞：“哦，摩茹特，一个强大的孩子，人类的主宰；因为你我们才可以穿越海洋到达那片乐土。”这片乐土被描述为“怀瓦斯瓦塔王统治的地方；天堂的神秘之地；波澜壮阔的海洋在那……那里没有饥饿和忧伤……那里有喜悦和欢欣；那里有快乐和幸福。”这就是海的那一方的天堂——极乐世界；希腊人和埃及人的极乐世界就位于在洪水中毁灭的亚特兰蒂斯的一个岛上。传说这些四处分布的民族被这一纽带紧紧联系在一起。

“《吠陀经》记载的信仰中没有偶像崇拜，”马克斯·穆勒说，“印度的偶像崇拜是后期才形成的，它是在对原始神灵崇拜的基础上发展起来的。”它是纯粹的太阳崇拜，如同西班牙人入侵秘鲁之前的状况。这完全符合柏拉图对亚特兰蒂斯信仰的描述。

“海豚的脊背”位于大西洋的深海处或某处高地，根据装备在“挑战者号”上的探测仪显示，它是三叉形——一个在非洲西海岸附近，一个与南美洲的东北海岸相连，一个朝向爱尔兰西海岸，。这并不意味着在某个时期有一个文明的民族生活过的亚特兰蒂斯岛延伸到了这些海岸；很可能是来自欧洲、美洲和非洲大陆的民族在那里发现了他们的踪迹；或者是那个大陆曾经充斥着整个现代的大西洋，而在那个大陆的残骸上的新旧世界的重建是不同地区的不同民族的人在漫长的历史发展中进行的。

诸多迹象表明亚特兰蒂斯岛上曾居住过三个民族。根据《创世纪》的记载，诺亚有三个儿子：塞姆、哈姆和雅弗——他们代表了三个不同肤色的民族。希腊神话讲述过始于奥林匹斯的不同时代的叛乱。其中一次的发动者是巨人们。“弗拉诺斯的血创造的民族”，伟大的先祖。“他们的国王是叶啉，他们最有力的勇士是阿喀琉斯。”他们的母亲是大地：这可能意味着他们代表那个黑皮肤的民族。他们为争夺统治权发动了叛乱，但被宙斯镇压下去。还有泰坦的两次叛乱。泰坦似乎是一个自治的民族，希腊神话中记载了他们 12 位国王的名字。他们也源于“弗拉诺斯的血”，人类的亚当。我们知道弗拉诺斯与盖亚（大地女神）结婚后出现了三大家庭：泰坦、赫卡蒂和 Kyklopes。我们可以推断出后两个是在海边居住的民族，关于他们的神话传说都与船只密切联系在一起。这再次让人想到三大民族：1.肤色偏黑的民族，像腓尼基人、埃及人、柏柏尔人、巴斯克人和库希特人；2.塞姆的儿子，可能是黄皮肤的或是乌拉阿尔泰人；3.白皮肤色的人，像雅利安人、斯拉夫人、凯尔特人、希腊人、哥特人等。如果这个推断正确的话，那么白皮肤民族的殖民地最初应始于欧洲北部海岸，欧洲的雅利安民族之后又扩展了这一殖民地；这也解释了为什么他们中流传着曾经居住在一个夏季只有两个月的国家的传说。我们知道，雅利安民族在最初的时候曾有两次大的迁徙："自称为亚流派的那一支去了东方，他们的后裔居住在波斯、印度等；自称为臾那或年轻的一支去了西方，他们是最早向西迁移的，其后裔成为分布在欧洲的民族。《创世纪》在第十章中记载了他们的名字。但离开他们的原始祖先，"最早向西迁移"的不会是"年轻的一支"，他们是历史更为古老的一支的可能性更大。[⑧]如果假设最早离开亚特兰蒂斯的是大夏国的子民是，而包括希腊人、拉丁人和凯尔特人之内的年轻的一支，追随他们的足迹也离开了亚特兰蒂斯，那么拉丁语和凯尔特语有共同之处就在情理之中了。勒诺尔芒说过 Erin(爱尔兰)是从雅利安衍生出来的；而且我们发现无论是非洲的、西班牙的、伊比利亚的还是亚特兰蒂斯的，在这个岛上居住过的民族都称它为 Erin。

我们认为雅利安民族最早起源于亚特兰蒂斯还有其他的原因。

除了北极圈附近一带和西班牙的一小部分，欧洲的其他地区都被雅利安人的后裔占领，但在亚洲却只有距离欧洲最近的一小部分被其占领。亚洲大陆的其他地区都被远古时代迁移而来的其他民族占据。雅利安民族有 7 个分支：1.希腊人；2.讲梵语的人或印度人；3.凯尔特人；4.日耳曼或条顿人；5.斯拉夫——立陶宛人；6.伊朗人或波斯人；7.意大利人。其中的 5 支生活在欧洲，另两支从欧洲侵入了亚洲。如果不是更早的话，欧洲的雅利安人是在石器时代末期居住在那里的，而亚洲有雅利安人出现则是有史以后的事情，他们似乎是入侵的，后来在那里形成了一个文明的，人口众多的民族。吠陀人的历史可以追溯到公元前 2000 年，而在公元前 15000 年，凯尔特人就已生活在欧洲了。如果雅利安人起源于亚洲中部，为什么它的后裔没有迁移到中国、叙利亚、日本和亚洲的其他地区呢？

如果雅利安人是在近古时代从巴克特里亚迁入欧洲的，那么原来的那

⑧勒诺尔芒：《东方的古代历史》第二册，第 2 页。

些石器和青铜时代居住在欧洲的人又在哪里？我们应该会在欧洲西海岸找到他们的踪迹，正如在亚洲东部和印度居住着大量的乌拉阿尔泰人一样，然而事实恰恰相反，雅利安人是从印度西北部的旁遮普迁入印度的；而且他们的传说表明他们来自西方，即欧洲和亚特兰蒂斯。

第十一章　亚特兰蒂斯能否重见天日

随着对亚特兰蒂斯的了解越多，我们越感到它是一个伟大的、睿智的文明民族。希伯来人、埃及人、腓尼基人、埃塞俄比亚人以及一些其他的古老民族都有实行割礼的仪式和传统。这也可以追溯到亚特兰蒂斯时期。在那时行割礼是一种必须的宗教仪式，目的是为了防止人们最可怕的一种疾病，那种疾病不断地折磨着美洲的民族，严重阻碍了他们的发展和文明进程。割礼消灭了亚特兰蒂斯的这种病；正如我们所知，亚特兰蒂斯国王，希腊的神——克洛诺斯在大灾难时期，命令他的所有军队都实行这种仪式。后来迁徙到欧洲的移民带去了这种仪式，却没有带去最初源于他们之中的这种病；哥伦布的航行重新建立起了与西印度群岛中有这种病的岛民的交流，于是这种病漂洋过海"传到了欧洲"，使欧洲成了"停尸场"。

根据人寿保险方面的统计，希伯来人的平均寿命比其他民族的人要长许多；他们把这归功于他们从那个伟大的充满智慧的亚特兰蒂斯祖先那儿继承的这个传统礼仪。

我们将以这些从各处收集的证据为基础，还原那个古老民族在大洪水之前的生活场景。他们时代居住的岛屿非常大，周围环绕着大大小小的岛屿，它们向东西延伸，可以到达欧洲和非洲，或西印度群岛及美洲大陆。岛上有许多火山，有的甚至有 15000 英尺那么高，山顶终年积雪，山下是高原地带，居住着王室和贵族。高原之下是"宽广辽阔的亚特兰蒂斯平原"。有 4 条河流从内陆向东南西北四个方向流去。气候与亚速尔群岛类似，温和怡人、非常温暖，那里土壤肥沃、林木茂盛，适合多种热带和温带作物的生长。

岛上主要居住着两大族群：一个族群皮肤是棕红色，外形像埃及人、中美洲人和柏柏尔人;另外一个有着白皙的皮肤,外形与希腊人、凯尔特人、斯堪的纳维亚人和哥特人相似。为了争夺统治权,各民族间不断争战。黑皮肤的民族似乎在体形上稍小,手也偏小;而白皮肤的民族体形高大——因此有泰坦和巨人的传说。迦纳利群岛的关彻斯人就是体形高大的民族。青铜器时代的文物表明它们出自手小的民族,而且这个民族拥有船只和火药,并且与巨人之间发生过战争,由此我们可以很容易地推断出肤色较黑的民族更加先进,他们拥有加工金属的技术和航海术。

我们发现大洋两岸的人们有着相同的习俗,这表明他们都起源于美洲,只是后来的迁徙让他们忘记了其根源。人们在欧洲,而非美洲发现了家养的牛和重要的谷类作物,小麦、大麦、燕麦、稞麦表明在这个民族从美洲迁移到亚特兰蒂斯后,又有了更为深入的发展。但在后来的时间里,亚特兰蒂斯与欧洲的交流要比其与美洲的交流频繁密切得多。在那个时代,船是不带篷的,因此要从亚特兰蒂斯经由大片海洋把体积巨大的家畜运到美洲是极为困难的,但要经由地中海上的如今已经下沉的那些小岛再到西班牙海岸则容易得多。也许小麦、燕麦、大麦和稞麦更适合在西班牙和意大利的气候下生长,而气候干燥的美洲则更适合玉米的生长。就连现在的中美洲也很少种植小麦或大麦;同样在意大利、西班牙和西欧的其他地区也很少种植玉米,那里湿润多雨的天气不适合玉米的生长。而在古时,中国和埃及就因为气候干燥优势早已开始种植玉米。通过研究亚特兰蒂斯原始语言在其分支语言中的遗留和消失的词语,能够重现雅利安民族的移民史,那么我们通过比较大西洋两岸民族的词汇、习俗、观念和艺术来重现亚特兰蒂斯历史的那一天也为期不远了。

这个民族也有较为发达的农业。在埃及和秘鲁境内发现的犁,证明他们已拥有并使用了这种工具。从太阳神头上的牛角形图案中我们可以看出在他们心中牛占据着崇高的地位,我们可以推测出他们已经超越了人拉犁,进入到牛拉犁的时代,瑞典在有史以后的时期里也是这样。他们最早驯化了马,因此波塞冬(海神)跟马联系在一起;还出现了柏拉图所记录的跑马道。他们有绵羊,生产羊毛制品;还有山羊、猪和狗。他们种植棉花,制作棉制品;也许还种植小麦、大麦、燕麦、稞麦、豆类、玉米、烟草和大麻,可能还包括马铃薯;他们开凿沟渠,进行灌溉;他们是建筑师、雕刻师和雕塑师;他们有字母表；岛上还有铜、锡、青铜、金、银和铁。

在他们漫长的历史进程中，人口在和平和农业发展的催化剂下有了大幅度增长，并开始向东西扩张。这次扩张长达几千年；其中各殖民地的关系就如同后来由腓尼基人、希腊人和罗马人分别建立的殖民地之间的关系；他们还与当地的一些更古老的土著居民融合；有史记载的历时上千年的各民族融合从那时即已开始，由此诞生了新的种族和语言。民族融合使得人丁稀少的古老民族逐渐变得强大，体质特征互相融合，导致了从白色到黑色之间还有不同肤色的人种的出现。

在某些方面，亚特兰蒂斯与不列颠岛很相像：不列颠中存在同样的甚至更多的民族差异；也把殖民地建在欧洲、亚洲和美洲，曾把文明传播到四方。在第 3 和第 15 世纪，大不列颠的殖民者在法国海岸——布列塔尼半岛定居，他们在民族特征和语言上都代表着他们起源于亚特兰蒂斯。同样我们可以推断闪米特人从亚特兰蒂斯迁移到了叙利亚、埃及和巴西。发生在亚特兰蒂斯的民族大迁徙就好比是大批的爱尔兰人、威尔士人、苏格兰高地人和康沃尔人离开英格兰，把那里的文明传播到其他地方，但他们使用的是其他语言而不是英语。发源于亚特兰蒂斯文明的英格兰，居住着来自于同一个地方的不同民族，就仿佛是宙斯和克洛诺斯帝国的历史再现；正如特洛伊、埃及和希腊与他们的母系民族作战一样，布列塔尼和美国也从英格兰中脱离出来，而他们与母系民族的联系也就此中断。

宗教在亚特兰蒂斯时期已基本上形成。他们认为世界上存在一个无处不在的万能的神祇。在秘鲁和埃及也有对万能的神灵的崇拜。他们认为太阳就是这个伟大神灵的化身。这种想法与文明息息相关。而科学上却是在后来才意识到地球上的生命对阳光的绝对依赖。

"所有的动物能量都直接或间接地来源于能够吸取有机物及其能量的植物；而植物的能量又来自于阳光。"风、洋流、雹暴、雨、冰川、江河和瀑布都是太阳能的直接产物。我们所有的机械，无论是风车、水车、马车或蒸汽机以及民用的电子和电磁变化的产物即我们的电极、时钟、手表，都源于太阳能的作用。

太阳几乎是地球上一切现象的能量之源。无论是气象的、地理的，还是地质的、生物的，一系列千变万化都可以从源于太阳光的分子运动中找到动力。

但亚特兰蒂斯人走得更远；他们认为灵魂是不朽的，可以在肉体中复活；也就是说他们认为“灵魂不朽,肉体可以复活”。所以他们用防腐材料对死者进行处理。“从雅利安语言的最古老记录中,我们发现越古老的宗教思想越高级、越简单、越纯粹,最后我们在流传下来的最古老的文献中发现神是祈祷辞的开篇语。我们无法得知最古老的吠陀的雅利安语文献的确切年代。马克斯·穆勒教授认为它大约可以追溯到公元前5000年……我们能确定的就是人类最早期的发明也是最伟大的……如火的首次使用，点火办法的发明,野生动物的驯化,从野草中辨识出各种谷类——后世发明无论在创造性和重要性上都不能与这些相提并论。然而历史上却没有这些发明的记载——它们被丢失在黎明前夕。”

亚特兰蒂斯人的祭司制度等级分明;他们的宗教信仰简单而纯粹。他们的国家由国王统治;他们有法庭、法官、书记员、刻有铭文的纪念碑以及矿山、铁厂、工厂、织布机、磨坊、小船和帆船;以及大道、沟渠、码头、海岸和运河;他们有游行、旗帜和纪念国王和王后的凯旋门;他们建造了金字塔、圆塔和方尖石碑;他们实行洗礼,他们知道如何使用磁石和火药。简言之,除了印刷机和其他利用蒸汽、电和磁的发明,他们的文明几乎达到了我们现在的水平。德瓦·纳胡莎曾巡游过在印度偏远地带的殖民地。一个从安第斯绵延到印度(如果不是中国的话)的帝国一定是灿烂辉煌的。在它的市场上也还可以看到希腊、意大利和瑞士的小麦和大麦,密西西比河谷的玉米,秘鲁和墨西哥的金银,威尔士和康沃尔的锡,大湖区的铜,伊比利亚的青铜,印度的香料和波罗的海的琥珀。

伴随着一场骚动，这个伟大的帝国与它的上百万的子民在大洪水中消失殆尽,这一事件,给人类留下了挥之不去的记忆。我们可以假设大不列颠在将来也会经历同样的过程。那会给她的殖民地以及人类造成怎样的惊恐!整个世界也许会再次退回到蛮慌状态。征服者威廉、狮心王理查、阿尔弗雷德大帝、克伦威尔、维多利亚女皇也许会在后世的传说中成为神灵或魔鬼；然而人类永远不能忘记使这个伟大民族瞬间毁灭的大灾难；这场灾难也许会残存(或完整地保留)在人类的记忆中;它会超越人类对其他众多自然灾难的记忆,它会保留在各个王朝、民族、宗教和语言中;只要人类还生活在这个星球上,它就永远不会被遗忘。

科学已经开始能够构拟过去及那个民族的社会生活情况，但没有哪一项研究比这个沉入海底的古老民族需要人类付出更多的想象力。他们是我们的基本信仰的缔造者；他们几乎是我们的艺术和科学的创造者；他们是最早的文明者、航海家、商人、殖民者；当埃及还是孩童的时候，它已经有了历史悠久的文明，甚至比巴比伦的出现要早上万年。我们是这个覆灭了的民族的后裔，我们的身体里流淌着他们的热血；他们在城邦、法庭和庙宇中讲着与我们类似的语言。每个民族和观念，每个血脉和信仰都源于他们。

也许有一天我们可以让这个古老民族的遗迹重见天日。他们的海岛只在海下几百尺的地方。既然我们时常地从打捞上来的古船中发现成千上万的达布隆金币（西班牙其在美洲殖民地使用的货币），为什么不能尝试去亚特兰蒂斯的文明遗址探索和考察呢？如果我们能从柏拉图描述的那个海岛中发掘并打捞出一块有铭文的石头，那么对科学界的意义会极为重大，它给人类意识上的冲击也会远远大于所有秘鲁的黄金、埃及的纪念碑、迦太基博物馆中的陶器碎片所带给我们的。

也许在亚尔群岛的科尔汰沃岛上发现的所谓“腓尼基古币”其实是亚特兰蒂斯人留下的？作为世界殖民地的开创者，这个伟大的民族怎么可能在有些时代轻轻地来到这些岛屿，然后轻轻地离去，让它一直荒无人烟地等待葡萄牙人去开拓呢？

我们对过去还知之甚少：100 年前，我们对于埃及古墓和庙宇中大量碑文的重大意义，尤卡坦、墨西哥和秘鲁的古文明遗址，庞培或赫库兰民姆古城，巴比伦箭头状的铭文，印欧语系中各语言间的联系，都一无所知。虽然对过去的探索我们才刚刚起步，但已取得不小的进步。也许 100 年后，陈列在博物馆中的将不再是亚特兰蒂斯的各种雕像、宝石、武器和工具，取而代之的是有关亚特兰蒂斯的解读资料，它们也许会揭开困扰我们已久的有关人类历史重大秘密的铭文的神秘面纱，谁又能肯定这不可能发生呢？